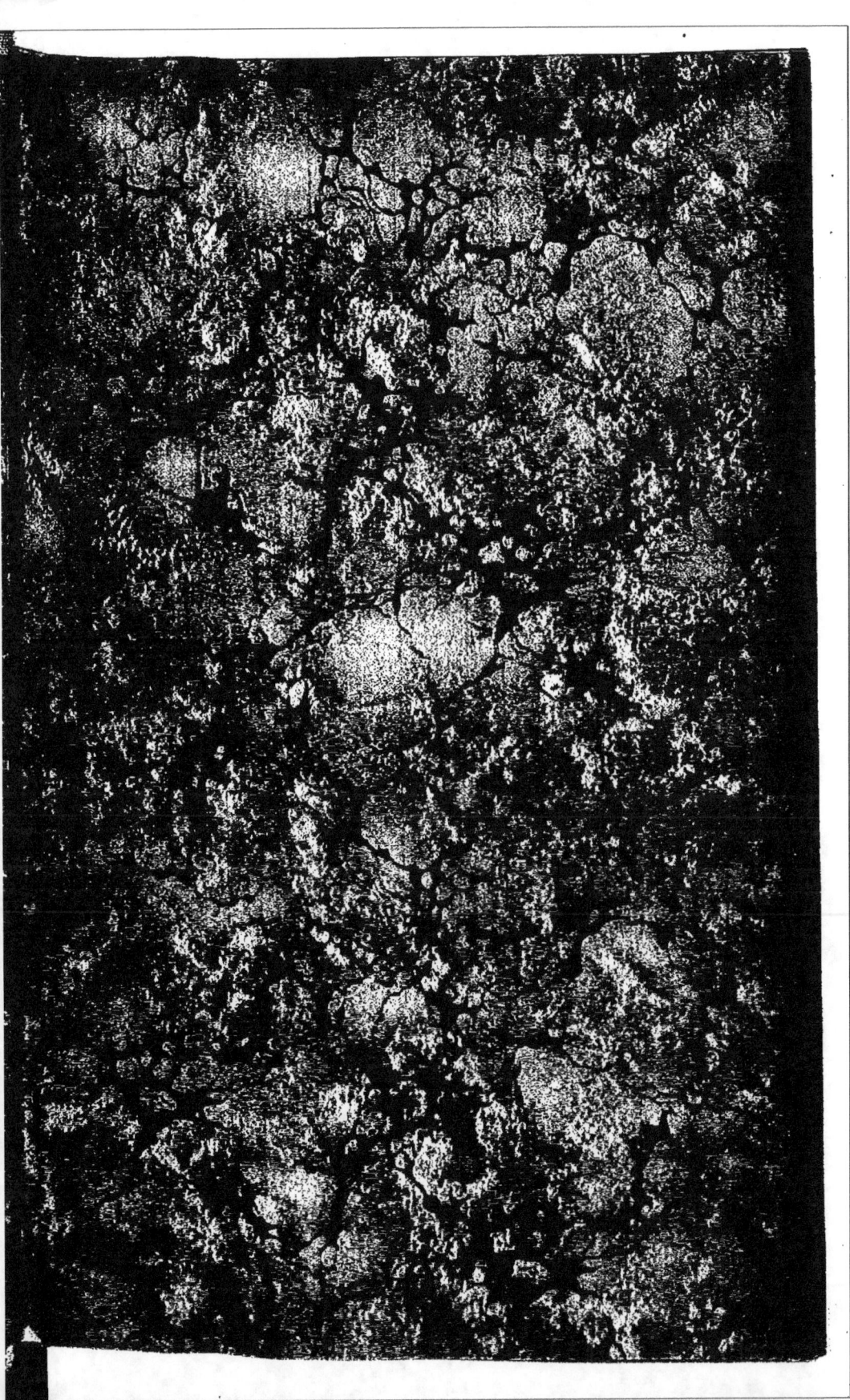

P. MANN

de la Compagnie de Jésus

PAR LE

R. P. ... S. J.

PARIS

LIBRAIRE

MARIN ET JÉSUITE

CAMPAGNE DU « CASSINI »
DANS LES MERS DE CHINE (1851-1854)
D'APRÈS LES RAPPORTS, LETTRES ET NOTES DU COMMANDANT DE PLAS

Par le R. P. MERCIER

1 vol. in-8°, enrichi de plusieurs cartes pour l'intelligence du texte

PRIX : 7 fr. 50

ÉMILE COLIN. — IMPRIMERIE DE LAGNY.

MARIN & JÉSUITE

VIE ET VOYAGES

DE

FRANÇOIS DE PLAS

Ancien Capitaine de vaisseau
Prêtre de la Compagnie de Jésus

PAR LE

R. P. MERCIER, S. J.

1809-1888

Avec portraits

TOME SECOND

PARIS
RETAUX-BRAY, LIBRAIRE-ÉDITEUR
82, RUE BONAPARTE, 82

Tous droits réservés.

DEUXIÈME PARTIE

SUITE

CHAPITRE VIII

1858-1860

Retraite spirituelle à Paris; dévotion à Marie. — Congé à Puycheni : Pèlerinage à Notre-Dame de Buglose; visite à Mgr Desprez, évêque de Limoges. — L'Empereur à Brest. — De Plas nommé capitaine de vaisseau; voyage à Toulon. — Guerre d'Italie et ses conséquences. — Bénédiction de la chapelle des Jésuites à Brest. — Mort édifiante de madame de Plas; lettre de Mgr d'Angoulême. — Les affaires de Chine : rapport à l'Empereur; audience aux Tuileries. — Visite au maréchal Canrobert. — Louis Veuillot et l'*Univers*. — Départ pour Cherbourg.

Trois mois après le départ de la *Virginie*, M. le baron Gros était arrivé en Chine en qualité de commissaire extraordinaire pour s'entendre avec lord Elgin, au sujet d'une action commune. Au mois de décembre, les escadres anglaise et française avaient quitté la rade de Macao pour remonter la rivière des Fleurs, et vers la fin de février, on connut en Europe le bombardement et l'occupation de Canton par les alliés. François, en apprenant cette nouvelle, ne put s'empêcher d'observer que les circonstances l'éloignaient toujours du théâtre de la guerre, mais il n'en éprouva ni regrets, ni envie. « Après les rudes labeurs d'une longue campagne, écrit-il dans son *Journal*, Dieu me donne le délicieux repos de la vie de famille ; je dois en jouir dans la mesure nécessaire pour réparer mes forces physiques et morales. J'ai six mois de congé, il faut les prendre en entier, sauf le cas où il y aurait convenance à rallier les ports. »

Depuis longtemps de Plas était poursuivi par la pensée de se retirer quelques jours dans la solitude, et le moment lui semblait favorable pour la mettre à exécution. Il en écrivit à son ami Clerc, alors professeur de mathématiques à l'école Sainte-Geneviève, et à l'occasion d'un voyage à Paris, il s'installa, le 29 mars, à la rue des Postes (depuis rue Lhomond). « Quelques personnes, disait-il, critiquent la retraite de plusieurs jours que je vais faire ; elles me féliciteraient si l'Empereur m'avait offert un appartement dans un de ses châteaux, où j'aurais toute facilité de le voir et de m'entretenir avec lui. Eh bien, la faveur que Dieu me fait n'est-elle pas plus grande ? »

On était au lundi de la Semaine sainte : François résolut de se préparer pendant cinq jours à ressusciter spirituellement avec Notre-Seigneur. Il commença courageusement sa retraite, plein de cette libéralité que saint Ignace demande à quiconque désire profiter des Exercices : « Le bon Dieu, observait-il, ne veut pas nous mettre une camisole de force ; s'il réclame le sacrifice, c'est celui d'un cœur généreux, prêt à tout faire pour son service. »

Son but, dès le premier jour, était bien déterminé : il sentait le besoin de régler sa piété pour la concilier avec ses devoirs d'état. « Je suis venu ici, disait-il, me faire tailler comme on taille la vigne ou les arbres fruitiers ; je poussais trop de branches ; je n'avais ni ordre ni méthode dans mes prières et mes méditations ; je les considérais presque comme une *affaire principale*, au lieu de les considérer comme une *préparation* à l'accomplissement de mes occupations ; je ne pouvais admettre que les devoirs d'état et de société fussent aussi bien des hommages à Dieu que la prière. J'espère que les conseils du R. P. Gamard, mon directeur, contribueront à me donner une piété plus large et plus conforme à ma position ; j'espère que je n'en aimerai pas moins Dieu, pour moins faire d'actes de dévotion. »

La retraite ne manqua pas de produire les fruits qu'il en attendait. « Je sens aujourd'hui, disait-il quatre mois plus tard, que mon séjour à la rue des Postes n'a pas été inutile ; je sais mieux faire aux obligations d'état la part qui leur revient, sans me relâcher sous le rapport des devoirs de piété. »

Alexis Clerc, malgré ses occupations de professeur, venait quelquefois causer avec son ancien commandant, qui lui ouvrait toute son âme. « Mon ami Clerc, écrit-il un jour, m'a relevé le courage, en me disant que j'avais une foi solide, bien que je n'éprouve aucune consolation sensible. » Et le jour suivant : « Mon ami Clerc m'a fait une remarque qui me donne à réfléchir. Je lui disais que je considérais comme plus pénible de vivre dans le monde que dans la vie religieuse, et il m'a répondu : « Le plus pénible n'est pas un motif pour renoncer au plus parfait. » Cette repartie ramena son esprit vers les idées de vocation religieuse et il en parla à son directeur. « Je m'attendais, écrit-il, à ce qu'il me dît : Faites vous Jésuite ! Il s'est contenté, avec sa prudence habituelle, de m'engager à beaucoup prier. »

A la fin de sa retraite, François revêtit le petit habit de Notre-Dame du Mont-Carmel qu'il n'avait pas encore reçu depuis sa conversion. Nous ne savons à quoi attribuer ce retard involontaire, car dès ses premiers rapports avec Marceau, ce dévot serviteur de Marie, qui lui avait donné une médaille de l'Immaculée-Conception, il sentit se développer rapidement les germes de la dévotion à la très Sainte Vierge, qu'une pieuse mère avait déposés au fond de son cœur. « Puisse ma dévotion à Marie immaculée grandir chaque jour! s'était-il écrié le 8 décembre 1852. Puissé-je remplacer sur la terre mon digne ami Marceau, qui aimait à s'intituler : *Servus Mariæ immaculatæ!* »

Non seulement il portait la médaille miraculeuse, mais il récitait chaque jour le chapelet et l'office de l'Immaculée-Conception ; cependant sa dévotion à la très Sainte Vierge reposa longtemps sur la raison plutôt que sur l'attrait. Il en était même parfois inquiet, car il aurait voulu éprouver pour sa Mère du ciel, avec un amour d'estime, cet amour de sentiment qui l'émouvait si tendrement à la seule pensée de sa mère de la terre.

« Il n'est peut-être pas mal de dire ici, avait-il écrit dans son *Journal privé*, à la date du 5 septembre 1852, que ma dévotion envers la sainte Mère de Dieu n'est pas ce que je désirerais. Quoique je récite le chapelet chaque jour, le *Souvenez-vous* deux fois, et souvent le *Sub tuum* ou le *Salve Regina*, néanmoins je n'ai point cette dévotion tendre que quelques chrétiens sentent pour la Sainte Vierge. J'ai demandé cette dévotion à Rome, je l'ai demandée à Notre-Dame des Victoires à Paris, elle ne m'est pas encore venue. Cependant, quoi de plus naturel que d'aimer la Mère de notre divin Sauveur, qui, d'après la tradition de l'Eglise, nous a été désignée par Notre-Seigneur, comme la mère de tous les chrétiens, quand il a dit du haut de la croix à saint Jean : Voilà votre mère! Sans doute je l'aime, mais je voudrais l'aimer davantage.

« Marie conçue sans péché, s'écriait-il, Marie refuge des pécheurs, Marie porte du ciel, mère de miséricorde et de la divine grâce, priez pour moi; obtenez-moi de votre divin Fils que je sois d'une dévotion égale à celle de mon ami Marceau qui, je l'espère, jouit maintenant de la gloire des Bienheureux dans le ciel! »

Marceau, nous en avons la ferme confiance, avait du haut du ciel entendu le cri d'espérance de son ami; car dès le lendemain de la touchante fête de la Nativité de Marie, François écrivit dans la joie de son âme reconnaissante : « J'ai à remercier le bon Dieu d'une grande grâce. Ma dévotion à la Sainte Vierge s'est accrue depuis deux ou trois jours d'une manière remarquable. Mes yeux se sont dessillés. J'ai compris combien il était simple et naturel de recourir dans nos misères à la Porte du ciel, au Miroir de justice, à la Mère de miséricorde, à celle que Notre-Seigneur nous a clairement donnée pour Mère. Je ne le fais plus aujourd'hui seulement par devoir; j'y suis porté par une sorte de tendresse filiale. La majesté de Dieu pourrait effrayer un pauvre pécheur; la bonté de Marie, les titres que lui donne l'Église sont bien faits pour l'encourager. Les autels de Marie sont comme autant de vastes succursales du ministère de miséricorde dont elle a la direction. »

A partir de ce moment son cœur n'avait cessé de déborder d'une affection toute filiale envers sa Mère du ciel, et sa plume se déclarait impuissante à traduire l'expression de son amour. « Comment, s'écriait-il, n'aimerions-nous pas la Sainte Vierge, en qui se résume, d'une manière incompréhensible pour nos faibles esprits, non seulement toute gloire et toute majesté, mais encore cette bonté, cette tendresse dont les caresses de nos mères ne donnent qu'une imparfaite idée! »

Remontant jusqu'aux années de son enfance, jusqu'au temps où il inscrivait en tête de ses compositions d'écolier cette poétique devise : « *O Virgo studiis semper adesto meis*, Vierge Marie, présidez à mon travail, » il se plaisait à énumérer les bienfaits qu'il avait reçus de Dieu par l'entremise de Marie, canal de toutes les grâces spirituelles et temporelles. Chose singulière, c'est dans le mois de mai que ces grâces sont descendues plus abondantes et plus signalées! « Ce mois de mai, conclut-il, ce mois consacré à Marie, qui me rappelle de précieux souvenirs, doit donc augmenter ma ferveur à la pensée des bontés de Dieu et de sa très sainte Mère. »

De retour à Puycheni, François eut à s'occuper avant tout de réparer sa santé gravement compromise par deux campagnes successives dans les mers de Chine. Un inspecteur du service sanitaire, qu'il avait consulté à son dernier voyage à Paris, lui écrivit, insistant sur des soins que le malade négligeait trop, peut-être. « Votre affection, mon cher commandant, lui disait-il, résulte de fatigues excessives et d'un appauvrissement des principes du sang, un des prodromes du scorbut, dont vous auriez été atteint si votre campagne eût duré plus longtemps. Votre retour en France, un repos complet, ont beaucoup amélioré votre santé qui, avec le temps, je n'en doute pas, s'améliorera encore, sans qu'on ait besoin de recourir à une médication active.

» Le chemin parcouru doit vous indiquer les chances de guérison dans cette voie tracée par les simples conseils de l'hygiène. Le repos champêtre, la vie dans la famille, la quiétude d'esprit doivent continuer la réparation de forces dépensées trop généreusement. »

Pour obéir aux conseils du médecin, François résolut de passer tranquillement six mois de congé au sein de sa famille, sans se préoccuper de lointains événements dont l'écho venait parfois troubler sa solitude. Il ne quitta le vieux manoir que deux fois, pour satisfaire aux légitimes désirs de sa piété et de son cœur. Le 30 mai, il prit part au grand pèlerinage des conférences de Saint-Vincent de Paul à Notre-Dame de Buglose, près de Dax. Un millier de personnes s'étaient donné rendez-vous de toutes les parties de la France à cette chapelle où saint Vincent allait autrefois entendre la messe. Mgr Donnet, cardinal-archevêque de Bordeaux, accompagné des évêques d'Aire et d'Agen, présida la procession aux fontaines, au milieu d'une foule considérable accourue de toutes les localités voisines. De Plas revint l'âme embaumée de tout ce qu'il avait vu et entendu, bénissant Dieu qui glorifiait d'une manière éclatante ses plus humbles serviteurs.

Le 26 juin, il se rendit à l'invitation d'un de ses amis, passager du *Cassini* et de la *Virginie*, Mgr Desprez, devenu depuis quelques mois évêque de Limoges. « Je vais, cher commandant, lui avait écrit Sa Grandeur, être assez voisin de votre famille, car une portion de la Haute-Vienne faisait autrefois partie de l'Angoumois. C'est ce qui me donne l'espoir de vous voir à Limoges, quand vous viendrez prendre dans votre famille un repos bien mérité. » François aimait à se rappeler plus tard cette visite qui lui avait laissé de si doux souvenirs, surtout les délicieuses causeries avec le saint évêque, dans les jardins qui dominent le cours de la Vienne et dont la vue s'étend au loin sur de vertes campagnes.

Son congé expiré, de Plas, homme du devoir, ne songea plus qu'à rallier Brest, son port d'attache. « C'est hier, à trois heures, écrit-il le 17 juillet, que j'ai quitté le vieux manoir où j'ai passé de si bons jours. Il faut maintenant se mettre résolument à la besogne, et montrer que Dieu trouve en moi un cœur reconnaissant de son infinie miséricorde. » Tous les regards étaient alors tournés vers l'Extrême-Orient, car on venait d'apprendre l'entrée des alliés dans le Peï-ho. François, qui connaissait parfaitement le Céleste Empire, à la suite de ses deux campagnes, redoutait, malgré nos faciles victoires, de sérieuses difficultés pour l'avenir. « Il me semble, écrit-il le 31 juillet, que les affaires de Chine se compliquent et menacent de devenir un gros embarras. Que fera cette poignée d'hommes lancée au midi et au nord, en face de la nombreuse et haineuse population de Canton et du Peï-ho? » Volontiers il aurait demandé à retourner dans les mers de Chine pour prendre part à l'expédition de Cochinchine qu'il considérait comme prochaine, mais sa santé, à peine rétablie, ne lui permettait pas de se proposer comme capable de supporter de grandes fatigues. Le docteur Rochard, consulté, lui déclara qu'il y avait imprudence grave à retourner immédiatement en Chine, et qu'il ferait bien de rester l'hiver en France et de se retirer à la campagne jusqu'au printemps. « Cette perspective, disait-il, de passer quelques mois à Puycheni me sourit ; j'espère toutefois que je ne consulterai pas mes goûts, mais mon devoir. Il n'est pas nécessaire que je vive, mais il faut que je fasse tout ce qui dépendra de moi pour le bien. »

De Plas était arrivé à Brest au milieu des travaux qu'on préparait pour la réception de l'Empereur. De grandes fêtes devaient avoir lieu à Cherbourg, au commencement du mois d'août, et Napoléon III avait promis de visiter, en quittant la Normandie, le premier port militaire de la Bretagne. Le 9 août, il entra dans la rade, accompagné de l'escadre que commandait l'amiral Desfossés. « Reçu dans le port, écrit François, par le préfet maritime, entouré d'un grand nombre d'officiers, il a dû vraiment être frappé de l'imposant spectacle qu'offrait la Penfeld avec ses vaisseaux échelonnés depuis la mature jusqu'à la corderie. Tous étaient pavoisés, et leurs vergues garnies de monde. » On se rendit ensuite à l'église où fut donnée la bénédiction du Saint-Sacrement, et, vers quatre heures et demie, eut lieu la présentation.

C'est pendant le séjour de l'Empereur à Brest que de Plas apprit sa nomination au grade de capitaine de vaisseau. L'avancement l'avait toujours peu préoccupé ; il poussait même à l'extrême les sentiments de délicatesse sur ce point. « Dieu sait, disait-il, que je ne sers point pour conquérir des honneurs et des grades ; il est bon qu'on le sache au ministère et parmi mes camarades. Tant pis pour ceux qui appellent cela de la duperie et de la niaiserie. Je les plains plus qu'ils ne peuvent me plaindre ! »

Néanmoins François eut l'occasion de s'apercevoir que cette question le touchait plus qu'il ne le croyait. « Il faut que je te l'avoue, écrit-il à sa mère, le bon Dieu m'a fort humilié. Je pensais être indifférent à l'avancement... Eh bien ! une conversation que j'ai entendue, m'ayant donné à croire que je ne faisais pas partie de la prochaine promotion, j'en ai été extrêmement troublé. Cela prouve que je suis beaucoup plus faible que je ne pensais ; et cependant, il me semble que j'étais sérieux quand j'affectais de ne pas tenir au grade dont il est question aujourd'hui. »

Quoi qu'il en soit, dès qu'il connut officiellement sa nomination, de Plas se montra reconnaissant de son nouveau grade qu'il considérait comme une faveur dans les circonstances présentes. « J'ai mis les épaulettes de capitaine de vaisseau ce matin pour la première fois, écrit-il à sa mère, le 12 août. Beaucoup de mes camarades et connaissances m'ont chaudement serré la main en me complimentant. Mes compétiteurs étaient sérieux et plusieurs joignaient à un vrai mérite de puissants appuis... Les capitaines de vaisseau, ajoute-t-il, qui ne sont pas désignés pour un service spécial, peuvent résider où bon leur semble, et en donnent connaissance au ministre. J'ai donc le projet de fixer mon séjour à Puycheni jusqu'à la fin de l'année, afin de refaire, comme on me le conseille, ma santé encore chétive. Voilà le projet, Dieu le bénira-t-il? Que sa sainte volonté soit faite et me trouve prêt ! »

Nous ne pouvons citer toutes les lettres de félicitations que de Plas reçut de ses amis à l'occasion de sa nomination; il n'en est pas une qui ne la regarde comme la récompense méritée des meilleurs services. Nous nous contenterons d'en indiquer quelques-unes que recommande spécialement la signature de leurs auteurs. Ce sont d'abord les deux anciens chefs de la station de Chine qui s'empressent de rendre au commandant du *Cassini* et de la *Virginie* une tardive justice. « Vous avez bien pensé, mon cher camarade, lui écrit M. de Rocquemaurel, que votre nomination, que mes vœux appelaient depuis longtemps, me trouverait disposé à y applaudir des deux mains et à me réjouir cordialement. Vous avez en cela, mon cher ami, parfaitement interprété tous mes sentiments d'estime et d'attachement pour vous. » — « Je vous félicite, mon cher commandant, écrit à son tour l'amiral X*** de votre promotion; et je m'en réjouis avec vous, parce que vous l'avez bien méritée par vos bons et loyaux services. Je l'attendais depuis longtemps avec une certaine impatience, comme une récompense qui vous était due. » L'amiral de Gueydon, qui se trouvait alors à Brest, se contenta d'envoyer un billet à son ancien camarade d'Angoulême, mais il est caractéristique : « J'avais été très vexé à la dernière promotion,

Voilà le mal réparé ; j'en suis heureux et je t'en félicite bien cordialement. »

Le troisième jour après son arrivée à Brest, l'Empereur quitta la ville, salué à son départ de chaleureuses acclamations. L'escadre qui l'avait accompagné ne pouvait tarder à retourner à Toulon ; de Plas obtint passage à bord du vaisseau amiral la *Bretagne*. Partis de Brest le 20 août, on était le 1er septembre en vue des côtes de Provence. « L'escadre, écrit François à sa mère, vient de mouiller dans le golfe Juan, près d'Antibes et de Cannes. La soirée est magnifique. Au coucher du soleil, les Alpes avec leurs sommets neigeux se dessinent de la plus pittoresque manière. C'est vraiment une partie de plaisir que la navigation dans de telles conditions. Nous sommes au moins huit personnes à la table de l'amiral, et, pendant le dîner, une excellente musique nous joue des airs choisis. Mais tout cela ne me fait point oublier Puycheni. » Après avoir suivi avec intérêt quelques évolutions de l'escadre et visité les îles d'Hyères, François remercia de sa gracieuse hospitalité l'amiral Desfossés et reprit le chemin du vieux manoir.

D'après ses *états de service*, nous savons que le nouveau capitaine de vaisseau demeura en résidence à Puycheni jusqu'au mois de février 1859 ; qu'il fut ensuite attaché pendant six mois au port de Brest, et qu'il revint en résidence à Puycheni où il séjourna jusqu'au mois de février 1860. Nous ne pouvons le suivre pas à pas dans cette vie calme et tranquille, mais un peu trop uniforme pour intéresser le lecteur ; nous préférons ne relater que les incidents principaux qui nous paraissent de nature à faire mieux ressortir son caractère et sa physionomie.

Quelques lignes de son *Journal privé*, empruntées à Mgr Landriot et accompagnées de cette annotation à *relire souvent*, nous montreront quelle fut alors sa ligne de conduite et comment il s'appliquait avec l'Apôtre à mener une vie ignorée des hommes et toute cachée en Dieu avec Jésus-Christ. « L'aménité des formes extérieures est nécessaire à l'expression de la charité parfaite; car la charité vient de Dieu, et ses manifestations doivent être, comme les révélations divines, pleines d'amabilité et de douceur : *Ostendere se illis hilariter*... Au jour du jugement, la plus grande gloire de l'Église catholique sera le bien opéré dans l'ombre... Quand il n'y a pas utilité pour nos frères ou pour la gloire de Dieu, préférons les œuvres qui s'abritent à l'ombre du silence et de l'humilité... Si la Providence a d'autres desseins, elle saura bien ménager les ouvertures pour que ce parfum, si secret dans notre intention, se verse autour de nous; et alors il fera d'autant plus de bien que l'homme le moins bienveillant sera obligé de reconnaître son exquise nature. » François, en transcrivant ce résumé de perfection comme un modèle à reproduire, nous a, sans se douter de rien, conservé un portrait fidèle de sa propre vie.

Quand il quitta le repos bienfaisant de Puycheni, pour prendre à Brest un emploi en rapport avec son grade, de Plas entrevoyait un avenir gros d'orages. « Pourquoi s'en inquiéter? disait-il. Celui qui a chassé le roi de 1830 et les républicains de 1848, saura bien faire tourner à sa gloire les vains projets des hommes. » Les premiers signes de l'orage, qui menaçait d'éclater bientôt sur l'Europe, remontaient jusqu'à l'attentat d'Orsini, au mois de février 1858. Cet attentat avait produit une grande impression sur l'esprit de l'Empereur qui, se voyant exposé à être assassiné comme infidèle à son serment maçonnique, s'était jeté du côté de la Révolution, avec le dessein de changer la condition politique de l'Italie. Dans l'été de 1858, il avait invité

Cavour à venir aux eaux de Plombières se concerter avec lui pour chasser les Autrichiens de la Lombardo-Vénétie, qui serait, ainsi que les duchés, annexée au royaume Sarde; on céderait à la France Nice et la Savoie; tous les autres États seraient unis dans une fédération dont le Pape, chef suprême, réformerait son gouvernement sur l'exemple de la France. Un opuscule fameux, *Napoléon III et l'Italie*, avait proposé toutes ces combinaisons; et l'Empereur lui-même avait dicté cette phrase significative du discours de Victor-Emmanuel, à l'ouverture des Chambres, au mois de janvier 1859 : « Tout en respectant les traités, nous ne pouvons pas rester impassibles aux cris de douleur qui viennent jusqu'à nous de tant de points de l'Italie. »

L'Autriche ne pouvait céder la Lombardo-Vénétie, sous peine de voir les autres États invoquer ce précédent à leur profit; elle réclama donc l'intervention de l'Europe qui s'effrayait de l'approche d'un choc universel. On espérait que le concours de la diplomatie serait aussi efficace à la veille d'un conflit qu'au lendemain d'une victoire. « La France, écrit de Plas, le 19 février, est sur le point de s'engager dans une guerre contre l'Autriche. Cette pensée que deux grandes puissances catholiques en viendraient aux mains, sans griefs sérieux, m'afflige au dernier point. Pourquoi hésiterais-je à le dire? Le bon droit ne me paraît pas du côté de la France, et le Piémont, cause de ce conflit, me semble avoir été le provocateur de l'Autriche.

« Je vois beaucoup de gens, ajoute-t-il à la veille même de la déclaration des hostilités, inquiets de la situation politique. On prévoit une guerre qui causera un bouleversement général et de grands malheurs, et la France ne semble pas avoir le bon droit pour elle. Malheureusement il y a trop de gens à vouloir se mêler des affaires politiques; les hommes sages, sans fermer les yeux sur ce qui se passe, doivent mettre leur confiance en Dieu, et le prier d'éclairer ceux qui gouvernent notre pays. Pas de calcul d'avenir! Laissons à Dieu le soin de gouverner le monde, et que chacun ne cherche qu'à vivre *sobrie, et juste, et pie*, sans se préoccuper des finesses diplomatiques! »

Poussée à bout par les sourdes menées du Piémont, l'Autriche déclara la guerre; on apprit à Brest cette grande nouvelle le 22 avril, par une dépêche télégraphique. « Je considérais les hostilités comme très probables, écrit François dans son *Journal*, et une intervention miraculeuse de la Providence me semblait l'unique frein aux mauvais désirs qui poussent la France et le Piémont à cette insigne folie... J'espère toujours que Dieu saura tirer le bien du mal... Mais que faire, sinon obéir à l'autorité tant que Dieu lui laissera le pouvoir? Nous obéirons donc, tout en déplorant les calamités de la guerre à laquelle nous prenons part; cependant cela dégoûte singulièrement de la carrière des armes. Souffrir ou même mourir pour son pays injustement attaqué n'aurait rien de pénible pour un chrétien; mais comment remplir son devoir militaire dans une expédition regardée comme injuste par le public religieux, par tous les hommes sensés? C'est le cas, en demandant à Dieu la lumière, de ne manifester aucun désir d'être employé, quand bien même cette froideur serait mal interprétée. »

Nous n'avons pas à raconter les différentes péripéties de la guerre d'Italie : l'invasion du territoire piémontais par les Autrichiens, l'entrée en campagne de l'armée française, les rapides mais sanglantes victoires de Montebello, de Magenta et de Solferino, suivies de la paix de Villafranca et de Zurich. François, nous l'avons dit, était bien loin d'approuver, comme chrétien, cette expédition qui lui semblait injuste et dont il prévoyait les fatales conséquences; cependant il ne pouvait rester insensible, comme Français, à tous ces grands événements qui menaçaient de bouleverser l'Europe. Les appréciations qu'il confiait à son *Journal privé* nous ont conservé comme une empreinte du trouble qui l'agitait alors.

« En ce moment, écrit-il le 5 mai, le sang coule probablement en Italie. Les armées françaises et autrichiennes ont dû se rencontrer et en venir aux mains... J'ai le chagrin de n'être pas convaincu du bon droit de la France; je suis comme un enfant qui verrait son père armer ses serviteurs pour faire une incursion sur les terres de ses voisins; je m'afflige, comme chrétien, des humiliations de l'Autriche, et, comme Français, des malheurs qui menacent mon pays. Je ne puis m'associer ni à la joie des soi-disant patriotes Italiens et Français, ni à celle des ennemis qui auront versé le sang de mes compatriotes. Quelle cruelle situation pour les cœurs droits! Mais à quoi bon se tourmenter? Dieu voit; Dieu avisera. »

Les Autrichiens, après avoir franchi le Tessin, s'arrêtèrent au lieu de s'avancer à marches forcées sur Gênes et sur Turin; Napoléon eut le temps d'accourir au secours de son allié, et de repousser par la glorieuse bataille de Magenta l'ennemi au-delà du Mincio. « Grande victoire : quinze mille hommes tués ou blessés, cinq mille prisonniers! Voilà, s'écrie de Plas dans son *Journal*, à la date du 5 juin, ce que nous transmet le télégraphe aujourd'hui. Certes, si la France avait été provoquée par l'Autriche, il y aurait, dans un tel succès, matière à pavoiser et à se réjouir; mais, dans les circonstances présentes, un tel massacre laisse plus de stupeur que de joie. Disons-nous toujours : Dieu sait, Dieu voit, Dieu avisera. En attendant, prions avec ardeur pour la cessation du fléau de la guerre, et offrons en compensation nos contrariétés et nos peines. Que sont-elles comparées aux souffrances, aux douleurs qui affligent les individus et les familles les plus en cause dans cette terrible lutte? Vivons par la pensée au milieu de nos frères d'armes.

» J'entendais des gens qui, après avoir lu la dépêche télégraphique, se disaient : « Bonne affaire! quinze » mille Autrichiens tués! » Sans doute, quand nos compatriotes sont engagés dans une lutte, on ne peut que désirer le succès; mais une telle boucherie ne saurait que causer beaucoup de tristesse à un vrai chrétien. Pour moi, je crains que les succès de nos soldats n'exaltent outre mesure l'orgueil national et ne nous rendent mauvais voisins; je crains aussi que les hommes du pouvoir ne soient moins accessibles à la vérité. »

Deux jours après, on apprit que les Autrichiens, forcés d'évacuer Milan, se repliaient sur leurs places fortifiées, et que toute la population se soulevait contre eux. « Cette manière de faire la guerre en s'aidant de l'insurrection, observait de Plas, mine le principe d'autorité, jette des racines de haine profonde chez les peuples, et risque d'aliéner à la France toute l'Europe. Dieu daigne, dans sa sagesse, diminuer les jours d'épreuve! »

Vers la fin du mois de juin, une nouvelle dépêche télégraphique annonça la décisive victoire de Solferino. Dans cette mémorable journée, où les armées ennemies n'occupaient pas moins de cinq lieues de terrain, les Autrichiens, qui avaient engagé toutes leurs forces, furent battus sur toute la ligne. « Quel sera, se demanda François, le résultat de cette grande bataille, où l'élite de deux nations catholiques a versé son sang à flots? Quelques nouvelles révoltes de villes et de populations contre leurs princes légitimes, pour se donner à Victor-Emmanuel qui prendra le titre de dictateur de l'Italie. C'est bien du sang, hélas! pour un résultat qui menace d'être déplorable. »

En effet, bien que Napoléon eût affirmé que la guerre n'atteindrait que l'Autriche, et ne se changerait jamais en révolution, toute la péninsule était déjà en ébullition : la Toscane chassa le grand-duc; Parme et Modène en firent autant; et le Piémont, contrairement à l'idée que caressait l'Empereur, d'une Italie divisée en trois royaumes avec le pape pour chef, réclama à grands cris l'unité italienne. « Il semble, écrit de Plas, le 8 juillet, en s'appropriant une remarque de Louis Veuillot, il semble, à entendre les rédacteurs de la plus mauvaise presse, que notre armée n'ait été en Italie que pour leur compte, et qu'elle ne soit plus celle du pays, mais du journal *Le Siècle* ou du *Charivari*. En fait, M. de Cavour triomphe, le roi de Sardaigne partage avec Garibaldi les honneurs de la presse italienne, et les honnêtes gens ne voient pas sans inquiétude pour l'avenir la tournure que notre présence a donnée aux affaires. »

L'Europe s'alarma de la prépondérance que la France recouvrait dans la péninsule, et l'on craignit sur le Rhin une attaque de l'Allemagne, que l'armée restée en France n'aurait pas suffi à repousser. Napoléon s'empressa donc d'offrir à l'empereur d'Autriche un armistice, bientôt suivi de la paix de Villafranca ratifiée à Zurich. « Grande nouvelle, s'écrie François le 10 juillet, il y a trêve entre les empereurs de France et d'Autriche, et cette trêve durera jusqu'au 15 août; cela vaut mieux qu'une grande victoire... Il a dû y avoir, ajoute-t-il deux jours après, une entrevue entre Napoléon et François-Joseph. Dieu veuille inspirer à ces deux souverains des sentiments d'estime réciproque et un vif désir de s'entendre; puisse-t-il accueillir les prières qui s'élèvent de tous côtés pour la conservation de la paix entre les deux grandes nations catholiques ! »

Pendant que ces importants événements se passaient à l'extérieur, de Plas s'applaudissait d'avoir rallié le port de Brest, où il trouva des éléments d'occupation conformes à sa profession, travaillant à se rendre capable de la mieux remplir, dès qu'on l'appellerait à l'activité.

« Je regretterai toujours, mon digne ami, lui écrivit au mois de juin l'amiral Desfossés, qu'il n'ait pas dépendu de moi de vous faire attacher (à un titre quelconque) à l'escadre de l'Adriatique. Le ministre s'est montré très rétif à l'endroit de toutes les désignations de personnes que j'ai cru devoir lui soumettre pour certains officiers subalternes ; de sorte que je me suis imposé un silence absolu à votre endroit, convaincu que je l'irriterais sans en rien obtenir. Dieu a ses vues, laissons-nous conduire par lui. »

Appelé à présider un conseil de guerre qui avait mission de juger un enseigne de vaisseau sur la perte d'un bâtiment qu'il commandait en Océanie, François traçait ainsi, après avoir prié Dieu de l'éclairer, la ligne de conduite à suivre dans la direction des débats. « Le rôle d'un président doit être digne et sérieux. S'il est tenu de se montrer bienveillant envers l'accusé, il ne l'est pas moins de soutenir l'intérêt de la discipline et l'exécution des lois qui sauvegardent les intérêts les plus vivaces du pays. Il faut donc qu'il étudie les faits et expose suffisamment la conduite du prévenu, pour que les juges décident sciemment s'il est ou non coupable, et qu'ils prennent une idée exacte des devoirs qui dans tel cas particulier incombent à l'officier commandant. »

François de Plas venait d'être proposé pour un commandement, lorsque, repris d'une forte indisposition, il se décida, sur l'avis du médecin, à retourner à la campagne pour y rétablir sa santé ; mais avant de quitter Brest, il eut la consolation d'assister à une imposante cérémonie qui devait l'attacher davantage à la Compagnie de Jésus, pour laquelle il ressentait déjà beaucoup d'estime et d'affection. Le 31 juillet, fête de saint Ignace, devait avoir lieu la pose de la première pierre de la chapelle de Notre-Dame de Bon-Secours, à la résidence des Pères Jésuites, dans la rue d'Aiguillon.

« J'ai été très content, écrit de Plas, le 1er août, de la cérémonie d'hier. L'évêque de Quimper a très bien parlé. Après la bénédiction, le préfet maritime et les principales autorités de la ville ont assisté à un somptueux repas, préparé sous une tente fixée à l'un des murs du jardin. J'ai demandé ce matin, dans la chapelle du Refuge, la grâce de prendre pour règle de ma conduite la belle maxime *Ad Majorem Dei gloriam*, et j'ai prié saint Ignace de m'aider à la mettre en pratique. Quel puissant encouragement au travail ! Et comme tout deviendrait facile et agréable, si l'on agissait sans cesse avec la pensée de procurer la plus grande gloire de Dieu ou l'accomplissement de sa volonté ! »

En franchissant le seuil du vieux manoir, François trouva sa mère, comme on l'en avait prévenu, dans un tel état de faiblesse que l'on craignait un dénouement prochain. « Gloire à Dieu, s'écria-t-il, qui m'a permis de revoir ma mère et de l'embrasser ! » Il ne pouvait espérer la voir revenir à la santé ; aussi demanda-t-il pour lui et pour les siens la résignation à la volonté de Dieu. « Nous devons être prêts au sacrifice, disait-il, et remercier Dieu qui nous a conservé nos parents dans une si longue et si verte vieillesse. »

Cependant la chère malade devait pendant quelques semaines encore lutter en quelque sorte chaque jour avec la mort, et donner ainsi à sa nombreuse famille réunie autour de son lit de souffrances, l'exemple de toutes les vertus. Plusieurs fois elle eut la consolation de recevoir le Saint Viatique, et François nous a conservé quelques-unes des particularités de cette touchante cérémonie. « Ce matin, écrit-il le 26 août, après la messe dite à la chapelle par le curé de Saint-Romain, messe à laquelle deux de mes frères, deux belles-sœurs, deux nièces et mon neveu Adalbert ont reçu la sainte communion, le Saint Viatique a été porté à ma mère assise dans le salon. Les fils de mon frère Adalbert, qui avaient servi la messe, tenaient deux flambeaux, et Louis et moi nous avions des cierges bénits à la Chandeleur. Tout le monde étant agenouillé dans le salon, le curé a adressé à ma mère une pieuse exhortation, la félicitant de ce que la plus grande partie de sa nombreuse famille eût voulu s'associer à l'acte de religion qu'elle allait accomplir, afin d'attirer sur elle les bénédictions de Dieu. Ces bénédictions il les souhaitait et les espérait lui-même dans l'intérêt de la famille comme dans celui du pays, où cet exemple de la maison dont elle était la tête produisait le meilleur effet. Ces pensées, ajoute-t-il, exprimées avec foi et avec cœur beaucoup mieux que je ne les reproduis, ont ému tout le monde et particulièrement ma mère, dont la figure rayonnait comme illuminée de la visite divine. »

Le 29 août, madame de Plas reçut de nouveau le Saint Viatique, suivi du sacrement de l'Extrême-Onction qui lui fut administré, sur sa demande, par le curé de la paroisse, avec l'indulgence plénière *in articulo mortis*. Grâce au *Journal privé*, nous pouvons assister encore à ces pieuses et touchantes cérémonies. « Ma mère, écrit François, qui paraissait hier n'avoir que quelques heures à vivre, a reçu les sacrements avec toute sa connaissance et les marques de la foi la plus vive. Le curé a béni en son nom toute la famille groupée autour d'elle. Nous étions tous très affectés : mes sœurs et mes belles-sœurs sanglotaient ; quant à moi, j'étais pour ainsi dire heureux que ma mère eût conservé tant de force dans ce moment solennel. C'est bien ainsi que j'avais rêvé la fin d'une mère de famille chrétienne.

» Deux fois ma mère nous a fait appeler : aucun de ses enfants ne manquait, tous ont entendu ses derniers vœux. Elle espère que nous marcherons dans la voie de l'honneur et de la religion. La fatigue l'a empêchée de nous exprimer ce que son cœur qui déborde de tendre affection avait à nous dire. Nous avons tous été bénis par elle. Me trouvant seul un instant avec elle, je lui ai demandé pardon des chagrins que j'avais pu lui causer dans le passé ; elle m'a répondu qu'elle n'avait rien à me pardonner, qu'elle ne pouvait que me bénir. Je l'ai remerciée d'avoir oublié le mal pour ne se souvenir que du bien. Mon frère aîné disait qu'il aurait voulu voir ce lit de souffrances entouré d'incrédules ; c'eût été une éloquente prédication en faveur d'une religion qui prépare une telle fin. »

Les domestiques et les métayers passèrent tour à tour dans la chambre de la malade, qui trouva pour chacun de bons conseils et des paroles d'affection. Ils se retirèrent édifiés et fortifiés, en voyant combien la mort des justes est précieuse devant le Seigneur. « Que Dieu soit béni, s'écriait François dans l'admiration, de nous avoir conservé notre mère avec un esprit si élevé, si plein des vérités de la religion et des devoirs de la famille! »

L'agonie, commencée dans la nuit du 25 septembre, se prolongea jusqu'à la fin du jour suivant ; « comme si Dieu, observe François, eût voulu nous préparer lentement à cette perte cruelle. » Se trouvant auprès de sa mère au moment de la crise suprême, ce fut lui qui commença les prières des agonisants auxquelles répondirent bientôt tous les membres de la famille présents. Le lendemain, abîmé dans sa douleur, il recueillit dans son *Journal* les souvenirs des derniers instants de sa mère bien-aimée. « Jeanne de Laloubière de Castelnau, dame de Plas, ma mère, s'est endormie hier au soir dans le Seigneur, à huit heures. Tant que la souffrance a permis à ses sentiments de se faire jour, elle a agi en femme pleine de foi, en chrétienne des plus édifiantes ; elle priait sans cesse et faisait fréquemment le signe de la croix ; elle demandait, avec le pardon de ses fautes, la grâce de se soumettre à la volonté de Dieu. Nous devons espérer que Dieu lui a fait miséricorde, car elle a vraiment brillé par la douceur et la charité, et c'est par ces éminentes qualités qu'elle maintenait, malgré la vivacité des caractères, la paix dans la famille. « Bienheureux ceux qui » meurent ainsi dans le Seigneur ! »

A l'occasion de la mort de sa mère, François reçut de tous côtés les témoignages de la plus vive sympathie, qui étaient en même temps un complet éloge de la femme forte que Dieu venait de ravir à l'affection de tous les siens. Qu'il nous suffise de citer cette lettre si compatissante de Mgr d'Angoulême :

« Monsieur,

» Je comprends et je puis dire que je ressens toute votre douleur. Je partageais votre tendre vénération pour votre admirable mère, et le coup qui vous atteint aujourd'hui me rappelle celui qui me frappait moi-même, il y a moins de trois ans. Mais, pour votre famille comme pour la mienne, c'est une douleur qui porte avec elle sa consolation. Une mère telle que la vôtre, monsieur, qui a su si bien comprendre et remplir des devoirs presque généralement oubliés aujourd'hui, est assurée d'une belle récompense.

» Je n'en unis pas moins mes prières aux vôtres, surtout au saint autel, d'abord pour la vénérable défunte, afin que Dieu ne retarde pas davantage son bonheur, puis pour ses enfants, afin qu'il les console et leur fasse la grâce de transmettre intact aux enfants de leurs enfants ce bel héritage de foi et d'admirable piété. »

Pendant que François s'occupait avec ses frères et sœurs à régler d'un commun accord les affaires de succession, de graves événements se passaient en Chine et ne pouvaient manquer d'attirer son attention. Les alliés venaient d'éprouver un échec, en essayant de remonter le Peï-ho pour conduire les ambassadeurs à Pé-king; les Français avaient eu, disait-on, soixante hommes hors de combat, et les Anglais près de quatre cents. De Plas ne pouvait rester indifférent au bruit des armements qui se préparaient; mais il hésitait à se mettre en avant, craignant une fois de plus d'être réduit à l'impuissance, comme il l'avait déjà éprouvé sur la *Virginie*; il préférait donc attendre une lumière plus éclatante pour discerner la route à suivre, ou des ordres qui seraient pour lui une marque évidente de la volonté de Dieu.

Dès la fin de septembre, il écrivit au premier aide de camp du ministre de la marine une lettre, par laquelle il priait cet officier de faire savoir en temps opportun qu'il était disposé à entreprendre une troisième campagne en Chine. « Est-ce le bon ou le mauvais esprit, se demande-t-il dans son *Journal*, qui m'a dicté cette lettre? Est-ce l'ennui du présent? Est-ce un vague désir de jouer un rôle? Est-ce crainte que Dieu ne m'ait oublié? S'il y a faute, j'en demande pardon à Dieu. Je crois que je suis trop jaloux de ma réputation. J'agis souvent comme si toute cette affaire ne devait pas être remise par le chrétien aux mains de son divin Maître. »

Son ami Bernaërt, à qui il avait fait part de sa démarche, lui répondit avec une franchise qui lui rendit le calme, en l'éclairant sur la véritable situation des choses dans l'Extrême-Orient. « Je prierai le bon Dieu, mon cher de Plas, de vous enseigner à faire sa volonté ; mais il me semble, à moi, que sa volonté est que vous tâchiez d'avoir promptement un commandement à la mer, puisque c'est surtout en commandant à la mer qu'un capitaine de vaisseau remplit son principal devoir ; et c'est en accomplissant bien les devoirs de son état que chacun doit faire son salut.

» Je n'approuve pas que vous ayez demandé une place précisément en Chine. Peut-être qu'il n'y en aura pas là avant dix ans, et qu'il se trouve actuellement ailleurs quelque commandement auquel vous conveniez et qui, par conséquent, doit vous convenir.

» Votre première campagne était vraiment apostolique, la seconde a été mixte, et la troisième serait purement politique ; car on ne prêche pas l'Évangile à coups de canon, on ne convertit pas au christianisme à la baïonnette. »

De Plas, du reste, n'entendit jamais parler de la demande qu'il avait adressée au ministère ; et comme il en exprimait un jour son étonnement à M. de Rocquemaurel, il en reçut la lettre suivante :

« Je ne suis pas très fâché, je l'avoue, que vous n'ayez pu réaliser votre projet d'une troisième campagne en Chine qui, succédant coup sur coup aux deux autres, sans compter celle de la Baltique, finirait peut-être par ruiner pour toujours votre constitution. Le dévouement dont vous faites preuve en toute circonstance, doit avoir une limite imposée par l'âge et les fatigues du métier. Ces considérations doivent surtout être mûries avant de se lancer à corps perdu dans une carrière comme la nôtre, et où les hommes de votre trempe ne peuvent s'arrêter qu'en succombant à la peine. »

A la même époque, son ami Clerc était ordonné prêtre dans la Compagnie de Jésus. François, encore retenu à Puycheni, éprouva le regret de ne pouvoir servir, comme il en avait manifesté l'intention, la première messe de son ancien lieutenant du *Cassini*. « Voilà, écrivit-il, un homme qui s'est courageusement mis à la suite du Sauveur et qui a certainement choisi la meilleure part. Pourquoi ne l'ai-je pas imité ? Pourquoi resté-je dans le monde à combattre sans le secours puissant que se prêtent les membres d'une Compagnie consacrée à Notre-Seigneur Jésus-Christ, et ne travaillant que pour sa gloire ? N'ai-je point été retenu par la sotte pensée d'être un homme bon à quelque chose dans la marine ?... Mais maintenant, qui m'arrête ? Le défaut d'une vocation assez sûre ?... Puisse le bon Dieu m'éclairer ! Puisse-t-il me montrer la voie à suivre ! »

Telles étaient les pensées qui agitaient l'âme de François et le portaient à désirer quelques jours de solitude pour s'examiner sérieusement devant Dieu, en vue de l'avenir, quand il fut appelé par le ministre qui lui demandait un rapport sur un projet d'expédition en Chine. Dès le 14 octobre, il arriva à Paris et se présenta le lendemain au cabinet du ministre, qui était auprès de l'Empereur, à Saint-Cloud. Après avoir pris des notes au dépôt des cartes et plans sur l'expédition anglaise de 1840 et 1841, et visité les supérieurs des Jésuites, des Lazaristes et des Missions étrangères, il se mit à l'œuvre avec ardeur. Son rapport était achevé, lorsque, dans la matinée du 17, l'aide de camp du ministre prévint de Plas que l'amiral voulait lui parler. « Je me suis trouvé, dit-il, vers une heure au rendez-vous. J'ai lu mon rapport qui ne servira à rien, les Anglais ayant déjà pris les devants et occupé le point que j'indiquais. J'ai demandé au ministre à étudier de nouveau la question, et j'irai demain, à huit heures, lui communiquer le résultat de mes recherches. »

Le lendemain, François se rendit, muni d'un nouveau rapport chez le ministre qui lui annonça l'intention de le présenter à l'Empereur. Vers neuf heures, ils partirent pour Saint-Cloud, accompagnés de M. Bourgois, capitaine de vaisseau ; mais, l'Empereur se trouvant alors avec le préfet de la Seine, ils ne furent introduits qu'après une longue attente. « Sa Majesté, raconte de Plas, nous a fait asseoir et a causé très simplement avec nous. » Le *Journal privé* nous a conservé de cet entretien familier une particularité que nous reproduisons dans toute sa naïveté. « C'est une grande qualité, observe François de savoir se taire dans les choses qu'on connaît imparfaitement. Ainsi, ce matin, j'ai osé dire devant l'Empereur que les Chinois avaient de mauvais chevaux et qu'il était fort rare de voir des cavaliers de cette nation. J'ai bien essayé de rectifier cette assertion, en ajoutant que je ne parlais que de ce que j'avais vu ; mais l'impression était produite. Rentré chez moi pour m'occuper de la grande question chinoise, j'ai lu dans le Père Du Halde que, de son temps, on n'estimait pas à moins de cent mille cavaliers les Tartares des huit bannières qui vivent autour de Pé-king. »

Le 21 octobre, de Plas parut de nouveau devant l'Empereur, comme membre d'une commission convoquée par l'amiral Hamelin, ministre de la marine, et qui comprenait deux ingénieurs hydrographes et deux capitaines de vaisseaux. « Il y a une demi-heure, écrit François vers six heures du soir, que j'ai quitté les Tuileries où l'Empereur avait appelé le ministre de la guerre, le ministre de la marine et la commission. Nous sommes restés une heure en présence de Sa Majesté, qui veut à tout prix une expédition. Le ministre de la marine a cru devoir présenter quelques objections sur le temps nécessaire pour arriver en Chine. L'Empereur l'a écouté avec beaucoup de patience et une certaine bonhomie ; mais il se rangeait toujours à l'avis des personnes qui se montraient favorables à la pensée d'un corps expéditionnaire rapidement jeté en Chine pour opérer en mai. Je me réjouis d'avoir su me taire, sauf pour rectifier une opinion trop optimiste sur la rapidité des traversées. » Le *Journal privé* ajoute quelques détails qui nous permettent d'assister à l'entretien, comme s'il avait lieu sous nos yeux. « L'Empereur, lisons-nous, était vêtu en bourgeois, les ministres en redingote. Sa Majesté nous a fait asseoir à deux reprises, et a cherché des bûches pour entretenir elle-même le feu. On ne se figure guère une Majesté aussi peu guindée. »

Ne considérant plus sa présence comme utile à Paris, de Plas se préparait à prendre congé du ministre, lorsqu'on lui demanda de différer son départ de quelques jours encore. Il en profita pour visiter un grand nombre de ses amis, qui s'étaient, en quelque sorte, donné rendez-vous dans la capitale ; c'est ainsi qu'il revit avec plaisir le commandant de Jonquières, son ancien collègue du Conseil d'amirauté, l'abbé Cambier, l'aumônier si regretté du *Cassini*, M. Nicolas, qui travaillait alors à son bel ouvrage sur la Sainte Vierge, de Cuers, devenu religieux de l'Adoration du

Saint-Sacrement, Alexis Clerc, vers lequel l'attirait un attrait déjà fraternel, et le maréchal Canrobert, qui lui fit l'accueil d'un vieil ami. « Je l'ai tutoyé, disait-il, pour le mettre à l'aise, sauf à lui donner de l'Excellence en cérémonie. » Il réussit aussi à voir Louis Veuillot, le grand journaliste catholique, dont il admirait plus que jamais le courage et le talent dans ses luttes quotidiennes en faveur de la justice et de la vérité, contre toutes les puissances du jour.

La sympathique admiration de François pour le rédacteur en chef de l'*Univers* remonte jusqu'à l'époque de sa conversion en 1848. Considérant ce journal comme le principal organe des intérêts catholiques en France, il le lisait avec toute la ferveur d'un néophyte et devint, tout en réservant sa liberté d'appréciation sur plusieurs points, un de ses plus fidèles abonnés, un des plus ardents partisans de sa ligne générale de conduite. « Je viens, écrivait-il un jour, de lire un remarquable article de Louis Veuillot sur la situation. Il est heureux que le catholicisme et la papauté aient à leur service des hommes de cette trempe. Si le public impie ne les lit pas, le public religieux s'inspire au moins de leurs bonnes pensées, qui raniment dans les âmes la confiance. »

Les rapports personnels de ces deux hommes, de ces deux grands chrétiens, qui plaçaient au-dessus des questions si changeantes et si variables du temps et de la politique la cause indiscutable et immuable de l'Église et de la papauté, ne commencèrent que dix ans après, en 1858. « J'ai été voir ce matin, écrit François à sa mère, le 9 décembre, Louis Veuillot, avec une vieille connaissance, M. Hautefeuille, avocat à la cour de cassation. Le spirituel écrivain nous a fait un très aimable accueil, et nous a amusés presque autant qu'un de ses bons articles de l'*Univers*. »

Lorsque François revit, au mois d'octobre 1859, le rédacteur en chef de l'*Univers*, c'était au moment des protestations indignées qui s'élevaient de toutes parts, parmi les catholiques, contre la politique de non-intervention proclamée par Napoléon pour justifier les violations du droit public en Italie. « Cette visite, dit-il dans son *Journal*, m'a beaucoup intéressé. M. Louis Veuillot parle comme il écrit, avec une foi vive et un désir ardent d'étendre le domaine de Jésus-Christ, et de grandir la France par la protection nette et franche du catholicisme. »

Depuis quelques mois les avertissements officieux étaient prodigués au courageux journal, lorsqu'il reçut, le 11 octobre, un premier avertissement officiel au sujet d'un article intitulé : l'*Europe en Asie*. La menace n'était pas capable d'intimider Louis Veuillot, qui continua de parler haut et ferme. « Lu un article de Louis Veuillot, écrit François dans son *Journal* le 10 novembre, qui vaudra probablement à l'*Univers* un deuxième avertissement ; mais il donne à cet écrivain une belle place parmi les défenseurs des principes qui sont la base de la société. » Deux mois après, le vaillant journal catholique tombait au champ d'honneur, frappé des foudres impériales, pour avoir publié une encyclique du Souverain Pontife. « Nous sommes à une époque, écrivit François en apprenant cette nouvelle, où on doit être prêt à tout. Ne me verrai-je pas sous peu obligé de renoncer à ma carrière ; car pour bien servir, il faut respecter ceux qui ont le pouvoir, et pour se dévouer, il faudrait les aimer. Dieu daigne m'éclairer ! Puissé-je surtout parler peu et toujours sans haine et sans fiel, en disant cependant avec franchise et netteté ce que je pense, quand il conviendra de rompre le silence. »

Le 10 février 1860, de Plas reçut l'ordre de rallier

Cherbourg, pour y remplir les fonctions de directeur des mouvements du port. « *Fiat voluntas Dei !* s'écria-t-il. Cela vaut mieux que d'aller en Chine sur ma demande. Je crois fermement que la volonté de Dieu daigne régler les petites choses comme les grandes, et que c'est cette volonté qui m'envoie à Cherbourg. Puissé-je obéir gaîment, et édifier par mon exactitude à rendre à Dieu ce qui est à Dieu et à l'autorité temporelle ce qui lui appartient ! »

CHAPITRE IX

1860-1862

La direction des mouvements du port. — Règlement de vie; études maritimes et scientifiques. — Les équipages de ligne. — Le commandant supérieur des bâtiments à vapeur. — Société de Saint-Vincent de Paul et circulaire Persigny. — De Plas, major-général. — Le parrain et le filleul. — Expéditions de Chine et de Syrie. — Les Écoles d'Orient. — La question romaine; belle conduite de l'amiral Desfossés; l'invasion des États pontificaux et l'unité italienne. — Idées de vocation religieuse. — Le *Turenne*.

A peine arrivé à Cherbourg, de Plas s'empressa, dès le 16 février, de faire ses visites officielles et trouva partout bon accueil; aussi écrivit-il le soir même dans son *Journal* : « J'espère, Dieu aidant, servir ici avec goût et entrain. » Le préfet maritime était alors M. Fabvre, qui jouissait de l'estime et de l'affection de tous. François retrouva des amis qui avaient depuis longtemps toutes ses sympathies : M. d'Aboville, ancien camarade de la *Triomphante*, devenu contre-amiral après une brillante campagne dans les mers de Chine; le commandant Bolle, alors major-général, et M. Escande, officier d'administration du plus grand mérité. Les œuvres de charité, dont il ne tarda pas à s'occuper, le mirent en rapport avec de fervents chrétiens, parmi lesquels nous distinguerons M. de Bérenger, un des membres les plus zélés de la Société de Saint-Vincent de Paul.

Dès les premiers jours, François s'astreignit à un règlement pour bien ménager son temps, et le partager entre ses devoirs d'état et les pratiques pieuses qu'il s'était imposées. « Je remarque, dit-il, que dans les saintes Écritures et les prières de l'Église, c'est du temps présent qu'il s'agit toujours : Hæc dies *quam fecit Dominus... Panem quotidianum da nobis* HODIE... *Domine, Deus omnipotens, tua nos* HODIE *salva virtute ; ut in* HAC DIE *ad nullum declinemus peccatum.* C'est donc une pensée raisonnable que de ne pas porter ses souhaits au-delà de l'horizon du jour. »

Il se levait avant cinq heures, de manière à se trouver vers cinq heures et demie à l'église, où il faisait le Chemin de la Croix et entendait la messe. Il communiait tous les jours et accompagnait le Saint-Sacrement lorsque le prêtre le portait aux malades. Après avoir satisfait aux obligations de sa charge, soit dans le port, soit dans un bureau, il allait visiter quelque famille pauvre, lui donnant, avec un secours matériel, quelques paroles d'encouragement ou de résignation. De retour à son domicile, il se livrait à des études personnelles ou à l'enseignement du catéchisme à de petits enfants. Le soir venu, sa participation aux œuvres des militaires et des jeunes gens ne l'empêchait pas de faire acte de présence aux réunions de société, quand il le jugeait nécessaire ou utile. « Rien par ennui, répétait-il souvent, mais tout avec plaisir. »

Enfin, toujours fidèle à sa résolution de ne pas gaspiller les ressources pour un avenir incertain, il s'apliquait à remplir une *bonne journée* devant Dieu et devant les hommes.

Dès le 24 février, de Plas se félicitait, dans une lettre à sa sœur Elisa, d'être venu à Cherbourg, où « s'exécutaient, disait-il, de grandes œuvres, qu'il est bon de voir et de connaître. » Il se mit donc au travail avec ardeur, persuadé qu'il devait son temps et son application à son arme et à son pays. Nous ne pouvons résumer toutes les études qu'il fit à cette époque ; elles sont consignées dans un cahier spécial, à la première page duquel nous trouvons indiqué, comme dans un un avant-propos, le but que le rédacteur s'était proposé. « Ce cahier, écrit-il, doit contenir les observations que je fais dans mes lectures, dans mes tournées à l'arsenal ou à bord des navires, et dans mes visites aux forts destinés à défendre la rade. Ce que j'écris est pour moi ; il y paraîtra souvent à mon style. Il m'arrivera probablement de noter bien des choses, dans le seul but de les rappeler à ma mémoire. Mon instruction n'est pas suffisante pour que mon opinion puisse avoir quelque poids ; elle pourrait cependant en avoir dans les questions d'ordre général, où il ne faut que du bon sens, sans parti pris pour un système ou un individu. »

Parmi les études les plus importantes, nous nous contenterons de signaler : un système d'organisation et de répartition des forces maritimes de la France, dans les limites du budget de cette époque ; un plan de la défense de Cherbourg, du côté de la mer ; des réflexions sur la marine en général et sur l'art du commandement en particulier ; enfin des considérations sur les différents services qui peuvent être confiés à un officier supérieur. « C'est un devoir pour tout homme, lisons-nous en tête de son travail sur l'art du commandement, de chercher à remplir honorablement sa carrière et de consacrer son temps et ses efforts à l'étude des sciences qui se rattachent à son état. Les embrasser toutes ne convient qu'à un petit nombre d'hommes d'une intelligence exceptionnelle ; il est donc bon que chacun s'applique à celle qui lui semble la plus utile, et vers laquelle il se sent porté avec le plus de goût. »

Non content de se livrer à des études personnelles en rapport avec sa carrière, François ne refusa pas de prendre part aux travaux des Sociétés savantes dont il suivait avec intérêt les discussions ; c'est ainsi que nous le voyons agrégé comme membre titulaire à la Société impériale des sciences naturelles de Cherbourg. Ce n'est pas qu'il eût le loisir de s'occuper beaucoup de sciences, mais il regardait presque comme un devoir d'encourager par sa présence les réunions de la Société.

« Je suis, écrivait-il au mois de mars, dans une oasis depuis mon arrivée ici. Dieu sait à quel moment il devra me donner l'ordre du départ ; le provoquer serait un manque de confiance. Puissé-je être en garde contre cette fâcheuse tendance qui nous pousse à importuner l'autorité de notre désir de nous produire ! *Ubi bene, ibi patria* : tel doit être le résumé de mes réflexions, non pour m'endormir dans un honteux repos, mais pour savoir utiliser, comme Dieu le veut, sans inquiétude d'esprit, les circonstances dans lesquelles je suis placé. » Et à ces considérations si vraies il ajoutait cette belle prière : « Mon Dieu, vous qui daignez me découvrir de si puissants motifs d'espérance, vous qui avez tant fait pour moi, accordez-moi de marcher sans cesse en votre présence, et d'aller vers vous avec des sentiments d'une confiance sans bornes à la pensée de votre infinie miséricorde. *Amen*. »

Au commencement du mois d'avril, François fut prévenu qu'on lui destinait le commandement des équipages, et dès lors il se prépara à remplir convenablement ce poste important. « Quel est, se demanda-t-il, le but des équipages casernés à terre ? N'est-ce pas de disposer les hommes à servir honorablement le pays sur nos navires de guerre ? Il faut donc, avant tout, établir parmi eux une bonne discipline en facilitant l'instruction morale ; puis donner le plus de temps possible aux exercices militaires difficiles à exécuter sur le pont des bâtiments. » Mais dès le 9 avril, il fut averti d'un changement de destination. « Le préfet maritime, écrit-il, m'a fait demander pour m'offrir la place de commandant supérieur des bâtiments à vapeur. J'ai répondu que j'étais prêt à accepter avec plaisir toute espèce de position, que je n'aurais osé me proposer pour un service si important, mais que j'y apporterais tout le zèle possible. Sur cela, il m'a dit qu'il allait demander la place pour moi au ministre. » Dix jours après, de Plas était nommé commandant supérieur des bâtiments à vapeur. « Mes nouvelles fonctions, écrit-il à sa sœur Augusta, m'appellent à une activité qui est dans mes goûts, et je m'applaudis d'avoir des occupations d'un si haut intérêt. »

C'est au décret du 20 mai 1857 que remonte l'institution du service de commandant supérieur des bâtiments à vapeur. La vaillante flotte qui, pendant la guerre de Crimée, croisa dans les brumes du golfe d'Odessa et de Sébastopol, avait été la dernière des escadres à voile. Jusqu'alors, malgré les progrès accomplis dans les constructions navales, nos flottes se rattachaient presque sans transition à celles du premier Empire et de la République, de Louis XVI et de Louis XIV (1). Sauf quelques perfectionnements de détail, c'étaient toujours les mêmes principes dans les manœuvres, la même tactique dans les évolutions. Il

(1) Félix Julien : *Commentaires d'un marin*.

n'y avait pas au fond une grande différence entre le *Royal-Soleil* de Tourville et les vaisseaux à trois ponts de l'escadre Hamelin. Mais, entre ces derniers et le *Napoléon*, il y eut tout un monde, il y eut la vapeur. Ce qui exigeait autrefois de la part d'une escadre des efforts inouïs, des prodiges d'adresse, nos vaisseaux transformés le firent en se jouant.

Aux lourds et noirs steamers semblables au *Cassini* qu'avait commandé de Plas, succédèrent des bateaux plus rapides. Les roues firent place à l'hélice ; et depuis cette époque, la transformation a marché si promptement, qu'à peine une flotte est-elle mise à l'eau, qu'il faut immédiatement songer à la remplacer par des types nouveaux. Le *Napoléon* et les magnifiques vaisseaux construits sur son modèle n'eurent, eux aussi, qu'un empire éphémère.

Au moment où de Plas prit la direction de son nouveau service, il y avait dans le port de Cherbourg quinze bâtiments à vapeur, dont sept vaisseaux de ligne. Son premier soin fut de bien connaître le décret de 1857 et de se pénétrer de son esprit. Il comprit aussitôt quelle devait être sa mission spéciale : d'abord activer auprès du préfet maritime toutes les communications relatives aux bâtiments à vapeur n'appartenant pas à une escadre ou à une division navale ; puis, exercer une surveillance particulière sur l'entretien et la conservation des coques et du matériel des bâtiments à vapeur en réserve, en commission ou en disponibilité. Pendant les deux années qu'il exerça ses fonctions dans le port de Cherbourg, il assista, comme président de la commission d'expériences, aux essais du vaisseau le *Napoléon*, de la frégate la *Normandie*, des avisos le *Forfait*, le *Curieux*, le *Marceau* et le *Duplex*, appliquant à la constatation des faits, sans négliger les données du calcul. « Les hommes de théorie et de science, disait-il avec raison, qui repoussent la pratique, et les hommes de pratique qui repoussent la science font preuve d'un orgueil semblable. Qu'est-ce que la pratique, sinon le fait acquis par la tradition ; et qu'est-ce que la théorie, sinon la constatation de certaines lois de la nature? Celui qui joint la pratique à la théorie ressemble au sage héritier qui augmente des biens de son père sa fortune personnelle. »

Ses efforts comme commandant supérieur des bâtiments à vapeur furent couronnés d'un plein succès. Aussi, le préfet maritime qui était alors le vice-amiral Bouët-Willaumez inscrivit-il à son dossier, le 1er novembre 1860, ce bel éloge : « Officier zélé et consciencieux au suprême degré, sûr et solide à tous les points de vue ; a établi dans les bâtiments en réserve un ordre, une tenue et une propreté qui frappent tout le monde. »

Au milieu de ses nombreuses et sérieuses fonctions, de Plas n'oublia pas ses amis éloignés, quelques intimes surtout, pour lesquels il conservait la plus cordiale sympathie. Ayant eu l'occasion, aux approches du 1er janvier 1861, d'écrire au commandant Bernaërt, l'ancien second du *Cassini* qui, retiré de la marine, ne s'occupait plus que de bonnes œuvres, il en reçut la réponse suivante : « Votre lettre, mon cher ami, m'a causé bien de la joie. Depuis la transformation de la marine, le commandement supérieur des bâtiments à vapeur est, à mon avis, le plus important d'une division. Il est de l'intérêt de l'arme qu'il soit confié à des hommes de dévouement et de zèle, persévérants et consciencieux ; et je vous félicite de tout mon cœur, mon cher de Plas, de cette marque de confiance du gouvernement. Elle donnera pâture à votre activité naturelle et raisonnée. S'il vous a fait un peu attendre ce commandement, j'espère que vous le garderez longtemps. Votre influence s'exercera là dans un cercle plus vaste que dans un commandement ordinaire à la mer. J'en félicite la marine et aussi la Société de Saint-Vincent de Paul, parce que la nature de votre service vous fournira souvent l'occasion de ramener les confrères à l'esprit du règlement... Oh ! mon cher de Plas, que la parole d'un homme laborieux, actif, est puissante dans une conférence !... J'en suis chaque jour plus convaincu, à mesure que je m'y vois plus inutile. »

La vie régulière et tranquille de François à Cherbourg lui permit, en effet, tout en remplissant exactement les obligations de son état, de participer aux bonnes œuvres que la charité chrétienne multipliait en rapport avec les besoins du moment. C'est ainsi qu'il assistait, aussi régulièrement que possible, aux réunions des jeunes gens et des militaires, leur apportant le concours de sa parole, pendant qu'il aidait de ses encouragements et de sa bourse la Propagation de la foi, les écoles d'Orient, l'œuvre des Polonais et le denier de Saint-Pierre. La modicité de ses dépenses augmentait son trésor des pauvres, dans lequel il puisait à pleines mains, n'écoutant que son cœur, pour soulager toutes les infortunes qui imploraient sa compassion. Mais c'est la Société de Saint-Vincent de Paul, avec sa parfaite organisation de la charité corporelle et spirituelle, qui avait toutes ses préférences ; aussi, malgré les répugnances de son humilité, ne put-il résister aux instances de ses confrères qui l'élurent d'abord membre, puis président du conseil particulier.

« C'est le nom de saint Vincent de Paul, ce sont les vertus de ce grand saint, disait-il, qui ont été comme l'attrait dont il a plu à Dieu de se servir pour m'appeler à la religion et m'y conserver. Je ne dois pas oublier que le désir de faire partie des conférences de Saint-

Vincent de Paul m'a porté à rechercher Marceau, et m'a procuré sa connaissance ; que trois ou quatre ans plus tard, le même désir m'a mis en rapports intimes avec de Kersauson Pennendreff et Barbet ; que sur l'avis de Kersauson, je me suis confessé à l'abbé Le Sinner, aumônier de l'hospice civil, à Brest, et que j'ai trouvé un grand appui pour marcher en la bonne voie dans l'exemple des membres de Saint-Vincent de Paul, tant à Brest qu'à Paris, Lorient, Cherbourg, Toulon et Rochefort. »

Quelle ne fut donc pas son inquiète sollicitude, lorsque la fameuse circulaire de M. de Persigny vint, le 16 octobre 1861, frapper sa chère Société. « Une ridicule circulaire du ministre de l'intérieur, écrit-il dans son *Journal*, après quelques considérations sur les associations religieuses non autorisées, établit une sacrilège comparaison entre les loges maçonniques et les conférences de Saint-Vincent de Paul, et finit par interdire les réunions des conseils supérieurs, centraux ou privés. Cette circulaire m'a occasionné de la tristesse toute la journée. Qu'est-ce, cependant, que cette épreuve comparée aux persécutions de Pologne et d'Italie ? » Hélas ! cette nouvelle blessure faite à la grande Église de Jésus-Christ, cette plaie s'ajoutant à d'autres, n'autorisait que trop pour l'avenir la crainte de coups plus douloureux encore.

La profonde impression de tristesse que la circulaire de M. de Persigny produisit sur tous les membres de la Société de Saint-Vincent de Paul, ne leur enleva pas l'énergie dont ils avaient besoin pour résister à l'orage. « La circulaire du 16 octobre, écrit à de Plas le commandant Bernaërt, a été pour moi comme un coup de foudre... J'espère cependant que cette rude épreuve n'écrasera pas la Société, mais qu'elle la fortifiera. » « Bien que je m'attendisse à quelque mesure fâcheuse, lui écrivit aussi de Paris un magistrat distingué; je me demande si je rêve, quand je lis dans le *Moniteur* des appréciations comme celles de la circulaire. Pour demeurer dans la charité chrétienne, il faut supposer à M. de Persigny une incroyable ignorance de ce qui se passe... Mais la Société de Saint-Vincent de Paul n'était-elle pas un peu sortie de l'humble obscurité de son origine? N'apparaissait-elle pas un peu trop en public? Ne lui donnait-on pas aussi un peu trop de louanges? L'épreuve, ce cachet des œuvres de Dieu, lui manquait; ne nous plaignons pas.

« Voilà de gros nuages sur l'horizon, ajoute le commandant Bolle. Cette tempête était probablement nécessaire pour faire bien connaître le fond des choses, pour montrer jusqu'à l'évidence combien nous sommes éloignés de l'esprit qu'on nous prête. Nous ne cachons ni nos actes ni nos écrits; tout le monde peut voir et entendre ce qu'on fait et ce qu'on dit chez nous. »

Mais quelle était donc cette redoutable Société que le gouvernement regardait alors comme une calamité publique? et quel crime avait-elle commis pour attirer sur elle toutes les colères du ministre de l'Intérieur?

Frédéric Ozanam, peu de mois avant sa mort, a raconté dans une nombreuse assemblée, à Florence, les origines de la Société de Saint-Vincent de Paul. « Vous voyez devant vous, disait-il aux jeunes Toscans qui l'écoutaient, un des huit étudiants qui, en mai 1833, se réunirent pour la première fois, sous la protection de saint Vincent de Paul, dans la capitale de la France. » Tandis que des novateurs saint-simoniens et autres s'épuisaient en théories qui devaient changer le monde, eux, plus modestes, se prirent à monter les étages où se cachait la misère de leur quartier.

tier (1). « On les vit, observe Lacordaire, dans la fleur de l'âge, écoliers d'hier, fréquenter sans dégoût les plus abjects réduits, et apporter aux habitants inconnus de la douleur la vision de la charité. » Vingt ans après, au lieu de huit ils étaient à Paris deux mille qui visitaient cinq mille familles, environ vingt mille individus, c'est-à-dire le quart des pauvres que renferme cette immense cité. En France seulement, on comptait cinq cents conférences, et il s'en établissait chaque jour de nouvelles en Angleterre, en Espagne, en Belgique, en Amérique et jusqu'à Jérusalem.

« O sainte fécondité des œuvres divines, s'écriait le grand orateur de Notre-Dame en racontant ces rapides progrès! Société de Saint-Vincent de Paul que nos yeux ont vue naître dans Paris, de quelques jeunes gens exposés à tous les prestiges de leur siècle et à tous les périls de leur âge, non, vous ne périrez jamais de notre mémoire, et jamais non plus n'y périra l'espérance que vous nous avez donnée des bénédictions de Dieu ! »

Huit années ne s'étaient pas encore écoulées, et la Société de Saint-Vincent de Paul, qui avait contribué au salut et à la sanctification de tant d'âmes, en leur donnant l'intelligence de leur mission de charité près du pauvre et de l'indigent, était menacée de périr, ne laissant après elle que le souvenir de ses bienfaits. L'œuvre toute chrétienne de Saint-Vincent de Paul avait traversé les régimes précédents sans exciter d'ombrages et sans chercher de faveurs (2). Mais sous l'Empire, ce n'était pas assez : Qui ne cherchait point à plaire, passait bien vite pour ennemi, les conférences furent dénoncées comme instruments d'une politique agressive.

(1) Lacordaire: *Frédéric Ozanam.*
(2) De Falloux: *Mémoires*, ch. XXVII.

C'était l'époque où Napoléon III, se croyant affermi sur le trône, en prenait à son aise avec les idées religieuses et leurs représentants. Résolu à tenir ses engagements envers l'unité italienne, il prévit l'ardente opposition des catholiques et résolut de la dompter. M. de Persigny était alors ministre de l'intérieur. Prévenu du péril imminent qui menaçait la Société de Saint-Vincent de Paul, M. Augustin Cochin, membre du conseil général de l'œuvre, qui siégeait à Paris, pria M. de Falloux d'intervenir ; ce qu'il fit très volontiers, et M. de Persigny se laissa ébranler. Malheureusement, raconte M. de Falloux, les journaux démagogiques ne furent pas aussi faciles à désarmer. Ils poursuivirent avec acharnement leur campagne qui trouvait plus d'un appui dans les sphères élevées du pouvoir. Les mauvaises passions l'emportèrent enfin, et M. de Persigny céda. Frappée dans son conseil supérieur, la Société se trouva fortement ébranlée dans son ensemble.

L'émotion fut universelle. N'allait-on pas voir bientôt menacées de la même manière toutes les autres associations religieuses, et cela, par mesure administrative, sans enquête, sans avis, sans débats contradictoires, sans jugement régulier, sans défense ? De tous côtés s'élevèrent les protestations les plus énergiques : « Eh quoi ! s'écriait un publiciste catholique, ne verra-t-on jamais en France dix personnes se réunir au nom de Dieu, sans croire qu'elles conspirent ? » Des évêques s'empressèrent de présenter leurs doléances au gouvernement de l'Empereur, sur un acte administratif qui constituait à leurs yeux « l'une des plus cruelles défaites de la liberté civile et religieuse en France, et l'un des plus marquants triomphes de la Révolution sur le grand parti de l'ordre. » On remarqua surtout la courageuse lettre de Mgr de Nîmes, qui, au jugement du grand évêque de Poitiers, « restera l'un des plus beaux monuments de notre histoire religieuse contemporaine. » Assurément, la circulaire du ministre de l'intérieur était très grave, dans ce qu'elle avait d'agressif contre les associations religieuses ; cependant le pouvoir mieux avisé pouvait, avec du temps et de la prudence, réparer cette faute et tranquilliser les esprits. Mais ce qui lui donnait une portée plus haute, c'était le caractère approbateur et laudatif de cette même circulaire à l'endroit de la maçonnerie. Jamais, au milieu des jours les plus troublés, aucun gouvernement constitué n'avait délivré un semblable certificat aux sociétés secrètes. « Puissent ceux qui me paraissent s'être faits les esclaves de la Révolution, s'écria Mgr Pie, n'en être pas désormais les acteurs, et n'en pas devenir ensuite les victimes ! »

De Plas, dont on connaissait le sens droit et catholique, fut de toutes parts consulté par ses confrères de Saint-Vincent de Paul sur la manière d'allier, dans les circonstances présentes, les devoirs de chrétien avec ceux de fonctionnaire. « Si ce n'est pas indiscret, lui écrivit de Lorient M. Joyaut de Couesnongle, ancien officier d'administration du *Cassini*, je serais heureux de connaître votre appréciation au sujet de la ligne de conduite à suivre désormais. » « Les fonctionnaires sont dans la situation la plus fausse, ajoutait un ingénieur de la marine, M. du Chalard ; et moi, auquel on a imposé le fardeau de la présidence dans ces circonstances difficiles, je suis souvent bien embarrassé. Que faites-vous à Cherbourg? Celui qui veut se charger de ce billet pourra également me rapporter la réponse. » Nous ne connaissons pas les avis donnés par François à ses amis ; mais, d'après la conduite tenue par lui, il est à croire qu'il conseilla la soumission et qu'il les engagea à se laisser autoriser. « Les conférences de

Saint-Vincent de Paul marchent comme par le passé, écrit-il à sa sœur Augusta, le 8 novembre. Les présidents ont reçu une circulaire des plus convenables, qui prouve que le ministre a trouvé des hommes intelligents pour réparer sa maladresse. »

Toutefois, si les difficultés suscitées par la circulaire ministérielle étaient en voie de s'aplanir, de nouveaux obstacles menaçaient de surgir, grâce aux excitations de la presse locale. La *Vigie de Cherbourg* et le *Siècle* à sa suite accusèrent la Société de Saint-Vincent de Paul, au mois d'avril 1862, d'avoir imposé à toutes les personnes visitées par elle, la communion au jour de Pâques. « Je ne doute pas que dans ces termes impératifs, écrivit de Paris M. d'Aboville au commandant de Plas, il n'y ait une calomnie dans le but évident de fausser les idées du public et d'exciter les haines contre nous ; mais il est important de réduire au silence ces menteurs acharnés qui font tant de dupes, et le meilleur moyen, le seul peut-être, c'est de faire condamner les journaux pour leurs calomnies contre notre Société. Je viens donc, au nom de l'intérêt commun, vous supplier d'intenter à la *Vigie* et au *Siècle* un procès en diffamation, pour publication de faux bruits ayant pour but d'exciter la haine entre concitoyens. Je vous offre avec mes soins le concours de ma bourse pour ce procès que je ne puis intenter en mon propre nom. »

Au reçu de cette lettre, de Plas convoqua le conseil particulier pour lui en donner communication, et examiner ce qu'il convenait de faire. A la majorité, on émit l'avis de garder le silence. Le moment ne semblait pas venu de repousser ouvertement la calomnie. Ce serait, disait-on, donner trop d'importance à un agresseur méprisable que de relever des injures qui tombaient d'elles-mêmes. Mieux valait profiter de l'attaque pour agir avec plus de zèle et de prudence, de

manière à mériter l'approbation de Dieu et des hommes.
« J'étais très ému hier, écrit François dans son *Journal*; je le suis moins ce matin. Je me suis rappelé ces paroles de M. de Bérenger, un de nos confrères : *Jesus autem tacebat.* »

A ses fonctions de commandant supérieur des bâtiments à vapeur, de Plas joignit, au mois d'août 1861, celles de major-général qui lui furent provisoirement confiées au départ du commandant Bolle pour Toulon. Dès le lendemain de sa nomination, François se rendit le matin à bord de la *Poursuivante* pour s'assurer que les rations se distribuaient avec ordre : « Je désire, disait-il, inspirer à tous mes subordonnés une crainte salutaire, et je ne veux pas qu'on dise : le major est à la messe ou dans son lit; il ne viendra pas. Dieu voit mes intentions. Je m'appliquerai, selon le conseil de saint François de Sales, à faire excellemment les petites choses. »

Le préfet maritime était alors le vice-amiral Clavaud, qui avait remplacé le vice-amiral Bouët-Willaumez. François n'eut jamais qu'à se louer des rapports de bienveillance qu'il eut avec lui, comme avec les autres officiers généraux du port. Le contre-amiral d'Aboville, en proposant de Plas pour un commandement, le signalait comme un « officier supérieur intelligent et d'un zèle sans bornes pour le service », et il ajoutait : « M. le commandant de Plas résume, à mon avis, toutes les qualités que doit posséder le chef d'un service important et en cours d'organisation. » Cette proposition et cet éloge étaient appuyés de l'appréciation du vice-amiral Clavaud : « M. le commandant de Plas est un officier distingué autant par sa grande capacité que par son zèle qui ne se dément jamais. Il dirige à ma grande satisfaction le service des bâtiments à vapeur. »

Si François avait pu joindre alors la vie de famille avec ses occupations, il aurait été, comme il le répétait souvent en écrivant à Puycheni, parmi les plus heureux de la terre. Mais s'il ne pouvait quitter son service pour goûter quelques jours de repos, il savait s'ingénier pour se mettre à la disposition de ses parents et des amis qui venaient le visiter. C'est ainsi que nous le voyons, pendant les vacances, accompagner son frère Adalbert, le prince Albert de Broglie et ses enfants pour leur montrer toutes les curiosités de l'arsenal. Des liens d'affection et de reconnaissance unissaient depuis longtemps le prince et le commandant; car la princesse de Broglie, mademoiselle Pauline de Béarn, considérait comme une seconde mère mademoiselle Elisa de Plas, sœur aînée de François.

Parmi les jeunes neveux qui vinrent avec leur père le visiter à Cherbourg pendant les vacances, se trouvait son filleul, Henry de Plas, enfant de grande espérance, auquel il témoigna toujours beaucoup d'affection, et près duquel il remplissait alors consciencieusement ses devoirs de parrain chrétien.

Henry, cinquième enfant d'une famille nombreuse, était entré à l'âge de onze ans à l'école libre de la Providence, à Amiens, où l'avaient précédé ses deux frères aînés François et Adalbert. Un de ses professeurs a bien voulu nous communiquer trois lettres écrites à cette époque par le commandant de Plas à son filleul, et qu'il lisait tous les ans à ses élèves, comme renfermant les conseils pratiques les plus propres à produire sur leurs âmes une salutaire impression.

La première lettre, datée du mois d'octobre 1860, est adressée à Henry qui venait d'entrer au collège, comme élève de cinquième. « Une lettre de ton père, mon cher enfant, m'apprend que tu as débuté très bien et que tu as été quatrième en thème, second en version et troisième en diligence. Je ne m'attendais pas à de si bons résultats; mais ce n'est pas tout de bien débuter, il faut persévérer dans l'effort, et tâcher d'être premier en diligence, le reste viendra après. Applique-toi surtout à bien connaître ta religion; de la sorte ton travail sera toujours profitable, puisqu'il a pour te stimuler l'amour de Dieu et l'affection que tu dois à tes parents. Quand même tu rencontrerais des jeunes gens plus capables que toi, ne te décourage pas et poursuis ton but. Rappelle-toi le lièvre et la tortue.

» Reçois, cher enfant, avec docilité les soins qui te sont donnés; prépare-toi à être un honnête homme : c'est le meilleur moyen pour devenir un grand homme. Celui qui a le cœur droit et qui est bien instruit dans sa religion, sera toujours grand quand des circonstances difficiles se présenteront. C'est surtout aux notes que j'attache de l'importance, car on peut être premier en thème et ne valoir pas grand'chose quant à la conduite.

» Je t'embrasse de tout cœur et prie Dieu qu'il fasse de toi un homme de mer, un marin aussi remarquable par sa religion que par sa bravoure, et pour le moment un bon écolier.

» Ton oncle affectionné,
» F. DE PLAS. »

La deuxième lettre, datée du mois de janvier 1861, joint aux avis qui conviennent à tout écolier des considérations plus hautes, vers lesquelles s'élevait, comme naturellement, la belle intelligence d'Henry. « Rappelle-toi, mon cher enfant, que tu ne trouveras jamais d'amis plus vrais et de conseillers plus sûrs que tes parents et les maîtres à qui ils ont confié ton éducation. Écoute donc docilement leurs avis et ne te laisse pas tromper par les mauvais discours des enfants vicieux qui se glissent partout, quelque vigilante que soit l'autorité. Je dois aller faire des expériences en mer sur le vaisseau le *Bayard*.

» Voici un nom qui rappelle les plus belles vertus, et on lit toujours avec émotion les nobles paroles de la mère du preux chevalier, lorsqu'il quitta pour la première fois le manoir paternel. Ton excellente mère parlerait certainement le même langage : elle te dirait aussi d'être fidèle à Dieu et à ta position, et de tenir à honneur d'imiter le chevalier que ses contemporains surnommèrent sans peur et sans reproche.

» En te familiarisant de bonne heure, mon cher filleul, avec les nobles sentiments que l'étude et l'histoire tendent à développer, tu pourras devenir toi aussi, Dieu aidant, un homme honoré, et si ta vie était condamnée à l'obscurité, tu trouverais dans la conscience d'avoir vécu en bon chrétien un bonheur que les honneurs et la gloire du monde ne donnent jamais. »

La troisième lettre, écrite après les vacances de Pâques, renferme avec des encouragements de nouveaux conseils qui, fidèlement suivis, auraient fait d'Henry, s'il avait longtemps vécu, un homme de caractère, un fervent chrétien capable des plus grandes choses. « Je suis enchanté, mon cher enfant, que tu aies bien passé tes vacances. Ce délassement et cette diversion au sein de la famille ne doivent pas dissiper l'esprit, mais plutôt le retremper. Il faut remercier Dieu, quand il arrive de bons moments qui sont bien courts dans la vie, et te remettre au travail avec une généreuse ardeur.

» J'ai appris que tu te maintenais dans les premiers rangs de ta classe et que tes petits succès ne te donnaient pas d'orgueil; si, malgré ta persévérance dans le travail, tu ne conservais pas les premiers, garde-toi du découragement. L'homme vaut plus par la force du caractère que ... attendu, non seulement devant Dieu, mais aussi devant les hommes.

« Tu feras bien de choisir dans l'histoire quelque grand et noble caractère que tu prendras pour modèle. On peut, comme la nature au collège, et comme tout le monde a un but après ... la récompense, mais simplement une vie de justice, il est bon de s'habituer, dès ... jeunes années, à être ... et généreux. Ces qualités, soutenues par la foi chrétienne, te ... l'estime de tous les honnêtes gens; tu seras ... lorsqu'il se présentera de grandes choses à faire, et que tu seras en âge de prendre part aux affaires du pays. »

Henry ne vécut pas assez pour se mêler activement aux affaires du pays; mais une occasion se présenta pour lui, comme nous le dirons plus tard, de faire de grandes choses; et fidèle aux conseils de son parrain, il montra une fois de plus que chez les âmes chrétiennes le courage héroïque n'attend pas le nombre des années.

Malgré ses nombreuses occupations, comme ... ... supérieur des bâtiments à ... ... du conseil privé de la Société de Saint-Vincent de Paul, de Plas ne resta pas ... aux évènements qui ... de 1860 à 1862 l'adhésion de ... ... en Syrie, en Chine et en Cochinchine. « Je ne vous parlerai point, lui avait écrit, de Chang-haï, le P. Lemaître, à la date du 13 août 1858, des grands évènements qui viennent de s'accomplir au Nord. Les journaux vous auront fait connaître les exploits et les succès de la marine, à l'embouchure du Peï-ho. Vous saurez aussi déjà que M. l'amiral Rigault de Genouilly, pressé de revenir vers la Cochinchine, n'a pas pris un moment de repos en Chine, et s'est ensuite dirigé vers le Sud.

» Vous aurez également appris l'heureux succès de la diplomatie. Nous ne connaissons point encore la teneur du traité; mais le baron Gros m'a dit lui-même qu'il n'aurait jamais osé espérer obtenir autant et en d'aussi belles circonstances pour la France. Les Chinois savent déjà que la plus grande liberté est accordée à la religion, et beaucoup s'en réjouissent : les uns, parce qu'ils ont un certain désir d'être chrétiens, et d'autres, parce que c'est juste.

» Pourtant, nous ne manquons pas d'ennemis de la vérité et de la justice, et nous pouvons bien encore compter sur le mérite du martyre en détail. Veuillez vous joindre à nous pour remercier le bon Maître de tout le bien qu'il fait et prépare à notre Chine bien-aimée. »

Deux années venaient à peine de s'écouler, que de nouvelles difficultés survenues entre Chinois et Européens amenèrent sur le fleuve Jaune dix-huit mille Anglais et douze mille Français. Les alliés résolurent alors de frapper au cœur le Céleste Empire en attaquant Pé-king, sa capitale. On sait comment, la ville prise, le palais d'été fut saccagé et livré aux flammes; mais voici sur ces tristes événements l'appréciation indignée d'un témoin oculaire qui, au mois d'octobre, 1858, avait assisté avec François au conseil de l'Empereur où s'était décidée l'expédition.

« Les journaux et les rapports officiels, écrit de Ta-kou au commandant de Plas le capitaine de vaisseau Bourgois, vous ont appris les événements dont le nord de la Chine a été le théâtre; mais s'ils ont eu soin laissé dans l'ombre tout ce qui pouvait être favorable à la marine, ils ont aussi, bien certainement, fait le silence sur des actes déplorables, commis par une armée qui s'avançait avec la prétention de représenter la civilisation et d'en défendre les droits.

pillage a atteint des proportions telles qu'il faudrait remonter à Fernand Cortez et à Pizarre pour en avoir une idée. Tel général de fraîche date s'était fait millionnaire de ses propres mains.

» Tout cela restera dans l'ombre, et il n'y a pas trop à le regretter ; cependant il faudra compter avec la presse anglaise qui aura sur ce point son franc-parler. On opposera à ces déplorables détails l'inauguration du culte catholique dans l'ancienne église des Jésuites de Pe-king ; mais quelle impression veut-on que produise cette cérémonie, lorsque les assistants avaient encore les poches gonflées du pillage de la veille ?

» Sans doute l'ascendant européen est maintenant établi d'une façon incontestable, et le droit d'acheter et de vendre est irrévocablement acquis aux marchands anglais ; mais il est difficile de croire que le christianisme ait beaucoup gagné à cette expédition. Matériellement, les missionnaires ont maintenant garanti le droit d'aller et de venir ; moralement, je crois leur influence religieuse gravement atteinte, à cause des excès commis par les armées européennes. »

En lisant cette lettre, François qui n'avait désiré la Chine que pour être utile aux missionnaires, dut se féliciter de n'avoir entrepris aucune démarche pour faire partie de cette dernière expédition, aimant mieux se laisser conduire par Dieu que de prétendre se diriger lui-même. Mais, pour suppléer à ce qu'il ne pouvait pas faire personnellement, il montrait beaucoup de zèle pour l'œuvre de la Propagation de la foi, et entretenait même à ses frais un élève au séminaire de Zi-ka-wei.

Les missions de Chine, auxquelles ses deux campagnes du *Cassini* et de la *Virginie* l'avaient tant affectionné, ne lui laissaient pas perdre de vue celles qui lui paraissaient le plus intéressantes ou avoir le plus besoin de secours. « Conformément à vos intentions, lui écrit au mois de novembre 1860, le secrétaire du conseil central de la Propagation de la foi à Paris, cinquante francs seront compris dans nos recettes générales affectées aux besoins de toutes les missions, et les cinquante autres seront religieusement transmis par nos soins à Mgr le patriarche de Jérusalem pour être attribués aux malheureux chrétiens de Syrie. » C'était l'époque où la France, fidèle à sa mission providentielle, protégeait de son prestige et de ses armes les Maronites du Liban contre la haine et le fanatisme des Druses. « A côté d'actes affligeants, écrivait de Plas dès le mois d'août, le gouvernement français entreprend de grandes choses. L'expédition de Syrie est un fait honorable pour le pays ; les paroles de l'Empereur aux troupes destinées à l'expédition sont pleines de dignité. »

François fut un des premiers à répondre à l'appel des Ecoles d'Orient et il souscrivit à cette œuvre pour une somme importante. « Votre bon exemple a porté ses fruits, lui écrit le directeur ; nous avons dépassé 1,300,000 francs : c'est bien beau, mais c'est bien peu en face de tant de misères et de ruines. Constatons cependant, avec un orgueil bien légitime, que la France est toujours la terre classique de la charité et du dévouement ; ajoutons que la marine et l'armée ont, elles aussi, donné l'exemple de la générosité, comme elles vont tout à l'heure sans doute donner l'exemple du courage. » L'Empereur, l'impératrice, le prince Napoléon et tous les ministres avaient pris part à la souscription. « Il n'y a pas lieu de désespérer, écrit François à ce sujet, d'un pays où les actes généreux trouvent toujours de l'écho. »

M. l'abbé Lavigerie, de retour d'Orient où il était allé distribuer aux malheureux chrétiens le produit de la souscription, eut la pensée d'organiser un comité permanent pour continuer l'œuvre commencée, et jeta les yeux sur l'amiral Desfossés comme président. Connaissant les rapports intimes qui existaient entre lui et le commandant de Plas, il écrivit à ce dernier, au mois de juin 1861, le priant de vouloir bien être son intermédiaire. « Voici l'année qui s'avance pour nous, disait-il, puisque nous terminons notre exercice en juillet. Je voudrais qu'il fût possible d'élire notre président avant notre séparation. Vous serait-il facile de solliciter de M. l'amiral une réponse favorable? Pardon de mon insistance, qui est peut-être indiscrète, mais je compte sur votre obligeance pour daigner m'excuser. » François écrivit aussitôt à l'amiral qui se trouvait alors aux eaux de Vittel, dans les Vosges; il le détermina facilement à accepter la présidence d'une œuvre qui répondait si bien à la générosité de ses sentiments catholiques.

L'amiral Desfossés, nommé sénateur en 1855, avait su conserver au milieu des faveurs impériales toute l'indépendance d'une âme chrétienne. On s'en aperçut au moment de la question romaine, dans laquelle la droiture de son caractère et la délicatesse de sa conscience ne pouvaient approuver les tergiversations et plus tard la faiblesse d'un gouvernement qui pactisait avec la Révolution. L'amiral, du reste, ne faisait que rester fidèle à son passé. Ministre de la marine, il avait le premier demandé, sans l'obtenir, qu'on envoyât un bâtiment français à Cività-Vecchia, pour protéger le Saint-Père contre le flot montant de la révolution italienne.

Plus tard, après l'attentat d'Orsini, en 1858, Napoléon III, cédant aux instances et aux menaces des anciens « Frères et Amis, » manifesta l'intention de rappeler les troupes qui occupaient alors les États pontificaux. Informé de ce projet, M. Desfossés se rendit auprès de l'Empereur et le supplia de revenir sur sa décision. En même temps, malgré la reconnaissance qu'il conservait pour ses bontés, il l'avertit respectueusement de l'opposition que, le cas échéant, il se croyait en conscience obligé de faire devant le Sénat, avec toute l'énergie dont il était capable. « Mais, ajouta-t-il, en prenant congé et tandis que l'Empereur lui tendait silencieusement la main, je suis tranquille, sire, vous ne voudrez pas vous suicider. »

Hélas! la résolution de Napoléon III était irrévocablement arrêtée; on le vit bien dans le discours du trône, à l'ouverture des Chambres. L'amiral dut donc, comme il l'avait annoncé, porter la question devant le Sénat, sous forme d'amendement à l'adresse. Inspiré par la grandeur de la cause et la sincérité de son dévouement, il prononça un éloquent discours qui entraîna la majorité. La protection de la France fut assurée au Saint-Père jusqu'à nouvel ordre. L'énergique attitude de l'amiral Desfossés et sa franchise de langage ne déplurent pas à l'Empereur qui, peu de temps après, lui confia le commandement de l'escadre, le nomma grand croix de la Légion d'honneur, après une leçon spontanément donnée au sultan de Maroc, et lui remit enfin, en 1860, le bâton d'amiral de France.

L'ancien aide de camp encourageait l'ancien ministre de la marine dans cette voie de loyauté courageuse, seule qui fut compatible avec l'honneur et la vraie fidélité. « Je viens d'écrire à l'amiral Desfossés, disait-il à ma sœur Augusta, le 11 mars 1861, pour le féliciter, en sa qualité de chrétien, du nouvel amendement qu'il a présenté lors de la discussion de l'adresse, de concert avec l'amiral Gicquel, le duc de Padoue, etc. » Un peu plus tard il écrit à François combien on a vu été sensible à la sincérité de ses compliments : « Au sénat, écrivit l'amiral le 13 mars, j'ai suivi l'impulsion de mon cœur et de mes convictions ; en m'associant à cet amendement, *je crois* avoir fait acte de fidélité et de dévouement au chef de l'État. Tout le monde n'en juge pas ainsi, mais je m'en soucie peu et l'approbation de ma conscience me suffit. »

François de Plas, dès les premiers bruits de la guerre d'Italie, ne s'était pas fait illusion, nous l'avons vu, sur ses conséquences désastreuses ; et c'est à cette époque qu'il avait commencé le pieux exercice du Chemin de la Croix chaque jour, pour prendre part spirituellement à une expédition à laquelle il lui répugnait de consacrer son dévouement.

« Le gouvernement est débordé, écrit-il après la guerre, par les plus cruels ennemis du catholicisme ; il s'est mis à leur remorque et ce sont eux qui dirigent la presse et s'y donnent pleine carrière en France comme en Italie. » Mais habitué à considérer les choses au point de vue providentiel, il ne se laissa décourager par aucune difficulté, sachant que Dieu peut toujours tirer le bien du mal. « J'espère, disait-il à l'une de ses sœurs, que tu ne vois pas les choses trop en noir. Quant à moi, je pense que la religion ne peut que gagner dans la lutte violente qui a lieu en ce moment... Les manifestations religieuses qui éclatent partout ont ravivé la foi ; des hommes qu'on croyait philosophes, ont hautement proclamé les vérités qui font la force de la société. »

Depuis la paix de Villafranca, la Révolution avait fait en Italie de rapides progrès, auxquels le gouvernement français n'était pas resté étranger. « Je viens de lire, notait François dans son *Journal*, la dépêche de Son Éminence le cardinal Antonelli, secrétaire d'État de Sa Sainteté, à Mgr Sacconi, nonce apostolique à

Paris, en réponse à celle du ministre des affaires étrangères de France, M. Thouvenel, sur la situation des choses en Italie. M. Thouvenel, après avoir rappelé les services rendus au Saint-Père par Napoléon III, dénonce la mauvaise administration des Etats de l'Eglise, et accuse la résistance de Pie IX aux conseils de l'Empereur d'être la source de tout le mal. Le cardinal Antonelli réfute victorieusement toutes les assertions du ministre français, et rappelle ce qu'aucun homme de bonne foi ne saurait mettre en doute. Le Piémont, dit-il, n'a pas cessé de faire de l'agitation en Italie, en s'appuyant sur les plus mauvaises passions. Quant au Souverain Pontife, il ne peut aliéner les Etats de l'Eglise, et il a l'impérieux devoir, dans l'intérêt même des catholiques du monde entier, de conserver intact son pouvoir temporel, jugé nécessaire à son indépendance spirituelle. — Oui, ajoutait de Plas indigné, c'est là une question vitale pour tous les catholiques, et la conduite du Piémont est une violation flagrante du droit des nations chrétiennes. »

Au mois de mars 1860, la Toscane, le Parmesan, le Modénais avaient été déclarés parties intégrantes du royaume, pendant que Nice et la Savoie étaient cédées à la France. « La France, s'écria de Plas, recueille ce qu'elle a semé; mais la Savoie pourra bien lui coûter plus de soldats qu'elle ne saurait lui en donner. Ne payerons-nous pas cher, un jour, cette carte blanche laissée au Piémont, pour jeter le désordre en Italie. L'occupation de la Savoie ne serait certes pas à dédaigner, mais elle est aujourd'hui le prix de concessions que je ne veux pas caractériser. »

On a dit qu'au fond de toutes les révolutions il y a la question religieuse (1) : on peut ajouter que pour

(1) ORMES, Les trois dernières années 1848-1878, p. 87. Paris, Firmin-Didot.

révolution italienne, c'est la question capitale. On avait commencé par exalter l'Église, en proclamant le pape le régénérateur de la civilisation corrompue, et spécialement le rédempteur de l'Italie, même son roi. Mais bientôt, sous le coup d'une violente réaction, Pie IX fut qualifié de souverain rétrograde, de traître à la cause nationale. En vain, pour rassurer les catholiques de France, Napoléon protesta-t-il qu'il était le gardien des États du pape ; il répétait en même temps qu'il n'apporterait aucun obstacle à la manifestation des vœux du peuple. « Je viens de jeter un coup d'œil sur les journaux, écrit François dans son *Journal privé*, et je me demande combien de temps encore le bon Dieu permettra le gâchis provoqué par les meneurs italiens. L'Europe prendra-t-elle au sérieux des élections faites sous le coup de l'intimidation, et la France assistera-t-elle, l'arme au bras, à cette indigne parodie de la liberté ? »

Bientôt les Légations, excitées par le Piémont, se soulevèrent, et une brochure française, le *Pape et le Congrès*, proposa de conserver au pape la souveraineté, en la réduisant à la ville de Rome et un petit territoire à l'entour. Il n'y eut plus désormais d'illusions que pour ceux qui voulaient bien les garder.

Des volontaires catholiques s'enrôlèrent en grand nombre pour la défense du pouvoir temporel du Saint Siège. Les fils des premières familles de France accoururent, à l'appel du Souverain Pontife, se ranger sous les ordres de Lamoricière, le héros des campagnes d'Afrique. Bien qu'on les sût uniquement armés pour la défense, on résolut de se débarrasser d'eux. Munie du fameux laisser-passer « Allez et faites vite ! », l'armée sarde, forte de 60,000 hommes, franchit la frontière pontificale, et, le 18 septembre, écrasa une poignée de 4,000 braves jeunes gens au guet-apens de Castelfidardo.

« Quelques journaux, écrit François le 21 septembre, apportent la nouvelle d'un sanglant combat livré par le général Lamoricière aux troupes piémontaises, afin de s'ouvrir un passage sur Ancône. Le petit corps d'armée pontificale a été écharpé, et le général de Pimodan a été tué... Heureux ceux qui ont combattu pour la sainte cause, alors même qu'ils ont perdu la vie ! Je suis fier de mon pays, en voyant qu'un grand nombre de jeunes gens de bonne famille n'ont pas hésité à s'enrôler sous la bannière de saint Pierre. »

Quand de Plas eut appris, au mois d'avril 1860, la formation d'une armée pontificale, sous les ordres de Lamoricière, sa première pensée avait été d'offrir ses services au Saint-Père. « Avec quel plaisir, disait-il, j'irais me ranger dans la petite armée du brave général de Lamoricière. Qu'elle batte Garibaldi ou qu'elle soit battue, l'honneur sera toujours sauf. Quelle belle manière d'en finir avec la vie, que de protester contre la politique craintive et égoïste des souverains de l'Europe, en combattant pour la cause de la religion et du droit ! »

Aucune considération humaine n'était capable de l'arrêter dans l'accomplissement du sacrifice. « Je songe, disait-il, à demander l'autorisation de partir, même au risque de perdre mon grade en donnant ma démission, et ma qualité de Français, si elle ne peut s'allier à celle de chrétien dévoué au Saint-Siège. » Il écrit donc un projet de lettre au ministre dans ce sens, mais qu'il n'envoya pas immédiatement, afin de ne pas agir sous une première impression. L'affaiblissement de ses forces physiques lui faisait craindre d'être à charge plutôt qu'un secours. Après avoir prié et consulté, il se décida, bien qu'à regret, à attendre d'autres circonstances qui lui permissent d'utiliser sa bonne volonté. Une nouvelle indisposition lui démontra combien était alors chimérique son désir de prendre rang comme volontaire dans l'armée du pape. « Oh! qu'il est mieux, écrit-il le 21 septembre, de laisser à Dieu le soin de nous conduire, que de chercher à nous conduire nous-mêmes. Si j'avais cédé au désir d'aller servir sous le général de Lamoricière, afin de combattre les ennemis de la papauté, je n'aurais porté à une armée qui a besoin de grande énergie et de santé robuste, qu'un corps fatigué, et peut-être aurais-je augmenté les *impedimenta* un jour de bataille. Si je désire vraiment combattre et souffrir pour la justice, Dieu saura bien m'en fournir tôt ou tard l'occasion. »

La sanglante journée de Castelfidardo et la glorification des nouveaux Machabées par la voix éloquente de nos grands évêques, ranima ses désirs en excitant ses regrets. « J'avoue, écrit-il le 18 octobre, que je me sens plus que jamais enflammé par ce noble langage ; je désirerais plus que jamais renoncer à ma carrière, pour combattre le bon combat contre les Piémontais, à côté de ces vieux guerriers et de ces valeureux jeunes gens qui soutiennent le Souverain Pontife. » Toutefois, ne voulant pas se déterminer de lui-même dans une affaire si importante, il écrivit à son ami Clerc, pour savoir s'il devait demander sa retraite ou donner sa démission. « En allant à Rome combattre pour la cause du Saint-Père, je n'ai point pour but, disait-il, d'avancer le terme de mes épreuves sur cette terre ; je n'ai en vue que d'offrir à Jésus-Christ et à son Vicaire mon désir de satisfaire ma faim et ma soif de la justice, espérant, sur la parole de mon divin Maître, en être rassasié. La cause de la Révolution a enfanté des millions de soldats ; celle de la religion sera-t-elle stérile ? Il faut, au contraire, que l'on puisse dire d'elle, avec le prophète : *Leva in circuitu oculos tuos et vide : omnes isti congregati sunt venerunt tibi : filii tui de longe venient...* »

La réponse du P. Clerc ne se fit pas attendre. Il admirait les nobles sentiments qui inspiraient de si beaux désirs à son ami ; mais d'après l'avis d'hommes prudents qu'il avait consultés, il l'engageait à ne pas donner de suite à ses desseins. « Mon cher commandant, lui écrivit-il le 2 novembre, votre projet, si vous l'exécutiez, n'aurait, il est clair, d'autre résultat que de protester en témoignant noblement de vos sentiments ; mais la cause du Saint-Père n'y saurait rien gagner. Ce serait un dévouement qui ne profiterait qu'à vous dans le ciel, où Dieu récompense les intentions sans avoir égard au succès. C'est là le jugement de gens sages ; si vous venez à Paris, je serai très content de vous embrasser. »

Quand de Plas, animé toujours du même désir de se dévouer à la plus sainte des causes, vint à Paris en conférer avec les amis qui lui inspiraient toute confiance, il ne reçut que la même réponse ; mais elle ne suffit pas à calmer l'inquiétude où il était de ne pas montrer assez de générosité. Une nouvelle lettre du P. Clerc, datée du 30 novembre, réussit enfin à lui persuader d'attendre au moins un moment plus favorable. « Mon cher commandant, vous êtes bien assuré que je partage tous vos sentiments ; je ne crois pas cependant qu'il y ait lieu de changer la décision prise dans votre dernier voyage à Paris. Les jeunes gens qui partent pour Rome ne peuvent en ce moment que servir de garde d'honneur au Saint-Père. Le trésor pontifical, privé de ressources, ne peut entretenir la plus petite armée. Que les choses viennent à changer ; qu'il se forme une armée pontificale capable d'agir ! Oh ! alors, à la bonne heure, partez. Mais ne donnez pas votre démission pour aller offrir une bonne volonté qui resterait au moins inutile. Attendez que l'armée tienne de nouveau la campagne ; il ne peut auparavant y avoir pour vous de place dans ses rangs.

» Vous gémissez qu'il n'y ait plus moyen de se dévouer à la meilleure des causes ; ce n'est que trop vrai. Cependant les bons désirs ne sont pas inutiles ; ils satisfont dans une certaine mesure à la justice divine, et contribuent à fléchir la rigueur de ses décrets. Dieu, qui lit dans les cœurs, accepte, n'en doutez pas, votre dévouement et celui de tant d'autres que nous ne connaissons pas. »

Après avoir ainsi pesé le pour et le contre, et consulté Dieu dans la prière, de Plas, dont les forces physique, du reste, ne répondaient pas à sa bonne volonté, se résigna à attendre en paix la suite des événements. « Il faut bénir Dieu de toutes choses, disait-il ; l'indisposition que j'ai rapportée de Chine m'enlève toute pensée de changement ; elle me paralyserait après la moindre fatigue. »

François II, de Naples, trahi par les siens et abandonné des puissances, s'était retiré devant les bandes garibaldiennes et les troupes piémontaises dans la citadelle de Gaëte qui capitula le 13 février 1861. « J'apprends à l'instant la prise de Gaëte, écrit de Plas à sa sœur Augusta. Il a plu à Dieu de faire boire à cet héroïque prince le calice jusqu'à la lie. C'est une douleur bien vive pour quiconque a le sentiment du juste, pour tous ceux qui étaient sympathiques à une noble cause vaillamment soutenue. Mais à quoi bon des doléances ? Nul ne peut prévoir jusqu'où ira l'épreuve. Le pape n'est déjà plus roi que de nom, et, suivant les probabilités humaines, ce vain titre ne lui sera pas même laissé. » Pie IX devait, en effet, revoir des jours aussi tristes que ceux de 1848.

« A Gaëte, s'était écrié Victor-Emmanuel, se termine pour toujours la série de nos conquêtes politiques ; l'Italie libre et unie devient pour l'Europe un gage d'ordre et de paix, un instrument de civilisation universelle. » Cependant l'ère de la Révolution était loin d'être fermée en Italie, comme on l'avait prétendu ; d'accord avec le Piémont, Garibaldi menaça les États pontificaux, déclarés naguère nécessaires à l'indépendance du pouvoir spirituel.

Fidèle à la pensée de la brochure *Le Pape et le Congrès*, Napoléon, en favorisant les empiètements de l'Italie, protesta en faveur de ce qui restait encore des États pontificaux. Il rappela son ambassadeur de Turin et renforça le corps d'observation établi à Rome, mais en même temps il proposa un congrès pour amener l'Autriche et le pape à reconnaître les faits accomplis. Faut-il donc s'étonner de la méfiance des catholiques et du cri d'alarme de l'épiscopat ? De Plas applaudit à cette conduite des évêques qui était pour tous une lumière et une force. « Lu ce soir, écrit-il dans son *Journal*, un mandement de Mgr Pie, évêque de Poitiers, qui stigmatise *la France, Rome et l'Italie*, brochure de M. de la Guéronnière, et compare ceux qui laissent dépouiller le Saint-Père de son domaine temporel, à Pilate se lavant les mains de la mort du Juste. Les catholiques se réjouissent en voyant que ceux qui ont le devoir de parler pour éclairer les peuples, le font avec tant de franchise et de liberté. »

M. Cavour, le ministre patriote, qui avait créé l'unité italienne, mourut excommunié au mois de juin, quand les puissances s'empressaient en quelque sorte de reconnaître Victor-Emmanuel comme roi d'Italie. « Au moment où on se prépare à célébrer à Turin la fête de l'unité italienne, s'écrie François, le ministre piémontais, fauteur de cette iniquité, est appelé à paraître devant Dieu. Quel compte redoutable n'a-t-il pas à rendre pour une œuvre établie sur la ruse, la violence et la plus insigne mauvaise foi ! »

A la vue de tout ce qui venait de se faire en Italie, de notre flotte assistant impassible aux hideuses saturnales de Garibaldi à Palerme et à Naples, François bénissait le ciel de n'avoir pas été appelé à commander en escadre pour prendre part à une hypocrite neutralité qui ne favorisait que la Révolution et le désordre. « Je suis profondément ému de tout ce qui se passe en Italie, écrivait-il, et je demande à Dieu de préparer mon cœur pour les circonstances. La politique suivie par le gouvernement me paraît trop misérable pour qu'un bon chrétien la serve avec chaleur. J'ignore ce qu'on fera de moi, mais j'espère que Dieu ne permettra pas que j'accepte aucune fonction honteuse pour mon pays, indigne de mon caractère de chrétien... J'espère que je suivrai toujours la voie de la justice et de l'honneur, au risque de perdre ma place et ma fortune, et de ne trouver que les tristesses de l'exil et les angoisses de la prison... Je sens, ajoutait-il, que je ne tiens plus guère à la marine ; mais, avant de la quitter, il faut remplir exactement tous mes devoirs, comme si j'y avais beaucoup de goût. » Il continua donc de servir avec zèle, et personne ne se douta autour de lui de la lutte intime qu'il eut alors à subir, pendant quelques mois, au sujet de sa vocation.

Au mois de décembre 1860, il avait renouvelé connaissance avec un de ses camarades d'école, M. de Cuers, ancien capitaine de frégate, qui depuis près de dix ans, avait quitté la marine pour entrer dans les ordres, et était alors supérieur chez les Pères du Saint-Sacrement. Depuis ce moment les deux amis n'avaient cessé de s'écrire, et le religieux, en exprimant son bonheur, invitait souvent l'officier indécis à venir le partager.

« Mon cher ami, écrivait-il de Marseille, le 21 août 1861, au commandant de Plas, je ne suis point chargé de te donner la petite poussée que tu désires. Mais si le bon Maître t'appelle à l'honneur du sacerdoce, et si tu crois avoir fini ta carrière maritime, réponds au plus tôt à cet appel. Consulte... demande un congé... Sache que l'heure est venue de donner de grands exemples de renoncement, et de montrer que le service de Notre-Seigneur est au-dessus de tous les services et que tout dans le monde doit lui être sacrifié.

» Je vais faire une neuvaine d'instances auprès de Notre-Seigneur pour qu'il précipite et hâte le moment de ta vocation. Tu sais que depuis longtemps je t'ai demandé au bon Maître, pour la gloire de son dessein, et tout ce qu'on demande au Père céleste par Jésus Notre-Seigneur est accordé. Ainsi, vois où en sont tes affaires; je les ai irrémédiablement compromises depuis longtemps. C'est la faute de la prière qui peut tout.

» Tout à toi de cœur, en Jésus Notre-Seigneur. »

Cependant, le P. Clerc, à qui de Plas avait communiqué son désir de répondre aux avances de son ami, n'était pas du même avis. Il l'engageait à ne marcher qu'en pleine lumière, ajoutant que le combat ne devait avoir lieu que pour contraindre la volonté à obéir à l'intelligence. Nous citerons presque tout entière la lettre magnifique qu'il lui écrivit à cette occasion. Elle renferme les principes les plus lumineux sur la vocation, sur la manière de distinguer le véritable appel de Dieu des vaines illusions du démon; et les conseils les plus sages pour mettre en pratique, malgré les répugnances de la nature, les résolutions prises par la volonté aidée du secours de la grâce. Cependant, il est bon de l'observer, certaines décisions de cette lettre ne doivent pas être considérées d'une manière absolue ; elles étaient données pour le cas particulier où se trouvait M. de Plas.

« Laval, fête de l'Immaculée-Conception, 1861.

» Mon bien cher commandant,

» Le meilleur moyen de répondre à la confiance dont vous m'honorez, c'est de vous parler avec une complète sincérité. Eh bien, il y a plusieurs années que je pensais déjà que la grâce de Dieu vous appellerait au sacerdoce, et je l'ai dit au P. Gamard qui n'y faisait pas d'objection. Mais je l'imaginais comme devant succéder à votre carrière et non la remplacer ; je pensais que ce serait la joie et la gloire de votre retraite et je ne suis pas encore d'opinion contraire.

» Vous êtes maintenant arrivé, au prix de toute une vie consciencieusement laborieuse, à la connaissance et à l'expérience consommée de toutes les choses du métier. La Providence, et non votre industrie, vous a élevé à un poste important, tellement que vous redoutez les emplois qu'on pourrait vous confier. Je voudrais, à votre place, des marques très certaines de la volonté de Dieu pour rejeter des biens qui peuvent, demain peut-être, rendre à notre pays des services signalés. Je ne me contenterais pas d'un instant de dégoût pour les choses que j'avais aimées jusque-là, ni de la répugnance à servir un gouvernement que vous n'approuvez point. Il est moralement impossible qu'on vous choisisse pour un emploi que vous ne pourriez accepter ; et, si on le faisait, ce serait une marque qu'il est temps de vous retirer. En un mot, vous faites maintenant du bien et beaucoup, vous en ferez peut-être davantage bientôt ; il faut donc un appel certain de Dieu pour faire autre chose. Je crois lire entre les lignes de votre lettre que l'attrait pour la marine est encore tout vivant dans votre cœur. Chacun a son rôle à remplir, et Dieu n'a pas fait la perfection sur un seul moule...

» S'il est une chose, bien cher commandant, dont vous ayez le droit d'être assuré, c'est votre parfaite bonne volonté, et votre disposition absolue et réfléchie de faire tout ce que Dieu demandera de vous. Votre seul désir est de connaître sa volonté; ce n'est donc pas à vous que s'adressent ces paroles : *Si vocem ejus audieritis, nolite obdurare corda vestra.*

» Mais si vous devez à Dieu d'obéir docilement, Dieu vous doit de parler clairement. N'ayez point peur : ce n'est point lui qui a coutume de manquer au traité. Attachez-vous à ne marcher qu'avec une pleine lumière et évitez tout ce qui met du trouble dans votre âme. Si la pensée de votre démission ne produit pas en vous la paix et le calme, à coup sûr vous ne devez voir qu'une illusion dans cette apparence du plus grand bien; et cela, je le dis, connaissant combien vous êtes sincèrement uni à la volonté de Dieu.

» Il ne faut de combat en vous-même que pour contraindre la volonté à obéir à ce qui est reconnu bon par l'intelligence; il n'en faut pas pour éclairer l'intelligence elle-même...

» Si je n'en avais déjà trop dit, j'ajouterais que mon imagination se plaisait à vous représenter prêtre à Puycheni, au milieu de votre famille, de vos tenanciers, de ceux qui ont appris depuis longtemps à révérer votre maison, et je vous voyais y exercer la paternité spirituelle au lieu de la paternité naturelle; mais ce n'est là qu'une impression, et si Dieu vous met dans une congrégation, je ferai volontiers le sacrifice de mon rêve.

» Que la paix de Notre-Seigneur soit avec vous! Je vous donne ma paix, je vous laisse ma paix, dit-il toujours. Je vous la souhaite, et je désire que vous parveniez à la conserver, c'est la meilleure de toutes les conseillères. »

De Plas s'efforça de mettre en pratique les bons conseils de son ami, qui n'avait fait, du reste, qu'esquisser à grands traits la doctrine si sûre du *discernement des esprits*, telle qu'elle est contenue dans le livre d'or des Exercices spirituels de saint Ignace. « Je suis tiraillé, écrit-il le 25 décembre 1861, par deux amis, dont l'un, l'abbé de Cuers, voudrait que je quittasse au plus tôt la marine pour embrasser la vie religieuse, et l'autre, le R. P. Clerc, m'engage à attendre. Ce dernier me connaît mieux que mon ancien camarade d'Angoulême; je dois donc déférer à son avis, en m'occupant de marine jusqu'à ce qu'il plaise à Dieu de m'assigner un autre poste. »

Ayant eu l'occasion de faire un voyage à Brest, au mois de janvier 1862, pour les essais de la *Normandie*, il consulta le P. Le Sauce, dont l'avis fut tout à fait conforme à celui du P. Clerc. « Il résulte d'une causerie avec mon ancien confesseur, écrit-il, que je dois rester dans la marine jusqu'à ce que Dieu me fasse connaître clairement qu'il me veut ailleurs. » Cette décision fut pour lui comme la voix même de Dieu, car il avait en ce saint prêtre, si estimé dans toute la ville, une confiance illimitée. Il profita de son séjour à Brest pour soumettre ses doutes de conscience, entre autres la difficulté suscitée par certains confesseurs, qui ne trouvaient pas dans ses accusations matière suffisante pour l'absolution. Il reçut, comme toujours, une grande abondance de lumières dans cette ouverture d'âme, et il ajoutait, en les notant dans son *Journal privé* : « Cela m'avait été dit plusieurs fois déjà; mais le P. Le Sauce me touche plus profondément que d'autres. Il me rappelle ces paroles des disciples d'Emmaüs au sujet de Notre-Seigneur : *Virtus de illo exibat !* »

A partir de ce moment, de Plas se préoccupa moins que jamais de la question d'avancement, comptant d'un instant à l'autre sur l'appel de Dieu à une vie plus parfaite, dont il sentait toujours le désir au fond du cœur. « Il faut, écrit-il le 26 janvier, mettre à profit de mon mieux cette situation, en m'offrant à Dieu aussi entièrement que possible. Servir avec ardeur dans la marine, comme si j'étais dévoué au chef de l'État, et être prêt à tout quitter dès qu'on demandera de moi quelque chose de contraire à la loi de Dieu... Loi sainte, puisses-tu être la règle de toutes mes actions ! Puissent les rayons du divin Soleil de justice éclairer ma conscience et réchauffer mon cœur, en l'embrasant d'amour envers Notre-Seigneur Jésus-Christ, que je reconnais pour être la voie, la vérité et la vie ! »

Quatre années venaient de s'écouler depuis la campagne de la *Virginie*, pendant lesquelles de Plas n'avait exercé aucun commandement à la mer. Il est vrai que sa santé était un obstacle sérieux à toute vie fatigante. « Il n'est pas bien sûr, disait-il, que je fusse en état de ramener en France le bâtiment qu'on me confierait pour une expédition lointaine. » Aussi, sa vie maritime lui paraissait-elle finie et il répétait souvent qu'il avait son bâton de maréchal. Cependant il s'interrogeait parfois, se demandant s'il ne ferait pas bien de manifester au moins son désir de naviguer. « J'aimerais, écrivait-il, à attendre le bon plaisir de mon Maître ; mais je ne voudrais pas que cette attente eût l'air d'apathie et fût le résultat d'une sagesse de tempérament plutôt qu'un vrai désir de conformité à la volonté de Dieu. » Un autre motif le poussait aussi à faire une démarche en ce sens. « Je crains, disait-il, qu'en m'abstenant de toute demande, je ne fasse tort aux capitaines de vaisseau moins anciens que moi; car, selon toute probabilité, le préfet maritime ne favorisera pas leur candidature avant que je sois moi-même pourvu. » Cette pensée de charité, appuyée de l'avis du P. Clerc qu'il avait consulté, fit taire toute espèce de considération personnelle, et il résolut de demander un commandement, non pas immédiatement, mais si les circonstances paraissaient le réclamer.

L'occasion ne tarda pas à se présenter, car l'expédition du Mexique, commencée depuis quelques mois, menaçait de prendre des proportions considérables. Le *Turenne*, envoyé de Brest à Cherbourg, pour être armé en transport, avait pour commandant M. R*** qui, volontiers, eût cédé l'honneur à un autre capitaine de vaisseau. C'était un service à rendre à un camarade; de Plas n'hésita pas, et le 16 juin, après avoir lu dans le *Moniteur* la mauvaise tournure que prenaient les affaires au Mexique, il fit connaître au préfet maritime qu'il accepterait avec plaisir le commandement du *Turenne*. La demande fut transmise par le télégraphe à dix heures et demie, et à onze heures et demie arrivait une réponse affirmative. François, d'abord un peu troublé des conséquences de sa démarche, reprit confiance en voyant dans la rapidité même de la décision un signe manifeste de la volonté de Dieu. « Du courage ! écrivit-il dans son *Journal*, Dieu a parlé, il n'y a plus à revenir en arrière. »

CHAPITRE X

1862-1864

Armement du vaisseau le *Turenne* à Cherbourg. — Départ avec le général Forey. — Relâche à la Martinique. — Arrivée à Sacrificios. — L'expédition du Mexique. — Retour en France. — Brest et Cherbourg. — Nouveau départ; relâches à Funchal et à Fort-de-France. — Arrivée au Mexique. — Retour en France. — En rade de Brest. — Château de Kéréraut. — La croix de commandeur. — Mission du P. Clerc à Saint-Romain. — Mort de l'amiral Desfossés. — Influence du R. P. de Cuers. — Puycheni et Brest.

Le 18 juin, de Plas, en prenant le commandement du *Turenne*, réunit l'état-major avec lequel il désirait entrer immédiatement en communauté de pensées et de sentiments. « J'ai demandé, dit-il, le commandement du *Turenne* comme une corvée, mais une corvée d'honneur. Tout homme de cœur n'aurait pas hésité plus que moi à venir en aide à nos frères d'armes placés dans une situation difficile à deux mille lieues de la France. Les choses les plus pénibles deviennent douces quand on les fait avec bonne volonté ; nous devons donc apporter un véritable zèle dans la mission de dévouement qui nous est confiée. C'est de nous que dépend la réputation du vaisseau ; faisons en sorte qu'elle soit à la hauteur du beau nom qu'il porte. »

Le nouveau commandant, en faisant l'inspection du bâtiment, remarqua avec plaisir que les embarcations avaient une croix pour emblème, et qu'une croix rouge était aussi dessinée sur les guidons blancs qui servaient de girouettes en tête de mât. « Béni soit Dieu, s'écria-t-il, d'avoir inspiré à ceux qui m'ont précédé la bonne pensée de mettre le *Turenne* à l'abri de la Croix ! » Cependant il ne se dissimulait pas les difficultés de la campagne qu'il allait entreprendre, le rôle effacé de la marine et les périls d'un climat plus meurtrier que le fer ennemi ; aussi écrivit-il dans son *Journal* : « A ceux qui me plaindraient, parce que la fièvre jaune règne au Mexique, je répondrais que le bon Dieu n'avait pas besoin du vaisseau le *Turenne* ni des circonstances qui m'en donnent le commandement pour signer, s'il lui plaît, mon *exeat*. »

C'est dans ces sentiments de filial abandon à la Providence et plein de confiance en l'avenir, qu'il se livra avec ardeur à l'armement de son vaisseau. « Le bon Dieu, dit-il, m'a donné une position excellente en m'appelant au commandement du *Turenne*. Je veux lui en rendre grâces et l'en bénir, tout en étant prêt aux changements qu'il lui plairait d'ordonner. Je dois donc m'attacher à ma position de tout cœur, et chercher à en tirer le plus grand profit pour le service de Dieu, le bien de mes hommes et l'intérêt de mon pays. »

Si quelques amis, qui ne jugeaient les choses qu'au point de vue matériel, regardèrent comme une folie la demande d'un commandement pour une expédition condamnée par l'opinion publique, d'autres, mieux avisés, s'empressèrent d'écrire à de Plas pour le féliciter et l'encourager. « Bravissimo ! s'écrie madame l'amirale Desfossés. Vous avez agi en bon chrétien et en bon Français; et, si votre récompense n'est pas de ce monde, vous vous en consolerez bien vite dans la pensée du devoir accompli. » Le P. Clerc ne pouvait oublier son ancien commandant dans une circonstance si délicate, et il résumait tous ses vœux dans cette touchante exhortation : *Euge, serve bone et fidelis !* Inutile d'accumuler les témoignages de sympathie qui affluèrent de tous côtés; mais nous ne pouvons passer sous silence cette belle lettre de l'amiral Desfossés, dictée par son esprit droit et son grand cœur :

« Mon cher commandant,

» Il se trouvera probablement dans la marine bien des calculateurs qui trouveront votre résolution un peu folle; moi, je la trouve noble et digne de vous à tous les points de vue.

» Je pense aussi que notre pays et l'homme qui préside à ses destinées, n'ont jamais eu plus besoin d'abnégation de la part de ceux qui les servent, que dans le temps de honteux égoïsme et d'avide ambition où nous vivons.

» Si j'ai un regret en ce moment, c'est que mon âge et la position qui m'a été faite me condamnent à l'immobilité, ou pour mieux dire, à l'inutilité.

» Je présume qu'on va, par tous les moyens possibles, hâter votre armement et votre départ, et je crains que vous n'ayez pas le temps de me donner de vos nouvelles. Recevez donc ici tous mes vœux de bon et prompt voyage. J'espère que vous serez de retour dans les premiers jours de septembre. Ce sera peut-être pour recommencer l'honorable mais rude corvée au-devant de laquelle vous venez de marcher avec un dévouement qui vous honore. »

Malgré les nouvelles alarmantes reçues du Mexique où sévissait cruellement la fièvre jaune, et les bruits de contre-ordre pour l'embarquement, le *Turenne* quitta le port pour entrer en rade dès le 1er juillet. Le commandant s'occupa dès lors de trouver un aumônier, qu'il considérait comme plus important que jamais, à cause du nombreux personnel qui devait prendre passage à bord du vaisseau. Il en écrivit donc à Mgr Coquereau, aumônier en chef de la marine; mais il en reçut la réponse suivante:

« Monsieur le commandant,

» Votre persévérance consciencieuse mériterait mieux qu'un refus, et je suis forcé de vous le faire. Je reçois ce matin encore des plis de Paris qui m'annoncent que ce n'est plus seulement deux aumôniers qu'on envoie en supplément, mais quatre qu'on affecte à cette campagne; ce qui porte à sept le nombre des ecclésiastiques envoyés. Croyez à tous mes regrets de ne pouvoir faire une chose qui était dans mon désir et vous eût été personnellement agréable, et précieuse pour les braves gens que vous avez mission de conduire. »

De Plas n'était pas homme à s'arrêter devant un refus; il continua d'insister et ses instances furent couronnées de succès. Un jeune prêtre, pieux et instruit, M. l'abbé Le Boulet, fut assigné comme aumônier à bord du *Turenne*; mais il est bon d'ajouter que ce vaisseau était déjà désigné pour recevoir le nouveau commandant en chef de l'expédition du Mexique, le général Forey et son état-major. « Que la volonté de Dieu soit faite! s'écria de Plas lorsqu'il apprit cette dernière nouvelle. Puissé-je ne pas imiter l'âne chargé de reliques, et ne point marcher d'un pas relevé, parce que j'ai l'honneur de porter un général en chef!

Puissé-je aussi garder avec dignité mon rôle de commandant et ne pas me laisser amoindrir par la haute position de quelques-uns de mes passagers ! »

L'amiral Jurien de la Gravière, commandant en chef des forces navales, arbora, dès son arrivée à Cherbourg, le 10 juillet, son pavillon sur la frégate cuirassée la *Normandie*, et partit le 21, mais sans être suivi par les vaisseaux-transports. « Il faudrait des motifs bien urgents, écrit François à sa sœur Élisa, pour envoyer en ce moment des troupes au Mexique. La fièvre jaune ferait plus de mal que les batailles les plus acharnées. » Cependant on pressait de plus en plus l'armement ; le ministre de la marine lui-même fit en rade la visite des bâtiments, donnant l'ordre de se tenir prêt à partir au premier signal. Le 28 juillet, le *Turenne* appareilla, emmenant avec lui la chaloupe la *Jeanne d'Arc*, don de l'impératrice, à bord de laquelle on avait installé une machine à vapeur. « Nous sommes en route dans les meilleures conditions possibles, écrit le commandant au moment du départ, ayant à bord, avec le général de division Forey, le général de brigade de Mirandol, l'intendant Wolf, le colonel d'Auvergne, les chefs d'escadrons Billard et Lewal, et le chef de bataillon Le Page de Longchamps. »

Pendant toute la première partie de la traversée, c'est-à-dire de la France à la Martinique où l'on mouilla le 25 août, le *Turenne* fut favorisé d'un temps magnifique, faisant de cinquante à soixante lieues par jour. « Mes passagers, écrit le commandant le lendemain de son arrivée à Fort-de-France, sont tous amarinés, et nous ne sommes pas obligés de nous servir de tables à roulis pour nos repas. La plus parfaite harmonie règne entre nous, et rien ne me porte à croire qu'elle puisse être troublée. Le général de Mirandol est un homme au cœur chaud et généreux avec lequel j'ai eu quelques causeries intimes. L'aumônier est un jeune prêtre breton qui a beaucoup de tenue ; il dit la messe chaque jour dans ma chambre, et solennellement sur le pont, le dimanche. Le soir, à huit heures, on sert le thé, et après le thé on organise deux parties de whist. Je fais ordinairement la partie du général Forey, qui ne se pique pas d'être un fort joueur, et, vers neuf heures et demie ou dix heures, chacun se retire chez soi. »

Le *Turenne* ne séjourna que peu de temps à la Martinique, à cause des chaleurs excessives en cette saison. Au moment où il allait lever l'ancre, un courrier apporta du Mexique de meilleures nouvelles du corps expéditionnaire. Il y avait encore beaucoup de malades à la Vera-Cruz, mais le nombre diminuait chaque jour, et on espérait que l'épidémie serait à son déclin à l'arrivée des transports.

Le 12 septembre, on passa en vue de la Jamaïque, mais sans s'y arrêter. « Les choses, écrit de Plas dans son *Journal*, continuent de bien marcher à bord. Je n'ai que des actions de grâces à rendre à Dieu pour les facilités qu'il m'a données de remplir un rôle qui me paraissait fort épineux. » Il aurait pu le devenir, en effet, si le commandant n'avait pas tenu, dès le principe, à affirmer son autorité à bord de son bâtiment. Qu'on nous permette de citer, à cette occasion, deux petites anecdotes recueillies par des personnes qui méritent toute créance.

Au premier repas de la traversée, le commandant, qui présidait la table comme c'était son droit, fut désagréablement surpris des conversations plus que légères qu'on tenait autour de lui. Sa délicatesse de chrétien en fut vivement froissée, et on put s'apercevoir qu'il se trouvait mal à l'aise, mais il se contint et attendit. Au repas suivant, même liberté de langage qui, cette fois, révolta ses sentiments d'honnête homme. « Général, dit-il d'une voix ferme à un moment de silence, vous connaissez la loi du bord : le commandant n'admet que les officiers à sa table, le ton de la conversation me ferait croire à une erreur parmi les convives. » On se le tint pour dit ; et, à partir de ce moment, les conversations devinrent dignes de gentilshommes et de Français.

« La façon dont il présidait sa table, observe à ce sujet M. Nogues, sa douce et sereine dignité ont laissé, parmi ses hôtes, de profonds souvenirs. Sans fortune personnelle, mais naturellement large, il tenait tout particulièrement à ce qu'il ne lui restât rien des frais de table considérables qui lui étaient alloués ; il s'ingéniait à tout dépenser, et on s'étonnait autour de lui qu'un homme si simple, si austère, pût recevoir aussi magnifiquement. »

Les passagers désiraient arriver au but le plus tôt possible. Comme on naviguait au milieu des Antilles, le commandant, pour éviter un long détour, s'engagea dans une passe qui parut dangereuse. Les officiers qui se trouvaient alors sur le pont s'interrogent des yeux, on parle à voix basse, et le général Forey s'approche du commandant comme pour lui faire une observation. « Général, répondit de Plas, je n'oublie pas, en visant au plus court, que je porte un futur maréchal de France. Je connais mon métier : sur un terrain de manœuvres, j'accepterais vos conseils ; mais ici, je suis seul maître à bord. »

Le 19 septembre, on rencontra sur le banc de Campêche un paquebot français à bord duquel se trouvait le contre-amiral Roze, se rendant de la Vera-Cruz en France. Ce brave marin avait bien gagné ses étoiles. Il commandait à la Vera-Cruz au moment où la situation du corps expéditionnaire était compromise. Sans sa conduite énergique, nous eussions peut-être perdu ce port, et par là toute communication avec la France. Faisant face à toutes les difficultés, il sut, malgré les fièvres qui la décimaient, maintenir pleine de courage la petite troupe laissée sous ses ordres. Il parvint même, malgré sa propre détresse, à préparer un convoi de vivres pour secourir l'armée de l'intérieur.

Deux jours après, le 21 avant midi, le *Turenne*, accompagné du *Chaptal* et de l'*Yonne*, mouilla heureusement à Sacrificios, où se trouvait la *Normandie* portant le pavillon de l'amiral Jurien de la Gravière. Le lendemain, l'amiral monta à bord du *Turenne* pour déjeuner avec le général Forey. « Tout s'est bien passé, écrit de Plas dans son *Journal*. L'amiral a pris ma place, et je me suis mis vis-à-vis de lui. Vers la fin du repas, j'ai cru devoir porter un toast au général Forey et à l'amiral Jurien qu'une heureuse circonstance réunissait à bord du *Turenne*, et j'ai bu à la bonne harmonie de l'armée et de la marine. Le général Forey a répondu par des paroles obligeantes, et m'a remercié de la manière dont j'avais exercé l'hospitalité durant la traversée. J'ai été très sensible à cette aimable attention ; elle prouve que mes efforts, pour remplir sur ce point mes obligations, ont été bénis de Dieu. » Des relations d'amitié ne cessèrent d'exister à partir de ce moment entre le général et le commandant. Plus tard, en 1868, le maréchal Forey aimait à redire à M. Adalbert de Plas, à Nancy, combien il avait conservé les meilleurs souvenirs de son voyage au Mexique, à bord du *Turenne* dont le commandant lui avait rendu le séjour si agréable.

Il ne sera pas sans intérêt, croyons-nous, pour l'intelligence du récit, de jeter un coup d'œil sur l'expédition du Mexique avant l'arrivée du général Forey. « J'avais désiré, en 1838, raconte de Plas, venir au

Mexique partager les fatigues et les dangers de mes compagnons d'armes, mais Dieu ne l'a pas permis ; il daigne le permettre aujourd'hui et je l'en remercie. »
Louis-Philippe, en effet, pour venger le meurtre d'un consul, avait dû envoyer contre le Mexique, sous les ordres de l'amiral Baudin, secondé du prince de Joinville, une flotte qui démantela le fort de Saint-Jean d'Ulloa, bombarda la Vera-Cruz, et imposa une forte contribution de guerre.

Le gouvernement de ce pays était tombé, en 1858, entre les mains d'un jeune officier de vingt-six ans, Michel Miramon, originaire du Béarn, qui contracta avec le banquier Jecker, naturalisé français, un emprunt pour lequel il reçut trois millions et signa pour quinze millions de créances. Mais en 1861, il fut supplanté par Benito Juarez, indien de race et sans fortune, qui destitua toute l'ancienne administration. Bientôt le pays s'appauvrit tellement qu'il suspendit le payement de ses rentes et compromit gravement les intérêts des étrangers déjà lésés par les privilèges accordés au commerce de l'Amérique du Nord. De nombreux Espagnols, Anglais et Français, avaient placé d'importants capitaux dans les emprunts contractés par le Mexique, et ils réclamaient une indemnité par l'intermédiaire de leurs gouvernements. L'Angleterre, l'Espagne et la France convinrent donc entre elles, le 30 novembre 1861, de contraindre, au besoin par la force, le Mexique à payer sa dette. La flotte espagnole, commandée par le général Prim, devança ses alliés et s'empara de Saint-Jean d'Ulloa ; mais, en présence de tout un peuple soulevé pour son indépendance, le général espagnol consentit à traiter avec Juarez, et se retira content d'une promesse d'indemnité. Les Anglais en firent autant, et Napoléon III continua seul une guerre qui, dès le début, avait rencontré en France beaucoup d'opposition.

Les fâcheux résultats de sa politique en Italie lui avaient en quelque sorte créé le besoin de relever son influence par une nouvelle entreprise, et il se jeta tête baissée dans une aventure lointaine qui devait déconsidérer son gouvernement et préparer sa chute. Comme dans toutes ses autres entreprises, les rêves humanitaires qu'il avait caressés en prison et exposés dans les *Idées napoléoniennes*, jouèrent ici un grand rôle. On avait, en 1840, conseillé à la France et à l'Angleterre l'établissement de la monarchie au Mexique, comme la seule chance de salut pour ce pays. Cédant à la pensée d'opposer, dans le Nouveau-Monde, la race latine à la race anglo-saxonne, l'Empereur proposa, pour contenir l'ambition des Américains du Nord, de fonder sur un terrain remué par cinquante ans de commotions un empire vaste comme la moitié de l'Europe, riche marché ouvert à l'industrie et au commerce de la France.

Nous n'avons pas à raconter l'expédition française au Mexique ; qu'il nous suffise d'en rappeler les principaux faits. Les illusions de Napoléon étaient entretenues par son ministre plénipotentiaire, M. Dubois de Saligny. Il envoya donc, sous les ordres de l'amiral Jurien de la Gravière, un corps de débarquement de 2,610 hommes, pendant qu'il faisait offrir à l'archiduc Maximilien la couronne future du Mexique. Puis, craignant de la part du général Prim des prétentions à la couronne du Mexique, il donna l'ordre d'envoyer des renforts. Quand le général de brigade, comte de Lorencez, prit, le 6 mars, le commandement du corps expéditionnaire, il s'était accru de 4,500 hommes environ. Le 20 avril, les Français occupèrent Orizaba, et le 5 mai, ils échouèrent devant Puebla.

Lorsqu'on apprit l'échec des troupes devant Puebla, l'étonnement fut considérable en Europe ; mais la

France, voyant que son honneur était engagé, ne marchanda ni les soldats ni l'argent. Napoléon résolut de porter à 30,000 hommes l'effectif du corps expéditionnaire, et le général Forey, sénateur, fut nommé commandant en chef de la nouvelle armée. Le lendemain de son arrivée devant Vera-Cruz, il adressa au peuple mexicain une proclamation dont les idées principales avaient été indiquées par l'Empereur lui-même, dans une note datée de Fontainebleau le 3 juillet 1862. « Ce n'est pas au peuple mexicain, disait-il, que je viens faire la guerre, mais à une poignée d'hommes sans scrupule et sans conscience, qui ont foulé aux pieds le droit des gens, gouvernant par une terreur sanguinaire, et, pour se soutenir, n'ont pas honte de vendre par lambeaux à l'étranger le territoire de leur pays.

» On a cherché à soulever contre nous le sentiment national, en voulant faire croire que nous arrivions pour imposer à notre gré un gouvernement au pays : loin de là, le peuple mexicain, affranchi par nos armes, sera entièrement libre de choisir le gouvernement qui lui conviendra : j'ai mission expresse de le lui déclarer... »

Le 23 et le 24 septembre s'opéra le débarquement des troupes, des chevaux et du matériel ; mais le commandant en chef du corps expéditionnaire ne quitta le *Turenne* que le 25, à sept heures et demie du matin. « Le général Forey est à terre, depuis ce matin seulement, écrit de Plas à sa sœur Elisa. Je n'ai qu'à me louer de mes rapports avec lui et avec les officiers qui composent son état-major. J'espère que les affaires du Mexique sont en bonnes mains, car le général paraît ferme et bien entouré. »

Quand le commandant en chef descendit à terre, tous les bâtiments en rade lui rendirent les honneurs dus à son rang. Il fit une entrée solennelle dans la ville, où il était attendu par la garnison sous les armes, par tous les fonctionnaires et une nombreuse population. Après avoir passé les troupes en revue, il leur rappela, dans une chaleureuse allocution, le but politique de l'expédition. « Au nom de l'Empereur, s'écria-t-il, je fais appel, sans distinction de partis, à tous ceux qui veulent l'indépendance de leur patrie et l'intégrité de son territoire... Souvenez-vous que partout où flotte le drapeau de la France, en Amérique comme en Europe, il représente la cause des peuples et de la civilisation ! » De longs cris de Vive l'Empereur ! répondirent aux paroles pleines d'enthousiasme du commandant en chef.

Le général Forey, remarquant que le pavillon mexicain ne se trouvait pas arboré sur l'*ayuntamiento*, donna l'ordre de le hisser à l'instant, pour prouver à la population mexicaine que ce n'était pas à elle que les troupes françaises venaient faire la guerre. Cet incident produisit une favorable impression sur les esprits ; il se présentait comme la confirmation des sentiments exprimés dans la proclamation adressée par le général en chef aux Mexicains avant son débarquement.

Le corps expéditionnaire n'était pas au complet ; les vaisseaux-transports durent se préparer à retourner promptement en France. Le 2 octobre, le commandant de Plas reçut son ordre de départ. « Ceux qui restent à la Vera-Cruz, écrit-il dans son *Journal*, trouvent le *Turenne* bien heureux de faire route pour la France. J'avoue franchement que je quitte le Mexique sans regrets ; néanmoins si j'avais trouvé une occasion de servir dans cette expédition, je crois que je l'aurais acceptée, non seulement sans contrariété, mais avec cette satisfaction intime que donne la générosité dans le sacrifice. »

Dans le voyage de retour, le *Turenne* suivit la route indiquée par le capitaine Maury. Une note de M. Grasset, insérée dans la *Revue maritime et coloniale*, nous permet de compléter les renseignements puisés dans le *Journal* du commandant de Plas. Favorisé par un ciel superbe et une belle mer, le vaisseau franchit en huit jours la distance qui sépare le Mexique de la Havane. Les instructions portaient de mouiller au large, afin d'éviter toute communication qui pourrait donner la fièvre jaune à l'équipage, et de ne s'arrêter que le temps nécessaire pour renouveler les vivres frais.

En débouquant du canal de la Floride, un incident se produisit qui aurait pu avoir, quelques heures plus tôt, les conséquences les plus funestes. L'officier chargé des montres vint avertir le commandant qu'il avait oublié de les monter. « Je me suis bien gardé de lui adresser le moindre reproche, écrit de Plas dans son *Journal*; il paraissait trop atterré de son oubli. Cet incident me prouve que Dieu veut que je mette en lui seul ma confiance. Impossible maintenant de connaître la longitude autrement que par des distances qui souvent donnent des résultats médiocres. Après avoir fait tout ce qui dépendra de moi pour assurer le succès, je dois plus que jamais reconnaître que mon bâtiment est entre les mains de Dieu. »

De Plas se contenta de conférer de la situation avec son second. Au lieu de prendre la direction des Açores, le *Turenne* s'éleva à la vapeur jusqu'au banc de Terre-Neuve, pour vérifier les résultats des chronomètres; puis il se porta sur Brest, se maintenant ainsi à trente lieues environ dans le sud de l'arc de grand cercle. Cette route fut marquée par une grosse mer, par des pluies fréquentes et des temps à grains. Le vaisseau éprouva trois coups de vent: le premier dura vingt-quatre heures par rafales ; on se trouvait alors à quatre-vingt-dix lieues dans le sud-est du cap Hatteras. Le second coup de vent fut subi à quatre-vingts lieues dans le sud de l'île de Sable, et l'on eut pendant deux jours des rafales très violentes. Enfin, dans le troisième coup de vent, par 45° de latitude et 38° de longitude, le baromètre descendit rapidement, pendant que le vent fraîchissait au sud-ouest par rafales, avec une mer très grosse.

Le 2 novembre, à midi, le *Turenne*, d'après les calculs du commandant, n'était plus qu'à deux cent quatre-vingt-cinq lieues de Brest, où il comptait arriver cinq jours après. « Gloire à Dieu, s'écrie de Plas tout joyeux ! nous sommes favorisés par la brise et nous filons onze nœuds à l'heure. » Le vent, qui avait un peu molli dans l'après-midi, reprit avec de fraîches rafales le soir. Retiré dans sa chambre, vers dix heures, après avoir, par précaution pour la nuit, serré le perroquet de fougue et pris trois ris, de Plas confia ainsi à son *Journal*, comme un hymne de reconnaissance, les pieux sentiments qui débordaient de son cœur.

« Le vieux *Turenne* a mis son bonnet de nuit, et nous filons neuf nœuds sous les basses voiles, avec une fraîche brise du sud-ouest... Ce vent nous pousse vers la patrie, vers nos familles; il me pousse vers les temples du Seigneur, il abrège le temps que je serai éloigné du banquet eucharistique. Combien il me sera doux de reprendre mes habitudes de la messe quotidienne et du Chemin de la Croix !... Souffle donc, ô brise qui fais la volonté de Dieu !... Puissé-je ne jamais me plaindre que la brise est trop faible ou trop forte, de l'arrière ou du plus près ! Puissé-je la saluer, d'où qu'elle vienne, comme messagère du Très-Haut, comme ministre de sa volonté sainte ! »

Le vendredi, 7 novembre, le *Turenne* mouilla en

rade de Brest, après une heureuse traversée de trente-six jours. « Je veux vous féliciter de votre retour, écrit aussitôt l'amiral Desfossés au commandant de Plas. Je m'attendais aux épreuves de santé qu'ont eu à subir nos équipages. La marine joue dans cette guerre un rôle pénible, sans compensation aucune! Le comprendra-t-on à l'hôtel de la place de la Concorde, et vous saura-t-on gré de l'abnégation personnelle dont vous avez fait preuve en demandant le *Turenne* ? Je veux l'espérer un peu, je le désire beaucoup plus. »

Dans le port de Brest, on s'occupa immédiatement des réparations les plus urgentes, afin de mettre le *Turenne* en état de reprendre la mer le plus tôt possible. Mais le second, M. Loyer, était tombé malade. Le commandant dut renoncer au plaisir d'une visite à sa famille, pour surveiller lui-même les préparatifs d'un nouvel armement, jusqu'à la nomination d'un officier supérieur qui pût le remplacer. « J'ai demandé, écrit-il à sa sœur Élisa, un capitaine de frégate, qui est un galant homme et un parfait chrétien ; il se nomme Cléret de Langavent. Il m'a témoigné le désir d'embarquer avec moi, et j'espère que rien ne s'y opposera. N'est-ce pas une grande chose que d'avoir un second qui veut aimer Dieu et le servir loyalement ? » M. Cléret, atteint alors d'une affection qui pouvait s'aggraver, se vit, à son grand regret, obligé de renoncer au poste qu'il désirait, et où il fut remplacé par un autre capitaine de frégate, M. Normand, homme religieux et très bon officier.

Le 26 janvier 1863, le *Turenne* était prêt à recommencer une campagne au Mexique, où l'on parlait d'envoyer dix mille hommes. Que s'était-il donc passé depuis que le général Forey avait pris la direction du corps expéditionnaire ? Le premier acte public du nouveau commandant en chef avait été de désavouer publiquement le général Almonte qui, de sa propre autorité, s'était investi du titre de chef suprême de la nation ; et cette mesure avait reçu l'approbation générale au Mexique comme en Europe. Puis, à la tête des troupes récemment arrivées, il s'était établi à Orizaba, pendant que l'amiral Jurien de la Gravière occupait le port de Tampico. C'est au moment de marcher sur Puebla qu'il fit demander de nouveaux renforts. En conséquence, une dépêche ministérielle du 30 janvier prescrivit au *Turenne*, au *Jean-Bart* et au *Rhône* de partir pour Cherbourg.

Pendant quelques jours notre grand port de la Manche présenta une animation extraordinaire. Du 3 au 5 février on embarqua, outre dix mille hommes de troupes avec leurs bagages et leurs provisions, tout le matériel d'une division, chevaux, mulets et artillerie. Le *Turenne* eut pour sa part tout un bataillon du 7ᵉ régiment de ligne, sous les ordres de M. Thoumigny de la Halle. « J'ai été abasourdi, écrit de Plas dans son *Journal*, à la date du 2 février, quand j'ai appris que nous recevions nos soldats passagers, même avant les colis et les autres objets que nous devons emporter. Le commandant m'a présenté quelques-uns de ses officiers. Je leur ai parlé, je l'espère, en bon Français, en frère d'armes, en chrétien ; maintenant il s'agit de passer aux œuvres, et d'exercer la justice et la charité. »

Malgré les tracas d'un embarquement si précipité, de Plas ne perdit pas un seul instant patience, et, grâce à l'activité de son second, le *Turenne* fut, de tous les vaisseaux-transports, le premier prêt à prendre la mer. Qu'on nous permette de citer une anecdote caractéristique que nous avons recueillie de la bouche d'un ancien officier d'administration, témoin du fait qu'il raconte. La patience de M. de Plas était proverbiale parmi tous ceux qui avaient l'honneur de le connaître.

Plusieurs dames qu'il avait souvent rencontrées dans le monde, et qui jusque-là avaient inutilement essayé de le faire sortir de ses gonds, jugèrent le moment favorable pour lui livrer un dernier assaut. Fort peu soucieuses d'une indiscrétion, et sous prétexte de se rendre compte de l'emmagasinement du navire, elles se rendirent, le 6, à bord, où elles trouvèrent le commandant au milieu d'un énorme encombrement d'objets de toutes sortes. A l'annonce de cette visite, la première impression du commandant s'était traduite par un long soupir et un regard élevé vers le ciel; puis, refoulant aussitôt un sentiment trop naturel, il fit servir un bon déjeuner à ses tentatrices, et leur montra avec la plus grande douceur tout ce qu'elles désiraient voir. « Le saint homme Job, ajoutait le narrateur, n'aurait pas fait mieux. »

A peine ces dames avaient-elles quitté le bord, que le *Turenne*, qui avait déjà reçu le signal d'appareiller, sortit de la rade sous vapeur, faisant route pour le Mexique. Sept jours après, il mouillait devant Funchal, chef-lieu de l'île Madère, et le 3 mars devant Fort-de-France, chef-lieu de la Martinique, où il ne tarda pas à être rallié par les vaisseaux le *Jean-Bart*, le *Wagram*, le *Saint-Louis*, le *Tilsitt* et les transports l'*Eure*, le *Rhône*, le *Finistère*.

« La rade de Fort-de-France, écrit de Plas le 10 mars, est fort animée. Les vaisseaux partis de Toulon et de Cherbourg y sont réunis. Les troupes et les chevaux ont été mis à terre et ne seront repris qu'au fur et à mesure des départs. Je ne me plains pas de notre relâche prolongée; cela donne un peu de repos à l'équipage, et la Martinique n'est pas désagréable à habiter dans cette saison. Les journées sont très chaudes, mais on peut se reposer la nuit comme dans nos étés de France.

» Je suis très content de mon vaisseau, état-major et équipage. Les passagers sont des hommes bien élevés qui, sans être à charge, rompent la monotonie de notre vie de bord.

» Il a été décidé aujourd'hui que le *Wagram* et le *Saint-Louis* partiraient demain, le *Tilsitt* et le *Turenne* le 14. Le commandant du *Tilsitt* est mon ancien ; c'est lui qui dirigera le convoi. Comme nous tenons à économiser le charbon, qui est rare à la Vera-Cruz, nous n'arriverons probablement pas à destination avant le 29 ou le 30. »

De Plas avait assez bien calculé la marche de son bâtiment, car le 28, dans l'après-midi, il mouilla devant l'île Sacrificios, près de la *Dryade*, à bord de laquelle flottait le pavillon de l'amiral Jurien de la Gravière. « Je ne saurais trop remercier Dieu, écrit-il dans son *Journal*, de m'avoir fait accomplir heureusement ce second voyage. J'aperçois d'une fenêtre de la galerie les croix qui marquent le lieu de repos d'un grand nombre de soldats et de matelots français. Les nouvelles qu'on nous communique sur l'expédition ne sont pas rassurantes. N'entrerait-il pas dans les desseins de Dieu d'arrêter le cours des prospérités de l'Empereur ? »

Le 22 février 1863, le général Forey avait cru le moment venu de venger l'échec du 5 mai précédent ; et, avec le gros de l'armée, il était sorti d'Orizaba pour marcher sur Puebla. En apprenant l'approche de l'armée française, Juarez lança le 2 mars une proclamation destinée à enflammer le courage des défenseurs de la ville. L'investissement de la place, commencé le 16 mars, ne devait cesser que le 19 mai, jour de l'entrée solennelle du général Forey dans Puebla. « Le vice-amiral Jurien, écrit de Plas le 7 avril, est venu me faire une bonne visite ; il m'a longuement entretenu des affaires du Mexique dans lesquelles il a pris une large part. Il déplore le peu de consistance de caractère de nos généraux. « Occuper Tampico, m'a-t-» il dit, était peut-être une faute, mais l'abandonner » a été un crime, et le sang de ceux qui ont été vic-» times de leur confiance en nous crie vengeance contre » nous. »

Le 11 avril, le *Turenne* reprit la mer pour retourner en France, rapatriant des malades que l'air natal pouvait seul ramener à la santé. Il n'était que temps pour le commandant lui-même de se soustraire à l'air empesté du Mexique. Déjà il avait ressenti quelques atteintes de la fièvre, mais un air pur, respiré à pleins poumons, ne devait pas tarder à dissiper tout malaise. Il se fit pendant la traversée garde-malade, suppléant par intervalles une sœur passagère qui avait bien voulu se charger de l'infirmerie du bord ; souvent même il remplaça l'aumônier pour l'instruction religieuse des mousses.

En rade de la Havane, de Plas rencontra le *Berthollet*, commandé par son ami de Jonquières, le *Milan* qui se rendait à la Vera-Cruz, et le *Wagram* qui partait pour la France.

Le *Turenne*, lisons-nous dans la note de M. Grasset, parti de la Havane quatre jours et demi après le *Wagram*, fit exactement la même route que ce vaisseau. Le 6 mai, les deux bâtiments n'étaient plus qu'à trente-cinq milles de distance l'un de l'autre. Ce n'est qu'à la supériorité de sa marche que le *Turenne* dut de regagner aussi promptement le *Wagram*. Il entra à Brest le 11 au matin, tandis que l'autre vaisseau n'atteignit le mouillage que le 13 mai.

Qu'allait devenir le *Turenne* ? Ne devrait-il pas bientôt reprendre la route du Mexique ? Tout le faisait supposer ; car si la prise de Puebla eut grand retentissement, des mesures impolitiques avaient commencé dès le lendemain à en atténuer les heureux effets. « Il n'est pas improbable, écrit de Plas le 9 juin, que le *Turenne* fasse avant peu un nouveau voyage au Mexique. Il y a dans l'air des bruits précurseurs de départ; mais à la volonté de Dieu! » Du reste, il ne se préoccupait pas de l'avenir. « Ce n'est ni l'Empereur, disait-il, ni son ministre de la marine qui m'imposent à la fin de ma carrière le labeur peu agréable et peu honoré de porter des troupes au Mexique; c'est le bon Dieu, qui sait mieux que nous ce qui nous convient. Pourquoi regimber *in petto* ou devant le public? Il faut laisser à ceux qui se croient propres à de plus hautes fonctions le soin de se plaindre et de réclamer. Quant à nous, marchons comme le bœuf qu'on attelle sans le consulter, ou comme le mulet qu'on prend en Poitou pour l'envoyer au Mexique. »

Les rapports détaillés sur la prise de Puebla étaient parvenus en France dans les derniers jours de juin, en même temps que le télégraphe de New-York y transmettait la nouvelle de l'entrée de nos troupes à Mexico. L'Empereur, harcelé sans relâche par l'opposition et luttant contre les impressions défavorables de presque tout le pays contraire à la guerre, apprit avec bonheur des résultats qui comprimaient pour quelque temps les clameurs hostiles; et, pour récompenser le général Forey des services rendus, il l'éleva à la dignité de maréchal de France. « Je considère l'expédition du Mexique comme terminée, lui écrivit Napoléon III, le 16 juillet 1863. Dans cette circonstance, je crois inutile que vous prolongiez votre séjour au Mexique. Un maréchal de France est un trop gros personnage pour le laisser se débattre dans des intrigues et des détails d'administration. Je vous autorise donc, dès que vous le jugerez convenable, à déléguer tous vos pouvoirs au général Bazaine et à revenir en France jouir de vos succès et de la gloire légitime que vous avez acquise. »

Dès qu'il avait appris l'entrée solennelle de nos troupes à Mexico et l'élévation du commandant en chef à la dignité de maréchal de France, de Plas s'était empressé d'adresser à son ancien passager du *Turenne* une lettre de félicitation, dans laquelle il rendait grâce à Dieu des succès obtenus. « Mon cher commandant, lui répondit de Mexico le maréchal Forey, à la date du 9 septembre, votre lettre m'a fait un véritable plaisir, en me rappelant l'agréable voyage que nous avons fait ensemble et la gracieuse et loyale hospitalité que vous nous avez donnée à votre bord.

» Bien souvent, dans nos bivouacs, le *Turenne* et son aimable hôte ont été l'objet de nos conversations, et tous mes officiers me prient de vous adresser leurs remerciements de votre bon souvenir.

» Quant à moi, je vous prie de recevoir tous les miens pour les félicitations que vous voulez bien m'adresser. Si vous avez, comme je l'ai vu, une grande confiance en Dieu, la mienne n'est pas moindre, et c'est à lui que je reporte mes succès; car les difficultés auxquelles l'imprévoyance humaine m'avait livré, ne pouvaient guère être vaincues sans l'intervention divine.

» Je dois en outre ces succès moins à mon mérite personnel, auquel vous voulez bien les attribuer, qu'aux braves soldats que je commande et que j'ai un véritable chagrin de quitter, quel que soit le plaisir que je puisse éprouver de rentrer en France, où l'Empereur me rappelle, dans la pensée erronée, je crois, qu'il n'y a plus rien à faire sous le rapport militaire. Mais il est vrai qu'un autre le fera aussi bien que moi. »

De Plas attendit de longs mois en rade de Brest un nouvel ordre de départ qui n'arriva pas. En apprenant la prise de Mexico, il avait espéré un instant que le *Turenne* serait employé au rapatriement des troupes ; mais l'Empereur n'avait pas renoncé à la réalisation de son rêve, une restauration monarchique au Mexique. Pendant qu'une députation se rendait en Europe, auprès de l'archiduc Maximilien, pour lui faire part du prétendu vœu de la nation, le général Bazaine était investi de la double autorité militaire et diplomatique. « Je suis persuadé, lui écrivit l'Empereur le 30 juillet 1863, que vous avez tout ce qu'il faut pour mener à bien une entreprise à la réussite de laquelle vous avez eu une grande part (1). »

Après un petit séjour à Puycheni, dans sa famille, à la fin du mois de septembre, de Plas revint prendre le commandement du *Turenne*, toujours stationné en rade de Brest. « Il est bon de constater, écrit-il, que ma vie s'écoule très heureuse ici. Mon autorité s'exerce à bord sans obstacle, et je n'ai guère que des félicitations à adresser à mon second, tout entier à ses devoirs, et qui pense comme moi en matière de religion. A terre, je visite quelques amis avec lesquels je m'entretiens de choses utiles ; j'entre à l'église où je passe une heure le matin, une demi-heure ou trois quarts d'heure le soir ; j'ai ma chambre où je trouve de bons livres, le cercle où je rencontre quelques connaissances, enfin la conférence de Saint-Vincent de Paul, composée d'hommes qui désirent vivre dans la justice et la charité. » Ce résumé de sa vie quotidienne nous montre comment de Plas savait utilement occuper ses loisirs.

Parmi les amis qu'il retrouvait à Brest, il faut compter en première ligne la famille de l'amiral Desfossés. « J'ai été dîner, écrit-il un jour à sa sœur, chez M. et madame Foullioy, à Kerbibi, gracieuse maisonnette

---

(1) *Rêve d'Empire*, par Paul Gaulot, p. 138. Paris, Ollendorf.

avec jardin sur le bord de la mer. Nous avons visité ensemble le manoir de Kéréraut, dont la situation est des plus pittoresques. Le château couronne des rochers qui, eux-mêmes, sont couverts de bois. De la terrasse, on aperçoit à gauche le goulet de Brest, et à droite les clochers de Landerneau. L'exposition est parfaite et la terre excellente. Les fraises y sont d'une qualité supérieure, et les cerises, les prunes, les pêches forment comme des grappes dans les plus beaux espaliers que j'ai vus. Aussi ai-je fait amende honorable au bon amiral pour avoir osé lui envoyer des fraises de Puycheni!

» La devise des Kéréraut était *Mervel da Beva*, mots bretons qui signifient : Mourir pour vivre. Sur une pierre au-dessus de la porte d'entrée on lit le quatrain suivant :

1625

Mourir pour vivre;
Vertu suivre;
Vrai honneur retenir;
De Kéréraut le désir.

» Certes, ils devaient être bons chrétiens les nobles seigneurs de Kéréraut pour penser aussi saintement. Qu'on aime à se reporter vers cette lointaine époque où, malgré bien des désordres dans la société, il y avait tant et de si beaux caractères trempés dans la foi! »

De Plas, préoccupé un instant de son inutilité apparente, avait pensé à s'offrir à l'amiral de la Grandière pour servir en Cochinchine; mais il s'était bien vite résigné à son rôle effacé, en se rappelant ces belles paroles de son saint ami Marceau : « Mais si Dieu le veut ainsi, est-ce que vous songeriez à regimber contre cette sainte volonté? » « Je puis dire, écrit-il à sa sœur Augusta, le 20 février, que je suis plus heureux avec mon vaisseau *sans importance*, puisqu'il n'est pas armé en guerre, que si je commandais la plus belle flotte du monde; mais tout en étant très content de la situation que Dieu m'a faite, je n'en tâche pas moins d'être prêt à tout événement. Je recevrais un ordre de départ avec le même calme et le même contentement que j'accepte l'ordre de rester. »

Les loyaux services du commandant de Plas, pendant la double campagne du *Turenne*, méritaient une récompense qui ne lui fut accordée qu'au mois de mars 1864, mais qui avait été depuis longtemps sollicitée pour lui par les vice-amiraux Clavaud, préfet maritime à Cherbourg, de Gueydon, préfet maritime à Brest, Jurien de la Gravière, commandant les forces navales de l'expédition du Mexique. « M. Robinet de Plas, disait ce dernier en le proposant pour la croix de commandeur, compte dans sa carrière plusieurs années de commandement exercé dans des mers difficiles. C'est un officier universellement connu pour l'ordre, la méthode, la conscience qu'il apporte à l'accomplissement de tous ses devoirs. M. le général Forey, commandant en chef l'expédition, s'est particulièrement loué de la bonne discipline maintenue à bord du *Turenne* et des précautions prises pour assurer la navigation de ce vaisseau. »

Dès que la nomination parut au *Moniteur*, de Plas reçut de tous côtés les plus sympathiques témoignages de félicitation. Ce ne sont pas de simples formules de politesse, mais l'expression vraie de sentiments sincères. On en jugera par cette lettre de l'amiral Clavaud qui avait eu l'occasion d'apprécier le mérite du commandant supérieur des bâtiments à vapeur. « Mon cher commandant, — Votre nomination au grade de commandeur de la Légion d'honneur m'a fait un plaisir si vrai que ma première pensée a été de vous dire de suite toute la part que je prends à votre promotion. Vous avez été nommé en dehors de toute sollicitation personnelle; le choix du ministre est tombé sur vous uniquement par l'appréciation de vos services et sur la demande de ceux qui ont le devoir de les récompenser. Il devrait toujours en être ainsi, surtout pour l'obtention de décorations rétribuées. Outre qu'en France la mendicité est défendue, il ne m'a jamais paru digne de la pratiquer dans un état dont l'honneur doit être le seul mobile. Je puis m'exprimer ainsi avec vous, mon cher de Plas, avec vous qui partagez votre avoir entre les pauvres, avec vous qui ne vous réjouissez de posséder un peu plus de ce métal, l'idole du jour, que pour pouvoir donner davantage, avec vous, enfin, qui ne voyez votre avancement dans la Légion d'honneur, que comme un effet de bienveillance : de bienveillance, soit, si nous la considérons comme la suite de vos services et de votre mérite. »

On ne pouvait faire, croyons-nous, un plus bel éloge du mérite de l'officier, de ses sentiments de délicatesse, et de la générosité avec laquelle il distribuait aux pauvres non seulement son superflu, mais encore ce qui n'était pas rigoureusement nécessaire à la dignité de sa position. « Comme les honneurs ni brigués ni recherchés, écrit de Plas dans son *Journal*, en rappelant les nombreuses marques de sympathie de ses amis, flattent davantage que ceux acquis par des moyens qui répugnent à un cœur droit ! »

La nomination de François de Plas allait coïncider avec la fin de son commandement. Depuis que le général Bazaine avait pris la direction générale des affaires au Mexique, l'œuvre de pacification du pays continuait à s'accomplir en dépit des difficultés et des oppositions. La masse de la population, plus éprise de repos que de politique, s'apprêtait à recevoir le nouveau gouvernement. La situation était donc considérablement améliorée. Ordre fut donné au *Turenne*, comme aux autres vaisseaux qui mouillaient en rade de Brest, d'entrer au port pour être placé en deuxième catégorie de réserve. C'est le 25 mars que de Plas remit à son second le commandement du *Turenne*. « J'étais très bien sur mon vaisseau, écrit-il à sa sœur ; mais je dois dire cependant que je le quitte sans regrets, puisque je puis aller à Puycheni vivre un peu de la vie de famille. Je n'aurais pas osé arranger les choses ainsi ; mais, puisque la Providence s'en est chargée, pourquoi ne dirais-je pas avec joie : Que votre volonté soit faite ! »

De Plas quitta Brest le 31 mars, pour n'y revenir qu'à la fin du mois de novembre. Il passa la plus grande partie de ce congé à Puycheni, « au vieux manoir, disait-il, témoin de tant de joies et de chagrins, heureux de revoir ces bois et ces campagnes autrefois visités par des hôtes si chers. » Cette douce vie de famille était souvent interrompue par de pieux pèlerinages à des sanctuaires célèbres, et d'intéressants voyages pour répondre aux aimables invitations de ses amis. C'est ainsi que nous le voyons agenouillé au pied de la statue de sainte Anne, lui demandant quelque chose de la franche piété des populations bretonnes pour la mère de Marie. « Puisse cette terre de la foi et de la fidélité, s'écrie-t-il dans son *Journal*, retremper mon cœur et mon âme ! Puissé-je ne pas visiter ce lieu béni en curieux indifférent, mais avec les sentiments d'un dévot pèlerin ! »

De Plas, en demandant plus de ferveur pour lui-même, ne pouvait oublier les besoins spirituels des âmes auxquelles il portait intérêt. Il venait de laisser à Brest un ancien camarade d'école, esprit droit, caractère loyal, qui n'avait aucun sentiment d'hostilité contre la religion, mais qui hésitait à faire le dernier pas vers les pratiques chrétiennes. Avant de quitter Sainte-Anne d'Auray, le pieux commandant, résolu à tenter un dernier effort, écrivit à son ami une lettre touchante, inspirée du zèle le plus ardent pour le salut des âmes ; il en reçut quelques jours après la réponse suivante, qui lui permit d'espérer une prochaine conversion :

« Mon cher camarade, j'ai reçu avec une vive émotion de plaisir votre lettre du 1ᵉʳ de ce mois. Je vous remercie du sentiment d'affectueuse sympathie pour moi qui l'a dictée, et je vous félicite d'être arrivé à cet état de sereine certitude, qui seule peut assurer le calme de nos pensées.

» L'effet de vos prières dans le sanctuaire de Sainte-Anne d'Auray ne peut pas être tout à fait perdu ; mais, hélas ! je suis encore bien loin de pouvoir en profiter. La foi, malheureusement, ne peut pas se commander.

» Je ne suis pas athée ; je n'oserais rien nier ; les mystères ne m'effraient même pas, car je sens que je ne peux pas tout comprendre. Je cherche certainement la vérité de bonne foi, et, franchement, je suis plus en communion d'idées avec ceux qui défendent la religion qu'avec ceux qui l'attaquent. J'ai lu dernièrement la *Vie de Jésus*, par M. Renan. J'ai trouvé ce livre bien faible, et j'ai de la peine à m'expliquer le bruit qui a été fait à son sujet. M. Renan me paraît un socialiste timide et un pauvre penseur ; de pareils hommes ne font pas de prosélytes. Mais je n'ai pas trouvé non plus sa réfutation sans défaut : Je doute, ainsi, toujours.

» Je crois bien que si je m'efforçais de prier, j'avancerais plus vite ; mais je sens aussi que ce serait pour retomber. J'ai une tendance un peu janséniste ; je m'en étais aperçu bien avant que vous me l'ayez dit. Je suivrai vos conseils et je lirai le quatrième volume de Nicolas ; mais je n'ai jamais pu aller aussi loin, et il me faudra plus de calme que je n'en ai pour faire cet effort.

» J'ai obéi à un véritable sentiment de reconnaissance en allant vous serrer la main au moment de votre départ, et je suis loin de vous en vouloir, de m'avoir montré le bonheur qu'éprouvent ceux qui peuvent se mettre habituellement en communication avec Dieu. Je garderai donc votre lettre, et je me souviendrai de vos prières ; je veux espérer que cette bonne semence germera un jour. » La bonne semence, en effet, nous le savons par le *Journal privé*, était tombée en terre fertile, et elle ne tarda pas à produire de merveilleux fruits de sainteté.

De Sainte-Anne d'Auray, de Plas s'était dirigé vers Tours, qui conservait les précieux restes de son ami Marceau. Après de pieux entretiens avec le vénérable M. Dupont, il se mit en route pour Candes, afin d'y honorer le tombeau de saint Martin, le grand thaumaturge des Gaules. « Je demanderai à ce grand Saint, écrit-il, avec la guérison de ma sœur Augusta, la grâce de dire avec le même esprit que lui, quelle que soit ma fatigue intellectuelle ou corporelle : *Non recuso laborem.* » Enfin, nous le suivons sur le chemin de Dax, se rendant avec plus de quatre cents membres des conférences de Saint-Vincent de Paul à la chapelle construite près de l'humble demeure de l'apôtre de la charité en France au dix-septième siècle.

Ce pèlerinage le rapprochait de Toulouse, où vivaient deux de ses meilleurs amis, l'archevêque, Mgr Desprez, ancien passager du *Cassini* et de la *Virginie*, et le commandant de Rocquemaurel, depuis longtemps en retraite. Ce dernier avait été élu, au mois de février, maintenur aux jeux floraux, et de Plas s'était empressé de féliciter son vieux compagnon d'armes de cet honneur qui rejaillissait sur la marine tout entière. « Je vous remercie, avait répondu le nouvel académicien, de tout ce que votre amitié vous dicte de gracieux à l'occasion de mon élévation. Je serais tout glorieux de ces éloges, s'ils étaient mérités ; mais j'ai beau me regarder de la tête aux pieds, je ne puis découvrir en ma prosaïque personne rien qui fournisse l'étoffe du plus mince littérateur. Je trouverais même, en y regardant de près, une certaine manière d'être et de sentir qui pourrait établir des conditions négatives. Je suis sur ce point tellement convaincu, que c'est ce même thème que j'ai pris pour le discours de réception. »

Au mois de mars, M. de Rocquemaurel s'était à son tour empressé de féliciter, avec une grande délicatesse, son ami de Plas de sa nomination à la dignité de commandeur, lui disant toute la joie qu'il avait éprouvée, et le remerciant de la satisfaction que cette nouvelle lui avait procurée. « Mais il en est une autre, ajoutait-il, que je sollicitais de vous dans ma dernière épître, et que je vous rappelle aujourd'hui avec d'autant plus d'instance, que je puis compter sur le secours tout bienveillant et affectueux de Sa Grandeur monseigneur l'archevêque de Toulouse : c'est votre visite dans le pays, sitôt que vous pourrez nous donner quelques jours. Il n'y a pas déjà si loin, vous dirai-je sans malice, des bords vaseux de votre Charente aux rives graveleuses et babillardes de notre Garonne. Venez donc, et vous ferez là chose fort aimable. Déjà l'hiver s'en va, emportant le carême avec ses austérités. Si vous aimez la vie des champs, je vous conduirai à mon petit ermitage, où l'on respire un air plus pur que toutes ces senteurs de cale et de goudron. »

C'est pour répondre à cette cordiale invitation que de Plas se dirigea de Notre-Dame de Buglose vers l'antique capitale du Languedoc, se proposant d'être utile à son ami pour la conversion duquel il avait toujours beaucoup prié. Ensemble, ils visitèrent le sanctuaire de Notre-Dame d'Alet et la chapelle de Pibrac, où est déposé le corps de la bienheureuse Germaine Cousin ; mais le moment de la grâce n'était pas encore venu pour le commandant de Rocquemaurel. « J'ai reçu de lui la plus aimable hospitalité, écrit de Plas, le lendemain de son départ de Toulouse ; mais je crains bien de n'avoir pas atteint le but principal que je m'étais proposé. Je voudrais tant faire aimer le divin Maître par ceux qui, sans être pratiquants, semblent déjà vivre selon les principales prescriptions de la loi chrétienne ! »

De retour au vieux manoir, de Plas continua de se montrer pour tous un objet d'édification, par sa douce piété et son aimable charité. Il revenait, le 13 juin, de faire, sous une pluie battante, une visite à un vieillard aveugle, quand on lui remit une lettre de madame Desfossés, annonçant que l'amiral se trouvait gravement malade. Deux jours après, il arrivait à Paris où il eut la consolation de constater une légère amélioration dans l'état du cher malade ; mais le mieux ne dura pas, et le lendemain l'amiral reçut, en pleine connaissance, avec une grande foi, le Saint Viatique et l'Extrême-Onction. « Je crois, répondit-il d'une voix ferme, au prêtre qui lui demandait s'il voulait mourir en bon chrétien, je crois tout ce que croit et enseigne la sainte Église catholique, apostolique et romaine, et je me confie en la miséricorde de Dieu. » Après les dernières paroles d'exhortation qui lui furent adressées, il ajouta d'une manière accentuée : « Que la sainte volonté de Dieu soit faite ! »

François se constitua garde-malade, passant la nuit dans un fauteuil près de l'amiral, et lui suggérant de temps en temps quelques pensées de résignation à la souffrance et de soumission à la volonté de Dieu. Le lendemain, le malade put dicter et signer quelques recommandations que le commandant se chargea de porter au ministère. Le 22 juin, de Plas eut une audience du ministre qui se montra gracieux. « Nous avons, écrit-il, parlé pendant une dizaine de minutes bâtiments cuirassés et artillerie nouvelle. Après lui avoir recommandé un officier de la part de l'amiral Desfossés, j'ai ajouté qu'il pouvait me considérer comme prêt à aller à la mer. — Je regarde comme un devoir de justice, m'a-t-il répondu, de vous mettre à même de remplir les conditions de navigation exigées pour un grade supérieur. »

Cependant Dieu avait écouté les ferventes prières adressées au Ciel pour la conservation de l'amiral Desfossés. Avant de retourner à Puycheni, de Plas résolut de profiter de son séjour à Paris pour faire une retraite qui lui permît de se renouveler dans les bonnes dispositions qu'il y avait puisées autrefois, et, le 27 juin, il s'installa chez les Pères Jésuites de la rue de Sèvres. « J'ai pu donner cours à mon projet, écrit-il dans son *Journal*, et j'espère que Dieu bénira ma détermination. J'occupe au rez-de-chaussée un appartement loin des bruits de la rue. Quelle bonne chose qu'une maison où tout nous parle de Dieu! Les murs sont tapissés de pieuses images représentant Notre-Seigneur, sa très sainte Mère et de saints religieux. Dans ces portraits de Jésuites, il y en a pour tous les goûts, de jeunes ou de vieux, du nord ou du midi de l'Europe. L'Esprit de Dieu souffle sur tous les hommes de bonne volonté, quelle que soit leur forme extérieure. La chapelle intérieure, située au premier étage, porte au recueillement; tout y est frais, tout y révèle l'intention de faire honneur à l'Hôte divin du Tabernacle. »

Au sortir de la petite retraite de six jours qu'il venait de faire sous la sage direction du R. P. Millet, de Plas apprit avec plaisir que l'amiral Desfossés allait beaucoup mieux, et il se décida à retourner à Puycheni pour y attendre en paix, au sujet de son avenir, la manifestation de la volonté de Dieu. C'est là qu'il eut la consolation de revoir au commencement du mois d'août le P. Clerc, son ancien lieutenant du *Cassini*, envoyé de Laval par ses supérieurs pour évangéliser la paroisse de Saint-Romain. Le *Journal privé* ne nous a rien conservé des intimes épanchements des deux amis; de Plas s'oubliait pour ne penser qu'au bien des âmes, et il se plaît surtout à relater les consolants résultats de la mission. Lui-même assistait à toutes les instructions qu'il trouvait très pratiques, et il remerciait Dieu des fruits de salut produits par la parole vibrante de son saint ami.

La mission de Saint-Romain dura quinze jours. La clôture fut célébrée le dimanche, 21 août, au milieu d'un grand concours de peuple et de nombreuses communions. Dans l'après-midi, plus de cent personnes reçurent avec dévotion le scapulaire de Notre-Dame du Mont-Carmel. Cette journée de fête se termina par une cérémonie touchante : la bénédiction du cimetière, présidée par M. l'abbé Cousseau, grand vicaire et frère de l'évêque d'Angoulême. De Plas avait assisté à tous les offices religieux en grand uniforme. « Je viens, écrivait-il le matin, de mettre ma croix de commandeur et celle du Saint-Sépulcre pour aller à Saint-Romain. Y a-t-il en moi de la vanité pour ces distinctions ? Je ne le crois pas ; je préférerais même ne me distinguer en rien d'autrui. Mais il me semble que chacun doit porter à Dieu son tribut d'hommages et l'honorer du mieux qu'il peut. C'est le conseil que je donnerais à un ami, si j'étais consulté. On voit avec plaisir des uniformes dans les cérémonies religieuses; je veux donc que tout ce qui m'appartient serve à la plus grande gloire de Dieu. »

De retour à Laval, où il achevait ses études théologiques, le P. Clerc s'empressa d'écrire à son ami une lettre pleine de cœur, dans laquelle il avait glissé les plus aimables remerciements pour tous ceux qui l'avaient aidé durant sa mission à Saint-Romain. « Je n'oublierai jamais, disait-il, ce que j'ai vu à Puycheni : une grande et belle famille, œuvre de vos vénérables parents, sur laquelle est abondamment répandue cette bénédiction promise de Dieu à l'homme juste et à la femme forte par la vertu et par la grâce. J'admire cette maison bien conduite, tous ces tenanciers, tous ces domestiques fidèles à leurs devoirs : *Consideravit agrum et emit eum, de fructu manuum suarum plantavit vineam*, dit l'Écriture, en louant la bonne maîtresse de maison... Je m'arrête, car je m'échappe à faire l'éloge de mademoiselle E***, à qui je voulais seulement exprimer ma reconnaissance. De toutes ces mœurs simples et pures, j'ai emporté une grande édification et comme un parfum de vie patriarcale qui ne me quittera plus. »

Une occasion se présenta d'aller à Rome, où l'on faisait de grands préparatifs pour la béatification solennelle du P. Canisius, l'apôtre de l'Allemagne; mais, malgré tout son désir de profiter de cette circonstance pour prouver son dévouement au Saint Siège, de Plas se vit contraint de renoncer à ce voyage et à la satisfaction que sa foi aurait pu en retirer. « Ce n'est pas l'apathie ou l'indifférence qui m'empêchent d'aller à Rome, écrit-il dans son *Journal*, mais bien la dépense qu'il faudrait faire. Le bon Dieu m'a confié quelques obligations de charité que je ne puis laisser en souffrance. » Et il énumère une foule d'œuvres que le monde appelle des charges, et qui ne sont, dit-il, que « des lettres de change de Dieu », dont il doit se considérer comme le commis. « De quoi me servirait, à mon âge, ajoute-t-il, un voyage en Italie? Et à quoi puis-je mieux employer qu'au soulagement des pauvres l'argent qui m'est si libéralement donné par mon Maître ? »

Ne pouvant prendre part en personne à cette grande manifestation de la foi catholique, de Plas s'unit par la prière aux heureux pèlerins qui affluaient aux pieds du Souverain Pontife. « Je tâche, écrit-il, de faire le Chemin de la Croix et de réciter le rosaire chaque jour, me rendant ainsi familiers les mystères de Notre-Seigneur et de la très Sainte Vierge. » Après les heures consacrées à la lecture, il ne pouvait mieux employer les loisirs de la campagne qu'en joignant les exercices de piété aux œuvres de charité. Mais à ceux qui auraient pu s'étonner de toutes ces pratiques de dévotion, il répondait à l'avance : « Si mes devoirs d'état m'obligeaient à renoncer en partie à ces pratiques, j'en ferais de suite le sacrifice, en esprit de conformité à la volonté de Dieu. » Telle avait été, en effet, la résolution principale de sa dernière retraite. « Je tâcherai de me faire un règlement de vie assez élastique, pour me permettre de remplir tous mes devoirs de chrétien, d'état, de famille, de société. »

Vers la fin du mois d'octobre, on lui remit une dépêche très alarmante : l'amiral Desfossés était à l'extrémité et l'on avait perdu tout espoir de le sauver. Malgré la rapidité de son départ, le commandant ne put assister aux derniers moments de son ami, qui s'éteignit doucement, après avoir reçu, dans les sentiments de la foi la plus vive, tous les secours de la religion. Mais il eut la consolation de prier auprès du lit funèbre, et de mêler ses larmes à celles d'une famille chrétienne, à laquelle il apportait de sympathiques paroles de condoléance et de résignation. Les obsèques de l'amiral furent célébrées militairement aux Invalides, au milieu d'un grand concours d'officiers de marine, M. Desfossés jouissant dans son arme de l'estime universelle. « Depuis le jour où le digne et regrettable amiral m'avait appelé à servir avec lui sur la *Belle-Poule*, écrivit de Plas le soir même de la triste cérémonie, je n'avais eu qu'à me louer de ses procédés. J'ai demandé souvent à Dieu d'être, à l'égard de mes seconds, ce qu'avait été pour moi mon ancien commandant. Placé auprès de l'amiral durant son ministère, je fus comblé de ses bontés et traité chez lui comme un fils. Puissé-je ne jamais oublier ce digne chef dans mes prières ! Puissé-je surtout l'imiter dans ma petite sphère d'action ! » Ces simples lignes, témoignage d'une sincère reconnaissance, disent mieux que la plus belle oraison funèbre les sentiments de regrets qui remplissaient tous les cœurs au souvenir d'une vie si noblement dévouée au service du pays.

De Plas aurait dû, semble-t-il, profiter de son séjour à Paris pour se présenter au ministère de la marine ; il en fut empêché par un sentiment très vif qu'il avait toujours combattu depuis la campagne de la *Virginie*, et qu'il appelle le sentiment de son insuffisance. « Je vois tous les jours, écrit-il, des officiers qui, guidés par un motif d'intérêt personnel, s'offrent pour tout ce qui est à faire. Pourquoi ne les imitai-je pas, en me donnant pour fin, non la gloire et mon avancement, non les honneurs ou la fortune, mais uniquement la gloire et le service de Dieu ?... Pourquoi ?... Je crois être vrai en disant que je suis retenu par le sentiment de mon insuffisance, la crainte d'être inférieur à ma tâche. Je serais désolé si, après avoir sollicité de l'emploi, on m'assignait un rôle au-dessus de ma capacité. »

C'était là un sentiment exagéré d'humilité, toujours combattu par ses directeurs, et qui ne pouvait que paralyser son action pour le bien. « S'il ne s'agissait que d'un emploi de manœuvre, disait-il, j'aime à croire que je rechercherais le travail, mais l'emploi de capitaine de vaisseau demande des qualités qui me font défaut. » On ne s'en était pas aperçu jusqu'alors, et les notes de l'officier, que nous avons citées, proclament tout le contraire. Sous le coup de cette impression d'impuissance, il s'abstint de toute visite aux officiers généraux de la marine, et résolut, comme il se l'était proposé depuis longtemps, d'aller vivre quelques jours auprès de Notre-Seigneur, dans l'Eucharistie. Le 2 novembre, il se rendit chez les Pères du Saint-Sacrement, où il fut accueilli à bras ouverts par son ami le P. de Cuers.

François trouva bien courts les quatre jours qu'il passa dans le recueillement, aux pieds de Notre-Seigneur, car il entendit dans la solitude la voix du divin Maître, qui lui parlait doucement au cœur : *Ducam eam in solitudinem et loquar ad cor ejus*. Il sortit de cette retraite persuadé que Dieu l'appelait certainement à la vie religieuse, mais encore incertain de la règle qu'il embrasserait et du moment qui conviendrait le mieux à l'exécution de son dessein.

De Plas retourna donc à Puycheni faire ses adieux à sa famille, décidé qu'il était d'aller à Brest pour attendre les événements. « Il est bon de constater, écrit-il dans son *Journal*, le 23 novembre, que je ne quitte pas Puycheni par lassitude ou ennui, mais par le désir de mieux remplir mes devoirs envers Dieu et envers mon pays. Je ne me crois pas de droits au repos, tant que l'absence de forces physiques et morales ne m'aura pas rendu impropre à servir. Je ne saurais rendre de grands services, et si je ne consultais que mes goûts, j'abandonnerais la marine par le sentiment de mon insuffisance; mais j'ai affaire à un Maître qui n'a pas besoin de notre capacité pour opérer par nous de bonnes et même de grandes choses. Je ne me sens pas autorisé par ce divin Maître à vivre sans travail, à quitter une carrière où il m'a donné des marques évidentes de sa protection. »

CHAPITRE XI

1864-1866

De Plas, commandant du vaisseau le *Solferino* et capitaine de pavillon de l'amiral Bouët-Willaumez. — L'état-major. — L'escadre cuirassée. — Abordage du *Daim* et de la *Couronne*. — Voyage de l'Empereur en Algérie. — Le corps de débarquement. — Les flottes anglaise et française à Brest et à Portsmouth. — Mouillage aux îles d'Hyères et à Ajaccio. — Retour à Toulon. — Statue de Suffren à Saint-Tropez. — Départ de l'amiral Bouët-Willaumez. — Adieux au *Solferino*.

A peine arrivé à Brest, de Plas apprit qu'il avait été sur le point d'être envoyé en Cochinchine. Rien, avouait-il à son ami de Guilhermy, ne lui aurait été plus agréable. Il eût volontiers, sans prétendre à aucune récompense, à aucun avancement, consacré les cinq dernières années qui précédaient sa retraite à protéger, avec l'amiral de la Grandière, les chrétiens de la Cochinchine. Par acquit de conscience, il écrivit donc au ministre qu'il se tenait à ses ordres pour servir sous un chef qui lui paraissait avoir si bien compris sa mission et celle de la France.

Au lieu de la réponse qu'il attendait, il reçut, le 5 décembre, une lettre de M. Julien, aide de camp du vice-amiral Bouët-Willaumez, qui commandait l'escadre de la Méditerranée. On lui faisait demander s'il accepterait le poste de capitaine de pavillon. « Je désire vivement que vous acceptiez, lui écrivit de son côté le commandant Bourgois, chef d'état-major de l'amiral, certain de ne trouver aucun capitaine de pavillon dont les relations me soient plus agréables. Vous connaissez déjà l'amiral Bouët ; il a le plus aimable caractère que je connaisse, et tout son entourage est animé du meilleur esprit et des meilleurs sentiments. »

Dès le lendemain, l'amiral offrit lui-même, par dépêche, le commandement du vaisseau cuirassé le *Solferino*. De Plas hésita un instant, car il aurait préféré la Cochinchine ; mais, considérant que Dieu dirige tous les événements de ce monde pour le bien de ses élus, il s'écria : *Non recuso laborem.* « Je n'ai pu refuser, écrit-il à sa sœur Élisa, le 7 décembre, un poste auquel je n'aurais pas osé prétendre. Tout le monde m'en fait compliment ; mais avant de me réjouir, je veux être installé à bord et avoir apprécié par moi-même la position. A dire vrai, comme j'ai toujours tâché de mettre au service de Dieu ma bonne volonté, je suis sûr que c'est lui qui m'envoie dans l'escadre et qu'il m'y donnera un rôle convenable.

» Quoi qu'il en soit, j'ai chaudement remercié l'amiral d'avoir pensé à moi, et lui ai dit tout mon désir de répondre à la confiance qu'il me témoigne. J'attends des ordres précis pour me rendre à Toulon, où je suis invité à me trouver le plus tôt possible. »

Parti de Brest le 11 décembre, de Plas arriva le 12 à Paris et le 15 à Toulon, où il fut cordialement accueilli par le commandant Bourgois, qui eut l'obligeance de venir à sa rencontre et de le conduire à bord du *Solferino*. Le second, M. Krantz, capitaine de frégate, se mit à sa disposition pour la visite du bâtiment. « Malgré les efforts que je fais pour m'armer de confiance, écrit le commandant le lendemain, je suis comme un homme peu expérimenté en équitation, auquel on vient offrir un cheval vigoureux dont il ne sera pas le maître. Cependant, que la volonté de Dieu soit faite et me trouve prêt à obéir de grand cœur ! A l'œuvre donc, sans lamentations et sans regrets ! Il y a de bonnes pierres à bord du *Solferino* : qui sait si je ne suis pas le ciment destiné à les unir ? »

A bord du vaisseau-amiral se trouvait, en effet, une réunion d'hommes d'élite dont plusieurs ont marqué leur place dans notre histoire contemporaine.

Le chef d'escadre, l'amiral Bouët-Willaumez, avait déjà fourni une brillante carrière. Né en 1808, élève de l'école navale en 1823 et lieutenant de vaisseau en 1825, il fut attaché à la station de la Plata et assista, comme capitaine de frégate, au bombardement de Mogador. C'est lui que le prince de Joinville avait chargé de porter en France les drapeaux enlevés à l'ennemi. Nommé capitaine de vaisseau, il déploya beaucoup de zèle et d'activité comme gouverneur de nos possessions au Sénégal. Contre-amiral le 12 août 1854, il servit sous les ordres de l'amiral Hamelin dans l'expédition de Crimée. Nommé vice-amiral, il devint préfet maritime à Cherbourg, où il put apprécier les sérieux mérites de M. de Plas, alors à la tête du service des bâtiments à vapeur. Devenu chef de l'escadre d'évolutions, il s'empressa, à la première occasion, de le choisir comme capitaine de pavillon.

Le commandant Bourgois, chef d'état-major, déjà connu par l'importance et la variété de ses travaux scientifiques, s'était distingué sous les ordres de l'amiral Charner dans l'expédition de Chine. Il devait plus tard devenir conseiller d'État, vice-amiral, préfet maritime à Brest et ministre de la marine.

L'aumônier, M. l'abbé Trégaro, « homme très sympathique et l'un de nos meilleurs prêtres, » disait de Plas, avait montré dans l'exercice de ses humbles fonctions des qualités supérieures qui devaient, de nos jours, placer l'évêque de Séez au nombre des plus courageux défenseurs des droits de l'Église.

Le second, M. Krantz, capitaine de frégate, regardé alors comme un officier d'avenir, justifia la bonne opinion qu'on avait conçue de lui. Il commanda, en 1869, le vaisseau-école de canonnage le *Louis XIV*; prit, en 1870, une part énergique à la défense des ouvrages de la rive gauche; commanda en chef, en 1873, la division des mers de Chine et du Japon, et remplit par intérim, en 1875, les fonctions de gouverneur de la Cochinchine française. Promu vice-amiral en 1877, il devint chef de cabinet de l'amiral Pothuau, préfet maritime à Toulon, et enfin ministre de la marine.

Parmi les lieutenants de vaisseau, plusieurs sont arrivés au grade d'officiers généraux; nous citerons les amiraux Duburquois, baron Grivel, de Marquessac, Courbet. D'autres officiers appartenaient par leur famille au monde politique : Georges de la Guéronnière, Napoléon de Montebello, de Montesquiou-Fezensac, et Paul de Broglie, le savant professeur de l'Institut catholique. Enfin, nous ne pouvons oublier M. Mathieu, officier de choix du commandant; M. Félix Julien, le sympathique auteur des *Harmonies de la mer*, des *Commentaires d'un marin* et de *l'Amiral Courbet*, etc.; le commissaire d'administration, M. Joyaut de Couesnongle, qui avait fait avec de Plas la campagne du *Cassini* dans les mers de Chine, et M. Quémard, chirurgien en chef, que le commandant devait retrouver plus tard à Brest.

Ces brillants officiers étaient en même temps des hommes d'une haute valeur morale, et quelques-uns de fervents chrétiens. « Ce m'est une grande douceur, écrivait de Plas dans son *Journal*, d'être en rapport avec des personnes qui veulent aimer Notre-Seigneur; » mais entraîné par son désir de servir Dieu plus parfaitement, il ajoutait : « O mon Dieu, ne me faites pas une position trop belle pour retenir mon cœur attaché à l'exil, et que la céleste patrie soit le but de toutes mes pensées, de toutes mes actions ! »

Parmi les lettres de félicitation que de Plas reçut à l'occasion de sa nomination comme commandant du *Solferino*, nous ne pouvons passer sous silence celle du contre-amiral Bolle, qui connaissait si bien les sentiments de son ami. « Nous vous adressons, lui disait-il, nos bien sincères compliments, heureux de vous voir auprès du meilleur chef que je connaisse en ce monde, et dans une position de nature à dessiner votre carrière militaire, comme je l'ai depuis longtemps désirée.

» Ici, entendons-nous bien : je sais parfaitement que vous ne désirez pas les grades et les cordons, et je connais trop vos sentiments à cet égard; mais il y a un autre point de vue : je veux parler de l'exemple et du bien qu'on peut faire. En premier lieu, par ce temps d'ambition effrénée, il est bon de voir un officier, qui n'a jamais rien demandé, choisi pour remplir la première place dans l'escadre, et choisi parmi plus de vingt compétiteurs. On peut donc aller à la messe et même à confesse, et arriver encore à commander l'estime et la confiance du plus brillant de nos amiraux. Secondement, quand l'œuvre sera couronnée, nos jeunes gens verront qu'on peut arriver par la voie droite, sans intrigue, sans autre désir que de remplir loyalement ses devoirs sous l'œil de Dieu, lui abandonnant son sort comme au souverain juge. »

Au moment où de Plas était appelé à remplir les fonctions de capitaine de pavillon du commandant en chef de l'escadre de la Méditerranée, une révolution venait de s'opérer dans l'art des constructions navales : ingénieurs et officiers rivalisaient d'ardeur et d'habileté pour inventer et perfectionner. C'était l'époque de la lutte entre la cuirasse et le canon. La cuirasse, qui avait d'abord paru sous forme embryonnaire à Kimburn, fut prompte à sortir de son moule. Elle grandit rapidement, et dans peu de temps se perfectionna jusqu'à devenir la *Gloire* et le *Solferino*. C'est ce dernier vaisseau que de Plas était appelé à commander.

En réduisant au silence la vieille artillerie, observe M. Félix Julien (1), la cuirasse avait causé dans le monde un moment de stupeur. Sans croire qu'elle allait clore à jamais l'ère des destructions, on pouvait du moins espérer qu'elle donnerait à la défense un avantage immense. Espérance trompeuse ! Loin de ralentir les progrès des inventions meurtrières, la cuirasse ne fit qu'en stimuler l'ardeur.

Devant cet obstacle imprévu, l'attaque reprit l'offensive avec un redoublement d'énergie et dans des proportions inconnues jusqu'alors. D'un seul coup, il fallut sacrifier les vaisseaux à vapeur, comme on avait fait dix ans auparavant les vaisseaux à voiles ; on les vit, sinon mis au rebut, du moins réduits, tout au plus, au rôle de transports. Ce fut un duel à mort entre l'attaque et la défense, entre la cuirasse et le canon, entre le gouvernail et l'éperon.

Sans doute les puissantes et ingénieuses machines de guerre, qui, comme l'*Amiral Baudin* et l'*Amiral Courbet*, composent aujourd'hui nos escadres d'évolutions, résument tous les progrès, toutes les inventions

---

(1) *Commentaires d'un marin*, p. 27.

mais ces redoutables engins, en épuisant les finances, se retournent pendant la paix contre les peuples mêmes qui en exagèrent l'emploi.

On conçoit, jusqu'à un certain point, les appréhensions de François de Plas, en prenant le commandement d'un bâtiment si différent de ceux qui lui avaient été confiés auparavant ; mais, en se livrant avec ardeur au travail, il n'avait pas tardé à se sentir maître de la position. D'ailleurs, c'est en Dieu, comme le lui avait conseillé son directeur, qu'il plaçait toute sa confiance, et cette confiance était inébranlable. « Vos tentations de crainte, lui avait écrit le P. Le Sauce, ne m'émeuvent point et ne doivent vous émouvoir aucunement. Vous savez par qui nous pouvons tout, et, dans le cas actuel, vous ferez ce que vous avez toujours fait : vous prierez, et tout ira à souhait. »

C'est à la prière qu'à Toulon, comme ailleurs, de Plas, plein de confiance dans son efficacité, eut tout d'abord recours pour obtenir les grâces qui lui étaient nécessaires. Nous citerons à ce sujet le témoignage du R. P. Besson, Mariste, son directeur spirituel pendant les seize mois qu'il commanda le *Solferino*.

« Tout ce que je puis me rappeler du commandant de Plas, mon pénitent, nous écrit-il, c'est qu'il était admirable officier et chrétien convaincu, servant Dieu et la France avec une rectitude et un naturel hors ligne. Fervent adorateur du Très Saint-Sacrement, il avait son heure de nuit, au moins une fois par mois si ce n'est deux ; et souvent, bien souvent, il s'attardait dans notre chapelle, pour prendre part aux premières heures d'adoration de la nuit. Il était, de plus, membre de la conférence de Saint-Vincent de Paul, et il en remplissait fort consciencieusement les devoirs. En tout, c'était un vrai modèle, d'autant plus influent qu'il se montrait plus correct et plus soutenu dans ses pieux exercices et dans la fréquentation des sacrements. »

Aussi, tout continua-t-il, selon le vœu du P. Le Sauce, d'aller vraiment à souhait, comme nous le verrons par la suite du récit, non seulement pour les fonctions de capitaine de pavillon, mais aussi pour celles de colonel du corps de débarquement ; et cependant, depuis 1839 à Montevideo, de Plas n'avait jamais eu occasion de faire aucune manœuvre d'infanterie. La pensée lui était venue de laisser les hommes sous les ordres du capitaine de frégate adjoint, et de ne prendre la direction qu'après s'être mis suffisamment au courant de cette tâche nouvelle ; mais l'amiral manifesta le désir de lui voir exercer immédiatement le commandement, et il se soumit. « Cela m'a paru dur, écrit-il dans son *Journal*, de commander un millier d'hommes, à haute voix, sans être sûr de moi. Je me sentais mal à l'aise, comme un écolier qui ne sait pas sa leçon ; mais, grâce à la complaisance d'un jeune officier, j'ai pu m'en tirer convenablement. » Un mois après, le colonel improvisé pouvait se priver de tout secours ; et il remerciait Dieu de lui donner ce qu'il appelait des grâces de position.

Le 29 janvier, l'amiral, après avoir passé l'inspection du bâtiment, fit doubler la ration de l'équipage, comme témoignage de satisfaction pour sa bonne tenue. En plusieurs circonstances, il avait déjà manifesté par des signaux son contentement pour la rapidité des manœuvres. Cependant, s'il visait à bien manœuvrer, le commandant du *Solferino* n'avait pas la prétention d'acquérir une réputation d'habileté et de hardiesse ; son unique but était d'agir en toutes choses avec bon sens, évitant la témérité et la timidité. « Il faut, disait-il, donner l'exemple à la génération appelée à nous remplacer ; il faut, même au prix de quelques inquiétudes, agir en homme de mer. »

A la même époque, de Plas reçut du P. Clerc une

lettre par laquelle l'ancien lieutenant du *Cassini* excitait l'ambition de son ami, non pour le lancer à la poursuite des faveurs, mais pour faire servir son crédit au bien de la religion. « Mon très cher commandant, selon votre habitude de tenir caché ce qui tourne à votre honneur, vous ne m'avez point appris votre nouveau commandement, et c'est par un hasard, un peu providentiel, je pense, que j'en ai été instruit. Est-ce que pour faire plaisir à vos amis, vous ne pourriez pas faire un peu de peine à votre modestie ?

» Je suis bien content que vous ayez été appelé à cette position, mais je voudrais quelque chose de plus. Vous forcez vos amis à avoir de l'ambition pour vous, parce que vous en êtes trop dépourvu. Le mieux serait qu'avec l'intime et sincère désintéressement que vous avez dans le cœur, vous recherchiez pour l'amour de votre pays, pour l'amour de Dieu, ce que tant d'autres recherchent par vanité ou avidité. L'amour de la gloire et l'amour de Dieu s'associent facilement dans le cœur du soldat chrétien ; c'est le type de nos anciens croisés, et de Fernand Cortez, mon héros de prédilection. »

De Plas comprit ce noble langage qui répondait si bien à ses pensées les plus intimes. « *Non recuso laborem*, répondit-il, je ne refuse pas de travailler pour mon Maître ; c'est même là mon plus vif désir, et il m'arrive souvent de gémir à la pensée de n'avoir pas autant d'ardeur pour sa gloire, que d'autres pour la leur propre. Mais au lieu de m'attacher à remplir par vanité les conditions requises pour l'avancement, je préfère m'appliquer, comme chrétien, à remplir les conditions voulues pour gagner le ciel ! »

Si de Plas négligeait pour lui-même la question d'avancement, il n'y était cependant pas insensible pour ses amis ; volontiers il eût sacrifié ses propres intérêts pour faire rendre justice au mérite oublié.

Ayant appris à cette époque que M. X***, officier chrétien, qui se trouvait alors à Saïgon, n'avait pas été compris dans une promotion sur laquelle il avait tout droit de compter, le commandant du *Solferino* lui écrivit immédiatement pour lui exprimer, accompagnées de pensées de foi, ses sympathiques condoléances. Il en reçut trois mois après cette touchante réponse, qui honore à la fois les deux amis et glorifie en même temps la religion capable d'inspirer de si beaux sentiments :

« Mon cher commandant et ami, c'est hier que j'ai reçu votre bonne et noble lettre. On n'est pas accoutumé à trouver un tel langage, je veux dire de tels sentiments, même chez ses meilleurs amis, parce qu'ils n'ont pas tous leur point d'appui placé aussi haut que vous. Merci de vos témoignages de sympathie ; vous croyiez ne consoler que l'officier déçu et froissé, et voilà que votre lettre, si bien faite pour affermir le cœur en toute occurrence, me parvient le jour même où je reçois la nouvelle de la mort de mon père. Lui aussi était un homme d'honneur, de convictions et de principes... Le souvenir de ses vertus et de son dévouement au devoir, voilà le seul héritage qu'il laisse à ses fils, mais il en vaut bien d'autres !

» Aurai-je après cela le courage de vous parler de ma déconvenue, qui ne promet pas de finir de si tôt, et qui (je suis heureux d'en recevoir l'assurance de vous-même) n'a pas laissé indifférents les officiers de mon corps, à l'opinion desquels je dois tenir? Ils sont bien rares ceux-là qui n'ont pas connu l'injustice, bien insensés ceux qui pensent que le dévouement a sa récompense en ce monde. Merci de vos sincères et très appréciées condoléances, et merci également pour celles que vous m'exprimez au nom de l'amiral Bouët, de Bourgois et de Duburquois.

» Adieu, mon cher ami. J'irai jusqu'au bout de ma tâche, avec le même dévouement, comme vous le supposez avec raison. Merci de votre bon souvenir et de votre précieuse amitié ; je vous prie de toujours bien compter sur la mienne. Elle date de loin et a des racines autres que l'intérêt des choses de ce monde. »

Nous ne suivrons pas de Plas dans toutes les péripéties de sa vie de port et de rade, ni le *Solferino* dans tous les exercices et les manœuvres d'escadre. Nous constaterons seulement avec le commandant que tout marchait parfaitement à bord. « Le bon Dieu, déclarait-il, a bien arrangé les choses sur le *Solferino*. L'amiral est plein d'entrain et convie toutes les volontés à recevoir son impulsion. Le chef d'état-major est à la fois un savant, un homme de mer et un bon chrétien. Le second, très intelligent et homme d'action, est un caractère aimable auquel il manque, pour être complet, le moteur surnaturel et le grand but. Quant au commandant, ajoutait-il par humilité, il doute trop de lui-même, et il n'est acceptable que par sa grande envie de bien faire. Les autres officiers, tout à fait au courant du service, sont de plus des hommes bien élevés. Je n'ai qu'à bénir Dieu de la bonne harmonie qui existe entre l'état-major général et l'état-major du bâtiment, et je ferai mon possible pour la maintenir. »

Le mardi de Pâques, 18 avril, de Plas reçut avis de se tenir prêt à partir pour Marseille, où l'Empereur devait prochainement s'embarquer pour l'Algérie. « Mon second, écrit-il, qui dirige toutes les forces de son esprit vers la bonne tenue du vaisseau, avait prévu les ordres donnés aujourd'hui, en sorte que nous sommes déjà très avancés pour nos préparatifs de départ. » Ce ne fut toutefois que huit jours après que l'escadre quitta Toulon pour se rendre à Marseille.

Parti de Paris le 29 avril, à huit heures du matin, l'Empereur était arrivé à Lyon à six heures du soir, et après un séjour de quelques heures en cette ville, il était reparti pour Marseille, où il fut reçu à la gare par M. de Maupas, sénateur, chargé de l'administration du département, et par le maire qui lui adressa des paroles de bienvenue. La ville était pavoisée, les fenêtres et les balcons garnis de riches étoffes comme en Italie. Une foule compacte, massée sur les larges trottoirs de la Canebière, faisait retentir le port des acclamations les plus enthousiastes. Pendant que la cité s'illuminait de toutes parts, un grand dîner était préparé à bord du yacht impérial l'*Aigle*, commandé par M. de Dompierre d'Hornoy. Les amiraux, les capitaines de vaisseau de l'escadre et les premières autorités de la ville s'y trouvaient invités.

« A peine monté à bord de l'*Aigle*, écrit de Plas, l'Empereur, qui était en uniforme de général de division, a demandé à l'amiral Bouët de lui présenter les amiraux et les commandants. Le dîner fut servi à la russe, sans luxe de dessert, mais avec abondance de vins. L'Empereur ne paraissait pas soucieux et causait familièrement avec les personnes placées près de lui. Quoi qu'il en soit, je ne voudrais pas faire le métier de roi ou d'empereur, sans y être contraint par la volonté de Dieu. Je n'ambitionne pas non plus les positions d'officier d'ordonnance et d'aide de camp. Je vois même, avec satisfaction, s'avancer l'époque où mes obligations vis-à-vis des grands de la terre seront beaucoup diminuées. D'ailleurs, on n'est pas trop gêné à la table d'un souverain, quand on n'a rien à lui demander. »

Le 1er mai, à huit heures du matin, le yacht impérial leva l'ancre, pour rejoindre l'escadre cuirassée qui était mouillée au large, dans les parages de l'Estaque. Arrivé à une certaine distance, l'*Aigle* s'arrêta, et l'Empereur, debout sur la dunette, présida à la revue de la division navale. Les six bâtiments qui composaient l'escadre, le *Solferino*, la *Couronne*, la *Normandie*, la *Provence*, la *Gloire* et l'*Invincible*, défilèrent majestueusement devant l'Empereur ; et chaque bâtiment, à mesure qu'il doublait le yacht, lâchait sa bordée. Cette revue de la division fut marquée, vers la fin, par un événement qui pouvait avoir les suites les plus funestes. La frégate cuirassée la *Couronne* aborda le *Daim*, aviso à vapeur, qui accompagnait l'*Aigle* à une assez grande distance.

« L'Empereur, lisons-nous dans le *Sémaphore* de Marseille, appelait à lui par des signaux M. le capitaine de vaisseau de Voulx, commandant du *Daim*, et cet officier supérieur, répondant aux signaux, se dirigeait droit sur l'*Aigle*. Le défilé de l'escadre cuirassée avait commencé, et la frégate la *Couronne*, montée par le contre-amiral Saisset, suivant le vaisseau-amiral le *Solferino*, arrivait par le travers du *Daim*. Soit que la *Couronne* ne pût pas changer de direction, soit que, de part et d'autre, on ne se rendît pas compte du danger, la *Couronne* se heurta contre le *Daim*, lequel ne dut son salut qu'au sang-froid du commandant. »

Un abordage faillit aussi avoir lieu entre le yacht impérial et le *Solferino*. « Il a plu à Dieu, écrit de Plas, de me mettre à deux doigts d'un accident, qui serait devenu un épouvantable malheur. Par suite d'un malentendu, nous faisions route sur l'*Aigle*, que j'allais aborder en plein, si l'amiral, qui avait pris la direction de la manœuvre, ne s'en était aperçu à temps. Je tremble encore à la pensée que j'aurais pu couler le yacht impérial, et je répète avec David : *Bonum est mihi Domine quia humiliasti me.* »

L'imposant spectacle du départ de l'Empereur, accompagné d'une flotte cuirassée, avait attiré sur les quais du Nouveau-Port une foule immense ; toutes les hauteurs étaient couvertes de spectateurs désireux d'assister à cette scène grandiose. A dix heures, les vaisseaux dont on venait d'admirer les gigantesques proportions, n'apparaissaient plus à l'horizon que comme des points imperceptibles, laissant après eux, dans l'air, une traînée de fumée semblable à un sillage. Pour ne pas arriver de nuit sur la côte d'Afrique, l'Empereur s'arrêta quelques instants en vue de Palma ; puis, l'escadre reprit son ordre de marche, et l'*Aigle* mit le cap sur Alger, où il entra le 3 mai, à cinq heures du matin.

Nous n'avons pas à raconter le voyage de l'Empereur en Algérie ; nous nous contenterons de signaler ce qui touche de près ou de loin au commandant du *Solferino*. « Je reviens de terre, écrit de Plas dans son *Journal*, le soir du 3 mai. Alger, depuis 1841, est métamorphosé au point de ne pas s'y reconnaître. Des maisons à trois ou quatre étages ont remplacé les vieilles masures d'autrefois ; le long du bord de la mer règne une rampe superbe ; la place de la ville était, ce soir, animée comme les plus beaux quartiers des Champs-Élysées. Mais ce n'est pas là ce qui me réjouit : j'ai pu prier un instant à la cathédrale, où venait de se terminer l'exercice du mois de Marie, et j'ai reçu, chez les Jésuites, la bénédiction du Très Saint-Sacrement. La chapelle était remplie de gens du peuple, d'Espagnols surtout, dont la piété naïve a produit sur moi une impression profonde. »

C'est encore au *Journal privé* que nous emprunterons le récit des excursions du commandant de Plas dans les environs d'Alger. « J'ai quitté le bord, écrit-il le 5 mai, ce matin vers cinq heures et demie, pour aller à Blidah et à Bouffarick. Blidah est situé dans une ravissante position, sur une des pentes du petit

Atlas. La terre y paraît d'une grande fertilité, car les oliviers, les figuiers, les orangers abondent à côté de vignes vigoureuses. On y voit de beaux cours d'eau et de vastes prairies. N'étaient les costumes arabes et juifs qu'on rencontre à chaque pas dans les rues, Blidah présenterait l'aspect d'une ville complètement européenne. Le champ de manœuvres domine la plaine de la Mitidja, qui semble, par moments, comme une mer entre le Sahel et l'Atlas.

» Arrivé vers une heure à Bouffarick, je me suis rendu à pied vers le camp d'Erlon, à l'orphelinat dirigé par les Jésuites. Le Père supérieur m'a conduit lui-même à travers les vastes jardins qui dépendent de l'établissement, et nous avons trouvé tous les enfants occupés à ratisser les allées, à l'occasion de la visite prochaine de l'Empereur. Après notre promenade dans les jardins, je suis monté dans un char-à-bancs, pour accompagner le Père supérieur à la *Consolata*. C'est une ferme à six ou huit kilomètres de Bouffarick, près de laquelle se trouve une petite chapelle devenue un lieu de pèlerinage. Elle est ainsi appelée, parce qu'on voit exposée dans la chapelle une copie du beau tableau de Notre-Dame de la *Consolata* à Turin. Bouffarick semble, à première vue, une réunion de maisons de campagne avec de larges allées ombragées de platanes. C'est la place d'un important marché, où trafiquent les Arabes d'une grande partie de l'Algérie. »

Le lendemain, de Plas entreprit une course à Sidi-Ferruch, en passant par le monastère des Pères Trappistes à Staouéli. « J'allais faire seul cette course, écrit-il, quand mon bon ange me suggéra la pensée de me rendre à bord de la *Provence*, et mon ami de Surville consentit à m'accompagner. » Ils admirèrent ensemble le magnifique établissement agricole fondé en 1845, et lurent avec édification les sentences inscrites sur les murs, qui rappellent aux religieux leur humble condition, leurs hautes destinées. A Sidi-Ferruch, ils visitèrent le fort bâti sur la pointe où se trouvait autrefois *Torre-Chica* et la place où les Français, débarqués en 1830, remportèrent, le 14 juin, leur première victoire.

Le 7 mai, qui était un dimanche, l'Empereur fit inviter tous les officiers supérieurs à l'accompagner à la messe. Pendant que ses collègues stationnaient sur la place pour faire cortège à l'amiral, de Plas, ne voulant point se priver de son pain quotidien, le Pain des forts, pénétra dans l'église, où il eut le bonheur de s'approcher de la Sainte Table. On le vit ensuite agenouillé dans un profond recueillement, durant tout le temps du saint sacrifice ; ce qui ne l'empêcha pas de remarquer que tous restaient debout, sauf l'Empereur, le maréchal de Mac-Mahon, le vice-amiral Bouët-Willaumez, et le sous-gouverneur. « Chose étrange, disait-il, on singe l'autorité dans toutes ses manies, dans toutes ses faiblesses, et on ne l'imite pas, quand elle rend à Dieu les hommages qui lui sont dus ! »

Deux jours après, il y eut au palais de Mustapha, villa du gouverneur général, grand bal en l'honneur de l'Empereur, et tous les officiers de l'escadre y furent invités. « Cette fête, écrit de Plas, a été magnifique et digne de l'hôte auquel elle était offerte. De cette résidence des anciens deys, on découvre un splendide spectacle : le fort l'Empereur, la ville haute, les collines environnantes, la place du Gouvernement, les mosquées avec leurs minarets, la flotte et tous les bâtiments éclairés de mille feux en forment l'incomparable décor. Si j'avais pu partir et regagner le *Solferino* à mon heure, je ne serais pas resté longtemps ; mais Sa Majesté n'est rentrée à Alger qu'après le souper, servi à minuit. »

Le 14 mai, l'Empereur se rendit d'Alger à Oran, escorté par l'escadre qui mouilla près de Mers-el-Kébir, le port militaire de la province. Dès le lendemain, de Plas fit en canot une reconnaissance, afin de trouver une plage convenable pour le corps de débarquement; on voulait simuler l'attaque d'un fortin situé près de la plage. Quand l'Empereur vint visiter le fort du Santon et la baie de Mers-el-Kébir, il fut accueilli par une triple salve de toute l'escadre, et les fusiliers marins, sous la conduite du commandant du *Solferino*, opérèrent un exercice de débarquement qui réussit parfaitement. « Ces simulacres de petite guerre m'amusent peu, écrit de Plas à sa sœur : on n'improvise pas un colonel à mon âge ; mais, comme je suis bien secondé, tout marche passablement, et on a trouvé que, pour des marins, la chose n'avait pas trop mal réussi. Il est certain qu'en très peu de temps nous avons gravi les pentes et couronné les hauteurs voisines avec dix obusiers de montagne, qui auraient fait un vrai ravage dans la batterie dont nous simulions l'attaque. »

De Plas reçut à cette occasion, pour la précision des ordres et la rapidité de l'exécution, les félicitations de l'amiral et de l'Empereur lui-même, dans un dîner auquel il avait été invité. « Après le repas, écrit-il dans son *Journal*, l'Empereur a causé avec plusieurs de ses convives et s'est arrêté près de moi. L'amiral lui ayant dit que je commandais le corps de débarquement, Sa Majesté m'a témoigné sa satisfaction, en disant que nous manœuvrions comme de vieilles troupes bien exercées. « Hélas ! observait-il à ce sujet, il ne faut pas approcher les grands, si l'on veut rester indépendant. Ils ont l'art de gagner les cœurs par des paroles adroites, et le prestige de l'autorité dispose les esprits à tout accepter. Quoi qu'il en soit, l'Empereur a renvoyé tous ses hôtes enchantés de son affabilité. »

Le 26 mai, dans l'après-midi, l'Empereur se rendit à bord du *Solferino*, où il y eut réception magnifique. Tous les états-majors de l'escadre réunis furent présentés à Sa Majesté, qui distribua de larges récompenses. « L'amiral, qui avait obtenu pour lui-même la promesse d'une place au Sénat, adressa à l'Empereur quelques paroles chaleureuses, pour le remercier de l'honneur qu'il faisait à son vaisseau et à son escadre. L'Empeur répondit en termes élogieux pour l'amiral et l'escadre, ajoutant qu'il compterait sur la marine, si les événements devenaient plus graves. » Ces paroles furent accueillies comme le présage d'un prochain orage. On y vit une allusion aux événements d'Amérique, la possibilité d'une guerre avec les États-Unis ; mais l'avenir devait heureusement démentir ces sombres prévisions.

En quittant le *Solferino*, l'Empereur alla visiter la flotte italienne qui, sous les ordres du contre-amiral Vacco, était arrivée en rade pour saluer Sa Majesté. Trois frégates accompagnèrent l'escadre française jusqu'à Philippeville ; mais l'amiral Vacco dut, dit-on, sur invitation pressante, retourner à Cagliari. Pendant que l'Empereur parcourait les principales villes de la province de Constantine, l'escadre resta mouillée à Stora, et de Plas visita chaque jour, avec quelques amis, les curiosités de la contrée. Un soir qu'un punch avait été offert aux officiers par les habitants de Philippeville, il y eut des toasts portés à la marine par le maire et le sous-préfet. « Le commandant Bourgois, raconte-t-il avec simplicité, répondit en termes chaleureux au toast du sous-préfet. Je crus de mon devoir de répondre à celui du maire, et je le fis sans trop d'hésitation, avec plus d'à propos et de facilité que je ne m'y attendais ; mais en buvant à l'armée, à la magistrature et au commerce, j'oubliai le clergé qui était représenté par plusieurs ecclésiastiques. »

Une fête fut organisée à bord du *Solferino* pour répondre aux prévenances des habitants de Philippeville et de Stora. Le bâtiment était orné de verdure et parfaitement illuminé. Trois petits pièces furent jouées avec entrain par les matelots ; la soirée se termina par un bal, et les invités se retirèrent enchantés de la franche gaieté de l'équipage et de l'amabilité des officiers.

Le 6 juin, l'escadre se rendit à Bône pour escorter l'Empereur jusqu'à Bougie, et de là jusqu'à Toulon. Mais au milieu du trajet d'Algérie en France, une avarie à la machine força le *Solferino* de stopper, et il se fit remorquer par la *Gloire*, pendant que la *Provence*, la *Normandie* et la *Couronne* continuèrent d'accompagner le yacht impérial. Le 9 au soir, toute l'escadre était réunie en rade de Toulon, et le lendemain matin de Plas s'empressa d'assister à la messe, pour remercier Dieu de son heureux voyage. « N'est-ce pas la moindre des choses, disait-il, que le commandant d'un grand bâtiment aille, au moins seul, rendre grâces à Dieu, au nom de l'équipage ! Pas un accident d'hommes, pas un accident de navigation ! Mon cœur est plein de reconnaissance, et je répète volontiers avec le Psalmiste : *Quid retribuam Domino pro omnibus quæ retribuit mihi?* »

A peine l'escadre était-elle de retour de son voyage en Algérie, qu'on parla d'une nouvelle expédition dans le Nord ; aussi s'empressa-t-on de réparer les cylindres de la machine pour être prêt à partir au premier signal. Quelque activité que l'on déployât dans ce travail, le *Solferino* devait nécessairement rester quelques semaines sans pouvoir reprendre la mer. A Toulon comme à Cherbourg, comme à Paris, les bonnes œuvres ne manquaient pas à l'exercice du zèle apostolique. De Plas profita donc de ses loisirs forcés pour se mettre en relations avec les Pères Maristes, dans la chapelle desquels il allait souvent adorer le Très Saint-Sacrement, en même temps qu'il fréquenta d'une manière assidue les réunions de la conférence de Saint-Vincent de Paul. C'est à ce moment qu'il reçut d'un de ses confrères de Paris, M. Moullin, alors malade, cette belle lettre que nous voulons citer pour montrer quels hommes, quels saints le commandant de Plas comptait parmi ses amis :

« Mon cher confrère et excellent ami, lors même que j'aurais bonne envie de vous oublier, la flotte cuirassée fait un tel tapage dans les journaux, que force m'est comme à tout le monde de m'en occuper, et par conséquent de penser au *Solferino*, et alors immanquablement au commandant du *Solferino*.

» Il serait peut-être juste d'ajouter que, lorsque je pense au bon Dieu pendant quelque temps, la pente est facile pour arriver à votre souvenir. Que votre humilité ne s'en alarme pas! Vous êtes une des rares, bien rares personnes avec lesquelles on puisse parler à toute volée du bon Dieu. Hélas! dans combien de têtes et de cœurs le bon Dieu occupe-t-il aujourd'hui, je ne dirai pas toute la place, mais la principale place qui lui est due! Et cela à commencer par votre serviteur : *Fecit mihi magna qui potens est*.

» J'admirais dernièrement une prière de l'Église, disant que c'est par sa miséricorde et sa bonté que Dieu signale sa puissance. La bonté de Dieu à mon égard me confond ; il faut vraiment une autre grâce spéciale de Dieu pour croire à une aussi incroyable bonté. « Dieu est bien cruel, disent les impies, de condamner » un homme pour une seule faute. » Et je dis, moi : » Dieu est vraiment trop bon de pardonner à toute une

» vie remplie de crimes, à cause d'*un seul* mouvement
» de repentir. »

» Souvent on est tenté de gémir sur ce qu'on aperçoit, de critiquer amèrement le monde où nous vivons ; hélas ! une seule chose est à déplorer, voir Dieu offensé et méconnu. Si nous aimions Dieu, la vue de ce qui se passe devrait nous rendre bien patients à supporter nos maux, bien exacts à les offrir en réparation. Priez Dieu, je vous le demande au nom de Notre-Seigneur, de la très Sainte Vierge et de saint Joseph, qu'il m'accorde l'esprit de patience et de pénitence.

» Je suis plus souffrant que jamais, et cependant, tout lâche que je suis, je ne puis m'empêcher de trouver que Dieu est bien bon. Le médecin habile sait au premier coup d'œil juger son malade, et lui appliquer le *remède* qu'il lui faut. Dieu, médecin et père tout à la fois, sait les *maux* qui conviennent le mieux à chacun de nous ; ni son cœur, ni son œil ne se peuvent tromper ; il ne dépassera jamais la mesure, lui ! C'est hélas ! notre main aveugle et impatiente qui arrête la sienne, et l'empêche de parfaire une œuvre toute de bonté.

» Le médecin du corps m'ordonne la distraction, et le grand air, et les voyages. Je serais allé volontiers à Brest, où l'on annonce la prochaine arrivée de l'escadre cuirassée ; mais si, dans les pèlerinages, la foule me fait peur, jugez de l'effet qu'elle me produit, lorsqu'il s'agit de trains de plaisir ! Si le *Solferino* n'avait pas d'amiral à bord, si la foule était moins nombreuse, si... j'irais volontiers faire un tour à Brest ; mais que la volonté de Dieu soit faite !

» Savez-vous, mon cher confrère, qu'au lieu de prendre un air résigné pour dire que la volonté de Dieu soit faite, on devrait avoir une toute autre attitude ! *La volonté de Dieu !* Mais tout ce qui est vrai, beau, bon, grand et fort ; tout ce qu'il y a de plus affectueux, de plus délicat, de plus exquis, de plus miséricordieux, de plus paternel ; tout ce qui peut nous être le meilleur, le plus heureux, le plus avantageux : voilà tout bonnement la volonté de Dieu ; il ne peut pas vouloir autre chose. Oh ! le beau mérite de dire à Dieu : Que votre volonté soit faite !

» Si nous avions l'air de faire une aussi grande violence à notre nature pour dire à quelqu'un : Je vous permets, par égard pour vous, de me faire tout le bien possible ; de quel éclat de moquerie ne serions-nous pas accueillis ! Heureusement que Dieu est plus indulgent que nous ne le sommes. C'est sa gloire qu'il nous demande, mais la gloire que nous lui procurons doit rejaillir sur nous en bonheur éternel. »

Au commencement du mois d'août, toutes les réparations étaient terminées. Le 7, le *Solferino* quitta la rade de bon matin pour faire ses essais ; et à quatre heures et demie de l'après-midi, il était en route avec toute l'escadre pour Brest, où l'on arriva le 16, afin de recevoir la visite de la flotte anglaise. Depuis le 14 août, cette dernière se trouvait à Cherbourg, où le ministre de la marine lui-même s'était rendu pour fêter l'alliance qui unissait les deux peuples. « Oui, Messieurs, s'était écrié Son Excellence dans un banquet offert aux lords de l'Amirauté, la liberté des mers, les luttes pacifiques du travail, les conquêtes bienfaisantes du commerce, voilà ce que veulent dire ces deux nobles drapeaux aujourd'hui réunis devant vous. Que Dieu les protège toujours ! »

Le 19 août, le marquis de Chasseloup-Laubat fit son entrée dans la rade de Brest, sur le paquebot à vapeur la *Reine-Hortense,* salué par une salve de dix-neuf coups de canon tirée par le *Solferino.* A l'annonce des fêtes qui devaient commencer le 21, avec l'arrivée de l'escadre anglaise, les étrangers affluèrent à Brest et s'empressèrent de visiter les cuirassés mouillés en rade, et le vaisseau-amiral eut naturellement tous les honneurs. « L'escadre cuirassée, écrivait un visiteur, est toujours la curiosité du moment. A première vue elle étonne, pour ne pas dire qu'elle déplaît. L'œil a de la peine à se familiariser avec ces formes étranges. On éprouve comme un mystérieux sentiment à l'approche de ces bâtiments d'un type si nouveau, et l'on est presque tenté de regretter ces belles frégates du passé avec leur haute voilure et leurs sabords élégants. L'impression est profonde, le vaisseau-fantôme a cessé d'être une légende. Il est réel; demain, cent mille regards l'auront vu : c'est le *Solferino!*... le *Solferino* avec ses flancs noirs, sa tour blindée et son éperon redoutable. »

Le 21 août, le temps était superbe dès le matin, et la journée s'annonçait splendide. Toutes les hauteurs qui dominent la rade furent couronnées d'une foule immense qu'on évaluait à plus de cent mille personnes. Chacun avait choisi son poste selon ses goûts, ses forces ou ses convenances : les uns étaient allés au phare du Porzic, les autres jusqu'à la pointe Saint-Mathieu; la plupart s'étaient contentés de Laninon ou du cours d'Ajot. Partout la foule se montrait impressionnée, et, dans le sentiment qui l'animait, il y avait évidemment autre chose qu'une curiosité banale et vulgaire. « Ce n'est pas seulement une escadre qui en visite une autre, écrit un témoin oculaire ; c'est l'union de deux grands peuples qui s'affirme aux yeux du monde, et chacun comprend ce qu'il y a de solennel dans cette heure qui va voir une flotte anglaise entrer en amie dans le premier port de guerre de la France. »

A onze heures, l'escadre, commandée par le contre-amiral Dacres, apparut à l'extrémité de la rade.

L'*Edgar*, portant pavillon du contre-amiral, franchit le premier la passe étroite du Goulet ; et, prenant devant la Pointe espagnole, il salua la terre de France de vingt-un coups de canon, que le *Solferino* lui renvoya immédiatement. Pendant que les six frégates anglaises mouillaient en ligne auprès du *Solferino*, deux yachts, l'*Osborn* et l'*Enchantress*, dont l'un portait le duc de Somerset et les lords de l'Amirauté, allèrent se ranger auprès de la *Reine-Hortense*, où se trouvait le ministre de la marine. « Les Anglais ont fait une belle arrivée, écrit de Plas ; ils sont venus à la voile et à la vapeur et ont très bien pris leur mouillage. »

Après les visites d'usage, le ministre de la marine, le duc de Somerset, les lords de l'Amirauté et les amiraux commandant les escadres, descendirent à terre, où les troupes d'infanterie de ligne et d'infanterie de marine les attendaient pour les escorter jusqu'à la préfecture maritime. L'amiral comte de Gueydon les conduisit immédiatement à la caserne des *Pupilles de la marine* et à l'*Asile Eugénie*. La journée se termina par un grand dîner auquel assistèrent les officiers des deux escadres, et par une brillante soirée pour laquelle on avait fait de nombreuses invitations. La présence de l'Emir Abd-el-Kader excitait la curiosité générale. « Je n'ai pas résisté au désir de me faire présenter à lui, écrit de Plas, et il m'a donné une bonne poignée de main. »

Le lendemain eurent lieu les régates qui furent favorisées par un temps exceptionnel. Les habitants et les étrangers s'étaient portés en foule sur le cours d'Ajot et au port de commerce. La population de Brest, essentiellement maritime, attache à juste titre un grand intérêt à ces courses nautiques ; mais, pour les étrangers, l'attrait se trouvait surtout dans le magnifique panorama qui se déroulait sous leurs yeux. La rade restait unie et calme comme un lac; d'innombrables embarcations allaient et venaient le long de la jetée ; et, au fond de l'horizon, se tenaient immobiles les hauts vaisseaux de guerre.

Trois grands banquets furent servis à la fin des régates : l'un à bord du *Solferino*, offert par le vice-amiral Bouët-Willaumez au ministre de la marine, au duc de Somerset, au préfet maritime, aux lords de l'Amirauté, ainsi qu'aux officiers généraux des deux escadres; le second, à bord de la *Couronne*, donné par les officiers de la marine française à leurs collègues de la marine britannique ; le troisième, à bord de la *Normandie*, devait réunir tous les aspirants et *midshipmen* des deux nations. Le soir, les principaux édifices publics furent splendidement illuminés, et l'on tira sur la place du Château de nombreuses pièces d'artifice. De la rade, on eût dit que la ville était en feu.

La journée du 23, employée à la visite de l'arsenal et des vaisseaux, se termina par un bal féerique, à bord de la *Ville-de-Lyon* dans le port. Le lendemain, les Anglais reprirent la mer, très satisfaits de l'accueil qu'ils avaient reçu; ils se rendirent à Portsmouth, où l'escadre française devait bientôt les rejoindre. Le 28, en effet, le *Solferino* et les autres cuirassés quittèrent Brest, accompagnés de la *Reine-Hortense* ayant à bord le ministre de la marine, et, le lendemain, ils mouillèrent dans la belle rade de Spithead, entre la ville de Portsmouth et la côte nord-est de l'île de Wight. Le *Times*, annonçant l'arrivée de l'escadre, disait que la réunion des deux flottes était une preuve de l'alliance des deux pays, et que les Anglais iraient par centaines de mille saluer les Français à Portsmouth. « Cette réunion, ajoutait le *Morning-Post*, n'indique aucune menace de l'Angleterre et de la France ; les deux gouvernements n'ont d'intention hostile contre personne.

Les moyens puissants qu'ils déploient ne sont qu'une arme de défense, une barrière contre l'anarchie internationale. »

Nous empruntons au *Journal privé* du commandant de Plas quelques-unes des particularités de cette cordiale et splendide réception. « Une multitude de yachts et de petits bateaux à vapeur, lisons-nous à la date du 29 août, sillonnent la rade qui présente un magnifique spectacle. Je ne l'aurais pas recherché ; mais, puisqu'il m'est offert, je dois l'apprécier à sa juste valeur et en prendre occasion de remercier Dieu.

» *30 août*. — Hier, à bord du *Duc-de-Wellington*, brillant banquet, auquel l'amiral Bouët-Willaumez n'a pu assister, par suite d'une indisposition. Le vaisseau était splendidement décoré de drapeaux, de fleurs et d'arbustes. La table, dressée dans le deuxième pont disposé en salle de festin, présentait un coup d'œil magique. On a joué, pendant tout le repas, des morceaux de nos plus illustres compositeurs.

» Ce soir, illumination merveilleuse de la rade. Les Anglais ont eu l'idée d'employer les couleurs de notre pavillon pour leurs batteries, et ils lancent en même temps des fusées aux trois couleurs. Nous avons illuminé beaucoup plus modestement, en plaçant des fanaux aux filières et des feux de Bengale au bout des vergues et sur les bastingages. Les Anglais nous humilient par l'excès de leurs politesses, et ils font les choses avec une grandeur que nous ne paraissons pas soupçonner.

» *31 août*. — Je reviens du dîner qui a été offert à l'escadre française par le maire et les habitants de Portsmouth. Il y avait, m'a-t-on dit, quatre cent soixante-dix personnes réparties sur cinq à six tables de soixante

à soixante-dix couverts. A l'extrémité de la salle, perpendiculairement aux autres tables, était dressée celle du maire qui avait à sa droite notre ministre de la marine et à sa gauche le duc de Somerset; notre amiral était placé près du duc de Somerset, et l'amiral Seymour près de notre ministre. Au moment des toasts, le salut royal a été tiré simultanément par le canon des forts et des deux escadres. Le maire, en portant la santé de l'Empereur, a exprimé la gratitude de la ville pour la visite de la flotte. « Par cette réunion de la ma-
» rine des deux pays, a-t-il dit, l'empereur Napoléon
» donne une nouvelle preuve de sa loyauté à la nation
» anglaise. » M. de Chasseloup-Laubat a répondu par quelques mots très sentis, disant combien nous étions touchés de cet accueil sympathique qui ne s'adressait pas seulement à nous, mais à l'Empereur et à la France. J'ai été particulièrement frappé du respect des Anglais pour leurs vieilles coutumes. Le son des trompettes commençait par imposer silence et la voix du héraut annonçait ensuite chaque toast...

» Que de personnes, ajoutait de Plas, considéreraient comme une grande faveur de voir ce que nous voyons, de participer à ces fêtes, d'être témoins d'une si cordiale hospitalité. Et nous, qui figurons au premier rang, il nous tarde de voir tout finir ; nous en emporterons cependant un bon souvenir.

» *1er septembre*. — Notre dernier banquet est terminé; il a été splendide. Le *Black-Prince*, où avaient été convoqués tous les commandants et les seconds anglais et français, était parfaitement décoré. Le buste de l'Empereur occupait le milieu de la table. Les drapeaux de France et d'Angleterre flottaient partout, au-dessus de la table comme sur les murailles. Autour d'un trophée on lisait confondus les noms des bâtiments anglais et français, et au-dessous, l'inscription : *In unitate fortior*. Mes camarades avaient compté sur moi pour porter un toast, en ma qualité de plus ancien capitaine de vaisseau ; mais les toasts précédents ayant parfaitement exprimé le but de cette visite mutuelle des escadres, lord Kerr, qui présidait, décida qu'il n'y avait plus lieu d'en porter aucun.

» C'était vendredi. J'ai pu faire maigre sans être remarqué, si ce n'est par mon voisin qui m'a demandé si je n'aimais pas la viande. Je lui ai répondu : pas le vendredi, et il a parfaitement compris. »

Le 2 septembre, le *Solferino*, suivi des huit cuirassés qui l'avaient accompagné à Portsmouth, s'éloigna vers dix heures du matin des côtes d'Angleterre, et arriva vers sept heures du soir en rade de Cherbourg. C'est de là que de Plas écrivit à sa sœur ses impressions de voyage. « Il est impossible, lui dit-il, de recevoir plus de démonstrations amicales de la part des Anglais. Les couleurs françaises flottaient partout ; les hommes les portaient à la boutonnière, et les femmes paraissaient presque toutes plus ou moins *tricolores*. C'était comme une sorte d'ivresse qui mettait tout le monde dans une joie délirante. Une vieille dame anglaise me disait avant-hier, sur le pont du *Solferino* : « J'ai » soixante-dix-sept ans, et je suis heureuse d'avoir assez » vécu pour voir une alliance sérieuse entre nos deux » pays. » Puissent des résultats utiles suivre cet inexplicable enthousiasme ! »

L'amiral Bouët-Willaumez étant revenu de Paris où il avait été appelé par dépêche télégraphique, l'escadre appareilla le 9 pour se rendre dans la Méditerranée. « Nous allons vers le choléra qui sévit dans le midi ; écrit de Plas, et nous le trouverons probablement régnant à Toulon. Que doit faire un chrétien à la vue des misères qu'entraîne ce fléau? Le choléra, c'est la volonté de Dieu qui passe; c'est l'ange exterminateur envoyé pour châtier les peuples. Donc, faire tous nos efforts pour apaiser la colère de Dieu, consoler nos frères, et accepter pour nous-mêmes la mort dans le même esprit que Notre-Seigneur l'a acceptée sur la croix. »

Le 19 septembre, l'escadre allait entrer en rade de Toulon, lorsqu'un bateau à vapeur du port, le *Robuste*, aborda le *Solferino*. Il apportait un ordre du ministre de faire mouiller les bâtiments aux îles d'Hyères, car il y avait déjà de nombreuses victimes à la Seyne et à Toulon. Mais la rade d'Hyères parut encore trop rapprochée du foyer de l'épidémie; un nouvel ordre du ministre prescrivit à l'amiral de gagner les côtes de Corse, et le 23 septembre, tous les cuirassés étaient affourchés devant Ajaccio, où l'état sanitaire ne laissait rien à désirer. C'est là que de Plas apprit la mort d'un de ses amis, M. Maissin, capitaine de vaisseau en retraite et président d'une des conférences de Saint-Vincent de Paul. Il avait succombé victime de sa charité en soignant les cholériques. « Combien la mort des justes, s'écria-t-il, est précieuse devant Dieu! D'où vient donc que nous tenons tant à cette terre, comme si le jour de demain ne nous apportait pas un fardeau de plus? Tout en demandant à Dieu la grâce d'éloigner le fléau de l'escadre et du *Solferino* en particulier, je veux aussi le remercier de me donner une occasion de lui prouver mon amour. Mon ami d'Aboville considérait comme une corvée d'honneur d'aller servir sur un bâtiment dont les deux tiers de l'état-major avaient été enlevés par le *vomito*. Ne puis-je, comme lui, demander d'être placé au poste du dévouement, où il y aura le plus de dangers à courir? »

Pendant les six semaines que l'escadre resta éloignée des côtes de France, le temps s'écoula rapidement en promenades militaires et en exercices à la mer. « Demain, si le temps le permet, écrit de Plas le 21 octobre, je dois faire défiler le corps de débarquement devant l'amiral debout près des statues de la place Napoléon. Je veux m'efforcer de ne pas paraître trop emprunté dans mes fonctions de colonel, et prendre mon rôle au sérieux. Il faudra probablement crier : Vive l'Empereur! mais ce cri, quels que soient les sentiments de ceux qui le poussent, ne peut indiquer qu'une marque de respect pour le chef de l'État, et non un acte de dévouement à sa personne. »

Le lendemain, de Plas se plaisait à constater que « le fameux défilé » sur la place Napoléon, où se trouvait massée une foule énorme, avait assez bien réussi. « Heureusement, ajoutait-il, que tout se passe devant un public peu connaisseur. J'ai fait une faute en défilant moi-même au pas gymnastique au lieu de me placer vis-à-vis de l'amiral, mais personne ne s'en est aperçu. Les curieux disent *sérieusement* que tout a été parfait. Je n'ai point la prétention d'être un excellent colonel; mais je désire remplir convenablement mon office et je remercie Dieu qu'il en soit ainsi. »

Quelques jours après, l'escadre tout entière appareilla pour faire au large, avec les plus habiles canonniers, un tir d'honneur. Le préfet et le maire d'Ajaccio et quelques autres personnes étaient montés à bord du *Solferino*. La brise, assez fraîche au moment du départ, devint plus forte dans la matinée. La mer était très agitée, et l'on avait déjà tiré cent douze coups de canon, lorsque l'amiral commanda de cesser le feu. Le but, placé à six encâblures, avait été atteint par un canonnier du *Solferino*.

Au moment où l'on se disposait à rentrer à Toulon, le vice-amiral sénateur, commandant en chef, envoya au ministère des notes sur chacun des officiers de l'escadre. Il n'est pas inutile de recueillir son appréciation sur le commandant de Plas. « Conduite : irréprochable. — Moralité : parfaite. — Tenue : *item*. — Santé : très bonne. — Capacité : remarquable. — Fonctions : capitaine de pavillon du vice-amiral commandant en chef. — Manière de servir : d'un zèle aussi intelligent que soutenu. — Aptitudes spéciales : la conduite et la tenue d'un navire. » Pour résumer son appréciation, l'amiral Bouët-Willaumez ajoutait : « Je ne puis mieux m'exprimer sur le compte de cet officier qu'en ajoutant que je m'applaudis chaque jour de l'avoir pris pour capitaine de pavillon. »

L'amiral aurait voulu présenter de Plas pour le grade de contre-amiral, et il lui reprochait amicalement de n'avoir encore commandé que deux ans depuis qu'il était capitaine de vaisseau; mais celui-ci répondit avec franchise, ce qui était la vérité, qu'il servait pour servir et non pour arriver à un grade plus élevé. Avec ses désirs de vie religieuse, le commandant du *Solferino* ne pouvait penser autrement; aussi le verrons-nous refuser toute espèce de position qui lui donnât des droits à l'avancement, mais l'éloignerait du but qu'il se proposait d'atteindre. « L'amiral, écrit-il le 21 novembre, m'a parlé de son désir de me présenter pour le vaisseau-école, lorsque Cornullier aura fini son temps. Je lui ai répondu que je n'avais aucune prétention au grade de contre-amiral, et que je désirais seulement servir là où on me croirait capable de le faire utilement, jusqu'à l'âge de ma retraite. »

La bienveillance de l'amiral Bouët-Willaumez à l'égard de son capitaine de pavillon ne devait pas se contenter d'un premier refus. Si celui-ci ne voulait pas accepter un nouveau commandement, peut-être l'amènerait-on plus facilement à continuer celui qu'il exerçait déjà. « Le commandant en chef, écrit de Plas le 14 décembre, vient de me communiquer une lettre de l'amiral de Gueydon, qui paraît disposé à me conserver le commandement du *Solferino*, dans le cas où il serait appelé à la tête de l'escadre. Sans doute Foullioy m'avait parlé de cette intention de l'amiral de Gueydon, mais je pensais que le temps modifierait ses intentions à ce sujet. Il me paraît probable que l'amiral Bouët-Willaumez aura écrit à son collègue pour le sonder, l'inviter même, dans un but tout bienveillant pour moi, à me prendre le temps nécessaire pour achever deux années de commandement. Quoiqu'il en soit, je n'ai pas accueilli cette communication comme on reçoit une bonne nouvelle, et j'ai prié l'amiral de répondre que je ne désirais pas garder le *Solferino* au-delà de quelques semaines après son départ, le temps de transmettre les traditions de service du vaisseau. »

L'amiral de Gueydon, alors préfet maritime à Brest, regretta sincèrement que de Plas ne pût accepter l'offre qu'il lui avait fait proposer. Nous le savons par une lettre pleine de désintéressement du commandant Foullioy, qui devait le remplacer comme capitaine de pavillon. « A plusieurs reprises, écrit-il le 24 décembre, l'amiral m'a redit qu'il aurait beaucoup désiré vous garder, parce qu'il avait pour vous une sincère affection et que vous avez toute sa confiance. Je regrette bien vivement, pour ma part, que vous n'ayez pas pris la résolution de rester sur le *Solferino*, car votre nomination au grade de contre-amiral me paraissait ainsi plus rapidement assurée. Je puis vous donner la certitude qu'un retour sur votre décision serait accueilli avec une vive satisfaction par l'amiral. Quant à moi, je serais trop heureux des conséquences évidemment favorables à votre nomination que ce retour ne manquerait pas d'entraîner, pour regretter un seul instant, en ce qui m'est personnel, le changement. Je vous parle à cœur ouvert, avec toute la liberté qu'autorisent, je crois, les sentiments d'attachement qui m'unissent à vous depuis bon nombre d'années. »

Reconnaissant de tous ces sympathiques témoignages d'affection et d'amitié, de Plas s'était empressé de remercier l'amiral de Gueydon d'avoir bien voulu penser à son ancien camarade d'école. Il s'excusait aussi de n'avoir pu accepter la continuation de son commandement, mettant en avant des intérêts de famille qui réclamaient sa présence et ne lui permettaient pas de s'engager pour une longue période de temps. Mais ce n'étaient là que des prétextes ; les véritables motifs sont exposés par lui dans son *Journal privé* avec une humilité d'autant plus admirable qu'on la rencontre plus rarement. « Je dois, écrit-il, repousser toute pensée d'avancement. Si le bon Dieu avait voulu faire de moi un contre-amiral, il aurait arrangé différemment les choses : il m'aurait donné plus d'ambition et assez de capacité pour contraindre le pouvoir à m'employer ; il m'aurait procuré la protection de mes chefs au moment opportun, au lieu de l'obtenir quand je n'avais point rempli les conditions d'avancement. Les faveurs me sont arrivées humainement parlant ou trop tard ou trop tôt.

» D'ailleurs, mes motifs sont sérieux : un amiral nouveau voudra des changements, et je dois avouer que mon esprit ne se prête plus aux modifications de nos règlements et de nos vieux usages. C'est en vain qu'on voudrait me stimuler à obtenir le grade de contre-amiral, je ne me reconnais pas les qualités nécessaires pour cette haute position. Pas d'illusions ! il faut savoir m'appliquer ce qu'un amiral disait d'un capitaine de frégate proposé pour l'avancement : Il a son bâton de maréchal. Donc, ne vouloir, ne désirer que ma place et rien de plus.

» Vous êtes juste, ô mon Dieu, et vous savez faire à chacun la part qui lui convient ; je vous loue et vous remercie de la mienne. Que toute mon ambition soit de vous bien servir là où vous me placez, là où vous me voulez ! »

Moins le commandant de Plas paraissait songer à l'avancement, plus ses amis désiraient s'en occuper pour lui. « N'accepteriez-vous pas le poste de gouverneur de la Nouvelle-Calédonie », lui demanda un Père Mariste qui s'intéressait à l'administration chrétienne de cette importante colonie ? « Je n'ai décidément pas envie d'aller à la Nouvelle-Calédonie, écrivit François dans son *Journal*. Si on me disait : « Vous » avez à choisir entre le séjour à la Trappe et le gou- » vernement de cette colonie, l'une et l'autre décision » sont agréables à Dieu »; il me semble que je préférerais la Trappe. Mais si les circonstances paraissaient m'imposer cette situation, si, après avoir fait connaître mon insuffisance pour ces hautes fonctions, on me disait : « Partez » ; je penserais que Dieu, qui sait mieux que moi ce qui me convient, a daigné réformer mon jugement, et je n'hésiterais pas ; j'irais avec confiance m'occuper en cette contrée lointaine des intérêts de la religion et de mon pays. »

Le commandement du *Louis XIV*, vaisseau-école des canonniers, allait devenir vacant. « Vous devriez, lui dit le chef d'état-major durant une promenade qu'ils faisaient ensemble, vous proposer pour remplir cette place ! — Voilà encore une idée nouvelle, s'écrie de Plas dans son *Journal* ; mais je serais là au-dessous de ma tâche, et j'espère que Dieu ne me l'imposera pas. Je ne désire qu'une seule chose : m'employer avec simplicité et droiture au service de mon Maître ; il sait à quoi je suis propre, secondé par sa grâce : je ne vois pas de raison de lui rien signaler comme à ma convenance. »

Cependant il parut une fois céder à de pressantes instances, et il se le reprocha amèrement en constatant que l'homme, même à cinquante-six ans, était encore un grand enfant. « Aujourd'hui, raconte-t-il dans son *Journal*, à la date du 17 février, le contre-amiral Fabre la Maurelle, que je suis allé voir à bord de la *Normandie,* m'a demandé : « Que devenez-vous
» après le commandement du *Solferino* ? — Je n'en
» sais rien, lui ai-je répondu. — Mais on vous doit une
» indemnité, car c'est une corvée que les fonctions de
» capitaine de pavillon. — Je ne regarde pas comme
» une corvée mon poste sur le *Solferino*. — Soit ;
» mais c'est un assujettissement. O*** a passé contre-
» amiral, P*** a obtenu le commandement de la station
» des côtes du sud de France ; vous devriez vous hâter
» de demander cette dernière place, elle sera bientôt
» vacante et beaucoup y prétendront. — J'irai où on
» m'enverra. — Mais si vous ne demandez rien, vous
» n'aurez rien ; il faut demander. Voulez-vous que
» j'en parle à l'amiral ? — Vous pouvez me porter
» comme candidat, mais sans dire que je veuille cela
» plus qu'autre chose. »

» Tel est à peu près le dialogue qui a eu lieu entre nous. J'ai donc fini par mordre à l'hameçon, après l'avoir flairé longtemps, sans vouloir y toucher. Hélas ! faut-il donc courir parce que les autres courent? Ai-je à craindre que Dieu ne me trouve pas d'emploi, si moi-même je ne m'en mêle ? Cependant, tout n'est pas perdu. Je demanderai à mon Maître de me pardonner ce petit écart de bon sens, et de ne tenir aucun compte du vœu que j'ai fini par exprimer. Pourquoi demanderais-je un salaire, une récompense pour un service dont j'ai retiré jusqu'à ce jour honneur et profit? Mieux vaut me *singulariser*, selon le terme employé, en ne demandant rien, en me déclarant disponible pour toute mission qu'on croirait convenable de me confier. »

De Plas s'attendait à être blâmé pour n'avoir pas accepté le commandement du *Solferino*, ce qui lui aurait permis de remplir les conditions exigées pour l'avancement ; mais il se retranchait derrière le témoignage de sa conscience et le sentiment de sa dignité personnelle. « J'ose espérer, disait-il, que mon Maître ne jugera pas comme mes connaissances et mes amis ; car, je crois pouvoir répéter en toute sincérité : *Non recuso laborem*. » Il était bien décidé, en effet, sans se préoccuper de la manière dont on emploierait ses services, à continuer sa carrière jusqu'au bout, à rester dans la marine jusqu'à l'âge de la retraite. En se rendant utile à son pays, il entrevoyait dans cette vie active un moyen de faire de plus larges aumônes, car c'est aux bonnes œuvres qu'il consacrait la plus grande partie de ses émoluments.

Un instant, on put croire, au commencement de l'année 1866, que la guerre allait éclater entre la France et les États-Unis, à propos d'une note de M. Seward sur les affaires du Mexique, qui était une insulte au gouvernement. « Il paraît impossible, écrit François dans son *Journal* le 20 janvier, que nous n'ayons pas la guerre. Je me demandais comment je passerais le temps jusqu'à ma retraite ; il est à croire que ce sera dans les fatigues de la mer. Puissé-je servir Dieu et mon pays de tout cœur, en guerre comme en paix! Je n'aime pas la guerre, comme la jeunesse, pour avoir l'occasion d'acquérir de la gloire ou des grades ; mais, je n'oublierai pas, je l'espère, qu'elle est un sacrifice, et ce sacrifice, je saurai, avec la grâce de Dieu, l'accomplir. »

Dans les premiers jours d'avril, l'escadre quitta de nouveau Toulon, pour une expédition toute pacifique. On allait inaugurer à Saint-Tropez la statue du bailli de Suffren, et nos marins devaient rehausser par leur présence l'éclat de cette fête. Parmi les discours prononcés au pied de la statue, on remarqua surtout celui du vice-amiral Jurien de la Gravière. « L'amiral, observait le commandant, a très bien parlé ; mais, chose étrange, oubliant qu'il était catholique, il nous a invités, comme en plein paganisme, à monter au Capitole pour rendre grâces aux Dieux. » Le discours de M. Jurien nous a été conservé dans la *Marine d'aujourd'hui* ; voici le passage auquel de Plas fait allusion. « Je vous ai montré ce grand homme, s'écriait l'orateur, tel qu'il m'est apparu dans des dépêches qu'il a tracées de sa propre main, précieuses reliques, trésor de nos archives que je n'ai pu toucher sans émotion. Vous semble-t-il, messieurs, qu'après tant de services il ait acquis le droit de *remercier les Dieux*? Combien d'autres, à sa place, *monteraient au Capitole!* » Quoi qu'il en soit, le discours de l'amiral Jurien de la Gravière fut admiré comme il le méritait, car il célébrait le patriotisme qui inspira tous les actes de l'illustre bailli. « Suffren aima passionnément la France, s'écria l'orateur en finissant ; nous, songeons à la bien servir. »

Le lendemain, afin de satisfaire la curiosité d'une foule considérable, qui était accourue de tous les points du département du Var pour assister à la fête, l'amiral Bouët-Willaumez donna l'ordre de simuler une attaque contre la citadelle. A dix heures du matin, le signal était fait d'envoyer à terre le corps de débarquement, et, une heure après, les tirailleurs avaient ouvert le feu. Des hauteurs qui dominent le fort, on tira une dizaine de coups de chaque obusier. Les bataillons se trouvaient déjà massés en colonne d'attaque sur la crête des glacis, lorsque les trompettes sonnèrent le départ. A onze heures et demie, tout le monde attendait sur les quais prêt à embarquer. « L'amiral, écrit François, se montra très satisfait de la rapidité des mouvements, et le maire, du haut d'un balcon, nous remercia en criant : Vive la marine! »

Encore quelques jours, et l'amiral Bouët-Willaumez allait quitter le commandement de l'escadre, et de Plas celui du *Solferino*. Le premier partait avec le regret de n'avoir rien fait en faveur de son capitaine de pavillon; aussi l'entretint-il, le 13 avril, de son désir de lui voir confier le gouvernement d'une colonie ou le commandement du vaisseau-école. François, qui s'attendait à cette marque de bienveillance à laquelle on l'avait habitué, lui remit une lettre préparée à l'avance. « Je désire, disait-il, servir utilement en France ou à l'étranger; mais s'il n'y a pas de position à me donner, je ne m'en plaindrai pas. »

Le 18 avril, l'amiral Bouët-Willaumez fit ses adieux à l'escadre et fut accompagné à la gare par une grande affluence d'officiers de marine de tout grade, dont il avait su gagner l'affection par des qualités exceptionnelles. Quatre années plus tard, désigné pour commander la flotte de la Baltique, il devait mourir en 1871 « du deuil et des malheurs de la France. »

Quelques jours avant son départ, il avait écrit au ministre de la marine la lettre suivante :

Vaisseau le *Solferino*. Rade de Toulon, le 14 avril 1866.

« Monsieur le ministre,

» En quittant le commandement de l'escadre, j'ai l'honneur de recommander tout particulièrement à la bienveillance de Votre Excellence M. le capitaine de vaisseau de Plas, officier aussi distingué que modeste, qui, n'ayant exercé que pendant seize mois le commandement du *Solferino*, accepterait avec reconnaissance de nouvelles fonctions. Parmi celles où il pourrait rendre les plus grands services, en raison de la dignité de son caractère et de ses aptitudes spéciales, j'indiquerai à Votre Excellence un gouvernement de colonie ou le commandement du vaisseau-école le *Borda*.

» Ces fonctions ne pourraient être confiées en de meilleures mains.

» Je suis, etc. »

Plus le moment du départ approchait, moins le commandant de Plas s'habituait à l'idée de quitter le *Solferino*, « et d'aller, disait-il, planter des choux à Puycheni... Il me semble que je puis être comparé, ajoutait-il, à un homme assis à un banquet et qui se lève avant d'avoir contenté son appétit. » Il laissait surtout avec regret un ami chrétien qui partageait toutes ses pensées, tous ses sentiments, le lieutenant de vaisseau Mathieu, devenu, depuis le départ de M. de la Guéronnière, son officier de choix. Ils n'avaient fait en quelque sorte que s'entrevoir l'un et l'autre, mais ils s'étaient assez connus pour ne plus s'oublier jamais.

Le récit non interrompu des événements importants qui précèdent, nous a en quelque sorte contraint de laisser dans l'ombre le côté si intéressant de la vie intime du commandant du *Solferino*. Cette lacune peut être heureusement comblée par les notes que son ancien officier de choix a bien voulu nous communiquer.

« En 1865, nous dit M. Mathieu, j'étais embarqué sur la *Normandie*, l'un des cuirassés de l'escadre d'évolutions, et je rencontrais de temps en temps le bon commandant à la conférence de Saint-Vincent de

Paul, à Toulon, dont nous étions membres l'un et l'autre. Cette conférence avait été fondée par Marceau, et les officiers de marine y étaient nombreux. La fameuse circulaire de M. de Persigny n'avait pas produit de vides dans nos rangs; en vérité, aucun de nous ne s'estimait coupable de pratiquer la religion en catholique, et nos réunions étaient pleines d'entrain. Le commandant de Plas y apportait son exquise urbanité et une charmante bonne humeur que l'on n'eut pas pressentie tout d'abord, car les traits de son visage étaient sévères.

» Quelques-uns se sont plaints de certaines exigences du commandant dans des questions de service de peu d'importance. Tous, d'ailleurs, se montraient pleins de vénération pour sa personne. Quant à moi, qui ai eu l'honneur de servir sous ses ordres à bord du vaisseau-amiral, après avoir quitté la *Normandie*, je ne le trouvai exigeant que pour lui-même. Officier de valeur et marin expérimenté, il ne laissait pas faiblir ses épaules sous le poids du commandement. La seule responsabilité qu'il semblait redouter, était celle de l'exemple à donner à ses subordonnés. Ainsi, quand il faisait dans l'intérieur du bâtiment « ces rondes de nuit » que le règlement laisse à l'appréciation du commandant, et qui nous gênaient tous un peu, il se préoccupait plus des outrages à la loi divine que des infractions à la discipline. Se considérant comme un père de famille, il en acceptait toutes les charges, et il avait le souci des âmes.

» Ceux-là qui estimaient puérile une pareille sollicitude, ne pouvaient lui reprocher du moins de négliger les corps. Sa générosité, malgré le voile dont il s'ingéniait à la couvrir, était bien connue. Plusieurs veuves de marins qui avaient servi près de lui, recevaient sa chrétienne assistance, et il donnait à leurs enfants le moyen de se créer une position honorable. Que de misères il a soulagées, qui n'ont été révélées que par des circonstances fortuites! Mais que d'actes de charité, en plus grand nombre, ont été recueillis seulement par les Anges et inscrits par eux au livre de l'éternelle vie! »

Le 19 avril, de Plas remit le commandement du *Solferino* à M. Foullioy, gendre de l'amiral Desfossés. « A mon départ du vaisseau, raconte-t-il, l'équipage a crié : Vive le commandant! Bien que ces cris soient habituels, ils n'ont pas laissé de m'émouvoir un peu. Puisse le vaisseau garder la bonne harmonie qu'il a plu à Dieu de faire régner à bord durant mon commandement! »

CHAPITRE XII

1866-1867

Séjour à Puycheni ; guerre contre l'Autriche: Custozza, Sadowa, Lissa. — Lettre de M. Moullin. — Voyage à Rome : Audience du Saint-Père ; les zouaves pontificaux ; Madame la vicomtesse Jurien ; la Société de Saint-Vincent de Paul et les petits-fils de Joseph de Maistre ; Pie IX aux Saints-Apôtres ; départ des troupes françaises ; retraite à Saint-Eusèbe ; le P. Pellico. — De Plas, major de la flotte à Rochefort ; M. l'abbé Remy Roul ; l'amiral Rigault de Genouilly. — Humiliations de la France. — Réapparition de l'*Univers*. — L'Exposition universelle. — Les Garibaldiens en Italie et à Rome. — L'amiral de Gueydon et le général de Failly. — La question romaine au Sénat et à la Chambre.

C'était toujours avec une nouvelle satisfaction que François revoyait Puycheni où s'était écoulée son enfance, le vieux manoir où il avait goûté les plus pures joies de la famille ; mais au retour de la campagne du *Solferino*, sa joie est plus expansive qu'à l'ordinaire. « J'ai vu avec bonheur, écrit-il dans son *Journal*, en résumant les impressions de son arrivée, la toiture des pavillons du vieux manoir paraître au-dessus des arbres de l'allée qui lui forment, du côté du nord, une gracieuse ceinture. Quelle agréable vie que celle de la campagne ! La verdure des bois, les prairies émaillées de fleurs, les champs et les coteaux qui promettent une abondante récolte, la variété des insectes, des oiseaux et des plantes, l'isolement qui permet à l'âme de s'épanouir à la vue des magnificences de la nature, tout cet ensemble ne procure-t-il pas de douces et profondes jouissances ! C'est le bon Dieu qui m'envoie à Puycheni. Puissé-je n'y rester que le temps nécessaire pour reprendre des forces... et donner encore un coup de collier avant de quitter la marine ! »

De Plas goûtait depuis quelques semaines les douceurs d'une vie tranquille à la campagne, lorsque l'amiral Bouët-Willaumez, qui ne pouvait oublier son ancien capitaine de pavillon, lui fit savoir qu'il se tenait à sa disposition pour appuyer ses demandes au ministère. « L'amiral, dit-il, m'écrit pour me dire qu'il est prêt à m'aider dans les démarches que je pourrais tenter pour obtenir le gouvernement de la Nouvelle-Calédonie ; mais comment, connaissant mon ignorance en administration, pourrais-je m'offrir à remplir une position si difficile ? Tout au plus, pour empêcher une chose déplorable, laisserais-je poser ma candidature. » Cependant, s'il n'osait demander un emploi, François était bien décidé à ne pas mener à la campagne une vie oisive. « Il me semble, écrit-il le 7 mai, avoir trouvé un but utile à mon séjour ici. Assez d'autres officiers s'occupent de choses matérielles, de canons et de cuirasses, de manœuvres et de sciences ; je puis, d'une manière indirecte, faire quelque bien à l'arme dans laquelle je sers, si, par la grâce de Dieu, je me rends meilleur en nourrissant mon esprit de bonnes lectures. Je tâcherai de pratiquer la douceur envers les personnes qui m'entourent ; je m'efforcerai de visiter les pauvres et les infirmes. Il est bon qu'il y ait des officiers qui s'attachent non seulement à connaître la religion, mais aussi à la faire aimer. » Ainsi s'écoulait, en effet, son temps à Puycheni, entre les travaux intellectuels, les exercices de piété et les œuvres de miséricorde corporelles et spirituelles.

Cette vie paisible fut bientôt troublée par les bruits de guerre qui, dès le commencement de mai, retentirent dans les journaux. « Selon toute apparence, écrit de Plas, la France, espérant trouver une occasion d'acquérir les provinces rhénanes, va travailler à l'agrandissement de la Prusse et à une nouvelle extension de l'Italie. Mais cette politique est injuste et insensée. On oublie donc ce que nous ont coûté d'hommes et d'argent les victoires de 1859; on oublie que ces victoires auraient pu se changer en défaites. Dieu daigne détourner le chef de l'État de semblables projets et puissé-je n'avoir à combattre que pour une cause juste! »

Au commencement de juin on apprit que la Prusse et l'Italie avaient conclu un traité offensif et défensif contre l'Autriche, et le 20 la guerre était déclarée entre les deux grandes puissances germaniques. « Puisse le bon Dieu, s'écrie François, faire triompher la justice! Mais s'il lui plaisait de donner encore gain de cause aux misérables qui ont écrasé à Castelfidardo la petite armée de La Moricière, ou à cet avide Prussien qui jette aujourd'hui, avec l'approbation de notre gouvernement, la perturbation en Europe, je ne perdrais pas pour cela confiance. Ne nous inquiétons pas outre mesure de la tournure que peuvent prendre les événements; bornons-nous à demander au divin Soleil de réchauffer le zèle des justes, afin que la bonne cause, si elle ne doit pas triompher, ait au moins de glorieux martyrs. La Moricière et Pimodan restent plus grands dans leur défaite que ces indignes Piémontais qui les ont vaincus par le nombre. »

Le hostilités ne tardèrent pas à commencer en Allemagne et en Italie, et dès le 24 juin, le général La Marmora perdit, contre les Autrichiens campés sous les murs de Vérone, la sanglante bataille de Custozza. « D'après une dépêche de l'archiduc Albert, écrit de Plas à la date du 26, les Italiens auraient été repoussés avec des pertes considérables. Voilà une excellente nouvelle ; mais je ne crois pas prudent de trop chanter victoire. Quels que soient nos vœux pour le triomphe de la bonne cause, nous ne devons pas nous attendre à ce que nos plans soient ceux du souverain Maître ; il faut être prêt à l'humiliation qui résulterait d'une victoire de Garibaldi ou des Prussiens. »

Deux jours après le brillant succès des Autrichiens en Italie, l'armée prussienne commandée par le prince Frédéric remportait en Bohême, sur le général Benedek, la victoire de Sadowa, et s'avançait jusqu'aux portes de Vienne. « Voilà, s'écrie de Plas, une fâcheuse nouvelle pour les catholiques et pour tous ceux qui croient le bon droit du côté de l'Autriche. Les Prussiens ont livré une grande bataille près de Kœnigsgraetz ; l'armée autrichienne est en pleine déroute. Napoléon III est choisi comme arbitre par François-Joseph, qui lui remet en mains la Vénétie pour qu'il en dispose à son gré. Je suis atterré... Pourquoi les Autrichiens, triomphants en Italie, ont-ils été battus en Allemagne ? Pourquoi tant d'hommes ont-ils, du moins en apparence, versé inutilement leur sang pour la cause de la justice ? Pourquoi... ? Mais, qui suis-je pour demander compte à Dieu de ses desseins sur les peuples ! Humilions-nous, adorons et prions. »

Napoléon s'était empressé de se rendre à l'appel de l'empereur d'Autriche, en proposant immédiatement un armistice aux rois de Prusse et d'Italie. Il y eut partout un moment de surprise, et l'on se demanda si l'empereur des Français, arbitre des destinées de l'Europe, n'allait pas opérer avec Bismark un remaniement des frontières ; mais l'illusion ne fut pas de longue durée, lorsqu'on l'entendit se vanter d'avoir rendu l'Italie « libre depuis les Alpes jusqu'à l'Adriatique. » C'était la fin d'une comédie dans laquelle Napoléon III avait trompé tout le monde, en commençant par se tromper lui-même.

Toutefois, en présence de l'incertitude de l'avenir, le gouvernement français continuait ses armements et sur terre et sur mer, et François se demanda s'il ne conviendrait pas de quitter le repos pour prendre part à la lutte. Persuadé que c'était un devoir d'offrir ses services dans les circonstances difficiles, il partit pour Paris, où il apprit à son arrivée la nouvelle de la bataille de Lissa. La flotte mal armée de l'Autriche avait triomphé en quelques heures de la flotte cuirassée italienne. La supériorité du nombre et de l'armement appartenait aux Italiens ; mais l'amiral Teghetoff, par sa prompte décision, avait surpris l'amiral Persano au milieu de ses préparatifs de combat. Ce fut pour l'Italie un désastre militaire et politique ; elle dut renoncer à ses vues ambitieuses sur Trieste et le Trentin, et accepter l'armistice signé dès le 26 juillet par le roi de Prusse.

De Plas n'eut guère à se féliciter de son entrevue avec le ministre de la marine. « Je me suis rendu à l'audience, écrit-il, vers quatre heures. Son Excellence m'a reçu comme un homme qui ne voit dans tout visiteur qu'un solliciteur auquel il n'a rien à donner. Pas un mot poli sur mes services que l'on considère comme une sorte d'engagement. Je me suis contenté de recommander deux officiers du *Solferino* auxquels je m'intéresse, et je me suis retiré, comme je m'y attendais, sans avoir en rien avancé mes propres affaires.

Dieu soit loué! Je tâcherai de tirer bon parti de mon temps à Puycheni. » C'est là que nous le trouvons, le 16 août, témoin de la bénédiction du bétail, à l'occasion de la fête de saint Roch « La cérémonie, dit-il, est vraiment touchante. Les bœufs, enguirlandés de feuillage, sont accouplés et rangés de chaque côté d'un large chemin, et le prêtre passe au milieu en les aspergeant d'eau bénite. Il y avait grand concours ce matin ; ce qui prouve la foi de ces chrétiennes populations, bien qu'elles n'estiment guère que la prospérité temporelle. Je voudrais que nos bons paysans entrassent davantage dans l'esprit de l'Eglise, et qu'ils offrissent à Dieu de bon cœur les dons reçus de sa munificence, consacrant à sa plus grande gloire tout ce qu'ils sont et tout ce qu'ils possèdent. »

C'est à Puycheni que François reçut le 21 août des nouvelles d'un de ses amis malade, M. Moullin, qui lui avait déjà écrit à pareille époque, l'année précédente, et auquel il venait de conseiller une neuvaine de prières pour obtenir sa guérison. Sa lettre, datée de Saint-Malo, où les médecins l'avaient envoyé respirer l'air de la mer, renferme des considérations si pures, si élevées qu'on nous permettra de la citer presque tout entière.

« Mon cher confrère, habitué que je suis à être toujours et en toutes choses prévenu par le bon Dieu, je ne suis pas assez honteux d'être toujours prévenu par vous ; mais comptant également sur l'infinie miséricorde, je ne puis m'empêcher de compter beaucoup sur votre indulgence. Une circonstance atténuante de mon silence : j'étais venu ici par obéissance, je n'y ai trouvé que la souffrance, avec les *adoucissements* que doit y apporter le plus vilain temps qu'on puisse imaginer.

» Que Dieu est donc bon ! S'il y avait au monde

une créature amoureuse d'elle-même et d'une honnête tranquillité, ennemie de la souffrance, accessible par-dessus tout à l'ennui, à la crainte, au dégoût, au désespoir, c'était bien moi. Au point de vue de la nature, je me compare à une rosse que son cocher fouette sur les endroits les plus sensibles, les plus blessés déjà. Expliquez-moi donc, si vous le pouvez autrement que par une bonté excessive de Dieu, comment j'ai supporté un état intolérable à la nature, et pourquoi je ne suis pas tombé dans un affreux désespoir.

» Oui, Dieu, qui m'a aimé le premier, qui m'a aimé sans retour, qui m'a aimé, humainement parlant, sans motif, Dieu a été pris d'une immense pitié devant une immense misère. La raison, je le sais et je le sens, se refuse à croire à une bonté pareille; mais il n'y a pas de milieu : il faut ou tomber dans un désespoir sans fond, ou se précipiter aveuglément entre les bras de l'infinie miséricorde ; j'aime mieux la miséricorde. Béni soit Dieu, qui me fait comprendre malgré moi qu'il y a dans mon état un effet de sa justice et un effet de sa bonté. Puissé-je ne pas lasser sa miséricordieuse patience!

» Que lui demander alors ? Certes, mon état quelquefois me fait peur; je ne suis encore que sur le chemin de la Croix, et la vue du calvaire m'effraie ! Je me vois seul, probablement aveugle bientôt, infirme peut-être, souffrant toujours. Si la volonté de Dieu est que je le serve autrement que par la souffrance, j'avoue que la nature à bout de forces serait bienheureuse d'un adoucissement. Mais je ne désirerais la santé qu'à la condition expresse et *sine qua non* d'un ardent amour pour Dieu, qu'à la condition que cette santé serait entièrement employée, sacrifiée au service de Dieu.

» Jamais je n'ai osé dire : oh ! si j'étais moins souffrant, comme je servirais Dieu ! Je ne l'ai pas dit, parce que je n'oserais pas le penser. Je crains, si j'étais capable d'agir, que ce ne fût surtout pour me rendre la vie douce et agréable, sans offenser Dieu. Peut-être Dieu, qui m'a vu à l'œuvre et me connaît, veut-il me mettre dans une heureuse impuissance de me perdre.

» Moi, heureux ! tranquille ! bien portant ! riche pour mes goûts ! et d'une *bonne* religion, *éclairée* et *pas exagérée*, etc ! Cela, je vous le dis sans détour, m'effraie. Il faudrait qu'avec un adoucissement à mes souffrances, Dieu surajoutât d'immenses grâces à celles dont il m'a pour ainsi dire écrasé. Que ce dernier mot ne vous paraisse pas trop fort ! Vous avez, je le suppose, navigué longtemps dans les ténèbres, sans faire grande attention à votre route. Tout à coup, cette route que vous venez de parcourir, vous l'apercevez toute semée d'effrayants écueils que vous avez rangés de bien près sans les toucher. Voilà l'effet que me produit un regard jeté en arrière : frayeur après coup et reconnaissance pour cette infatigable et incessante bonté qui m'a conduit malgré moi.

» Si on peut faire la neuvaine dans les conditions que je viens d'indiquer, bien volontiers je la ferai, et, je ne le cache pas, bien volontiers j'accepterai un adoucissement. Mais que le but principal, essentiel de la demande soit que j'aime Dieu enfin, et que je le serve de tout cœur et de toutes forces en bonne santé, ou bien de tout cœur et en toute patience dans la maladie ! » Les sentiments exprimés par M. Moullin dans cette lettre, et si conformes à ceux qui animaient son saint ami, nous révèlent à quel haut degré de vertu se trouvaient déjà parvenus ces deux grands chrétiens, dont les âmes étaient capables d'épanchements si surnaturels, si héroïques.

Tout entier aux œuvres de zèle et de charité dans la mesure qui était possible au fond d'une campagne, de

Plas ne se désintéressa pas complètement des grands événements qui se passaient au loin, et dont les feuilles publiques lui apportaient un triste écho. Il sentit alors se réveiller ses sentiments patriotiques et confia à son *Journal*, dans de sincères épanchements, toutes les émotions de son âme. « Les derniers événements, écrit-il le 22 août, ont indigné tous les hommes d'ordre ; car c'est avec la connivence du gouvernement français que la Vénétie est devenue province italienne, et la Prusse, puissance de premier ordre. Le langage de l'Empereur dans son discours d'Auxerre semblait à beaucoup de monde un brandon de discorde jeté à l'Europe ; sa lettre à M. Drouyn de Luys, ministre des affaires étrangères, dans laquelle il se pose, au grand scandale du monde civilisé, comme juge ayant droit de prélever une part sur les plaideurs, avait paru aux yeux de tous une grande imprudence. Eh bien ! cette imprudence couvre sa politique de honte, si la Prusse s'arrondit sans faire une part à la France. Et quand même une part nous serait faite, ce serait toujours une honte d'avoir favorisé une guerre qui amoindrit un grand État dont nous n'avions rien à craindre, au profit de la Prusse qui, appuyée sur la Russie et l'Italie, peut déployer des forces capables de triompher de tous les obstacles. »

Le lendemain du jour où de Plas traça ces lignes indignées, la paix de Prague était signée entre la Prusse et l'Autriche. La Confédération germanique se trouva dissoute et remplacée par une organisation nouvelle qui donnait à Frédéric-Guillaume un territoire de 352,000 kilomètres carrés et une population de 23 millions et demi de sujets. Ce fut le 3 octobre que la Vénétie, d'abord cédée par une pure fiction à Napoléon III, passa définitivement sous la souveraineté de Victor-Emmanuel : le Piémont de Cavour avait réalisé le rêve du patriote Manin.

Mais la Vénétie rendue à l'Italie, la question de Rome, d'où dépendait l'unité italienne, restait encore à résoudre. « De grands événements se préparent, écrit François ; je dois être prêt à occuper le poste qu'on m'assignera, sans désirer autre chose que combattre pour la justice et honorer la qualité de chrétien. » Ayant acquis la certitude qu'on ne songerait pas de sitôt à employer sa bonne volonté, l'idée lui vint de se rendre à Rome avant l'exécution de la Convention du 15 septembre. « Rome, disait-il, va probablement être abandonnée par toutes les familles riches, pour éviter les dangers de l'occupation piémontaise ; il faut que ceux qui n'ont que leur vie à exposer, les remplacent. S'il y a des dangers à courir, il faut les braver avec confiance en Dieu, et faire acte de présence et de disponibilité auprès du Père commun des fidèles. D'ailleurs, ajoutait-il, j'ai l'intention d'embrasser la vie religieuse, et j'espère trouver à Rome la solution de mes hésitations sur ce sujet. »

Parmi les personnes à qui François fit part de son projet de voyage, plusieurs trouvèrent que c'était folie d'aller à Rome où l'on n'empêcherait pas la Révolution de pénétrer ; mais il ne put résister à la voix de sa conscience et résolut de partir pour attendre les événements. « Je m'en vais, écrit-il le 19 octobre, sans dessein arrêté. Je tâcherai, arrivé à Rome, de m'y conduire comme un bon catholique, dévoué de corps et d'âme à la papauté et au triomphe de l'Église. Si, comme il est à craindre, on doit faire violence au Souverain Pontife, il est bon qu'un grand nombre de catholiques soient là pour lui servir de rempart : *Eamus et nos, et moriamur cum eo.* »

Monseigneur Cousseau était absent quand de Plas se présenta au palais épiscopal pour prendre congé de Sa Grandeur, mais il s'empressa d'écrire à son diocésain pour l'encourager dans sa résolution. « Combien je regrette, lui dit-il, de m'être trouvé absent d'Angoulême, lors de votre passage. J'approuve et bénis de tout cœur votre voyage entrepris dans de tels sentiments, dans de pareilles circonstances. Je vous fais mon lieutenant pour mettre aux pieds du Saint-Père tout le diocèse avec son évêque. »

Parti de Paris le 28 octobre, François arriva à Rome dans la nuit du 3 novembre, après avoir visité sur sa route Bâle, Lucerne, Altorf, Milan, Ancône, Lorette et Foligno. « Gloire à Dieu, s'écrie-t-il! Toutes les difficultés que mon imagination avaient rêvées ou que mes amis m'avaient fait craindre, ont été facilement levées. Me voilà à Rome, sans accident; il n'y a plus qu'à louer et à remercier Dieu de tout cœur. » Le lendemain, c'était la fête de saint Charles Borromée, et Pie IX devait, selon l'usage, se rendre en grand gala à l'église du Corso, dédiée au saint cardinal archevêque de Milan. Dès neuf heures du matin, de Plas stationnait sur la place avec une foule nombreuse, avide de recevoir la bénédiction de Sa Sainteté. « Quelle source de profonde émotion, écrit-il en recueillant ses impressions de la journée, que la présence d'un souverain pacifique qui passe sa vie à appeler la bénédiction du Ciel sur ses sujets volontaires, et à implorer miséricorde pour ceux qui le maudissent et veulent le détrôner! »

Nous ne suivrons pas le pieux pèlerin dans ses visites aux monuments de Rome, et dans ses promenades à travers la ville. Son voyage avait un autre but que la vue des chefs-d'œuvre de l'art ou le spectacle des beaux sites de la nature : il se proposait surtout d'en revenir meilleur. « Je suis venu à Rome une première fois, dit-il, pour prier au tombeau des saints Apôtres et offrir mon filial hommage au Saint-Père ; j'y reviens aujourd'hui animé des mêmes sentiments, pour augmenter le nombre de ceux qui voudraient faire preuve de dévouement. Mais ce qui m'a suggéré cette pensée, c'est le désir de m'avancer vers la perfection, et c'est à cela que devront tendre toutes mes actions. Donc, ne pas m'inquiéter du grand nombre de travaux d'art que je ne vois qu'en courant, ou que je ne vois pas du tout; mais n'avoir qu'une pensée : tirer de Rome chrétienne tout le parti qui convient à un chrétien. »

Un des premiers actes du commandant de Plas, en arrivant à Rome, avait été de demander une audience du Souverain Pontife; elle lui fut accordée pour le 13 novembre par l'intermédiaire de Mgr de Mérode. Ce n'est pas sans quelque trouble qu'il se rendit au Vatican, se demandant ce que lui, simple fidèle, pourrait témoigner au chef de la catholicité : « Que puis-je dire au Saint-Père, si ce n'est que je veux vivre et mourir en fils dévoué de sa sainte cause qui est celle de Jésus-Christ? » L'audience eut lieu dans la matinée, et, de retour à la Minerve, il s'empressa de confier à son *Journal* les douces impressions de cette touchante entrevue. « J'ai fait, en entrant, écrit-il, mes trois génuflexions, et j'ai baisé l'anneau du Saint-Père, qui m'a parlé à peu près en ces termes : « Vous êtes
» venu à Rome pour prier au tombeau des Apôtres et
» recevoir la bénédiction du chef de l'Église, quelle
» que soit son indignité. — Très Saint-Père, ai-je ré-
» pondu, je suis venu surtout pour augmenter à Rome
» le nombre des catholiques dévoués à votre personne.
» Beaucoup de mes amis auraient fait comme moi, si
» d'impérieuses obligations ne les retenaient en
» France. » Alors il m'a béni ainsi que ma famille et mes amis, et il m'a parlé de plusieurs officiers de marine qu'il avait connus. « Les temps sont bien mau-
» vais ! » s'est-il écrié avec un soupir; mais en ajoutant

qu'il ne perdrait « ni courage, ni confiance, malgré les
» *moyens moraux* que l'Italie se propose d'employer
» après le départ des Français. »

Rome, vers la fin de 1866, était remplie de Français
avec lesquels de Plas s'empressa de se mettre en
rapports. Il trouva au *Gesù* le P. de Villefort, dont la
complaisance était proverbiale et auquel il parla longuement de ses idées de vocation ; c'est sous sa conduite qu'accompagné de plusieurs capitaines de la garnison, il visita avec beaucoup de dévotion la chambre
de saint Ignace, et celle de saint Louis de Gonzague et
de Berchmans au Collège romain. A la conférence de
Saint-Vincent de Paul qui se réunissait à Saint-Louis,
il rencontra les petits-fils de Joseph de Maistre qui servaient dans l'état-major de l'armée pontificale, et avec
lesquels il visita plusieurs fois, comme en France, les
familles pauvres recommandées à leurs soins charitables. Chez madame la vicomtesse Jurien, qu'il avait
vue à Rochefort en 1835, il fit connaissance avec le
commandant de Charette dont il admirait l'air martial
et résolu, et avec plusieurs zouaves pontificaux qui
n'aspiraient qu'à sacrifier leur vie pour le Pape. « Que
ces jeunes gens sont heureux, s'écriait-il, de trouver,
loin de leur patrie, une dame distinguée par sa position sociale et ses sentiments chrétiens qui soutienne
leur courage et leur donne mille preuves d'intérêt !
Les saintes femmes, ajoutait-il, depuis Madeleine et
Véronique attachées au pas du Sauveur, n'ont jamais
fait défaut aux grandes et nobles causes. » Et il citait
l'exemple d'une dame âgée qui, depuis dix mois, était
venue s'établir à Rome : « Je suis vieille, disait-elle,
et peu utile ; mais je reste là, pour agir au besoin à
l'égard du Saint-Père, comme les saintes femmes qui
accompagnaient Notre-Seigneur. » Cette foi naïve
l'impressionnait vivement, et il se répétait à lui-même :

« Puissé-je agir dans le même esprit, n'attachant aucune importance à ma personne, mais me réjouissant d'être là au moment où de graves événements se préparent ! »

Les dernières troupes françaises, en exécution de la Convention du 15 septembre, se préparaient à quitter Rome, et l'on pouvait craindre de graves désordres suscités par le parti révolutionnaire. « Je viens, écrit-il le 22 novembre, d'apprendre chez la vicomtesse Jurien à quelles indignités on doit s'attendre de la part du gouvernement français. Tout ce qu'on dit est à peine croyable ; mais, hélas ! les faits parlent assez d'eux-mêmes. On a, par des paroles trompeuses, endormi l'opinion publique, pendant qu'on ourdissait en secret une trame odieuse contre le chef auguste de notre sainte religion. Dieu daigne donner à ceux qui servent le Saint-Père le courage de mourir au pied de son trône ! Mais ce sera une honte pour le gouvernement qui le laissera faire. »

En qualité d'officier de marine, de Plas ne put refuser les invitations qui lui furent adressées par les autorités militaires françaises. Aussi le trouvons-nous assistant le 30 novembre à une soirée du général de Polhès, et, quelques jours après, à un dîner chez le colonel Le Tourneur, frère d'un lieutenant de vaisseau. « Je n'ai accepté ces invitations, écrit-il, que par convenance, heureux de causer quelques instants avec des officiers bien élevés... Il paraît, ajoute-t-il, que la position de nos officiers était ici peu agréable vis-à-vis des Romains des divers partis. Ni les cléricaux, ni les libéraux, ni les révolutionnaires ne les voyaient avec plaisir ; personne ne leur faisait d'avances, et ils devaient vivre entre eux. »

François ne comptait pas d'abord rester plus d'un mois à Rome ; mais, vu la gravité des circonstances, il dé-

manda et obtint l'autorisation de prolonger son séjour jusqu'à la fin de l'année. « J'ai parlé au P. Rubillon, écrit-il le 5 décembre, de rester ici après le départ des troupes françaises, afin d'agir, bien que sous les drapeaux, en faveur du Saint-Père, si l'occasion s'en présente. — « Mais, m'a-t-il fait observer, vous vous expo-
» serez à perdre votre place. — Je n'en éprouverais
» nulle peine, ai-je répondu, le témoignage de ma
» conscience me paraissant avoir plus de poids que
» l'approbation civile en cette circonstance. » — Je n'aime point à faire parade de mes sentiments, et je préfère atteindre mon but sans bruit et sans éclat ; j'ai cru devoir parler ainsi à un homme de sens, pour qu'il pût me donner un bon avis. »

Le 7 décembre, veille de la fête de l'Immaculée-Conception, Pie IX, en souvenir de la proclamation du dogme, se rendit à l'église des Saints-Apôtres, où il fut acclamé par une foule enthousiaste. « J'ai été ému jusqu'aux larmes, écrit de Plas, témoin de cet éclatant triomphe, en entendant les *Evviva* qui ont accueilli Sa Sainteté à l'arrivée et au départ ; mais, ayant déjà pénétré dans l'église, je n'ai pas osé, par respect pour le saint lieu, mêler ma voix à ces cris de joie et de bonheur. Après le chant des Litanies de la très Sainte Vierge, le Pape a lui-même entonné le *Te Deum* d'une voix forte et sonore, qui retentissait jusqu'au dehors. »

Sur la place, un bataillon d'infanterie française formait la haie avec un bataillon de chasseurs romains ; c'était la dernière fois que nos troupes faisaient cortège au Souverain Pontife. Le 10 décembre, deux bataillons de zouaves entrèrent à Rome par la porte de Saint-Jean de Latran, et le lendemain, l'armée française quitta son poste d'honneur, livrant le Pape, presque sans défense, à tous les attentats de la Révolution. François avait regardé comme un devoir d'aller, avec une foule immense, sur la place de Saint-Jean de Latran, à la rencontre des zouaves pontificaux, pour les encourager de ses acclamations. « J'ai été heureux, écrit-il, de voir cette généreuse jeunesse marcher fièrement, sac et marmite au dos, prête à affronter tous les dangers pour assurer le repos de la ville sainte. — J'ai appris sur ces jeunes gens, ajoute-t-il le 14 décembre, des faits qui sont de nature à donner de l'humilité à bien des personnes qui se croient quelque charité et quelque dévouement. Il me paraît impossible que le niveau moral et religieux ne se maintienne pas très haut dans une réunion d'hommes où on rencontre des actes héroïques de vrais Saints. Tant que mon pays produira des missionnaires, des sœurs de charité, de saints religieux au caractère chevaleresque, je ne désespérerai pas de ses destinées. »

Grâce à l'énergique attitude des soldats pontificaux, l'ordre ne fut pas troublé dans les rues de Rome. « Je crois, écrit de Plas le 17 décembre, que nous devons considérer comme une faveur ces jours paisibles qui viennent de s'écouler depuis le départ des troupes françaises. Sans doute la tranquillité n'existe qu'à la surface, et le Saint-Père n'est pas débarrassé de ses angoisses ; mais tout retard dans le désordre est un bienfait de Dieu, dont nous ne saurions être trop reconnaissants. »

Le temps de sa permission étant sur le point d'expirer, François ne voulut pas quitter Rome sans faire un retour sur lui-même et examiner dans la solitude quelle était sur son avenir la très sainte volonté de Dieu. D'après l'avis du P. Rubillon, il se rendit à la maison de Saint-Eusèbe pour y suivre, sous la direction du P. Pellico, frère de Sylvio, une retraite qui lui servirait en même temps de préparation à la grande fête de Noël.

« J'ai cinquante-sept ans passés, écrit-il dans sa solitude ; depuis dix-huit ans, je n'ai pas, que je sache, manqué la messe une seule fois, même sur semaine, quand il ne s'est pas rencontré d'impossibilité. J'ose, depuis la fin de 1848, approcher chaque jour de la sainte Table, quand c'est possible. Eh bien, malgré ces efforts, malgré cette bonne volonté apparente, je me sens faible, très faible ; je dirais même découragé, si l'espérance n'était pas une vertu obligatoire. Je fais quelques prières, mais je vis plus en philosophe qu'en chrétien ; je ne sens en moi aucun ressort, aucune activité d'esprit, aucune disposition au sacrifice. Je rêve l'état ecclésiastique, mais sans sortir de la douce vie que je mène. Mon Dieu, ayez pitié de ma misère et de ma faiblesse ! Je veux aller au ciel par la voie que vous nous avez montrée et qu'ont suivie les martyrs et les Saints ; mais je ne me sens ni la force ni le courage nécessaires pour la suivre, si vous ne me venez en aide. Je n'ai plus de raison d'être, à moins que vous ne me donniez par votre grâce une vie nouvelle. »

Cet humble résumé d'une vie déjà toute à Dieu, nous dit assez quelles étaient au milieu du monde les pensées habituelles de cette âme d'élite, qui aspirait à la plus haute perfection. Ce n'était pas toutefois sans le mérite de la lutte, et souvent d'une lutte violente contre lui-même. « Gardez-vous bien de murmurer contre la Providence, lui dit son directeur, auquel il exposait ses hésitations et ses craintes ; vous reconnaîtrez un jour qu'il ne vous est rien arrivé qui n'ait été très utile pour votre salut ; *omnia propter electos.* — Vivez dans le monde, lui dit-il une autre fois, en vous approchant le plus possible de la vie sacerdotale ; c'est la meilleure manière de vous préparer à recevoir les Ordres, s'il plaît à Dieu de vous lier à lui d'une manière plus étroite par les vœux de religion. » Il sortit des saints Exercices ranimé dans la ferveur, tranquille sur le passé, et bien décidé à attendre le temps de sa retraite pour se consacrer plus complétement à Dieu.

De retour en France, de Plas, après quelques jours passés au milieu de ses frères et sœurs, se rendit à Paris, non pour demander un emploi, mais seulement pour se mettre à la disposition du ministre. Encore n'agissait-il ainsi que par un sentiment de devoir, ne voulant pas gaspiller au sein de l'oisiveté les deux années qui lui restaient à servir dans la marine. « Je ne dois pas me plaindre, disait-il, de n'être pas compté parmi la société. Dès lors qu'on fait ce qu'on peut pour arriver à faire ce qu'on doit, le bon Dieu trouve que nous avons fait suffisamment; et, là où le bon Dieu est content, nous n'avons pas à désirer autre chose. D'ailleurs, je ne me sens plus aucun goût pour la navigation; mon rôle est donc de m'effacer le plus possible, heureux d'exercer dans les ports quelques-unes de ces fonctions qui ne demandent que de la droiture et une certaine autorité. Nous marchons à grands pas vers la tombe. Qu'importe que notre pierre funéraire porte le titre de contre-amiral ou de capitaine de vaisseau ? Il suffit qu'elle recouvre un homme ayant désiré toute sa vie suivre la volonté de Dieu et pratiquer sa loi. Hélas ! quand je dis *toute sa vie*, je ne puis parler que de l'époque de ma conversion. »

Ce qu'il vit, ce qu'il entendit durant son séjour à Paris, lui sembla peu de nature à modifier son opinion. Sans doute il était prêt à affronter tous les périls; mais il redoutait certaines situations trop délicates pour sa conscience de chrétien. « Heureux, s'écrie-t-il le 9 mars, celui qui marche en la présence de Dieu et qui ne se laisse pas effrayer par de sinistres présages ! Je ne vois ici que des gens humiliés de la politique du gouvernement; je n'entends que des plaintes sur la tendance des masses à la révolte. Où allons-nous ? se demande-t-on avec inquiétude. Il est certain que les apparences ne sont pas belles et que tout annonce un bouleversement effroyable à l'intérieur et une guerre formidable à l'extérieur. Que faire ? Espérons que Dieu déchirera la nue qui menace de crever sur nos têtes ; redoublons d'efforts pour le bien ; rassurons les esprits autour de nous, au lieu d'ajouter notre inquiétude et nos craintes à celles d'autrui. Le pouvoir, tant qu'il existe, est une protection ; il ne faut pas l'amoindrir ; il ne faut pas le déprécier outre mesure. On prie beaucoup en France ; la prière est une arme puissante pour détourner le mal. »

C'est à la prière que François eut recours, se préparant par une neuvaine à la fête de saint Joseph, afin d'obtenir de mieux connaître la volonté de Dieu. Or, dès le premier jour de la neuvaine, le chef d'état-major du ministre lui fit offrir la place de major de la Flotte à Rochefort, qu'il accepta après avoir consulté le P. Clerc, professeur à l'école Sainte-Geneviève. « Puissé-je n'avoir qu'un but, s'écria-t-il, servir utilement jusqu'à la fin de ma carrière là où le bon Dieu me veut ! » Avant de se rendre à Rochefort, il voulut aller à Brest pour y recevoir les bons avis du Père Le Sauce, son directeur, et il écrivit en gros caractères ces paroles qui devaient être pour lui une lumière dans ses fonctions nouvelles : « Soyez toute confiance envers Dieu, qui est toute bonté envers vous. Quant à vos pratiques de piété, ne les employez que par complément de vos devoirs d'état ; et si les circonstances vous obligent à les réduire, n'en ayez nul souci. »

De Plas arriva le premier avril à Rochefort, où le préfet maritime et le major général lui firent bon accueil, et il revit avec plaisir plusieurs de ses camarades d'école, entre autres M. Jure, l'inspecteur en chef. Dès le lendemain de son arrivée, il reçut les officiers placés immédiatement sous ses ordres, et se rendit compte des occupations qui l'attendaient. « Je vois, dit-il, que je n'aurai rien ou presque rien à faire ; c'est le cas de redoubler de zèle et d'accomplir, selon le conseil de saint François de Sales, d'une manière excellente les petites choses. » Pour mieux remplir ses devoirs d'état, il cessa pendant quelque temps la récitation du petit Office de la Sainte Vierge, et ne la reprit que lorsqu'il se trouva parfaitement au courant de sa position. « Il m'a semblé, écrit-il, difficile de continuer cette pieuse pratique sans nuire à mes obligations essentielles ; mais j'espère, avec la grâce de Dieu, la reprendre en temps opportun. » Pour faire face à tout, il commença, dès le 5 avril, à se lever à quatre heures et demie et à se coucher à dix heures. « Je compte bien pouvoir continuer, écrit-il encore, car il est important que mes exercices de piété soient accomplis avant l'heure à laquelle on pourrait réclamer mon temps. »

Cette fonction de major de la Flotte était moins pénible à Rochefort que dans aucun autre port. « Ma position est bonne, dit-il, très bonne. J'aurais tort d'élever devant Dieu la moindre plainte, et de jouer devant les hommes un rôle résigné plutôt que satisfait. » Sans doute son poste ne l'élevait pas beaucoup, mais il ne l'abaissait pas non plus, et il remerciait saint Joseph de le lui avoir choisi, comme ce qui lui convenait le mieux, avouant qu'il n'avait jamais éprouvé autant de contentement. « Mon Dieu, s'écrie-t-il, accordez-moi la grâce de remplir ma tâche avec application, avec zèle, sans désirer d'autre récompense que celle que vous donnez à ceux qui vous cherchent en esprit et en vérité. »

François avait l'habitude de se rendre à l'église

Saint-Louis, de bon matin, pour faire le Chemin de la Croix et entendre la messe. Dès le premier jour il y avait rencontré un prêtre à figure vénérable, qui lui aussi avait coutume d'être à l'église avant six heures, et de réciter l'office à genoux devant le Saint-Sacrement. C'était le bon curé de la paroisse, M. l'abbé Remy Roul, que tout le monde vénérait comme un Saint. D'après le conseil de son ami Escande, le nouveau major de la Fotte le choisit comme confesseur et n'eut qu'à s'applaudir de s'être placé sous sa douce et forte direction. C'était un homme de Dieu, à la foi vive et enthousiaste, à la piété tendre et profonde. Quand il passait à travers les rues d'un pas lent, le sourire aux lèvres, salué par tous, grands et petits, riches et pauvres, on aurait dit le Bon Pasteur allant à la recherche de la brebis égarée. On le rencontrait au chevet des malades, à la mansarde des pauvres, au salon des riches, partout où il y avait une consolation à porter, une aumône à donner, une plaie à guérir. A la suite de leur première entrevue, François résumait en un mot, qui pour lui disait tout, la bonne impression qu'il avait reçue. « Il m'a répété à peu près comme le P. Le Sauce : « Soyez toute confiance envers Dieu qui est » toute bonté. »

De Plas remplissait depuis quatre mois les fonctions de major de la Flotte, lorsqu'on annonça la prochaine visite du ministre de la marine, qui était alors l'amiral Rigault de Genouilly. « On dit, écrit-il le 6 août à sa sœur Élisa, que notre ministre viendra à Rochefort; ce qui met le préfet maritime dans une grande perplexité. Comme je n'ai rien à demander, cela ne me préoccupe guère. » Le ministre arriva le 19 août au soir : on avait illuminé en son honneur l'Hôtel de ville, la préfecture maritime et la rue des Fonderies par laquelle il devait passer. « Cet enthousiasme, observait le major, est un peu intéressé; on compte beaucoup sur lui pour favoriser le port de Rochefort. » Les présentations officielles eurent lieu le lendemain à midi, et, le soir, un grand dîner réunit les officiers supérieurs à la préfecture. « Notre ministre, écrit de Plas le lendemain, a l'air d'un homme d'autorité et inspire vraiment du respect. J'envie à quelques égards son urbanité; il a trouvé moyen d'adresser la parole à presque tous les convives, de manière à les renvoyer contents de lui. »

L'amiral Rigault de Genouilly était un enfant de Rochefort; il se retrouvait avec plaisir dans sa ville natale, et la satisfaction qu'il témoigna en plusieurs occasions, contribua à le rendre très populaire durant tout le temps de sa visite. « Il a gagné notre bon curé, écrit François, en lui promettant de l'argent pour ses pauvres; promesse qu'il tiendra certainement. A l'église Saint-Louis, il demanda à voir le registre où est inscrit son acte de baptême, et parla avec vénération de ses parents dont il regarda longtemps la signature. Dans la visite qu'il a faite au bâtiment central de la Réserve, j'ai pu lui présenter deux vieux serviteurs pour lesquels j'ai demandé des récompenses : la croix de la légion d'honneur pour un maître mécanicien, et la médaille militaire pour un infirmier; il m'a autorisé à lui remettre une note en leur faveur. Nous l'avons ensuite accompagné à l'arsenal qu'il a visité en détail, questionnant comme un homme qui sait et qui veut savoir davantage. J'ai pu reconnaître une fois de plus la vérité de ce proverbe : « Il n'est pour voir que » l'œil du maître. »

Une partie de l'escadre cuirassée était alors sur rade de l'île d'Aix. Le ministre s'y rendit avec le préfet et les chefs de service du port pour assister à un tir de canon. De Plas revit avec plaisir le commandant de l'escadre et un ancien aide de camp de l'amiral Bouët-Willaumez, le capitaine de frégate Courbet, alors chef d'état-major de l'amiral de Dompierre d'Hornoy. « C'est un galant homme et un cœur droit, écrit François en parlant de ce dernier qu'il estimait beaucoup. Il poursuit sa carrière avec ardeur, et l'on comprend son ambition, car il est fort capable et a de très bons services. »

Le dimanche, 25 août, le ministre, après avoir assisté à la messe en redingote et épaulettes, se dirigea, accompagné d'un brillant état-major, vers le stationnaire prêt à partir. « Aux paroles de remerciement qui lui furent adressées, raconte le major, il répondit quelques mots d'adieu bien sentis, comme un homme satisfait de l'accueil qu'il avait reçu. Son départ fut salué des cris de Vive le ministre ! et de quelques cris de Vive l'Empereur ! »

Tout occupé de ses devoirs d'état et du soin de sa perfection, de Plas se mêlait le moins possible de politique ; il ne pouvait empêcher qu'un écho des bruits du dehors ne retentît jusque dans sa solitude. « En même temps que les Etats-Unis, écrit-il le 18 avril, nous renvoient du Mexique presque sous le coup de la menace, la guerre est sur le point d'éclater à la frontière d'Allemagne. Que la France est humiliée ! mais sa situation, en s'amoindrissant à l'extérieur, devient inquiétante à l'intérieur. Il y a désordre dans les esprits des classes dirigeantes et corruption profonde au cœur des masses. Les étudiants en médecine exigent de leurs professeurs que l'enseignement soit matérialiste ; les sociétés secrètes sont nombreuses et les grèves d'ouvriers se multiplient ; le flot révolutionnaire monte sans cesse et l'Exposition universelle sera un nouvel appât au luxe et à la jouissance. Nous sommes à une époque où il faut se tenir prêt à monter sur la brèche ou sur l'échafaud, à mourir pour la vérité ou pour la patrie. »

Ses prévisions ne l'avaient pas trompé. Quelques mois plus tard, l'infortuné Maximilien, indignement abandonné par Napoléon III, son allié et son protecteur, tombait sous les balles juaristes dans les fossés de Queretaro; et M. de Bismark lançait une insolente circulaire qui fut regardée par toute la presse comme un défi jeté à la face de la France. « Je voudrais beaucoup, s'écrie de Plas, respecter et aimer le gouvernement de mon pays; mais quand je vois les fautes qu'il a commises, et qu'il commet sans cesse, fautes que ses adhérents, loin de les blâmer, proclament hautement des actes raisonnables dont la France doit être fière, il m'est impossible de ne point éprouver de honte, en pensant à quelles mains est confié l'honneur du pays. Voilà le résultat du suffrage universel! Voilà la mesure de ce que peut une nation pourtant intelligente, lorsque Dieu laisse ceux qui détiennent le pouvoir aller à la dérive de leurs caprices, ou suivre les calculs imprudents de leurs convoitises! Les choses en sont venues à ce point que l'autorité, qui ne devrait avoir que des encouragements pour les gens de bien et de justes sévérités pour les méchants, cherche à tenir la balance égale entre les uns et les autres et semble être même plus favorable aux mauvais qu'aux bons. Il ne me paraît pas douteux que la France ne subisse une grande et cruelle épreuve; après avoir humilié la Russie et l'Autriche, elle sera humiliée à son tour. Mais loin de nous laisser décourager par le sombre aspect de l'horizon politique, ranimons notre confiance en Dieu; laissons passer la justice et comptons sur la miséricorde. »

On le voit par cette citation, l'humble major de la Flotte à Rochefort, en visitant les bâtiments de la Réserve et en surveillant les essais des navires à la mer, jugeait mieux la situation présente et future de la France, que tous ces hommes d'État qui s'imaginaient jouer un rôle important et tenir en main les destinées de l'Europe.

L'*Univers*, supprimé depuis sept ans, sans imputation d'aucun délit, mais par mesure purement politique, venait de reparaître, inscrivant en tête de ses colonnes un magistral article de Louis Veuillot. « Il n'y a pas d'autre base de la civilisation que l'Évangile, disait l'éminent rédacteur, pas d'autre architecte suprême de l'ordre social que le vicaire de Jésus-Christ... Le monde, après l'écroulement de la barbarie païenne, qui était l'esclavage, n'a pu se constituer dans la liberté que lorsqu'il eut généralement acquiescé à cette parole d'un Père de l'Église : « Le Christ est la solution » de toutes les difficultés. » L'*Univers* ressuscitait au moment opportun pour lutter contre les doctrines révolutionnaires qui, profitant des réformes libérales accordées par l'Empereur, essayaient de saper en France et en Italie la base de toute autorité divine et humaine. De Plas salua avec enthousiasme la réapparition d'un journal dont le programme était si conforme à ses propres vues. « Il paraît, écrit-il, que Louis Veuillot ose dire dans le nouvel *Univers* que la sagesse du Saint-Père arrangerait mieux les affaires embrouillées de l'Europe que le knout de la Russie ou le sabre de M. de Bismark. Je n'ai pas encore lu l'article, mais on ne saurait, il me semble, faire d'une manière plus juste la critique de notre politique aventureuse. »

L'Exposition universelle, ouverte le 1er avril et destinée à devenir l'apothéose de l'Empire par l'affluence des Souverains étrangers qui visitèrent Paris à cette époque, fut tristement signalée le 6 juin par l'attentat de Berezowski contre le tzar au bois de Boulogne. A cette occasion, des adresses furent envoyées de tous côtés à l'Empereur qui, lui aussi, avait heureusement échappé aux balles de l'assassin. Les officiers de marine durent, par ordre, joindre leurs félicitations à celles de tous les fonctionnaires du gouvernement. « Je viens de passer un mauvais quart d'heure, écrit François le 9 juin. Le ministre de la marine, non satisfait des sentiments exprimés par le préfet maritime, l'a invité à rédiger une adresse au nom des chefs de service et des officiers placés sous leurs ordres. Cette adresse, qui nous a été communiquée par le major général à raison d'une indisposition du préfet, n'a pas soulevé d'objection ; et bien que je n'aime pas les assurances de dévouement, je n'ai présenté aucune observation, dans la crainte de faire du scandale. Dieu daigne m'inspirer ce qu'il y a de mieux en ces occurrences! »

Il n'y avait dans cet acte rien qui répugnât à la conscience du chrétien ; mais la droiture de ses sentiments naturels était alarmée de ces protestations de dévouement à la dynastie de Napoléon III. « Je sers de mon mieux, ajoute-t-il, un gouvernement que je ne peux pas aimer, ayant à sa tête des utopistes, des ennemis de la papauté et, par suite, du catholicisme. Je ne fais pas d'opposition, parce que toute critique de l'autorité me paraît mauvaise ; mais je regrette de laisser exprimer en mon nom des sentiments qui ne sont pas les miens, et que je ne pourrais avoir que si le chef de l'État était franchement catholique et bon Français. »

En ce moment tous les regards se tournaient vers Rome où le Souverain Pontife venait de convoquer les évêques du monde catholique pour célébrer solennellement le dix-huitième centenaire du martyre de saint Pierre et de saint Paul. « Aujourd'hui, écrit de Plas le 29 juin, grande fête à Rome. Plus de quatre cents évêques sont accourus de toutes les parties du monde, à la voix de Pie IX, pour protester contre la violation du pouvoir temporel du Saint-Siège et affirmer sa nécessité dans les circonstances présentes. Et ici, dans un pays chrétien, ce glorieux anniversaire des saints Apôtres, qui sont comme les colonnes de la religion, passe presque inaperçu ! » Cette solennité pacifique fut considérée par les sectaires comme un véritable défi ; ils saisirent cette occasion pour provoquer un mouvement révolutionnaire qui supprimât brusquement le dernier reste du pouvoir temporel.

Dès le mois de juillet, Garibaldi réunit à Sienne des volontaires destinés à envahir le territoire pontifical ; mais un tel acte, aux termes de la Convention du 15 septembre 1864, devait amener l'intervention armée de la France. Sur l'ordre de M. Ratazzi, qui craignait un conflit avec Napoléon III, Garibaldi fut donc arrêté, interné momentanément dans la citadelle, puis renvoyé à l'île de Caprera, sa résidence habituelle. François, à la nouvelle d'une prise d'armes contre Rome, sentit se réveiller tous ses désirs de dévouement au Saint-Siège. « Pourquoi, se dit-il à lui-même, ne prendrais-je pas ma retraite, et n'irais-je pas en Italie au-devant des événements qui se préparent contre la ville, tête et cœur du catholicisme ? » Mais le sentiment de son impuissance le portait à se demander si cette pensée n'était pas une tentation plutôt qu'une inspiration. « Que pourrais-je faire, à cinquante-huit ans, usé par la mer, dépourvu de forces physiques et de toutes les qualités qui donnent quelque valeur à un aventurier ? » En attendant que les circonstances l'éclairassent davantage sur la volonté de Dieu, il continua de se livrer à ses devoirs d'état avec tout le soin dont il était capable.

Cependant, au mépris de la Convention du 15 septembre par laquelle il s'était engagé à ne pas attaquer le territoire du Saint-Père, et à empêcher, même par la force, toute attaque venant de l'intérieur, le gouvernement italien laissa les bandes révolutionnaires s'organiser dans le royaume et s'approcher des États de l'Église. Garibaldi, trompant la surveillance de la flotte qui cernait Caprera, aborda dans un canot à la côte de Toscane, rejoignit ses bandes à travers les lignes de l'armée, et le 23 octobre, franchit à leur tête la frontière pontificale aux cris de : « Rome ou la mort ! » Les premiers combats ne furent que des escarmouches contre des villages sans défense ; les Garibaldiens, à la seule vue des soldats du pape, s'empressèrent de déguerpir. Mais bientôt, ne réussissant pas à fatiguer les pontificaux, ils se formèrent en troupes plus compactes pour attaquer les places fortifiées de Bagnorea, Monte-Libretti et Nerola, qui devaient leur servir de point de ralliement. « L'Église est fort affligée en ce moment, écrit de Plas le 19 octobre ; les bandes de Garibaldi, renforcées de troupes piémontaises, envahissent le territoire pontifical ; les zouaves combattent comme des lions, mais le nombre doit finir par triompher, si Dieu ne leur vient en aide. C'est donc le cas de faire appel à la miséricorde de Dieu et de lui crier : *Salva nos perimus !* »

Les échecs répétés des bandes garibaldiennes ne découragèrent pas le comité révolutionnaire, qui essaya de provoquer une insurrection à l'intérieur de Rome. Des mines furent pratiquées sous les casernes et sous un grand nombre de palais ; l'une d'elles fit même sauter une partie de la caserne Seristori, dans le Borgo. Le Piémont n'attendait que le moment favorable pour s'emparer de la Ville éternelle, mais il hésitait, sachant bien que, s'il marchait sur Rome, il trouverait de nouveau la France sur son chemin.

Les volontaires de la Légion d'Antibes rivalisaient

d'ardeur avec les zouaves et les autres troupes pontificales. A la tête d'un des bataillons se trouvait un ami de François, M. Cirlot, vaillant soldat et fervent chrétien, qui venait d'être nommé officier supérieur au début de la guerre. C'est à l'une de ses lettres au major de la Flotte, à Rochefort, que nous emprunterons le récit des glorieux combats de la petite armée du pape.

« Mon cher commandant, lui écrit-il, je suis bien en retard avec vous, ayant mis plus d'un mois pour répondre à votre affectueuse lettre. S'il y a de ma faute, c'est aussi un peu celle des événements qui viennent de se succéder avec une si grande rapidité.

» Merci de vos félicitations, mon cher commandant. Si la position d'officier supérieur est agréable et commode dans les circonstances ordinaires, je vous avoue qu'il en est tout autrement au milieu des événements que nous venons de traverser, quand il s'agit d'une cause aussi sainte que celle que nous défendons, quand on considère surtout l'exiguïté des moyens dont on dispose et l'immense responsabilité qui pèse sur un chef de colonne. Car, ici, un chef de bataillon est presque toujours commandant en chef, ayant sous ses ordres infanterie, cavalerie et artillerie; le tout, sans doute, en bien petit nombre, mais la responsabilité n'en est pas moins entière. Aussi, je vous recommande avec instances de ne pas m'oublier dans vos ferventes prières, afin que le bon Dieu m'accorde l'intelligence, le zèle, l'énergie et le dévouement dont j'ai besoin pour remplir dignement les obligations de mon nouveau grade. »

De Plas avait surtout félicité son ami de sa brillante conduite à Nerola. Le commandant Cirlot en prit occasion de lui donner, avec une simplicité charmante, quelques détails sur cette affaire et les principaux faits d'armes de la campagne. « Avant d'aller à Nerola, dit-il, j'étais à Monte-Rotondo avec quatre compagnies de zouaves, un peloton de cavalerie et deux pièces d'artillerie que commandait ce brave et bien regretté de Quatrebarbes. Après avoir organisé la défense de la place, nous partîmes pour chasser les Garibaldiens de Monte-Libretti ; mais ayant eu connaissance de notre arrivée, ils s'étaient réfugiés dans Nerola, que tout le monde disait imprenable. Partis de Monte-Libretti le lendemain à cinq heures, nous arrivâmes à onze heures et demi devant Nerola. La part réservée aux quatre compagnies de la Légion était des plus belles. J'attaquai le château où les Garibaldiens s'étaient retirés ; et, dans un quart d'heure, les premières positions furent enlevées avec un entrain, un élan admirable, aux cris de Vive Pie IX ! Vive la France ! Tous nos hommes s'étaient confessés et la plus grande partie avait reçu la sainte communion à Monte-Rotondo : vous comprenez d'où leur venait leur brillant courage. Le lendemain, je laissai à Monte-Rotondo deux compagnies de la Légion, et le surlendemain je rentrai à Rome.

» Peu de temps après notre arrivée, quelques centaines de Garibaldiens, qui étaient parvenus à se glisser dans la ville, ont essayé d'y fomenter une émeute. Tous les soirs, à l'*Ave Maria*, on lançait des bombes sur les patrouilles, et le tapage durait jusqu'à minuit, puis tout rentrait dans l'ordre jusqu'au lendemain soir ; mais l'énergie avec laquelle on a agi, a empêché quelques centaines de Romains, peut-être, de se joindre aux révolutionnaires. »

Garibaldi, de son côté, de connivence avec le gouvernement italien, s'avançait avec des forces considérables contre Rome. Les détachements pontificaux reçurent ordre de se replier sur la ville, et l'on prépara la résistance. « Avec les faibles ressources dont on disposait, continue le commandant Cirlot dans la lettre à son ami, on avait établi à Rome trois grands centres de défense : celui du Pincio, qui allait depuis la porte *Pia* jusqu'à la porte du Peuple, celui de Sainte-Marie-Majeure et celui du Janicule. Ce dernier était commandé par M. de Troussure, chef de bataillon des zouaves; le colonel Ianera, des carabiniers, commandait celui de Sainte-Marie-Majeure, et votre serviteur celui du Pincio. Je n'avais que huit cents hommes et six pièces d'artillerie pour défendre cette longue ligne; aussi vous avouerai-je que, pendant quatre ou cinq nuits, j'ai peu dormi. »

Retardé dans sa marche en avant par l'héroïque défense d'une compagnie de carabiniers et par les deux compagnies de la Légion laissées à Monte-Rotondo sous les ordres du capitaine Costes, Garibaldi ne put attaquer Rome avant l'arrivée des troupes françaises, qui accouraient au secours du Saint Siège. « Cher de Plas, écrit l'amiral de Gueydon à son ancien camarade d'école, ton mot de bon et affectueux souvenir m'a fait grand plaisir. Tu sais que notre amitié remonte loin, et elle durera jusqu'à la fin de nos jours. J'ai été heureux de pouvoir contribuer au salut de Rome. Je ne me suis pas arrêté devant la fureur des flots, et j'en ai été récompensé; car, à peine mouillé, la mer s'est calmée et mon débarquement s'est opéré merveilleusement. »

L'amiral de Gueydon, nous l'avons vu, commandait en chef l'escadre de la Méditerranée, depuis le départ de l'amiral Bouët-Willaumez en 1866. Or, en apprenant l'invasion des États pontificaux, qui était une violation formelle de la fameuse Convention du 15 septembre, le gouvernement de Napoléon III, poussé par les manifestations du sentiment catholique en France, avait résolu une seconde expédition de Rome. Une division, sous les ordres du général de Failly, avait été embarquée à bord de la flotte qui attendait, de jour en jour, le signal du départ. Déjà plusieurs fois on avait appareillé, mais pour revenir toujours au mouillage, lorsque le 28 octobre l'escadre gagna définitivement le large. « On est étonné, écrit François le 7 novembre, alors qu'il ne connaissait pas encore le mot de l'énigme, quand on sait combien le gouvernement et ses conseillers aiment peu le pape et ses défenseurs, de voir une division française transportée presque magiquement à Rome, pour sauver Pie IX et sa petite armée. »

Que s'était-il donc pas passé d'extraordinaire? Voici sur cet épisode une version inédite dont nous garantissons l'authenticité. Nous l'avons entendu raconter par le commandant de Plas, qui la tenait de la bouche même de l'amiral, son ami.

A mesure que Garibaldi s'avançait vers Rome, les regards anxieux des catholiques se tournaient vers la France, vers la flotte qui stationnait en rade de Toulon, toujours prête à partir et ne partant jamais. Au signal souvent répété d'appareiller succédait presque immédiatement le signal de rester au mouillage. On se jouait évidemment de l'opinion publique, pour laisser aux Italiens le temps d'invoquer le fait accompli. Mais on avait compté sans la loyauté de l'amiral de Gueydon qui, ennuyé de tant d'ordres et de contre-ordres, résolut d'en finir avec toutes ces tergiversations, en prenant sur lui la responsabilité d'une décision irrévocable.

Le 28 octobre, au matin, il reçut un nouvel ordre de départ qui, comme les précédents, allait être sans doute suivi d'un nouveau contre-ordre. Voulant l'éviter à tout prix, il choisit un officier de confiance qu'il établit au banc de quart, lui recommandant d'y demeurer jusqu'à ce qu'on eût perdu de vue les sémaphores, et de ne tenir aucun compte des signaux. Comme l'escadre était depuis plusieurs jours sous vapeur, elle ne tarda pas à se mettre en marche, conduite au large par le vaisseau-amiral. A peine a-t-on franchi les premières passes que le matelot de veille vient avertir qu'un sémaphore attaque pour communication. « Bien, répond l'officier de quart, retournez à votre poste. » Un peu plus loin, nouvelle attaque d'un autre sémaphore; et le matelot de prévenir, selon son devoir; et l'officier de quart de répondre encore : « Bien, retournez à votre poste. » Croyant que leurs signaux n'ont pas été aperçus, les sémaphores renouvellent leurs attaques; mais l'officier répond invariablement au veilleur : « Retournez à votre poste. » Bientôt l'escadre se trouva hors de la portée des sémaphores, et l'amiral, craignant d'arriver trop tard, fit chauffer à toute vitesse vers les côtes d'Italie.

La brise, qui avait été très belle toute la journée, fraîchit vers le soir; la mer moutonna, et l'on put craindre un gros temps pour la nuit. Cependant il fallait continuer de marcher, car on n'avait pas un moment à perdre. L'amiral laissa donc liberté de manœuvre à tous ses bâtiments, avec ordre de se retrouver le lendemain matin à Civita-Vecchia. Une tempête, comme on l'avait prévu, se déchaîna pendant la nuit; mais pas un navire ne manqua au rendez-vous, et, comme l'écrivait M. de Gueydon au commandant de Plas, la mer se calma et le débarquement put s'opérer sans danger.

Alors surgit une nouvelle difficulté. Le général de Failly, qui commandait le corps expéditionnaire, avait un ordre de ne pas débarquer qu'il s'empressa de montrer à l'amiral. « Général, répondit celui-ci, je ne suis venu ici que pour transporter les troupes; je remplirai la consigne jusqu'au bout. Vous avez l'ordre de ne pas débarquer! Eh bien, venez déjeuner avec moi; votre présence sur le pont n'est pas nécessaire. » Le général, très embarrassé, dut faire contre mauvaise fortune bon cœur; le 30 octobre, les Français rentraient dans Rome, où ils furent accueillis comme des libérateurs.

« Les Français ont fini par arriver, écrit le commandant Cirlot à son ami de Plas. Relevés par eux le 1er novembre, nous sommes partis le 3, pour chasser de Monte-Rotondo les Garibaldiens que nous avons rencontrés à Mentana. Vous connaissez les péripéties de cette bataille dont les résultats sont immenses; car, s'il est vrai que Garibaldi était venu se faire couper les bras et les jambes à Monte-Rotondo, il est vrai aussi qu'il est venu se faire casser la tête à Mentana. Cinq compagnies de la Légion, que j'avais l'honneur de commander, ont pris à cette bataille une part bien glorieuse. Nous avons opéré sur la droite un mouvement tournant qui a empêché les Garibaldiens de se réfugier dans Monte-Rotondo. A quatre heures du soir, un bataillon et demi des troupes françaises est entré en ligne et a essayé les chassepots, qui ont produit un effet terrifiant sur les bandes en déroute.

» Les forces de l'armée pontificale ne dépassaient pas trois mille cinq cents hommes, et les Garibaldiens étaient plus de dix mille! Vous voyez, mon cher commandant, que le bon Dieu était avec nous à Mentana, comme dans les autres rencontres où les pontificaux ont toujours été inférieurs en nombre. »

François, en apprenant la victoire de Mentana, ne put contenir les sentiments qui débordaient de son cœur ; il nous a laissé, dans son *Journal privé*, une vive expression de son bonheur. « Garibaldi, s'écrie-t-il, a été chassé des États pontificaux par la petite armée du Saint-Père, appuyée par les troupes françaises. Cet événement m'a causé une joie plus grande que je ne saurais dire. Il me semble que tous les catholiques ont été vainqueurs avec la poignée d'hommes qui défend le Saint Siège. — Cette bataille de Mentana, ajoute-t-il, me revient souvent à l'esprit, et me pénètre de reconnaissance envers Dieu et d'admiration pour l'armée pontificale. Elle a été appelée avec raison une bataille de Lépante à l'intérieur, une victoire contre les infidèles qui nous entourent, infidèles plus odieux que les Turcs, parce qu'ayant connu la vérité, ils lui ont préféré le mensonge. »

Mentana était un vrai succès pour les armes pontificales ; mais la question romaine restait à l'état de problème non résolu. On le vit bien à l'ouverture des Chambres, lorsque l'Empereur, dans le discours du trône, après avoir parlé de la protection du Saint Siège, fit allusion à de nouvelles complications, et, tout en proclamant le maintien de la Convention du 15 septembre, laissa prévoir son remplacement par un nouvel acte international. De Plas, après avoir lu le discours dans l'*Univers*, ne put s'empêcher de manifester ses craintes pour l'avenir ; il s'étonna surtout de n'y avoir pas vu paraître une seule fois le nom de Dieu, même sous celui plus discret de Providence.

Dès le début de la session, le Sénat s'occupa de la question romaine, et François s'empressa de lire les beaux discours du cardinal de Bonnechose et de M. le baron Dupin. Probablement qu'il écrivit à ce dernier pour le féliciter d'avoir si bien défendu la noble cause du Saint-Père, car il en reçut la lettre suivante, datée du 3 décembre : « Monsieur le Major, veuillez agréer tous mes remerciements pour la bienveillance avec laquelle vous jugez mes modestes efforts dans la défense de la cause que vous appelez si bien *celle du droit et de la justice*. Nous combattrons sans jamais nous décourager ; et je suis de ceux qui ne voudront jamais désespérer. »

A la Chambre, comme au Sénat, des voix éloquentes s'élevèrent pour réclamer la protection du Souverain Pontife. De Plas avait été surtout frappé de l'énergique attitude de M. Thiers, qui restait ainsi fidèle à son passé. Mais il fallait une déclaration du gouvernement pour rassurer les esprits alarmés. Le 5 décembre, Berryer parvint à entraîner M. Rouher à la tribune. « Nous le déclarons, s'écria le ministre d'État, l'Italie ne s'emparera pas de Rome ! *Jamais !...* Non, jamais la France ne supportera cette violence faite à son honneur et à la catholicité... L'Italie trouverait la France sur le chemin de Rome, le jour où elle voudrait envahir les États pontificaux. » Cette fière déclaration fut saluée d'acclamations ardentes, qui eurent un long retentissement à Paris et en province ; on peut dire, en employant une expression de Louis Veuillot, que l'on sentit alors battre le cœur de la France. « La séance de jeudi au Corps législatif, écrit de Plas, a été excellente pour la cause de l'ordre ; mais on peut craindre que le ministre-orateur, entraîné par le sentiment de l'Assemblée, n'ait dépassé les instructions de l'Empereur. Quoi qu'il en soit, c'est un heureux événement, et je bénis Dieu du succès inespéré de cette mémorable séance. Deux cent trente-sept voix contre dix-sept ont confirmé la parole de l'orateur. »

Cet important événement eut son contre-coup en Italie, où le cabinet Menabrea, qui voulait Rome par les *moyens moraux*, fut remplacé par le cabinet Lanza, que la majorité poussait à employer la force ouverte. « Ce changement de ministère, écrit François dans son *Journal*, entraînera probablement la guerre avec l'Italie, et par suite avec la Prusse. Plaise à Dieu que les troubles à l'intérieur n'empêchent pas le gouvernement de faire face aux difficultés extérieures ! »

CHAPITRE XIII

1868-1869

Coup d'œil sur l'emploi des journées de François de Plas à Rochefort. — Devoirs d'état et bonnes œuvres : manifestations publiques du sentiment catholique ; la gloire de Dieu ; la charité envers le prochain ; souscription en faveur du Saint Siège ; un souvenir de saint François d'Assise ; l'aumône spirituelle ; l'œuvre des militaires. — Notes de l'officier. — Le *bon esprit*. — Incertitudes pour l'avenir. — Retraite à Blois ; élection pour la Compagnie de Jésus. — Séjour à Puycheni. — Adieux à la famille et départ pour Angers.

L'année 1868 fut beaucoup plus tranquille qu'on n'aurait pu s'y attendre ; aussi de Plas put-il se livrer en paix à ses devoirs d'état, comme aux œuvres de miséricorde spirituelle et corporelle dont s'occupait la conférence de Saint-Vincent de Paul. Il se plaisait beaucoup à Rochefort, dont il admirait les vastes rues et les arbres bien plantés, et qu'il trouvait, comparativement à Brest, « inondé de lumière et de clarté. » A moins de dérangements nécessités par des circonstances imprévues, comme essais à la mer ou visites de parents et d'amis, voici quel était invariablement l'ordre de sa journée.

Il se levait, nous l'avons dit, à quatre heures et demie du matin et se rendait à l'église Saint-Louis, où il faisait le Chemin de la Croix et entendait la messe, accompagnant ensuite le prêtre, lorsque celui-ci portait le Saint Viatique à quelque malade. Dans le milieu du jour, consacré tout entier à ses fonctions de major de la Flotte, il se tenait fidèlement à son bureau ou visitait consciencieusement les bâtiments de la Réserve. A la sortie du port, on le voyait s'acheminer régulièrement vers l'hospice civil et l'hôpital de la marine, apportant aux malades, avec une parole de consolation, les petites douceurs qui semblaient leur faire plaisir. Il se rendait ensuite à la prison ou dans quelque famille pauvre qu'il avait mission de visiter. Il ne rentrait chez lui qu'après avoir récité sur les remparts le petit Office de la Sainte Vierge et le chapelet. Le soir, après son modeste repas, il parcourait un livre instructif, paraissait quelques instants dans les salons où il jugeait sa présence utile, et terminait la journée par une lecture, l'*Année sainte* du P. Croiset ou l'*Imitation de Jésus-Christ*.

Une fois par mois, il avait, selon son expression, « la bonne fortune de veiller la nuit devant le Saint-Sacrement; » pratique pieuse à laquelle il avait toujours été fidèle depuis 1849, « montant la garde » dans sa chambre, lorsqu'il ne lui était pas possible de le faire au pied du tabernacle. Le 8 de chaque mois, autant que les circonstances le permettaient, il passait la journée dans un plus grand recueillement, pour bien renouveler ses vœux de baptême, en souvenir de cette grâce insigne du sacrement qu'il avait reçue le 8 décembre 1809. Le samedi, jour consacré à Marie, il avait essayé de jeûner en son honneur; mais, sur l'avis de son confesseur, il dut y renoncer par raison de santé.

Après cette vue d'ensemble sur la vie du major de la Flotte à Rochefort, il convient de recueillir dans son *Journal privé* quelques traits qui nous feront mieux connaître comment il remplissait ses principaux devoirs d'officier chrétien. Dieu et sa plus grande gloire, tel est le but que de Plas se proposa dans chacune de ses actions; aussi le voyons-nous se réjouir lorsqu'il a pu être témoin de quelque manifestation qui lui semble indiquer que Dieu est plus connu, plus aimé. « La fête de Pâques, écrit-il à sa sœur Élisa, le 22 avril 1867, s'est très bien passée ; il y a eu beaucoup de communions d'hommes et de femmes, et l'église se trouvait trop petite pour contenir la foule des fidèles. Le bon curé, heureux de cette affluence, est monté en chaire pour dire, avec un accent plein d'émotion, combien son cœur débordait de joie. Malgré les efforts de l'impiété, la religion gagne plus qu'elle ne perd dans notre pays. A Rochefort, en particulier, quelle différence avec ce qui existait il y a vingt ans ! On compte maintenant parmi les catholiques pratiquants des ingénieurs, des médecins, des pharmaciens, des maîtres de l'arsenal : toutes les classes, en un mot, sont représentées à l'église. »

Le 25 décembre de la même année, après avoir constaté qu'une foule nombreuse et recueillie se pressait à la messe de minuit : « Il faut, écrit-il encore, un grand aveuglement pour sonner le glas d'une religion qui, grâce à Dieu, possède de si fervents adhérents et fait chaque jour de nouvelles recrues. » « C'est vraiment risible, s'écrie-t-il, après avoir assisté à l'ouverture du mois de Marie en 1868, d'entendre répéter que la religion s'en va pour faire place aux doctrines de notre moderne philosophie. Si malheureusement beaucoup d'hommes en France vivent en dehors du giron de l'Église, on peut affirmer qu'aucune doctrine ne réunit la cinquième partie de ce que renferme la religion catholique. Il y a tout lieu d'espérer que, loin de s'éteindre, la foi se ranimera sous le souffle puissant de la parole de nos évêques, sous la salutaire impulsion de bon exemple des chrétiens. »

Nul plus que le major de la Flotte à Rochefort ne savait fouler aux pieds le respect humain, lorsqu'il s'agissait de faire acte de foi pour encourager de timides néophytes. « Je vais à l'église en redingote d'uniforme, disait-il, non par goût, mais par calcul. Si j'en juge par le plaisir que j'éprouve à voir des militaires ou des marins en prière, je crois que les fidèles aiment l'uniforme. Je ne veux pas avoir le regret, à l'heure de la retraite, de n'avoir pas employé mon uniforme, quand je le pouvais, à donner le bon exemple. Et puis, tout ce que nous avons ne doit-il pas servir à la plus grande gloire de Dieu ? Il est juste que je lui fasse hommage de mes cinq galons. » C'est donc en uniforme qu'on le voyait suivre dévotement, non seulement la solennelle procession de la Fête-Dieu, mais encore la procession des Rogations et toutes celles qui se faisaient à l'intérieur de l'église. « Aujourd'hui, disait-il, que les méchants agissent au grand jour et forment des armées, comme on l'a vu en Italie, il ne faut pas que les bons craignent de se montrer : c'est ainsi que le bien finira par dominer le mal. »

Après le désir de procurer la gloire de Dieu, François n'avait rien plus à cœur que la pratique de la charité envers le prochain. A Rochefort, comme dans tous les autres ports militaires, son premier soin fut de se mettre en relations avec les membres de la conférence de Saint-Vincent de Paul. « Il paraît difficile d'avoir une grande charité, écrit-il le 10 avril 1867, quand on ne connaît pas la misère qui accable certaines familles

C'est un grand avantage pour progresser dans cette vertu, que l'obligation de voir, à certains jours, le pauvre dans son taudis, le malade sur son grabat. » Devenu vice-président de la conférence, il crut plusieurs fois prudent de recommander à tous d'agir sans bruit, sans éclat. Sa délicatesse fut même un jour alarmée de la proposition que firent plusieurs membres de demander à l'Empereur un objet de valeur pour la loterie des pauvres. « Il ne convient pas à une société catholique, disait-il, de contracter une dette de reconnaissance envers un pouvoir qui a manifesté des intentions hostiles à l'égard du Saint-Père, et qui met les conférences de Saint-Vincent de Paul sur le même pied que la franc-maçonnerie. »

Nous avons eu très souvent l'occasion de parler des libéralités, des largesses du commandant envers toutes les œuvres qui sollicitaient son intarissable charité; les affaires de Rome, vers la fin de 1867, lui offrirent une occasion de s'imposer de nouveaux sacrifices. Le trésor pontifical était épuisé et le denier de Saint-Pierre ne suffisait pas aux pressants besoins du moment. Les journaux catholiques firent donc appel à la charité des fidèles, et des souscriptions furent ouvertes pour subvenir aux frais d'équipement et d'armement des troupes pontificales. De Plas s'empressa d'apporter son obole, en inscrivant, au mois d'octobre, son nom sur la liste du *Monde*. Lui, qui partout ailleurs désirait passer inaperçu, voulut que son nom parût en évidence avec son grade. « Je pense comme toi, écrit-il à sa sœur Élisa, sans désapprouver ceux qui sont d'un sentiment contraire, qu'il est bon de s'afficher en pareille circonstance. C'est une manière comme une autre de témoigner ses sympathies pour une cause qui suscite tant de haines et tant de dévouements. »

Tout en donnant sans compter, François cherchait cependant à ne pas perdre son argent par des aumônes inutiles et mal placées, et il avait recours à la prière pour obtenir l'intelligence des besoins du pauvre. Un jour, après examen de ses recettes et de ses dépenses, s'étonnant qu'il lui restât une petite somme qui ne lui était pas nécessaire. « Mon Dieu, s'écria-t-il, je m'aperçois que je suis bien riche, accordez-moi la grâce de comprendre ce que vous voulez que je fasse de cet argent, qui est à vous : *Da mihi intelligere super egenum et pauperem.* »

Une autre fois, s'imaginant être trompé par un solliciteur importun, il le laissa partir sans lui rien donner ; mais, craignant d'avoir manqué à la charité, il s'empressa, à l'exemple de saint François d'Assise courant après un mendiant auquel il avait refusé l'aumône, de rejoindre et de secourir le malheureux qui avait imploré sa pitié. Écoutons-le raconter lui-même avec humilité comment il essaya de réparer un petit moment d'oubli. « Ce matin, écrit-il dans son *Journal* à la date du 7 octobre 1868, j'ai reçu au bureau la visite d'un douanier en retraite, dont je croyais être débarrassé. J'emploie ce mot, malgré sa rudesse et son inconvenance, parce qu'il exprime ce que j'ai éprouvé, en revoyant cet homme auquel j'avais donné quelques secours et prêté de l'argent pour faciliter son déplacement et aller rejoindre sa fille à Cognac. J'ai été comme mécontent, dans la crainte d'être exploité, et je l'ai peut-être témoigné. Je n'ai pas fait asseoir ce vieillard qu'accompagnait sa petite-fille et j'ai abrégé sa causerie. Il a dû quitter mon bureau en regrettant sans doute d'être venu me voir. La réflexion m'a ramené à des idées plus charitables. Le voyage de cet homme n'était-il pas une nécessité ? J'ai pensé qu'il fallait réparer le manque d'égards que ma nature soupçonneuse m'avait inspiré. Je me suis donc décidé à me rendre cette après-midi à la gare revoir ce pauvre homme, lui parler avec amitié, l'indemniser d'une partie des frais du voyage et donner deux médailles de la très Sainte Vierge à sa petite-fille. Mieux vaut faire en une fois la charité que d'y revenir à deux reprises ; mais je dois bénir et remercier Dieu qui m'a permis d'effacer, par une bonne action, le fâcheux entraînement de la nature corrompue. »

A l'aumône corporelle, François joignait autant que possible l'aumône spirituelle ; jamais il ne revenait plus content de ses visites aux pauvres, que lorsqu'il avait trouvé l'occasion d'épancher les sentiments de son cœur en parlant des choses de Dieu. « Il y a des satisfactions, écrit-il le 15 mai 1868, qu'il plaît à Dieu de nous envoyer quand nous faisons quelques efforts pour le bien servir. Ce soir, je suis entré dans une des familles pauvres que je visite comme membre de la conférence de Saint-Vincent de Paul, et j'ai été reçu par un garçon de quinze à seize ans, cul-de-jatte et un peu idiot, lequel se prépare à sa première communion. Je lui ai demandé de réciter le *credo*, les commandements de Dieu et de l'Église ; ce qu'il a fait sans hésiter, et j'en ai profité pour lui donner quelques bons avis. La grand'mère et la mère sont alors survenues. Encouragé par leur présence, j'ai parlé, je crois, de manière à les intéresser, et à les exciter à l'amour de Dieu et à la patience dans la souffrance. »

L'œuvre des militaires, déjà si florissante dans beaucoup de grandes villes, n'existait pas encore dans tous les ports de guerre. De Plas, qui avait constaté par lui-même à Paris et à Cherbourg quels fruits merveilleux on en retirait partout où elle était établie, résolut de faire tout son possible pour la fonder à Rochefort ; mais ce n'était pas chose facile, comme nous le verrons par quelques citations de son *Journal privé*, qui nous permettront d'assister presque jour par jour aux curieux débuts de cette œuvre si importante et si belle.

« *Mardi, 6 octobre 1868.* — Dieu daigne me donner le désir d'établir, de cinq heures à six heures et demie, une école du soir pour les marins et les militaires. J'ai déjà pris quelques dispositions pour mener l'œuvre à bonne fin, et j'espère y réussir. Si j'échoue, j'aurai du moins le mérite d'avoir essayé de fonder une école utile. Le but de cette œuvre est de soustraire les marins et les soldats aux dangers de la rue et du cabaret, de les instruire dans la lecture, l'écriture et le calcul, et de profiter de leur réunion pour leur parler de leurs devoirs envers Dieu.

» *Mardi, 13 octobre.* — Ce soir, j'ai fait suspendre deux lampes à l'école des Frères, en vue de nos réunions de militaires. Je me lance un peu à l'aventure, sans voir clairement comment j'arriverai à mon but.

» *Vendredi, 16 octobre.* — J'ai été à cinq heures et demie chez les Frères de la Doctrine chrétienne, où on m'avait fait espérer que je trouverais quelques hommes. Je n'y ai rencontré que mes deux plantons, dont l'un s'était offert de bonne volonté pour allumer les lampes et distribuer les cahiers et les livres. Je m'étais hâté de dîner et j'avais préparé ce que je devais dire à mon auditoire; mais il n'y a pas eu beaucoup d'éloquence à déployer. Serai-je plus heureux demain? Je l'espère; toutefois je ne suis pas fâché que les choses ne réussissent pas trop bien au début.

» *Lundi, 19 octobre.* — L'école des militaires ne paraît pas prendre faveur. Il n'y avait personne, ce soir.

J'ai patienté environ une demi-heure, puis j'ai fait plier bagage aux deux matelots chargés de l'éclairage et des livres. Sans perdre confiance, je suis tout de même un peu humilié de mon insuccès.

» *Mercredi, 21 octobre.* — Il n'est venu, ce soir, qu'un soldat et un matelot. Décidément, je n'entends rien à faire aimer mon Maître à l'aide de petites industries, comme celle que je tente en ce moment.

» *Samedi, 24 octobre.* — Il n'y avait à l'école des militaires que deux plantons et deux soldats corses. Demandons à Dieu la grâce de faire de grand cœur ce qu'il attend de nous ; n'ambitionnons qu'une chose : aimer davantage Notre-Seigneur Jésus-Christ, et le faire aimer autant qu'il dépend de nous. Je remercie mon bon ange de m'avoir inspiré la pensée de fonder cette école du soir. Bien que mes efforts semblent ridicules, je tâcherai de persévérer. Si Dieu ne daigne pas bénir cette œuvre, je ferai un acte d'humilité, en reconnaissant que mon intelligence est encore un peu plus bornée que je ne pensais.

» *Mardi, 27 octobre.* — Il y avait ce soir cinq matelots et deux soldats à l'école des militaires. Dieu soit béni ! Je commence à espérer qu'il s'y fera quelque bien. Ne serais-je pas très content, si j'étais à la campagne, de pouvoir réunir sept ou huit paysans pour les éclairer sur la religion ? Je suis donc loin de regarder ma peine comme perdue. »

A partir de ce moment, l'œuvre des militaires alla progressant chaque jour. Le nombre des soldats et des matelots qui assistaient régulièrement à l'école s'éleva rapidement de dix à vingt, à trente et jusqu'à soixante présents. « Ce soir, écrit de Plas le 9 décembre, la salle s'est trouvée trop petite. Je bénis Dieu mille fois de daigner se servir de moi pour arracher aux dangers de la rue, à l'ivrognerie et à l'oisiveté, durant une heure et demie, un certain nombre de jeunes soldats. Puisse la vanité ne pas monter en croupe de la satisfaction que j'éprouve ! Puissé-je reconnaître la bonté de mon Maître, qui m'a fourni les moyens de donner cours à une sainte pensée ! »

Toutes ces occupations, qui semblaient remplir la vie du commandant, n'étaient que secondaires et ne nuisaient en rien à ses obligations essentielles ou devoirs d'état, auxquels il consacrait largement le temps qui leur appartenait. Aussi le vice-amiral, préfet maritime de Rochefort, lui donnait-il le 30 octobre 1867 la note suivante : « Excellent chef de service, consciencieux, zélé et capable, caractère des plus honorables. » L'année suivante, à la même époque, l'amiral Larrieu se plut à rendre le même témoignage : « Excellent serviteur. Je regrette de ne pouvoir le proposer pour le grade d'officier général. Il n'a pas rempli les conditions imposées par la loi. »

Nous avons dit dans quelles circonstances et pour quels motifs, de Plas n'avait rien accepté pour compléter le temps de service à la mer, qui lui aurait permis d'aspirer à un grade plus élevé. Sa manière de voir, loin d'être ébranlée par les occasions qui s'étaient présentées, n'avait fait que s'affermir à mesure qu'il avançait en âge. « Je demande à Dieu, écrit-il avec humilité, le 28 octobre 1868, de m'affranchir complètement des opinions régnantes dans le monde, et de laisser tomber toutes ces provocations à l'ambition qui me viennent de mes meilleurs amis. C'est après avoir pesé devant Dieu ma capacité et sondé mes sentiments au sujet des honneurs, que je me suis décidé à ne pas agir en vue de mon avancement. Mais le démon de l'orgueil et de la vanité ne lâche pas prise facilement; il ne cesse de murmurer à mes oreilles, dès que l'occasion s'en présente, que si j'avais voulu, voire même que si je voulais, je pourrais encore être contre-amiral. A quoi bon aspirer à un grade plus élevé? Je ne m'en sens ni le désir ni la capacité. D'ailleurs, ne convient-il pas qu'on rencontre dans tous les grades des officiers à l'esprit élevé, au cœur droit, au caractère indépendant qui servent par pur zèle, sans esprit de crainte ou espoir des récompenses? Saint Joseph et bien d'autres Saints ont vécu dans les derniers rangs de la société. Notre-Seigneur lui-même et sa très sainte Mère ont vécu de la vie des artisans. Jugeons donc les choses au point de vue chrétien : loin de désirer monter plus haut dans la hiérarchie sociale, ne cherchons qu'à grandir en vertu. Dieu ne demande de nous qu'une seule chose : c'est que nous soyons contents de notre sort, et que nous nous appliquions à bien remplir les devoirs de notre profession. »

Tout en servant de son mieux dans la marine, François s'appliquait à plaire à Dieu plutôt qu'aux hommes. Voilà pourquoi il demandait avec instance, comme moyen d'atteindre son but, la grâce du *bon esprit* contenue dans ce texte de la sainte Écriture qu'il répétait souvent : *Si ergo vos, cum sitis mali, nostis bona data dare filiis vestris, quanto magis Pater vester de cœlo dabit spiritum bonum petentibus se.* Ces paroles l'avaient frappé d'une lumière vive et pratique; il avoua, au mois de mai 1867, que, depuis longtemps, il ne croyait pas avoir passé un seul jour sans demander le *bon esprit* « Le *bon esprit*, écrit-il le 31 octobre 1867, je le fais aujourd'hui consister dans une application soutenue à chercher la vérité, afin de marcher à sa lumière et de la manifester à autrui. L'homme animé d'un *bon esprit* veut avant tout la gloire de Dieu et le bonheur de ses semblables; il ne se refuse à rien d'assujettissant et de pénible à la nature, quand il voit du bien à opérer ; il n'est pas fier avec les petits, ni bas avec les grands; il ne recherche pas une position, s'il la croit supérieure à sa capacité ; il accepte celle qu'on lui donne, s'il ne voit pas clairement que d'autres l'occuperaient plus convenablement; il ne cherche pas à briller par l'élégance de ses vêtements; il est frugal, tant pour conserver sa santé que pour mieux remplir ses obligations; il n'est pas pressé d'arriver au jour qui suit, croyant que chaque jour a sa raison d'être et que notre application doit être surtout de bien employer le temps présent. »

De Plas ne se contentait pas de demander le *bon esprit*, il en animait toutes ses actions ; et le vivant portrait qu'il vient de nous tracer n'est autre qu'un tableau fidèle de sa vie pendant qu'il exerça les fonctions de major de la Flotte. Aussi pouvait-il écrire en toute vérité à la veille de son départ de Rochefort : « Ce n'est pas en vain que j'ai demandé le *bon esprit*, et que j'ai pris saint Joseph pour patron et conseiller. »

L'année 1869 devait être décisive pour le commandant. Sans doute il aurait pu prolonger de quelques mois sa carrière, pour profiter des avantages pécuniaires attachés à la douzième année de grade ; mais cette considération répugnait à la délicatesse de ses sentiments. D'ailleurs, ne valait-il pas mieux résigner ses fonctions pour laisser disponible une place enviée de tous les capitaines de vaisseau vivant au port ? « Pourquoi jeter un regard inquiet sur l'année qui commence, s'écrie-t-il le premier janvier ? Pourquoi se demander ce qu'il adviendra de nous? Dieu gouverne cette année comme les années précédentes. En 1869 on dira comme en 1868 : *Bonus est Dominus omni invocanti eum, animæ quærenti illum.* »

Malgré le complet abandon de sa volonté à la divine Providence, on comprend cependant, jusqu'à un certain point, comment son intelligence essayait de sonder les desseins de Dieu. Bientôt il allait être atteint par la limite d'âge, et il ne savait pas encore s'il jouirait tranquillement à la campagne d'un repos très mérité, ou s'il consacrerait à Dieu, dans l'état religieux, les années qui lui restaient à vivre. « Révérend Père et excellent ami, écrivit-il le 27 janvier au P. de Cuers, son ancien camarade d'école, j'ai besoin plus que jamais du secours de tes prières pour passer de la vie active à la retraite, sans ces hésitations sur le parti à prendre qui ont été une de mes croix jusqu'à ce jour. Le bon Dieu, pour me punir sans doute de lui être revenu si tardivement, me laisse dans une incertitude que les avis des prêtres les plus respectables n'ont pas encore fait cesser. Malgré le bandeau que j'ai sur les yeux, je cherche à marcher courageusement en avant; mais la fatigue et la tristesse sont souvent mon partage... »

Nous ne savons quelle fut la réponse à cette lettre, dans laquelle de Plas exposait si simplement ses incertitudes pour l'avenir ; mais, le même jour, il reçut, à l'occasion de sa fête, une lettre du P. Clerc, son ami, qui lui insinuait délicatement ce qu'il espérait dans un temps plus ou moins rapproché. « Mon bien cher commandant. — La fête de saint François ne me rappelle pas votre souvenir qui m'est toujours présent, elle me fournit l'occasion de vous dire un mot d'amitié. Voilà déjà plus de vingt ans que je suis honoré de votre bienveillance ; mais il y a sur la terre des choses que le temps ne fait que fortifier : ce sont celles qui, comme notre affection, ont le fondement inébranlable de la vérité et la vie durable de la charité.

» Je dirai, comme je le dois, la messe à votre intention, le jour de votre fête. Un jour viendra, qui n'est pas loin, où vous me le rendrez, et je me réjouis rien que d'y penser. Méditez bien pendant cette année le parti que vous prendrez l'année prochaine, et permettez à mon cœur, non point de solliciter, mais de désirer un choix qui nous unisse plus étroitement... »

Ce pieux souhait d'un ami qu'il avait regardé comme son second directeur, provoquait un mot d'explication que le commandant donna presque aussitôt, en confiant au P. Clerc tous ses projets. « Cher ami et révérend Père, lui écrivit-il le 30 janvier, — Combien je vous sais gré d'avoir trouvé moyen, au milieu de vos occupations, de m'envoyer vos bons souhaits de fête. Je vous remercie de tout cœur d'avoir dit la messe à mon intention.

» En ce moment, j'ai grand besoin des prières de mes amis. Je ne me fais pas à l'idée d'aller vivre *philosophiquement* et même *chrétiennement* à Puycheni. Si je n'aspirais pas à la patrie céleste, cette vie calme à la campagne, avec un certain bien-être, me sourirait assez ; mais je crois que le bon Dieu, qui m'a conservé jusqu'à ce jour la santé, veut de moi le sacrifice de la vie de famille. N'ayant pas ici de directeur spirituel dans tout le sens du mot, bien que je n'aie qu'à me louer du bon curé qui est mon confesseur, j'irai dans le courant de mars, si les circonstances ne s'y opposent pas, faire une retraite dans une de vos maisons, Poitiers, Bordeaux ou Paris, et je prendrai conseil de saint Joseph... »

C'est en se préparant par une neuvaine à la fête de saint Joseph en 1866, que François avait connu la volonté de Dieu qui le nommait major de la Flotte à Rochefort ; c'est sous la protection de ce grand Saint qu'il avait placé les deux dernières années si doucement écoulées à Rochefort ; c'est encore à lui qu'il voulut recourir pour l'année si décisive de la fin de sa carrière. « Si saint Joseph, écrit-il, a été jugé digne de conduire la sainte Famille au milieu des circonstances difficiles qu'elle eut à traverser, ne semble-t-il pas qu'il doive lui être bien facile de nous aider aujourd'hui de ses conseils ? » Il résolut donc de se rendre à Blois au mois de mars, pour examiner sous la direction du P. Fessard et du P. Bonamy quelle était la volonté de Dieu. « Le bon curé de Rochefort, disait-il plus tard, m'avait conseillé Blois, dans la pensée que l'évêque, son ami, pour lequel il m'avait remis une lettre, me détournerait de la vocation religieuse, sous prétexte que je pourrais mieux servir Dieu dans le monde. »

Avant d'exécuter son projet, il en écrivit d'abord au P. Le Sauce, à Brest, qui était toujours resté son vrai directeur, et sans l'avis duquel il n'entreprenait jamais rien d'important. « Mon bon et bien cher commandant, lui répondit le P. Le Sauce, le 12 mars, — Quelle pénitence je subis, depuis votre charmante lettre, de ne pouvoir y répondre et de vous faire souffrir vous-même ! Enfin, voici ma peine qui se change en joie : puissé-je de même vous dédommager un peu de l'ennui du retard ! Aussi faut-il que je vous arrive cette fois à temps, et que je vous embrasse avant votre départ.

» Cette retraite que vous avez l'intention d'entreprendre est justement le moyen que je me proposais de vous conseiller. Le bon Dieu va lui-même vous déterminer, vous dire son dernier mot sur ces aspirations si vives et si constantes qu'il vous a mises au cœur depuis tant d'années. Je ne puis m'empêcher d'en être heureux, et suis tout porté à en attendre quelque chose, mais je ne me prononce pas. Je me garderai bien d'empiéter sur les droits de Dieu ou ceux de la retraite ; toutefois je désire et j'espère. Volontiers j'irais plus loin, et, comme enfant de la Compagnie de Jésus, je vous tendrais les bras et vous attirerais de toutes les forces de mon affection ; mais ma pensée vient arrêter mon élan. La Compagnie étant surtout une milice et un corps d'action, vos soixante ans protesteront peut-être contre vos désirs et vos entraînements. Votre ancien et fidèle ami, le P. de Cuers, à la tête de sa sainte et pieuse Congrégation, vous offre plus de contemplation et moins de travail, et je crains qu'il ne l'emporte; mais je m'en réjouirais quand même.

» Oh! que je tressaille déjà, quand je vous vois, devenu prêtre, offrir tous les jours le saint sacrifice de la messe, et réciter le saint office de l'Église; sans parler des inestimables privilèges de la vie religieuse, qui grossiront vos trésors de prêtre du Seigneur ! Oh ! que je vais prier, supplier pour vous obtenir la grâce de bien faire cette retraite si importante et appelée à décider une si grande chose ! J'ai déjà commencé ce matin au saint autel, et me promets de ne pas vous oublier. Voilà la belle fête de saint Joseph qui va vous apporter, au milieu même des Exercices, une nouvelle abondance de bénédictions.

» J'attends, avec une certaine impatience, le résultat que vous serez, j'en suis sûr, empressé vous-même de me communiquer.

» Je vous laisse, mon bien cher commandant, sans vous abandonner. Je serai même davantage avec vous de cœur et d'esprit pendant les huit ou dix jours qui vont suivre.

» Tout à vous en Notre-Seigneur. »

On voit par cette lettre si affectueuse et cependant

si prudente, combien le P. Le Sauce, comme le P. Clerc, restait fidèle à la recommandation de saint Ignace aux directeurs pour le temps des Exercices spirituels : laisser le retraitant à l'inspiration divine, et se garder de lui imposer ses propres pensées.

Le 14 mars, de Plas partit pour Blois, et le 19, jour de la fête de saint Joseph, il fit son élection pour la Compagnie de Jésus. Quels furent les motifs déterminants de ce choix, pour lequel il ne cessa de remercier Dieu tous les jours de sa vie? Nous sommes réduits à recourir à quelques indications éparses dans son *Journal* aux dates anniversaires de son voyage à Blois, n'ayant aucun autre moyen de suppléer aux notes de retraite qui nous manquent. « Je viens de lire avec plaisir, écrit-il en 1878, qu'un des motifs qui décidèrent la vocation du P. Olivaint pour la Compagnie de Jésus, fut la haine manifestée par l'opinion publique, à la suite des événements en 1844 et 1845. — Je crois pouvoir affirmer que j'ai été également entraîné par la haine manifestée dans les clubs de 1868 et 1869 contre les Jésuites. Je me dis alors : « Pour que les impies les » aient en telle horreur, il faut qu'ils soient excellents. »

« Sans me promettre un grand bonheur à Puycheni, ajoute-t-il une autre fois, en rappelant son élection au moment de sa retraite, j'y aurais trouvé, ce me semble, une certaine satisfaction, un certain bien-être que les gens du siècle appellent souvent bonheur ; j'aurais pu y occuper ma vie utilement, en apparence, et goûter une liberté qui n'a jamais été mon partage. Je ne veux pas *vanter ma marchandise* et faire sonner bien haut le petit, le très petit sacrifice que j'ai offert; ce que j'écris ici est pour me *donner du cœur* et de la confiance. Je dois constater, établir sérieusement : que ce n'est pas l'ennui, le désœuvrement, l'originalité, le caprice et la singularité, qui m'ont amené à la vie religieuse, mais un *désir vrai, sincère,* autant que l'homme puisse l'affirmer de ses sentiments, de mieux connaître Notre-Seigneur Jésus-Christ, afin de le mieux servir, et de le faire, s'il est possible, connaître à d'autres. »

Cependant, il aurait pu se laisser arrêter par cette considération, qu'à soixante ans, on est plus propre à la vie contemplative qu'à la vie active; mais il se rappela très à propos une réflexion du P. Clerc : « La Compagnie de Jésus, à cause de la multiplicité de ses œuvres, sait utiliser son personnel *quel qu'il soit.* » Il voulut néanmoins s'assurer qu'il pourrait encore rendre quelques services pendant plusieurs années. Un médecin consulté assura que, selon toute probabilité, il devait vivre au moins jusqu'à soixante-six ans. Dès lors, plus d'hésitation; il revint à Rochefort, bien résolu à essayer toutes les démarches nécessaires pour son entrée dans la Compagnie de Jésus. « Je suis à un moment décisif de ma vie, écrit-il le 1er avril : je vais prendre ma retraite, quitter la marine et embrasser la profession religieuse, pour servir Dieu avec plus de suite et de sécurité que je ne le ferais dans le repos de la campagne, dans le bien-être comparatif dont j'y jouirais quelques années, s'il m'était donné de vivre. Puissé-je n'avoir qu'un but : aller à Dieu par la voie la plus courte et la plus sûre ! » Il copia, à la suite de ces réflexions, ce passage de l'*Imitation* qui l'avait beaucoup frappé : *Qui autem te per contemptum mundanum et carnis mortificationem sequuntur, vere sapientes esse cognoscuntur; quia de vanitate ad veritatem, de carne ad spiritum transferuntur.*

Durant les quelques semaines qui le séparaient de son entrée au noviciat, François, ne reculant devant aucun sacrifice, éprouva une douce joie, indice certain qu'il avait enfin trouvé la volonté de Dieu. « Les gens du monde, s'écrie-t-il, ne soupçonnent pas le bonheur que la présence de Dieu donne aux âmes qui s'efforcent de rendre à leur Maître l'honneur qui lui est dû. Je remercie le Seigneur des Seigneurs, mon créateur et mon Dieu, de me permettre de lui parler comme à un père, comme à une mère. Si les impies me disent que je suis le jouet d'une imagination affolée, je leur répondrai que ma folie me plaît et me cause plus de joie que leur sagesse; je leur répondrai avec saint Paul : *Pietas ad omnia utilis est, promissionem habens vitæ quæ nunc est et futuræ.* »

Le 2 avril, anniversaire du jour où il avait pris possession du poste de major de la Flotte, de Plas demanda à cesser ses fonctions et à faire valoir ses droits à la retraite. Sur l'invitation bienveillante du préfet maritime, il retira cette dernière demande, et la première fut seule envoyée à Paris; mais le ministre répondit qu'il ne pouvait l'accueillir en ce moment, désirant confier ce poste important à un officier supérieur qui n'était pas encore disponible. « L'homme s'agite et Dieu le mène, lisons-nous dans le *Journal privé*; loin de nous plaindre, nous devons bénir la Providence qui daigne corriger ce que nos plans ont de défectueux. Cette décision m'a d'abord contrarié; puis j'ai vu le doigt de Dieu derrière la signature du ministre, et le calme est revenu. »

François avait aussi sollicité son entrée dans la Compagnie de Jésus; mais, vu son âge avancé, une dispense était nécessaire, et le R. P. de Ponlevoy, alors Provincial de la province de France, s'était adressé à Rome pour l'obtenir. « Je serai content, écrivit-il en apprenant la démarche qu'on avait bien voulu faire pour lui, s'il m'est permis de mourir vieux novice dans cette milice du Christ que j'ai appris à aimer du jour où je l'ai connue. » La réponse n'était pas encore arrivée, lorsque, le 31 mai, il remit le service au commandant de la Réserve et fit ses adieux aux officiers. Tous le regrettaient, car, sous une apparence de sévérité, il cachait une bonté d'âme parfaite. « Il y a, quoi qu'on pense, disait-il lui-même, un petit déchirement quand on quitte une carrière à laquelle on avait consacré sa vie. Néanmoins, la pensée que j'aurai l'honneur de servir Dieu d'une manière plus noble, me met une certaine joie au cœur. »

Le 3 juin, le commandant arrivait à Puycheni, résolu d'y attendre, au sein de sa famille, la réponse de Paris pour prendre sa retraite, et celle de Rome pour entrer dans la Compagnie de Jésus. Mais le monde extérieur n'avait plus aucun attrait pour lui. « Il faut, disait-il, que je tâche de bien me préparer aux exigences de la vie religieuse, afin de n'être pas trop surpris, quand il faudra m'y conformer. »

Sa sœur Élisa, à laquelle, depuis la mort de madame de Plas, il écrivait régulièrement comme il le faisait autrefois à sa mère, était alors absente, et il s'empressa de lui communiquer ses intentions. « Il y a des projets qui ne souffrent pas de lenteurs ; celui qu'il a plu à Dieu de m'inspirer est de ce nombre. Je suis complètement fixé sur ce que je veux faire, et j'attends une réponse qui ne peut beaucoup tarder. Si elle est favorable, je ne passerai pas plus de trois semaines à Puycheni. Lorsqu'on s'est décidé à un grand parti, il ne faut pas regarder en arrière et trop s'attarder aux douceurs de la vie à la campagne. C'est presque imprudent de ne pas apporter une sorte de brusquerie dans ses décisions, car il ne manque pas d'avocats pour plaider la cause de la vie commode et libre. C'est bien tard de se donner à soixante ans, et chaque jour compte beaucoup à cet âge. Je serais fâché de ne pas me trouver un peu avec toi : quelques mots de causerie te feraient comprendre les motifs de ma conduite. Mais je regarderais comme une faute de marchander à Dieu le peu de jours que je me suis décidé à lui offrir. Ne pouvait-il pas me retirer la vie comme à un grand nombre de mes contemporains? Au lieu de cela, il daigne m'admettre à le servir d'une manière plus parfaite que dans le monde. Y a-t-il là matière à donner du chagrin à mes amis, et ne devrais-je pas, au contraire, recevoir leurs félicitations? »

Ce n'est pas cependant sans déchirements douloureux que l'âme la plus abandonnée à la volonté de Dieu parvient à se séparer de tout ce qui lui fut cher. Malgré son courage, le vieil officier n'en était pas moins ému à l'approche du sacrifice, et son *Journal privé* retrace fidèlement cette lutte intime qui nous montre toute la tendresse de son cœur.

« *Vendredi 4 juin, dix heures et demie du soir.* — Voilà une bonne, une très bonne journée, dont je dois bénir et remercier Dieu ; mais je ne me livre qu'à demi aux joies de la famille et à la contemplation de la campagne. Je me dis que, sous peu de jours, il faudra renoncer à la jouissance des beaux spectacles de la nature, aux douces causeries entre frères et sœurs, pour vivre de la vie religieuse. Mais plus j'y réfléchis, plus je trouve bon qu'un de nous au moins meure au monde, puisque Dieu nous a jusqu'ici préservés d'une manière si admirable. Et puisque Dieu a tant fait pour moi, n'est-il pas juste que ce soit moi qui me donne tout à Dieu?

» Est-ce par hasard que, désirant avoir quelque livre de lecture, j'ai mis la main sur le cinquième volume de Rodriguez, qui était resté seul dans ma bibliothèque ? Est-ce par hasard qu'en ouvrant ce livre, je me suis aperçu qu'il traitait de la fin de l'Institut de la Compagnie de Jésus et des principaux moyens de perfection de la vie religieuse? Non, certes : je ne vois pas là le doigt d'un hasard aveugle, mais celui d'une sage Providence. Quoi de plus sage, en effet, quand on veut servir son prince avec dévouement, que de se ranger parmi ses meilleures troupes?

» *Samedi 5 juin.* — Je suis logé, je crois, dans la chambre où je suis né. J'ai sous mes fenêtres le bois de Barbet, dont la verdure repose agréablement la vue. Ce matin, l'air retentissait des chants et des cris joyeux des hirondelles et des autres oiseaux. Puissé-je ne pas m'attacher aux attraits de cette terre, et reporter sans cesse mes regards vers la céleste patrie! *Benedic anima mea Domino, et omnia quæ intra me sunt nomini sancto ejus.*

» *Dimanche 6 juin.* — Il faisait dans la matinée et il a fait ce soir un temps délicieux. Rien de plus frais, en ce moment, que le bois dit de l'Allée et la grande allée de Puycheni. Je me promenais à travers champs, savourant l'air tiède et embaumé. Je me délectais dans tout ce que la création m'offrait de splendide à la vue et d'harmonieux à l'oreille; car diverses espèces d'oiseaux, sans parler des insectes, animaient gaiement le paysage. Je contemplais tout cela avec un charme exquis où se mêlait un peu de cette tristesse, de cette mélancolie si bien dépeintes par Gilbert et Millevoye.

» Dans quelques jours il me faudra tout quitter : Puycheni et ses frais ombrages, mes sœurs, mes frères, mes parents, mes amis, tout ce que j'aime, en un mot, pour vivre d'une vie sérieuse qui ne devra être qu'une longue préparation à la mort. N'ai-je pas manqué de prudence en venant ici? La transition de la chambre garnie au couvent aurait été moins brusque que le passage de Puycheni à la vie religieuse. Mon

Dieu ! plus je quitterai pour vous, plus, je l'espère, mon sacrifice vous sera agréable ! »

Le 13 juin, de Plas reçut une lettre du R. P. Provincial qui lui annonçait que la demande de dispense pour son entrée dans la Compagnie avait été favorablement accueillie par le T. R. P. Général. « Dès que vous serez libre, ajoutait le P. de Ponlevoy, et le plus tôt sera le mieux, nous prendrons date pour votre entrée au noviciat. Quand même il vous resterait quelques démarches ou voyages à faire ultérieurement, le *biennium* de probation n'en suivrait pas moins son cours régulier. » Le 16, le P. Fréchon, maître des novices, auquel il avait écrit au sujet de sa prochaine arrivée, lui donna rendez-vous pour le 20 juin. « Mon prochain départ, dit-il, attriste profondément une de mes sœurs. Aurais-je donc mieux fait de fuir sans avertir, que de m'exposer aux sensibilités de la famille? Il me semble qu'il était difficile d'agir autrement. Je reste au salon beaucoup plus longtemps que de coutume, pour faire partager à mes sœurs les sentiments qui m'animent. Je voudrais, en vue de la cause que je me propose de servir, qu'elles ne s'affligeassent pas trop de mon absence. Dieu aime ceux qui font leur sacrifice avec joie : *Hilarem datorem diligit Deus.* »

Le 19 juin, jour fixé pour le départ, était arrivé. Afin de fortifier son âme contre les surprises de la tendresse fraternelle, François de Plas voulut méditer sur la mort qui nous détache de tout. « Mourir pour son pays, écrit-il à six heures du matin dans son *Journal*, a toujours été considéré comme un acte admirable ; mais mourir chaque jour au monde ; mais quitter sa famille et la maison où l'on a passé son enfance ; mais dire adieu à tout ce que l'on aime, cela excite à peine l'attention des hommes. Ils prennent en pitié dédaigneuse ceux qui font pour Dieu et leurs frères les plus grands sacrifices dont la nature soit capable. Parvenir à soixante ans, après avoir, durant quarante-cinq années, battu toutes les mers, et se sentir encore assez de force pour entreprendre un noviciat dans un Ordre religieux, c'est une grande grâce dont je ne saurais trop remercier Notre-Seigneur. Il faut m'efforcer de montrer, par tous les moyens en mon pouvoir, que je suis très reconnaissant des bienfaits de Dieu, en lui accordant les quelques jours que sa Providence veut bien me laisser encore.

» Le vieux manoir se met en frais de coquetterie ; il ne m'a jamais paru si beau avec ses blés et ses vignes, ses bois et ses prairies. Il faut cependant tout quitter. Adieu donc, Puycheni, avec ta gracieuse ceinture d'arbres et ta terrasse où se sont échangées tant de bonnes causeries ! Vieux manoir, adieu ! Adieu, frères et sœurs; et si c'est pour toujours,... pour toujours, adieu ! »

François, accompagné de son frère Louis et de ses sœurs se rendit à Livernan, chez son frère Emmanuel; et, après déjeuner, tous le suivirent à Montmoreau où il devait prendre le chemin de fer pour Angers. Les adieux furent déchirants, mais le courage ne l'abandonna pas. « Combien je bénis Dieu, écrivit-il plus tard, de n'avoir pas faibli, en voyant la peine que mon départ causait à toute la famille. Il me semblait qu'on m'arrachait le cœur. Je dus, pour m'affermir dans ma résolution, me rappeler les paroles de Notre-Seigneur : *Qui reliquerit domum, vel fratres, aut sorores propter me, centuplum accipiet, et vitam æternam possidebit.* »

Le lendemain, à quatre heures et demie du matin, il frappait à la porte du noviciat de la Compagnie de Jésus.

TROISIÈME PARTIE

LE PÈRE DE PLAS

1869-1888

> Puissé-je n'écrire que ce qui peut augmenter en moi l'amour de Dieu, l'ardent désir de faire mon salut et de procurer celui du prochain! *Misericordias Domini in æternum cantabo.*
> (Journal privé, 22 avril 1888.)

CHAPITRE PREMIER

1869-1870

Le noviciat de la Compagnie de Jésus : *première probation* ; pratique de la vie commune ; vacances. — Le *status*. — Noces d'or du P. Chaignon. — Départ de Paris. — Arrivée à Rome. — Le *troisième an* à Saint-Eusèbe ; grande retraite. — Le Saint-Père aux Saints-Apôtres. — Ouverture du Concile. — Travaux « bas et humiliants ». — Œuvres de zèle. — Vertus religieuses. — — Bénédiction papale. — Constitution *de fide*. — Pèlerinages. — Vœux de dévotion. — Etudes de grammaire. — L'infaillibilité. — La guerre franco-allemande. — Retour en France.

« J'occupe depuis cinq heures ma cellule chez les PP. de la Compagnie de Jésus, écrit de Plas le 20 juin, j'ai reçu l'accueil le plus paternel et le plus fraternel ; car si les supérieurs sont comme des pères, les personnes chargées de mettre au courant des usages de la maison agissent comme d'excellents frères. » Cette heureuse impression du premier moment nous révèle la bonne volonté de cet ouvrier de la dernière heure qui se présentait pour travailler à la vigne du Père de famille ; elle était nécessaire pour l'aider à surmonter les pénibles émotions qui avaient accompagné la douloureuse séparation à Montmoreau.

Une lettre de Mgr Desprez, archevêque de Toulouse, qu'il reçut dans la journée, lui parut comme un avis du ciel pour l'affermir dans la voie où il était si courageusement entré. « Je m'attendais depuis longtemps à ce dénouement, lui écrivait son ancien passager du *Cassini* et de la *Virginie*. Comme vous y avez très longuement réfléchi, comme vous avez pris pour vous éclairer tous les moyens que prescrivait la prudence, tout me rassure et me dit que vous êtes dans la voie de Dieu. Je prierai pour vous, mon excellent ami, afin que cette volonté divine se manifeste toujours d'une manière de plus en plus claire et précise... Le Seigneur vous a accordé une grande grâce, une grâce de choix, en vous appelant dans la Compagnie de Jésus. A chaque instant, je me surprends à envier votre bonheur. En 1832 ou 1834, j'ai songé à y entrer moi-même ; des obstacles contre lesquels je n'ai pu lutter m'ont forcé à renoncer à ce dessein. Que Dieu vous y accorde toutes les consolations propres à vous procurer le bonheur et une riche récolte de mérites pour le ciel ! »

Le lendemain, il y avait grande réjouissance au noviciat, car on célébrait solennellement la fête de saint Louis de Gonzague. Le nouveau postulant, qui devait, selon l'usage, rester quelques jours en dehors de la communauté, fut admis, par privilège, à dîner au réfectoire, où il prit place à la droite du R. P. Recteur. Il put ainsi assister aux touchants adieux des novices espagnols qui, chassés de leur patrie par la Révolution, avaient trouvé pendant plusieurs mois une fraternelle hospitalité dans la maison d'Angers. Ils allaient partir pour Poyanne, dans le département des Landes, se rapprochant de la frontière, afin de profiter de la première occasion favorable pour rentrer dans leur pays. « Cette journée s'est bien passée, écrit François dans son *Journal*. Le P. Maître m'ayant proposé, à cause de mon âge, d'adoucir pour moi quelques-uns des usages du noviciat, j'ai cru devoir lui répéter ce que j'écrivais au P. Clerc : j'ai faim d'obéissance ! » Jamais, en effet, ni au noviciat, ni au scolasticat, ni en résidence, il ne voulut accepter aucun adoucissement qui le séparât tant soit peu de la vie commune.

Par amour de la vie commune, on le vit même se priver de la communion qu'il avait, depuis longtemps, la consolation de recevoir tous les jours. « Ce matin, écrit-il le 22, je me suis abstenu de la sainte communion, parce que les novices ne la font qu'à des jours déterminés. Cela m'aurait été très pénible, si je ne savais par la foi que l'obéissance rend toutes nos actions beaucoup plus agréables à Dieu. » Voilà bien l'esprit de saint Ignace, qui voulait que ses disciples fussent avant tout des hommes obéissants !

L'épreuve cependant n'avait pas manqué dès les premiers jours; le postulant s'était demandé s'il n'avait pas trop présumé de ses forces. « Encore quatre heures et demie, s'écrie-t-il, n'en pouvant plus, à la fin d'une journée, et l'heure du repos sera arrivée ! » Mais bientôt une pensée de foi étouffa le cri de la nature. « Qu'est-ce que quatre heures et demie, ajoute-t-il? Qu'est-ce qu'un jour ? Nous pouvons être surpris par la mort le jour même où nous sommes éprouvés, et il est par-dessus tout important d'en faire un jour méritoire. »

Au retour d'une journée passée à la campagne, il avoua qu'elle lui avait paru longue. « Je ne me donnais pas, dit-il, de récréations aussi prolongées dans le monde, mais il faut voir tout cela avec bon esprit et surtout s'humilier de ce qu'on ne comprend pas. Je ne suis plus les pratiques que je m'étais imposées et je n'ai pu encore prendre les usages de la maison; cela rend l'esprit peu satisfait, mais il ne faut voir en tout que la volonté de Dieu. »

Le 24 juin, le F. de Plas (c'est le nom qu'il portera désormais jusqu'à son sacerdoce) sortit de la première probation pour faire partie du noviciat. « J'ai pris rang ce matin parmi les Frères, écrit-il, et j'ai fait la sainte communion en tête des novices, avec le F. admoniteur. Après la messe, déjeuner en commun. Quand je me rappelle que j'ai si longtemps mangé tout seul, je ne trouverai pas très dur de manger en si bonne compagnie. Après le déjeuner, je suis venu occuper ma cellule au troisième étage; elle est assez bien aérée, et rien n'y manque d'essentiel. C'est de la pauvreté sinon aisée, du moins suffisamment secourue. »

Le R. P. Fessard, à qui il avait annoncé sa prochaine entrée au noviciat, le remercia de son pieux souvenir, en lui disant la vive part qu'il prenait à son bonheur. « Il me sera singulièrement doux, lui écrivit-il, de demander humblement et instamment pour vous à Notre-Seigneur, qu'à l'exemple de saint Louis de Gonzague, vous deveniez « le Jésuite » dont vous avez si heureusement esquissé le portrait : « fervent, simple » et parfaitement droit dans sa conduite. » Oh ! oui, parfaitement droit dans sa conduite avec Dieu, avec soi-même, avec ses supérieurs, avec ses frères, avec tous. Ç'a été là une des vertus caractéristiques de saint Ignace. »

Le F. de Plas se mit immédiatement à l'œuvre pour reproduire dans sa personne le type dont il avait si bien conçu le dessein. « Je dois me considérer, disait-il, comme envoyé ici pour me faire tailler et sculpter par d'habiles ouvriers. Que de fois j'ai désiré remettre entre les mains de mon Maître tout ce qu'il m'a donné, afin qu'il éprouvât ma bonne volonté par une situation nouvelle, convaincu qu'il ne la mettrait pas à une trop forte épreuve ! Mon vœu peut être considéré comme exaucé. Je suis disposé, j'en ai la ferme confiance, à donner mon corps, mon âme, ma vie, tout ce que je suis et tout ce que je possède, en vue de mieux servir mon Maître, de m'avancer vers la perfection et d'être utile au prochain. Puissé-je ne pas me faire d'illusion ! »

Le type du vrai Jésuite, c'est l'homme du *troisième degré d'humilité* de saint Ignace ; l'homme qui accepte, qui désire, qui recherche joyeusement, à la suite de Notre-Seigneur, les humiliations et les souffrances (1). Le P. Clerc, l'ancien lieutenant du *Cassini*, le futur martyr de la Commune, le savait déjà depuis longtemps par expérience ; aussi écrivit-il au nouveau novice : « Après votre carrière si pénible et si complète, vous venez chercher, au lieu du repos et de l'honneur que vous avez gagnés, le travail et les mépris dans la Compagnie. Oh ! mon bien cher commandant, encore une fois réjouissez-vous de ce que Dieu vous donne l'intelligence de ce que si peu d'hommes peuvent comprendre. »

Le F. de Plas comprit, en effet, dès le commencement de son noviciat, ce que devait être le vrai Jésuite d'après saint Ignace, et il s'employa tout entier à réaliser ce parfait modèle. « J'ai médité, ce matin, écrit-il le 27 juin, sur les humiliations et la gloire du

---

(1) « Le troisième degré d'humilité est très parfait. Il renferme les deux premiers (reposant sur l'indifférence de volonté et d'affection à l'égard des créatures), et veut, de plus, supposé que la louange et la gloire de la Majesté divine soient égales, que, pour imiter plus parfaitement Jésus-Christ, notre Seigneur, et me rendre de fait plus semblable à lui, je préfère, j'embrasse la pauvreté avec Jésus-Christ pauvre, plutôt que les richesses, les opprobres avec Jésus-Christ rassasié d'opprobres, plutôt que les honneurs ; le désir d'être regardé comme un homme inutile et insensé, par amour de Jésus-Christ, qui le premier a été regardé comme tel, plutôt que de passer pour un homme sage et prudent aux yeux du monde. » EXERCICES SPIRITUELS, *Seconde semaine. Les trois degrés d'humilité.*

cœur de Jésus, et essayé d'entrer dans les sentiments de saint Jean de la Croix, qui ne demandait au Seigneur, pour récompense de ses travaux, que de souffrir et d'être méprisé pour lui : *Pati et contemni pro te...* Je ne dois pas me flatter que la vie sera douce ici. Ce n'est pas ce qui m'a déterminé à y venir ; j'aime à penser que je m'y habituerai et que jamais je ne serai tenté de rentrer dans le monde. Les avantages de la vie religieuse sont évidents : où trouver plus de lumière pour marcher dans la vérité ? Où trouver plus de force pour triompher des difficultés de la vie ? Mais il faut que je m'arme de courage ; car rien ne s'obtient du côté de la perfection, si on n'est pas décidé à s'imposer des sacrifices... »

Le F. de Plas avait aussi compris que, pour faire quelques progrès dans la perfection, il devait, malgré son âge avancé, se laisser conduire comme un petit enfant par le maître des novices. « *Nisi efficiamini sicut parvuli*, écrit-il dans son Journal, *non intrabitis in regnum cœlorum*. Cette parole est à l'adresse des hommes de soixante ans, comme des jeunes gens de vingt ans. Il faut être simple et se laisser diriger, si l'on veut arriver au but. Que je bénis Dieu de vouloir bien employer ce *morceau de bois sec !* Que je remercie le P. Maître d'essayer de le tailler, pour en faire une image moins grossière de Jésus-Christ ! »

Ce fut le 2 juillet que le novice, capitaine de vaisseau, demanda au ministre de la marine l'autorisation de faire valoir ses droits à la retraite, à titre d'ancienneté de services. « Un vif attrait vers l'état ecclésiastique, disait-il, m'a décidé à venir à Angers entreprendre quelques études préparatoires ; et, pour disposer de moi sans retard, je renonce volontiers à la faveur accordée aux officiers qui entrent dans leur douzième année de grade avant l'âge de soixante ans. » La réponse favorable qu'il reçut du ministre lui permit de revêtir la soutane le 8 juillet. Il la baisa avec dévotion, avec amour, comme le signe extérieur de son engagement dans la milice du Christ. « Puissé-je, s'écria-t-il, ne m'en séparer jamais ! Puissé-je la porter plus dignement encore que je ne respectais mes épaulettes ! »

Pendant les trois mois que le F. de Plas devait rester à la maison d'Angers, il se montra le plus régulier des novices, fidèle à observer les moindres prescriptions des supérieurs. « Dès le premier jour, raconte un de ses compagnons de noviciat, il se mit à la règle comme les plus jeunes d'entre nous, cherchant avec une grande simplicité à se conformer à tous les plus petits usages. Ce qui frappait surtout, c'était son application à suivre la vie commune, refusant les adoucissements que son âge paraissait réclamer. Il saisissait, comme naturellement et sans être remarqué, toutes les occasions de dévouement et de sacrifice. La conférence quotidienne du P. Maître dut être une de ses épreuves les plus pénibles. A peine était-elle commencée que le pauvre Frère, saisi par l'envie de dormir, faisait des efforts incroyables pour n'y pas succomber. En vain essaya-t-il de se tenir éveillé, en prenant des notes, le sommeil était plus fort que sa volonté. Il crut qu'en restant debout il dormirait moins facilement, et dans cette position il tombait encore de sommeil. »

Le sujet le plus ordinaire de ses conversations était le bonheur qu'on éprouve dans la vie religieuse. « De combien de soucis, disait-il, ne me suis-je pas délivré en m'éloignant du monde ! Que d'obligations sans utilité ! Que de conversations oiseuses ! Que de lourdes responsabilités ! Comme il est doux, au contraire, de vivre en religion ! On est sans cesse excité au bien par de pieuses lectures, par de bons exemples, par de sages conseils. Il n'y a qu'à se laisser guider, et on approche chaque jour davantage de la perfection. N'est-ce pas pour les religieux qu'il a été dit : *Ibunt de virtute in virtutem?* Et comment en serait-il autrement, puisque Notre-Seigneur Jésus-Christ a promis le centuple et la vie éternelle à ceux qui quitteront le monde pour le suivre ? »

Mais c'est surtout en parlant de la Compagnie de Jésus à laquelle il avait, quoique indigne, disait-il, l'honneur d'appartenir, qu'il ne tarissait pas d'exprimer son contentement et son admiration. « Oui, s'écriait-il, c'est une gloire pour la Compagnie de se voir en butte à tout ce que l'impiété peut amasser contre elle de calomnies et de haines : *Et eritis odio omnibus propter nomen meum.* Le but que je me proposais en entrant dans la Compagnie, j'ose espérer que je pourrai l'atteindre ; car Dieu m'offre encore plus de moyens que je ne croyais pour travailler à ma perfection, et, s'il me prête vie, à celle du prochain. Nous avons été précédés par des Saints, nous sommes entourés de Saints ; et quiconque se conformera aux règles de saint Ignace arrivera sûrement à la sainteté. » Aussi écrivait-il à son ami le P. Clerc: « Ainsi que vous me l'aviez annoncé et promis, je trouve un calme profond, et Dieu me paie avec une grande générosité la petite part de bonne volonté que je lui ai apportée. »

Le lendemain de la fête de saint Ignace dont la douce solennité fut une si grande joie pour son cœur, le F. de Plas se rendit à la maison de campagne située sur la route des Ponts-de-Cé, à quelques kilomètres d'Angers. C'est là, non loin des bords de la Loire, que les novices passaient une quinzaine de jours de vacances chaque année, pour respirer un air plus frais et plus pur, au milieu des fortes chaleurs du mois d'août. « Ce séjour à la campagne, écrit-il vers le milieu des vacances, paraît un *expériment* (une épreuve) au premier abord ; mais je reconnais déjà que c'est pour tous une diversion utile aux occupations habituelles. Les journées sont entrecoupées d'exercices variés, et la liberté plus grande dont on jouit est aussi un repos parfaitement entendu. La méditation en plein air, le matin, contribue à faciliter l'esprit de prière en quelque lieu qu'on se trouve ; la lecture par bandes de trois, avec faculté pour chacun de faire des observations, habitue à réfléchir et à exprimer sa pensée ; les causeries à table apprennent à se connaître mutuellement ; les bains et les promenades entretiennent les forces et la santé; et, s'il n'est pas toujours agréable de marcher sous le soleil et dans la poussière, l'obéissance adoucit la fatigue, et les incommodités paraissent légères, quand on les supporte comme une préparation à la vie de missionnaire. »

Les vacances de 1869 furent signalées par deux belles excursions : l'une à Notre-Dame de Béhuard, chapelle construite par Charles VIII, en exécution d'un vœu de Louis XI, sur un rocher qui commande le cours de la Loire ; l'autre à l'ancien monastère de Saint-Maur, de l'ordre de saint Benoît. Aller en chemin de fer, retour à pied, prières et cantiques, déjeuner sur l'herbe et joyeux devis « rien ne manquait, écrit François à sa sœur Elisa, pas même la gaieté de bon aloi, qui était générale ; rien ne me paraît plus propre à redonner aux jeunes gens de l'ardeur pour le travail. »

Le F. de Plas reçut à cette époque la visite de deux anciens officiers de marine qu'il avait beaucoup connus autrefois, et près desquels il commença cet apostolat d'édification qui devait par la suite attirer tant d'âmes à Dieu. « Cet excellent Charles du Couëdic, écrit-il à sa sœur, croyait me trouver avec une figure austère ; il a été tout surpris de voir qu'il n'y avait que le costume de changé. Ce digne ami ne me blâme pas ; il comprend parfaitement le parti que j'ai embrassé ». Au second visiteur qui parut fort étonné de son nouveau genre de vie, il répondit : « Cela ne me surprend pas ; il faut y goûter pour l'apprécier à sa juste valeur. »

Nous ne pouvons citer toutes les lettres adressées au nouveau novice, à mesure qu'on apprenait son entrée dans la Compagnie de Jésus. En voici une cependant que le nom du signataire ne nous permet pas de passer sous silence ; elle est de M. Krantz, l'ancien second du *Solferino*. « Cette détermination de votre part, lui écrit-il, ne m'étonne pas. J'espère qu'elle contribuera à vous rendre heureux. En quittant la marine, vous emportez l'estime et l'affection de tous ceux qui vous ont connu. En entrant dans une maison religieuse, vous augmenterez certainement sa bonne renommée par l'exemple de votre piété et de vos vertus. » L'exemple de la piété et des vertus de l'humble religieux devait, en effet, jeter plus tard un vif éclat sur la Compagnie de Jésus ; mais son entrée au noviciat arracha elle-même à un ancien chirurgien, grand chef de la franc-maçonnerie, ce singulier témoignage : « Je ne suis pas sympathique aux Ordres religieux, mais je ne puis refuser quelque estime aux Jésuites depuis l'entrée du commandant de Plas chez eux. Il est trop intelligent pour s'être laissé berner, et trop loyal pour prêter son concours à une mauvaise œuvre. »

De retour à Angers, le F. de Plas s'attendait à y rester au moins une année de noviciat, et il s'en réjouissait, disant qu'il ne s'était jamais trouvé plus heureux ni à Brest, ni à Rochefort ; mais il apprit, le 6 septembre, qu'il était destiné pour la maison de Saint-Eusèbe à Rome. « Que la volonté de Dieu soit faite, s'écria-t-il, et que nos supérieurs me trouvent prêt à obéir au moindre signe ! Bien que Rome n'ait pas grand attrait pour moi dans les conditions où je vais m'y trouver, il est cependant avantageux de se rapprocher du centre de la Compagnie et d'habiter les lieux sanctifiés par saint Ignace et tant d'autres Saints. » Et le vieux novice, selon le conseil de la règle qui veut que l'on parle la langue de la contrée où on se trouve, se mit à étudier l'italien, afin d'être à même de profiter de son séjour en pays étranger.

Avant de quitter Angers, le F. de Plas eut la consolation d'assister à une petite fête de famille qui l'attacha davantage encore à sa chère vocation. « Nous avons eu ces jours derniers, écrit-il à sa sœur en annonçant son prochain départ, une cérémonie bien touchante à l'occasion des *Noces d'or* de deux missionnaires la Résidence, les PP. Delor et Chaignon, qui célébraient leur cinquantième année de Compagnie. C'était aussi pour le dernier, infatigable apôtre qui a déjà prêché plus de trois cents retraites ecclésiastiques dans toute la France, le cinquantième anniversaire de son sacerdoce. La messe a été dite par le P. Chaignon, dans la chapelle des Tabernables, en présence d'un grand nombre de prêtres, d'amis et de fidèles. Des scolastiques de Laval, venus à la maison de campagne pour y passer les vacances, ont rivalisé de zèle avec les novices pour offrir aux deux PP. jubilaires une charmante séance, dont il est difficile de se faire une idée, quand on n'a pas vu les choses de près. C'est là un des caractères qui me plaisent le plus dans nos réunions intimes : la joie la plus franche, accompagnée de la charité la plus intelligente. Je bénis de plus en plus Notre-Seigneur de m'avoir appelé dans un Ordre où tous n'ont qu'un même désir, ne poursuivent qu'un même but : Aimer Dieu et le prochain ! »

Vers la fin du mois de septembre, François quitta la maison d'Angers pour se rendre à Paris, où l'attendaient deux scolastiques qui devaient lui servir de compagnons de voyage jusqu'à Rome. Il emportait avec lui une dévotion bien chère à la Compagnie, qu'il n'avait pas eu l'occasion de connaître jusque-là, mais qui devint, à partir de ce moment, avec celle de la très Sainte Vierge et de saint Joseph, une des plus grandes consolations de sa vie. « Avant d'entrer dans la Compagnie, dit-il dans un de ses comptes de conscience, j'étais membre de l'œuvre de l'adoration nocturne, et j'avais même eu la pensée de faire partie de la Société des Pères du Saint-Sacrement. Ma dévotion n'a pas changé, mais je m'applique plus aujourd'hui à celle du Sacré-Cœur, qui avec l'Eucharistie nous manifeste d'une manière si sensible l'amour de Notre-Seigneur Jésus-Christ. Cette belle dévotion m'est devenue de plus en plus précieuse ; et j'ai pris l'habitude de réciter tous les jours la consécration au Cœur de Jésus que mon maître des novices, le Père Fréchon, m'avait engagé à réciter au moins une fois par mois. »

A Paris, où il ne resta que quelques jours, le F. de Plas retrouva l'amiral Bourgois, qui n'avait été nullement surpris de son entrée dans la Compagnie de Jésus, avouant même que « le commandant avait choisi la meilleure part. » Dans un entretien intime il apprit (car depuis longtemps il ne s'était pas occupé de politique) que l'horizon se chargeait de plus en plus d'orages ; que, au ministère de la marine, la nécessité de faire des économies obligeait à des réductions fâcheuses de personnel. Enfin, le contre-amiral félicita son ami du beau voyage qu'il allait faire à Rome, où on assisterait « à l'un des plus grands spectacles du siècle, » pendant que lui-même retournerait prendre son poste à Brest, en attendant un commandement. Il fut, en effet, un des plus grands spectacles du siècle, ce concile du Vatican qui devait s'ouvrir le 8 décembre, sous les auspices de la Vierge immaculée, et auquel accouraient déjà les évêques de toute la catholicité.

Ce n'était pas pour assister aux travaux du Concile que le novice et ses deux compagnons quittèrent Paris le 2 octobre. Ils allaient humblement prendre rang, l'un parmi les PP. de la troisième probation à la maison de retraite de Saint-Eusèbe, les deux autres parmi les étudiants en théologie du Collège romain. Nous nous permettrons, pour cette année 1869-1870, de compléter par nos souvenirs personnels les documents que nous avons entre les mains.

Les trois voyageurs arrivèrent à Rome le 10 octobre, après s'être arrêtés, selon le conseil du R. P. Provincial, à Lyon, Avignon, Marseille, Nice, Monaco, Gênes, la Spezia, Pise, Florence, rencontrant partout cet aimable accueil, cette exquise charité qui, à chaque départ, arrachait au cœur reconnaissant de François ce cri joyeux : *Ecce quam bonum et quam jucundum habitare fratres in unum!* « Nous avons été reçus dans les maisons de la Compagnie, écrit-il le 12 octobre, avec une affection fraternelle qu'on trouverait à peine dans les familles les plus unies. Tout était nouveau pour mes jeunes compagnons ; mais, bien que l'âge ait émoussé en moi la curiosité et l'enthousiasme, je n'en partageais pas moins leur satisfaction. »

A cette filiale communication du vieux novice, le R. P. de Ponlevoy, malgré les nombreuses occupations de sa charge, répondit en donnant quelques conseils remplis de cet esprit de foi qui animait toutes ses actions.

« Mon bien cher Frère,

» P. C. J'ai reçu votre bonne lettre datée de Saint-

Eusèbe. Vous n'aviez que d'heureuses nouvelles à me donner : durant le voyage, la charité fraternelle vous a tenu fidèle compagnie, et maintenant vous allez continuer votre noviciat *in scholâ affectus*. J'ai appris plus tard que le bon P. Pellico avait cessé d'être Instructeur. Après tout, *uno deficiente, non deficit alter*, puis enfin *unus est magister Christus*. Ah! surtout, mon bien cher Frère, que Dieu Notre-Seigneur vous accorde de goûter la doctrine des Exercices et l'esprit de l'Institut! Alors aussi, non seulement vous comprendrez, mais vous réaliserez votre sainte vocation. La prière, plus que l'étude, vous donnera la clef, et la pratique vous avancera plus que la spéculation. *Obedire et humiliari in Societate Jesu et æternam beatitudinem consequi*, c'est tout! Ah! que vous serez savant, si vous n'avez qu'un livre!...

» Que Dieu Notre-Seigneur vous bénisse!
» En union de vos prières,

» *Servus et frater in Christo.*
» A. DE PONLEVOY, S. J. »

Le P. Pellico, ancien Provincial de Turin, et depuis longues années Instructeur du *troisième an* à Saint-Eusèbe, venait en effet d'être remplacé par le R. P. Molza, homme d'une prudence consommée, d'une grande intelligence et d'une bonté parfaite, tel qu'il le fallait, en un mot, pour une maison composée de Pères appartenant à presque toutes les provinces de l'Europe. Gardien fidèle de la règle et des usages, il sut en plier la lettre à l'esprit dans une foule de circonstances d'une année exceptionnelle; aucun Père étranger ne partit de Rome sans avoir pu satisfaire sa piété, en assistant à quelques-unes de ces belles cérémonies dont la Ville éternelle fut alors si souvent le théâtre.

Le F. de Plas ne pouvait oublier son cher noviciat, « le berceau de sa vie spirituelle », comme il aimait à l'appeler. A peine installé dans sa nouvelle habitation, il s'empressa d'écrire au P. Maître ses impressions depuis le départ d'Angers : « J'ai pris possession, ajoute-t-il, de la chambre que j'occuperai probablement toute l'année. Devant moi s'étend un vaste horizon du côté de Saint-Jean de Latran, dont j'aperçois la masse imposante ; de ma fenêtre, je vois aussi des pans de murs en ruine et de beaux jardins d'un riant aspect. C'est vraiment une charmante solitude que celle de Saint-Eusèbe, avec son immense enclos où l'on trouve en abondance les légumes et les fruits nécessaires à un personnel de quarante à cinquante religieux. Je préfère aux courses dans la ville ou la campagne une promenade au jardin, d'où l'on jouit d'une très belle vue sur les montagnes au sud-est de Rome. Je ne saurais trop bénir Dieu et le remercier de m'avoir envoyé ici. J'y ai trouvé une paix que le monde ne m'aurait pas donnée, et des moyens d'avancer dans la perfection qu'on chercherait vainement dans la vie du monde. Puissé-je être comme un enfant sous la direction des Pères chargés de me former ! »

La lettre du vieux novice de Rome avait été accueillie avec des transports de joie par les jeunes Frères d'Angers; tout le monde avait gardé si bon souvenir de ses actes d'humilité, de charité et de simplicité, qu'on aimait à les rappeler sans cesse comme les exemples d'un Saint. « Mon bien cher Frère, lui répondit le P. Fréchon, votre bonne lettre est enfin venue nous donner de vos nouvelles. Elle a été une heureuse fortune pour le noviciat, et quand je l'ai annoncée, à la campagne, elle a provoqué une acclamation de joie toute fraternelle. Vous voyez que votre passage a laissé trace ici dans les cœurs, et que la maison de la Compagnie, qui la première vous a reçu dans son sein comme un enfant de la famille, est aussi la première à vous garder un fidèle souvenir. Je me tiens assuré que ces relations si douces ne se rompront jamais, que le noviciat d'Angers vous sera toujours cher, comme aussi votre nom sera toujours de chère mémoire au noviciat d'Angers.

» Nous avons suivi avec un vif intérêt le récit de vos pérégrinations, je dirais volontiers de votre pèlerinage à travers l'Italie. Se rendre à Rome, au tombeau des Apôtres, de maison de la Compagnie en maison de la Compagnie, qu'est-ce autre chose qu'un pèlerinage ? Nous avons sans doute pris plaisir aux belles et curieuses choses que vous nous avez décrites ; mais, quant à moi, ce qui m'a le plus frappé et ému, c'est cette impression que vous avez ressentie de la charité qui règne dans la Compagnie.—Je l'ai bien fait remarquer aux novices. Dans votre bouche, ce témoignage a une valeur particulière. Vous qui avez vécu dans le monde, vous pouvez mieux apprécier et comparer l'esprit qui anime les deux *cités*, et nous dire lequel vaut mieux. Pour moi, j'en ai été fort consolé, et je m'en réjouis aussi pour vous, mon cher Frère, parce que vous sentez par expérience qu'après avoir tout quitté pour Notre-Seigneur, vous trouvez, selon sa promesse, le centuple à son service. Plus vous irez, mieux vous le sentirez, parce que vous goûterez toujours mieux le don de Dieu. Je ne doute pas que ce noviciat, ou ce troisième an, fait à Rome, ne vous soit infiniment précieux. Là, vous verrez dans toute sa lumière l'esprit de l'Église et de la Compagnie, et, abreuvé à ces sources pures, vous y puiserez, pour le reste de votre carrière, une indéfectible énergie.

» Vous êtes à Rome, mon cher Frère, pour faire une œuvre sérieuse. Je ne veux pas lui apporter la moindre entrave. Si cependant vous pensez qu'un écho des grandes choses auxquelles vous allez assister puisse venir utilement jusqu'à nous, et nous faire plus aimer l'Église, soyez sûr que cet acte de charité de votre part vous méritera notre plus vive reconnaissance.

» Adieu, mon bon et cher Frère. Devenez un digne fils de saint Ignace, et recommandez à ce bienheureux Père celui qui fut un instant son représentant près de vous et qui sera toujours

» Votre dévoué et affectionné Frère *in Christo*.

» St Fréchon, S. J. »

Le F. de Plas répondit sans doute à ce chaleureux appel en adressant à Angers quelques récits intéressants des belles fêtes auxquelles il eut le bonheur d'assister, mais aucune de ces communications ne nous a été conservée; c'est à son *Journal privé* et à sa correspondance avec sa famille, que nous aurons recours pour connaître les particularités de son séjour à Rome. Encore ces deux sources très incomplètes ne nous permettent-elles de le suivre que de loin en loin; ce qui est très regrettable : surtout pour l'époque de sa grande retraite, qui eut lieu du 6 novembre au 8 décembre.

« C'est demain, note-t-il le 6 novembre, que commencera la grande retraite du troisième an de probation. J'espère, Dieu aidant, que je me laisserai diriger comme un enfant, et que j'apporterai à suivre les conseils qui me seront donnés une docilité parfaite. » Fidèle à cette résolution, il écoutait avec attention les points de méditation exposés avec clarté par le R. P. instructeur, et l'effort qu'il était obligé de faire pour comprendre l'italien, suffisait pour éveiller son esprit et vaincre le sommeil. Il se rappelait ce que lui avait écrit le P. de Ponlevoy : « Que Dieu vous donne de goûter la doctrine des Exercices... La prière, plus que l'étude, vous donnera la clef, et la pratique vous avancera plus que la spéculation... Oh ! que vous serez savant, si vous n'avez qu'un livre ! » Il pria de tout son cœur, et Dieu lui donna l'intelligence des Exercices. Plus tard, non seulement dans ses retraites, mais en temps ordinaire, c'est au livre de saint Ignace qu'il revenait sans cesse ; c'est en le méditant qu'il parvint à comprendre le véritable esprit de l'Institut, et à réaliser pleinement sa sainte vocation.

Les Exercices de saint Ignace sont divisés en quatre semaines ou parties, qui se distinguent moins par le nombre des jours, que par la diversité des sujets qu'elles embrassent. L'ensemble dure ordinairement un mois, avec un jour de repos dans l'intervalle de chaque semaine. Le 13 novembre, fête de saint Stanislas Kostka, François fut invité, en qualité de novice, à célébrer la solennité de son saint patron à la maison de Saint-André du Quirinal. Dès le matin, il eut le bonheur de recevoir la communion des mains du T. R. P. Général, qui dit la messe devant une foule nombreuse à l'autel de saint Stanislas. Dans la journée, il put s'entretenir longuement avec Mgr Languillat et Mgr Dubar, deux évêques de la Compagnie en Chine, venus à Rome pour assister au Concile ; il apprit avec joie les progrès de la foi dans le Kiang-nan et le Pe-tche-ly, grâce au zèle des missionnaires et à l'énergique protection de M. de Rochechouart, notre chargé d'affaires à Pe-king. Le soir, à cinq heures, il était de retour dans sa chère solitude, content d'avoir pu participer à cette charmante fête de famille, présidée par le T. R. P. Général « comme un grand-père, disait-il, au milieu de ses petits-enfants. »

D'après l'économie des Exercices de saint Ignace, la première semaine, ou méditation des grandes vérités, la fin de l'homme, le péché, la mort, l'enfer, n'est qu'une préparation à la deuxième semaine, comme la troisième et la quatrième semaine, ou contemplation des souffrances et de la gloire de Notre-Seigneur Jésus-Christ, n'en sont que la confirmation et le couronnement. Dans la deuxième semaine, en effet, se trouve l'*Élection*, qui est le centre même des Exercices. Le F. de Plas n'avait plus à choisir un état de vie ; depuis longtemps il connaissait la volonté de Dieu sur sa vocation. Il ne lui restait qu'à assurer sa persévérance, en réformant et réglant sa conduite ; ce fut là son travail pendant la seconde semaine. En contemplant son divin Maître dans les différents mystères d'une vie pauvre, obscure, laborieuse et apostolique, il choisit, sous l'inspiration de la grâce, les moyens qui lui parurent les plus efficaces pour atteindre la perfection de son état. Nous n'avons pas entre les mains le résultat de son élection ; mais nous pouvons y suppléer, dans une certaine mesure, par quelques passages du *Journal privé*, où l'on admirera les sentiments d'une profonde humilité.

« J'ai répondu par écrit, lisons-nous à la date du 22 novembre, à une note qui nous a été remise pour faciliter le compte rendu que nous devons faire, dans le but d'établir notre situation morale après les exercices de la deuxième semaine. J'ai tâché d'être exact, mais je crains de ne pas lire clairement ce qui se passe en moi. Je vais essayer de résumer ce que j'ai écrit, de le modifier même s'il y a lieu.

» Je suis entré dans la Compagnie de Jésus pour y opérer mon salut et avec le désir d'y vivre en parfait religieux. J'y ai apporté une sorte de faim d'obéissance et un véritable amour de la règle ; mais la nature a encore beaucoup d'action sur moi. Si je suis prêt à accepter, pour l'amour de Dieu, les situations les plus difficiles et les plus pénibles, je ne puis pas dire que je les souhaite, n'étant pas même encore arrivé à l'indifférence au sujet de la santé et d'un certain bien-être accordé aux religieux en temps ordinaire. Je verrais avec peine plus de luxe et de confortable qu'il n'y en a dans la Compagnie, mais je n'ose pas dire que j'ambitionne la pauvreté ; j'espère seulement savoir la supporter, quand le jour des épreuves sera venu. Il en est de même pour les choses de la maison : je crois que j'accepterais, sans me plaindre, de mauvais effets et la chambre la moins commode. Je compte sur la prière et les bons exemples pour parvenir d'abord à l'indifférence à l'égard des créatures, puis au désir de ce qui contrarie la nature, à l'exemple de notre divin Modèle et de notre saint fondateur.

» Depuis longtemps, je fais peu de cas des honneurs du monde, et, dans le désir que j'ai eu souvent d'être approuvé, c'était plus en vue de l'*homme religieux* que de ma personnalité. Ainsi j'aurais éprouvé du plaisir à entendre les impies ou les indifférents dire, par exemple : « Le commandant X*** va à la messe
» chaque jour, mais ça ne l'empêche pas d'aller à bord
» des bâtiments qui lui sont confiés au moment où il
» est le moins attendu ; il est affable, il ne manque pas
» de fermeté à l'occasion. Sa religion ne lui a ôté au-
» cune des qualités qui conviennent à sa profession. »

» Aujourd'hui, je crois sincèrement ne pas tenir aux honneurs, et je borne mon ambition à faire sans bruit quelque bien dans la Compagnie. Cependant l'esprit malin me dit parfois que je pourrais, à raison de mon ancienne position dans la société, être utile aux officiers de l'armée ou de la marine dans un port de mer, Cherbourg, Brest ou Rochefort. Si j'étais plus jeune, si j'avais de la mémoire et un peu d'éloquence, je penserais que l'avis vient du bon ange ; aujourd'hui, non.

» J'ai le plus grand désir d'être connu à fond de mes supérieurs, me considérant comme une chose que la Compagnie doit employer pour le but auquel elle paraît propre. Je suis prêt à me dévoiler sans arrière-pensée; j'en prendrais même l'initiative, si cela ne me semblait un mouvement d'amour-propre plus que d'humilité. »

Après un jour de repos, le 23 novembre, le F. de Plas reprit avec ardeur la suite des Exercices. « Les méditations de la deuxième semaine sont terminées, écrit-il, et nous allons commencer celles de la troisième : puissé-je en retirer quelque fruit ! Je ne cesserai de bénir Dieu et de le remercier de m'avoir rendu si faciles ces quinze jours passés dans la retraite et le silence. » C'est à travers des alternatives de consolation et de désolation que le pieux et vaillant retraitant parvint jusqu'au 30 novembre. « J'étais hier dans la désolation, écrit-il, et j'ai fait connaître l'état de mon esprit au R. P. instructeur ; cela a suffi pour dissiper l'orage et me rendre la paix. Je me trouve aujourd'hui en pleine consolation, désirant avancer dans l'amour de mon Maître qui m'a tant aimé, et servir sa cause à travers les dangers que la lutte contre l'impiété pourrait entraîner. »

La quatrième semaine des Exercices, qui ne dura que cinq jours du 2 au 6 décembre, fut remplie, pour cet homme de bonne volonté, d'une joie toute céleste à la vue de la gloire de Notre-Seigneur, au souvenir des bienfaits dont il avait été comblé par la bonté divine. « Dieu permet, écrit-il le 5 décembre, que ma cinquante-neuvième année s'achève au milieu de grandes consolations. Combien je voudrais entrer dans ma soixantième année, avec un regret de ma vie passée, avec un ferme désir de consacrer le reste de mes jours à la gloire de Dieu et au salut du prochain ! Le mot *gloire* a glissé de ma plume ; c'est *service* que je voulais dire. Je me trouve trop faible instrument pour me croire apte à procurer la gloire de mon Maître ; je dois m'estimer heureux d'être compté parmi les serviteurs fidèles et les hommes de désir. Il ne faut pas se mentir à soi-même : le monde m'a offert quelques joies passagères ; mais je ne retrouve dans mon souvenir rien de comparable à la joie de l'âme qui se sent soutenue dans les efforts qu'elle fait pour aimer Dieu. »

A peine sorti des saints Exercices, le F. de Plas essaya de se rendre compte de la manière dont il avait répondu aux grâces reçues de Dieu. « Puisse ce mois de retraite, s'écrie-t-il, porter fruit chez tous les PP. du troisième an ! Puissé-je moi-même reconnaître là encore une de ces faveurs signalées, comme j'en connais tant dans ma vie ! Il est difficile, sans doute, de se rendre bien compte des progrès qu'on a faits ; mais il me semble impossible de n'avoir point avancé d'un pas, quand on a scrupuleusement suivi les conseils donnés par ceux qui ont grâce d'état pour nous diriger. J'ai longtemps cherché à acquérir la conformité à la volonté de Dieu, et je jugeais imprudent, à raison de mes inquiétudes d'esprit, de demander une surcharge ; je trouvais qu'il suffisait d'être prêt à souffrir à l'heure voulue par mon Maître. Aujourd'hui, par le conseil du R. P. instructeur en qui j'ai toute confiance, j'ose demander des croix et des humiliations. Je crois être prêt à faire tout ce qu'on voudra, même ce qui est folie aux yeux du monde. Tout en me défiant beaucoup de moi-même, si faible, si misérable, j'ai une grande confiance en Dieu qui ne permet jamais que nous soyons tentés au delà de nos forces, proportionnant lui-même la grâce à l'épreuve. »

La grande retraite s'était terminée la veille même de l'ouverture du Concile, et les PP. du troisième an purent assister le 7 décembre à la visite du Saint-Père, à l'église des Saints-Apôtres. La vaste place située devant l'église était couverte de Romains et d'étrangers de toutes nations, avides de contempler les traits vénérés de Pie IX et de recevoir sa bénédiction. Les dragons pontificaux avaient peine à maintenir libre le passage pour les voitures. Après une longue attente, les cloches des églises voisines mêlent leur son aux vivats de la foule encombrant les rues que traversait le cortège, et annoncent l'arrivée du pape. Le silence se fait, et tous les regards se dirigent vers la rue qui débouche sur la place. Enfin apparaît le carrosse pontifical, précédé d'un escadron de gardes nobles. Les clairons des zouaves retentissent et de joyeuses fanfares leur font écho. C'est dès lors un enthousiasme indescriptible : les mouchoirs et les chapeaux s'agitent dans les airs, et de toutes les poitrines sort un seul cri : *Evviva! Evviva!* Le Saint-Père, visiblement ému, bénit ses enfants ; les cris redoublent, et il pénètre dans l'église suivi de son cortège. Peu à peu, la foule rentre dans le calme et commence à se disperser. Le F. de Plas, avec ses compagnons de promenade, revint alors à Saint-Eusèbe ; heureux d'avoir été témoin d'un si touchant spectacle, il s'écriait : « Pendant que partout en Europe les grandeurs s'abaissent et perdent avec leur prestige le respect de leurs sujets, Pie IX s'élève de jour en jour dans la filiale admiration du monde entier. »

Le lendemain, jour d'ouverture du Concile, la pluie tombait par torrents. François, après un peu d'hésitation à cause du mauvais temps, se décida, par charité, à accompagner un Père qui désirait assister à cette première session. « Cette matinée, disait-il, sera pénible et agréable à la fois : agréable, par la bonne fortune de contempler un des plus grands spectacles de l'époque ; pénible par l'obligation de rester longtemps au milieu d'une foule bruyante et dissipée. Puissé-je accepter avec patience les ennuis inévitables dans ces sortes d'occasions, et prêcher par mon recueillement le respect de la maison de Dieu ! »

La cérémonie avait été fixée pour huit heures et demie ; mais longtemps auparavant, la vaste nef de Saint-Pierre était remplie d'une foule compacte qui se pressait sur le parcours de la procession et en face de la salle du Concile. Tous les évêques étaient réunis dans le vestibule au-dessus du portique d'entrée. Bientôt le *Veni Creator*, entonné par la voix forte et sonore de Pie IX, est chanté par les Pères qui s'avancent gravement deux à deux, au son des cloches et du canon. Enfin, l'imposant cortége, escorté par une double haie de soldats, franchit le seuil de la basilique et se dirige lentement vers la salle du Concile. « On les a vus, écrivit le pieux novice transporté d'enthousiasme, et citant les paroles éloquentes de Louis Veuillot, on les a vus passer tout à l'heure au milieu d'une foule formée de tous les peuples et de toutes les conditions de la vie humaine. L'immense basilique de Saint-Pierre et son immense atrium se sont trouvés trop étroits à la multitude empressée de les saluer.

» Ils défilaient chantant le *Veni Creator*. Ils étaient là tous, de l'Orient et du Couchant, de l'extrême Nord et de l'extrême Midi, et des terres de l'hérésie et des terres de l'infidélité, et des terres encore inconnues au commencement de ce siècle...

» Chacun dans la foule reconnaissait les siens, les doctes, les éloquents, les persécutés, les héroïques. On se montrait ceux qui viennent de si loin et qui ont fait de si grandes choses, maintenant ignorées du monde, mais que l'histoire glorifiera. On se redisait des noms que les peuples futurs béniront au premier chapitre de leurs annales, et que les vieux peuples rajeunis chanteront en racontant leur rentrée au bercail du Christ...

» Plusieurs de ces hommes ont fondé leur diocèse et quelques-uns ont fondé leur peuple ; d'autres, après trois cents ans, ont redressé leur siège que l'hérésie avait renversé, et relevé leur église dont l'emplacement même avait disparu... Voici Genève et Londres qui n'étaient pas au concile de Trente ! »

D'après le cérémonial, on aurait dû faire sortir de la salle tous ceux qui n'avaient pas droit de séance, fermer les portes et délibérer en secret ; mais le Saint-Père n'avait pas voulu que le Concile commençât par une déception. Il avait donc commandé, non seulement que la grande porte restât ouverte, mais que la cloison même qui fermait l'entrée de la salle fût enlevée, afin que le public pût jouir jusqu'au bout de ce ravissant spectacle.

La cérémonie ne se termina que vers trois heures du soir. De retour à Saint-Eusèbe, le F. de Plas inscrivit dans son *Journal* les graves impressions qu'il avait emportées de cette glorieuse journée. « Comment ne pas sourire de pitié, s'écrie-t-il, en pensant à ces misérables folliculaires qui recommandent à ces vénérables évêques, archevêques, patriarches et cardinaux, d'être sages et prudents, et qui conseilleraient même au Saint-Esprit de ne pas perdre de vue les nécessités du monde actuel? Mais qui donc de nos jours ne se croit pas un peu capable de mener, sinon ses propres affaires, du moins l'État, l'Église et Dieu même ? »

Dès le lendemain de la fête de l'Immaculée-Conception, François s'était mis avec ardeur au travail de sa perfection, se livrant tout entier aux exercices de la vie intérieure ou à des œuvres qui permettaient à son zèle de se déployer sous les formes les plus humbles. On lui avait parlé d'étudier un peu la théologie ; il en écrivit au R. P. de Ponlevoy, s'excusant de n'avoir dans sa solitude aucune grande nouvelle à lui communiquer. « Les meilleures nouvelles que vous puissiez me donner à Saint-Eusèbe, lui répondit le R. P. Provincial, ce sont les vôtres. Dans cette maison, si bien nommée l'*École du cœur*, vous avez à mener cette vie décrite par l'Apôtre : *Vita abscondita cum Christo in Deo*, et il ne vous reste que vous-même à vaincre, et Notre-Seigneur à étudier sur sa croix et dans son cœur.

» Eh bien, laissons faire, la théologie aura son tour. Si vous goûtez l'Institut, vous serez bien savant ; vous aurez plus que de l'érudition, vous aurez une doctrine, un esprit. Oh! mon cher Frère, que j'aime à voir votre goût pour la lettre de notre bienheureux Père! Vous avez, par ce seul fait, le grand signe des vrais enfants de la Compagnie. Vous avez lu, à la fin de l'Examen général, en tête de l'Institut, cette phrase incomparable : *Humiliari et obedire in Societate Jesu exoptat, et æternam beatitudinem consequi*. Voilà le Jésuite de pied en cap! »

On a dû remarquer dans la lettre qui précède cette ravissante expression, l'école du cœur, *schola affectus* : le mot est de saint Ignace lui-même, pour désigner la troisième probation, cette douce et forte école qui exige dans les disciples, avec la simplicité du cœur et la docilité à se laisser conduire, une coopération active et spontanée au travail intérieur de leur perfection religieuse. La maison de Saint-Eusèbe, d'après le tableau qu'en a tracé le F. de Plas, était véritablement pour lui et les PP. du troisième an, cette école du cœur que saint Ignace avait voulu pour ses enfants.

« Je suis de plus en plus charmé, écrit-il à sa sœur,

de notre maison de Saint-Eusèbe et de la manière dont notre temps est employé. Je regrette quelquefois de n'avoir pas songé plus tôt au noble parti que j'ai pris; mais j'aime à penser que le bon Dieu avait ses vues en me laissant dans le monde. J'avoue qu'il me serait impossible aujourd'hui de prendre goût aux études que l'homme de guerre est obligé de faire pour arriver à tuer le plus grand nombre d'ennemis possible, en se protégeant soi-même de son mieux. Comme le cœur et l'esprit, comme l'âme et la conscience se sentent plus à l'aise, quand on n'est occupé que des devoirs de l'homme envers Dieu et envers ses semblables, quand on cherche à se rendre meilleur et à s'éclairer pour éclairer plus sûrement autrui! Ici, l'obéissance est la plus douce des choses, car chacun obéit; le supérieur comme le frère coadjuteur suit le règlement, et les ordres, donnés avec une religieuse simplicité, sont toujours exécutés avec bonne volonté. Nous avons la paix autant qu'elle peut exister sur cette terre, et il règne une cordiale affection entre tous les membres de la communauté. Oh! si les gens du monde, qui sont si souvent mécontents de leur sort, pouvaient apprécier les biens dont nous jouissons, comme nous aurions de nombreuses vocations! Je ne me dissimule pas que l'avenir nous réserve plus de difficultés et de peines que le temps présent; mais ces peines et ces difficultés, nous prenons ici des forces pour en triompher avec la grâce de Dieu. »

Si les méditations, les conférences et les lectures spirituelles tiennent une large place dans la journée des Pères du troisième an, on réserve un temps convenable aux exercices manuels : balayer les chambres et les corridors, nettoyer la maison du haut en bas, aider les frères coadjuteurs dans les offices domestiques, au réfectoire, à l'infirmerie, à la cuisine. Voilà certes, dans une communauté nombreuse, une riche matière à l'exercice des offices que saint Ignace appelle *bas et humiliants*; et quand on sait bien s'y prendre, on trouve facilement à récolter, dans ce champ si varié, une riche moisson de mérites pour le ciel. Le fervent novice se livrait avec un contentement indicible à ces pénibles travaux auxquels il n'était pas habitué, mais qui lui rappelaient la vie cachée de Notre-Seigneur dans l'obscure maison de Nazareth. Laissons M. Julien nous raconter, dans un style pittoresque, comment il surprit un jour son ancien commandant au milieu de ces humbles occupations.

C'était le mardi, 12 avril, car voici ce que nous lisons à cette date dans le *Journal privé* : « J'ai vu avec plaisir M. Julien, lieutenant de vaisseau en retraite, autrefois secrétaire de l'amiral Bouët-Willaumez sur le *Solferino*, et qui a écrit en beau style quantité de bons ouvrages remplis de sentiments très chrétiens. » Ces deux anciens officiers de marine n'étaient pas étrangers l'un à l'autre. Leurs relations remontaient à près de vingt-cinq ans, comme nous l'apprennent les notes qu'on a bien voulu nous communiquer.

« Vers la fin de 1846, écrit M. Julien, nous avons connu le commandant de Plas dans l'Inde. Pendant notre première campagne, en sortant de l'école polytechnique, nous nous trouvâmes embarqué, sous ses ordres, sur la frégate la *Belle-Poule*, dont il était le premier lieutenant... A cette époque le lieutenant de Plas n'avait pas encore trouvé son chemin de Damas. Du moins, c'était l'opinion qui avait cours au poste. Il est vrai qu'on n'y perd point une occasion de médire même d'un futur Saint...

» Dix-neuf ans plus tard, en 1865, nous retrouvâmes le commandant de Plas sur le vaisseau-amiral le *Sol-*

ferino, capitaine de pavillon de l'amiral Bouët-Willaumez, commandant en chef l'escadre de la Méditerranée. Par son caractère et la distinction de ses manières, le commandant de Plas était bien à sa place sur ce vaisseau-amiral appelé à accompagner l'Empereur à Alger, et destiné, peu après, à figurer en première ligne dans les fêtes et réceptions internationales échangées, à Brest et à Portsmouth, entre les deux premières flottes cuirassées de la France et de l'Angleterre.

» Après avoir laissé le commandant de Plas sur le pont d'un vaisseau-amiral, dans tout l'éclat des pompes militaires, nous le retrouvons à Rome, en 1870, à la maison de Saint-Eusèbe.

» Le célèbre P. Curci y prêchait à ce moment une retraite d'hommes, et la foule était nombreuse. L'aristocratie romaine s'y était donné rendez-vous.

» En franchissant la porte, nous nous trouvâmes dans un long corridor et nous n'eûmes que le temps de nous effacer contre le mur, pour laisser passer devant nous les deux files d'une procession de fidèles qui, après s'être déroulée sous les arcades du cloître, rentrait dans la chapelle.

» Le moment était mal choisi pour nous présenter : n'importe ! la patience des supérieurs est très grande ; nous le savions et nous en abusions.

» Après la procession, le P. Curci vint à nous, et, debout entre la porte d'entrée et celle du parloir :

» — Que demandez-vous ? nous dit-il sèchement, en roulant entre ses doigts la carte que nous lui avions fait parvenir.

» — Le commandant de Plas, mon Révérend Père, n'est-il pas chez vous depuis quelque temps ?

» — Le commandant de Plas ! fit-il avec un mouvement de tête difficile à traduire ; il n'y a pas de commandant chez nous... Le novice de Plas, peut-être ?... Dans ce cas, vous allez voir un bien modeste religieux. Je vais vous le faire appeler.

» En effet, après quelques instants d'attente, nous vîmes se dessiner au fond du cloître la silhouette d'un religieux qui s'avançait vers nous, laissant dans un coin du mur un objet auquel nous ne prîmes pas garde d'abord.

» C'était lui !

» Il nous tendit la main avec son fin sourire. L'homme était resté le même, l'habit ne l'était plus.

» La main naguère élégamment gantée était rude et calleuse ; elle trahissait un genre de travail que le commandant n'avait jamais connu...

» C'était un balai que nous avions aperçu entre les mains du novice de Plas, et dont il s'était débarrassé en venant à nous. »

A cette époque, on avait conservé à Rome tous les expériments du noviciat, tels qu'ils étaient autrefois pratiqués dans l'ancienne Compagnie. Les PP. du troisième an étaient donc envoyés de temps en temps visiter les malades et les prisonniers et même demander l'aumône sur la voie publique. Les détails nous manquent sur ces différentes œuvres de zèle et d'humilité tant recommandées par saint Ignace ; nous nous contenterons de citer quelques passages du *Journal privé*, qui y font allusion. « J'ai été à deux heures et demie aux prisons, écrit le F. de Plas le 15 avril, pour faire le catéchisme à un pauvre détenu que j'ai gardé plus d'une heure. — Je ne puis oublier, écrivait-il plus tard, le plaisir que j'ai eu à servir les malades à l'hôpital où saint Louis de Gonzague les soignait, et où il contracta la maladie qui l'emporta. — Je me rappelle aussi avec bonheur la matinée où j'ai dû mendier avec un bissac dans la rue du *Corso*, jusque dans les cafés, recevant ici un bon accueil, là des marques de mépris et de dédain, et rentrant à Saint-Eusèbe avec un pain, une brioche et environ 3 fr. 50. »

Comprenant combien la vertu d'abnégation lui était nécessaire, le pieux novice en avait fait l'objet le plus habituel de ses méditations du soir, afin de parvenir, comme le demandent les Constitutions, à la pratique continuelle de cette vertu. Aussi le voyons-nous, malgré ses soixante ans sonnés, faire, les jours ordinaires, la *passegiata* avant l'*Ave Maria*, et, les jours de congé, des promenades plus considérables dans les environs de Rome. Un Père avait-il besoin d'un *solcius* pour une visite en ville, le F. de Plas se trouvait toujours prêt à sortir pour rendre un petit service. Sa charité était devenue proverbiale et on y avait recours en toute occasion.

Quant à la mortification, compagne inséparable de l'abnégation, il suivait le conseil de saint Ignace, en essayant, sous la direction du R. P. instructeur, ce qui pouvait le mieux convenir à ses forces physiques et morales. Il supportait sans se plaindre les incommodités des saisons, le froid, le chaud et les petits assujettissements de la vie de communauté. Bien qu'il éprouvât de l'attrait pour les austérités corporelles, il s'en servait avec discrétion, comme d'un moyen très utile pour acquérir l'esprit d'oraison. « J'y vais doucement, disait-il, en commençant, persuadé qu'il faut en tout de l'apprentissage. » Sans négliger l'emploi des instruments de pénitence proprement dits, il avait une tendance plus marquée à refuser le bien-être à son corps soit pour la nourriture, soit pour le sommeil. Les supérieurs durent même veiller à ce que ses privations ne nuisissent pas d'une manière notable à sa santé.

Cette pratique de l'abnégation et de la mortification

continuelles en toutes choses, loin de s'opposer à la facilité de ses rapports avec ses frères et avec les étrangers, lui causait une surabondance de joie qui le rendait encore plus affable envers tous. Dans ses conversations, dans ses lettres, il revient sans cesse sur le bonheur qu'il ressentait d'être tout entier au service de Dieu, et se plaint souvent de ne pas avoir à supporter plus d'épreuves. « Tu es au nombre des personnes que Notre-Seigneur traite par les croix, écrit-il à sa sœur ; ta foi en saura tirer le meilleur parti ; tout tourne à bien pour ceux qui aiment Dieu. Quant à moi, s'il plaisait à Dieu de terminer ma vie dans les conditions où je me trouve, je tremblerais de paraître devant le souverain Juge, après avoir eu si peu d'épreuves. Je te disais, je crois, dans ma dernière lettre, que je me trouvais plus heureux novice que sénateur ou maréchal de France. Eh bien ! ce que je pensais alors, je le pense encore aujourd'hui. Jamais je n'ai goûté plus de vraie joie que depuis mon entrée dans la Compagnie de Jésus. Oui, chère sœur, je le confesse hautement: j'ai déjà reçu le centuple promis même sur cette terre à ceux qui abandonnent tout pour Dieu. »

Depuis le 8 décembre, le F. de Plas n'avait assisté à aucune des grandes fêtes qui eurent lieu à Rome à l'occasion du Concile ; les cérémonies de la Semaine Sainte étaient terminées, et le lendemain, du portique supérieur de la basilique vaticane, Pie IX devait donner *Urbi et Orbi* cette bénédiction papale qui rappelle celle donnée aux disciples et aux Apôtres par Notre-Seigneur montant au ciel. Le pieux novice eut le bonheur de contempler ce beau spectacle qui laissa dans son âme une profonde impression. « Le principal événement de ces derniers jours, écrit-il à son ami Mathieu, est pour moi la bénédiction pontificale, donnée de la *loggia* de Saint-Pierre à une centaine de

milliers de personnes qui se pressaient sur la place. Spectacle unique au monde! Je ne sais rien de plus propre à élever l'âme, à satisfaire l'esprit et le cœur. On m'a rapporté que Pie IX n'est pas le moins ému de cette scène sublime. « Quand je donne cette béné-
» diction, disait-il un jour, je me sens vraiment Pape.
» Je sens que le cœur et la main du Pape sont dans le
» cœur et dans la main de Dieu, bénissant le monde. »

Le dimanche suivant, 24 avril, le Concile devait tenir, sous la présidence du Souverain Pontife, une de ces solennelles séances auxquelles il était permis à tous les fidèles de prendre part. Ce n'était plus une pure cérémonie, comme le 8 décembre, ni une simple profession de foi, comme le jour de l'Épiphanie ; c'était la promulgation de la Constitution *de Fide*, qui raffermissait les croyances des fidèles, en condamnant les principales erreurs du temps présent. En ce jour, le soleil brillait de tout son éclat sous le beau ciel de Rome ; des flots de lumière inondaient la basilique et la salle du Concile, symbole des grâces abondantes que le Saint-Esprit allait verser sur le monde chrétien.

Le moment était solennel. Après la messe, célébrée par le cardinal Bilio, et les prières d'usage, Mgr de Fabriano lut d'un ton accentué les décrets et canons, puis on procéda au vote par *placet* et *non placet*. Tous les évêques présents répondirent : *Placet* ; et la Constitution fut ainsi votée à l'unanimité. Alors le Pape se leva et dit d'une voix forte, au milieu du silence respectueux de l'assemblée : « Tous les Pères du Concile ayant, sans exception aucune, répondu *Placet* aux décrets et aux canons qu'on vient de lire, Nous-Même, Nous définissons dans le même sens les vérités contenues dans ces décrets et canons, que Nous confirmons de Notre autorité apostolique. » Puis, d'une voix tremblante d'émotion, il ajouta cette courte mais touchante allocution : « Vous voyez, très chers Frères, combien il est bon et doux de marcher d'accord dans la maison du Seigneur, de marcher dans la paix. Marchez toujours ainsi. Et parce que, à pareil jour, Notre-Seigneur Jésus-Christ donna la paix à ses Apôtres, moi aussi, qui suis son vicaire indigne, en son nom, je vous donne la paix.

» Cette paix, vous le savez, chasse la crainte ; cette paix, vous le savez encore, fait fermer les oreilles aux discours du dehors. Oh ! que cette paix vous accompagne tous les jours de votre vie ! qu'elle soit votre consolation ! qu'elle soit votre force au moment de la mort ! qu'elle soit votre joie éternelle dans les cieux ! »

Perdu au milieu de la foule qui se pressait devant la porte du Concile, le F. de Plas ne regretta pas la fatigue qu'il s'était imposée pour jouir de ce magnifique spectacle. « Qu'il est beau, écrivit-il de retour à Saint-Eusèbe, de voir tous les membres d'une pareille assemblée voter avec la plus parfaite harmonie sur les points les plus importants de la foi ! » Ayant appris que plusieurs évêques avaient présenté au Saint-Père un *Postulatum* pour l'introduction des délibérations sur l'infaillibilité : « Puissions-nous, s'écria-t-il, célébrer bientôt dans toute l'Église le triomphe de la papauté, en acclamant avec tous les évêques de la catholicité le Pontife infaillible ! »

En attendant ce triomphe de la papauté qu'il appelait de tous ses vœux, François eut la consolation de visiter le cachot où saint Paul baptisa Onésime et d'où il écrivit la joie ineffable qu'il éprouvait d'être enchaîné pour Jésus-Christ. « Puisse le souvenir de nos ancêtres dans la foi, s'écria le fervent novice, réveiller en nous des sentiments d'amour aussi vifs que les leurs ! Puissions-nous nous réchauffer à ce foyer de catholicisme et n'avoir qu'une pensée : travailler à notre sanctification et à celle du prochain ! » Sous la conduite du P. Francesco Tongiorgi, professeur d'archéologie au Collège romain, il eut aussi le bonheur de visiter en détail les intéressantes catacombes de Saint-Calixte, théâtre des explorations du commandeur de Rossi, admirant avec un religieux respect ces vénérés souvenirs des premiers siècles de la foi.

Pour attirer les bénédictions du ciel sur les travaux du Concile, le cardinal-vicaire avait, dans un éloquent *invito*, engagé les fidèles à faire la visite des sept basiliques, à laquelle sont attachées de nombreuses indulgences. Le F. de Plas commença ce pieux pèlerinage, le 3 mai, par la visite de Saint-Pierre, et le continua, le jour suivant, en parcourant partie à pied, partie en voiture, comme l'avaient voulu ses supérieurs, les stations de Saint-Paul hors les murs, de Saint-Sébastien, de Saint-Jean de Latran, de Sainte-Croix, etc. « Jamais, écrivait-il plus tard, en résumant ses impressions, je n'ai visité sans ressentir une ineffable émotion les monuments de Rome : depuis la prison Tullianum jusqu'au Colisée, ces deux extrémités de la civilisation païenne ; depuis les catacombes, berceau sanglant de la civilisation chrétienne, jusqu'aux basiliques superbes par lesquelles la croix a pris possession de l'univers. A chaque pas les deux mondes se rencontrent en présence : le monde païen gisant dans la majesté de ses souvenirs, le monde chrétien s'élevant vers le ciel à l'aide des débris qui jonchent le sol. Qu'est-ce que ce dôme de Saint-Pierre qui domine la colonne Trajane, et le Capitole, et les obélisques, et les arcs de triomphe, sinon l'antique Panthéon ramassé un jour à terre par la main d'un génie catholique et jeté dans les airs sur les voûtes du Temple de la Paix, pour servir de couronne au prince des Apôtres ? Après la visite des sept églises, je compris mieux l'amour du peuple romain pour Pie IX, car, outre ce qu'il y a de touchant dans cette magnanime infortune, elle est considérable la part de ce grand pontife dans la restauration des monuments et l'embellissement de la Ville éternelle. »

Le moment approchait où le F. de Plas achèverait sa première année de noviciat. Déjà, au mois de mars, il avait eu l'intention de se consacrer à Dieu par les vœux de pauvreté, de chasteté et d'obéissance, le jour anniversaire de sa résolution d'entrer dans la Compagnie, qui tombait le 19, fête solennelle de saint Joseph. Mais, d'après l'avis du R. P. instructeur, il avait différé jusqu'au 21 juin, époque de son entrée au noviciat, pour suivre l'usage de la Compagnie par rapport aux vœux de dévotion. Sa vocation n'était pas l'effet d'une ferveur passagère, aussi s'affermissait-il chaque jour dans son désir de s'engager d'une manière irrévocable. « Quand même je ne pourrais aspirer à l'honneur du sacerdoce, écrivit-il au R. P. Provincial, vers la fin du mois d'avril, je n'en persisterais pas moins dans la volonté de rester dans la Compagnie, si l'on veut bien me garder, malgré la délicatesse d'une santé qui peut, d'un moment à l'autre, faire défaut. » Enfin, le 21 juin, fête de saint Louis de Gonzague, dans toute la plénitude de sa liberté et la joie de son cœur, il prononça les vœux qui, comme un triple lien, devaient l'enchaîner à sa sainte vocation pour toujours. Il en écrivit même sur son *Journal privé* la formule précédée de cette petite annotation, qui montre avec quelle sagesse il faisait toutes choses : « En prononçant les vœux ci-dessous, j'ai l'intention de me placer vis-à-vis du T. R. P. Général et de ses délégués dans les mêmes conditions que les scolastiques, après deux ans de probation. J'entends aussi laisser aux supérieurs le droit de me délier de ces dits vœux, si, ce qu'à Dieu ne plaise, il se présentait des motifs qui ne me permissent pas de rester dans la Compagnie de Jésus. »

Le lendemain du jour où il eut la consolation de prononcer ses vœux de dévotion, François se remit courageusement sur les bancs, à l'exemple de saint Ignace, pour se préparer à suivre plus tard un cours de théologie. « La bonne chose, s'écrie-t-il le 26 juin, d'être soumis à l'obéissance, et de rompre avec toutes ses habitudes pour l'amour de Jésus-Christ, notre Sauveur ! Me voilà privé de la sainte communion, si ce n'est deux fois par semaine ; privé de l'exercice du Chemin de la Croix, sinon les jours de fête ; privé des lectures spirituelles qui me plaisent le plus, pour me livrer à des études qu'on n'impose généralement qu'aux enfants. Me voilà, comme un élève de cinquième, appliqué à l'étude de la grammaire latine, aux thèmes et aux versions. Eh bien ! l'obéissance me fait trouver tout bon ; je dirai même, le mot n'est pas trop fort, que je me délecte dans mes occupations d'écolier. »

Encore un mois, et, par suite de la cessation du troisième an, le F. de Plas allait être rappelé en France pour y étudier la théologie ; mais de grands événements éclatèrent alors, qui devaient retarder quelque temps sa préparation au sacerdoce. L'Espagne, au milieu de ses troubles politiques, demandait un roi, et le maréchal Prim offrit la couronne au prince Léopold de Hohenzollern qui l'accepta. La Prusse prenait ainsi position contre nous à notre frontière des Pyrénées, comme elle l'avait fait à notre frontière du Nord et de l'Est par ses traités avec la Confédération germanique. Cette nouvelle, comme une étincelle électrique, parcourut en un clin d'œil la France entière, mettant en feu toutes les passions surexcitées. A la vue de deux nations puissantes qui se disposaient à un choc formidable, l'Europe fut effrayée comme à l'approche d'un désastre universel. Le Pape offrit sa médiation et ne fut pas écouté ; le 19 juillet, la France fit notifier à la Prusse la déclaration de guerre. Coïncidence providentielle! La veille même de ce jour, le 18 juillet, le concile du Vatican avait, dans une séance solennelle, proclamé l'infaillibilité du Pape. Et maintenant les orages pouvaient éclater! Dieu, qui veille sur son Église, avait mis en sûreté son unité ; « il avait dit aux peuples ballottés par la Révolution que là où le Vicaire de Jésus-Christ allume le phare de la doctrine, là est le port et le salut (1). »

On ne lira pas sans intérêt la lettre suivante dans laquelle le R. P. Molza, instructeur du troisième an, à Saint-Eusèbe, a bien voulu nous résumer son appréciation sur le séjour du F. de Plas à Rome en 1869-1870.

« Votre demande, mon Révérend Père, m'est très agréable, car j'ai conservé du bon Père de Plas le plus doux souvenir. Je regrette toutefois de ne pouvoir vous communiquer rien de bien particulier, soit à cause du long temps écoulé, soit qu'il n'advint aucun fait important durant les quelques mois de son séjour à Rome.

» On peut dire d'une manière générale que sa vie fut toujours très édifiante. La simplicité de ses manières, la promptitude de son obéissance, le soin de se conformer aux coutumes locales, à toutes les pratiques de la vie religieuse et aux exercices propres à la troisième année de probation, même aux plus humbles, étaient pour tous un grand sujet d'édification. Je ne sache pas qu'on ait jamais remarqué en lui aucun manquement, aucun défaut de quelque importance ; mais je puis certifier du sérieux avec lequel il s'appliquait au travail de sa propre sanctification... Souvent il venait me trouver pour me rendre compte de sa con-

(1) De Margerie : *Le cardinal Pie*. (*Revue trimestrielle*, 15 avril 1881.)

science avec simplicité et confiance, comme un jeune novice, et il m'ouvrait entièrement son intérieur, demandant ma direction qu'il suivait en toute docilité.

» Voilà tout ce que je puis dire de ce bon Père de Plas, qu'on n'aurait jamais soupçonné d'avoir été si longtemps officier de marine ; ou plutôt, encore un petit souvenir. Je me rappelle avec quelles délices il lisait Bourdaloue, goûtant la solidité de sa doctrine ; ce qui prouve la solidité même de son esprit. »

Vers le milieu du mois d'août, le F. de Plas, rappelé en France, s'embarqua à Civita-Vecchia pour Marseille, où il arriva le 19 au soir. « J'ai mis pied à terre ce matin, écrit-il le lendemain à sa sœur, avec quatre autres Pères, et je partirai demain pour Paris. A Civita-Vecchia le pavillon français flottait encore à côté du pavillon pontifical, ce qui n'indiquerait pas que nous avons renoncé à protéger le Saint-Père. » En ce moment, en effet, le gouvernement italien résistait aux excitations de la Chambre pour occuper l'État pontifical, reconnu par toutes les puissances européennes. Mais dès que Napoléon eut rappelé ses troupes, le ministère déclara qu'en allant à Rome, il ne faisait qu'accomplir les vœux de la nation. Encore quelques jours, et, le 19 septembre, les Italiens seront sous les murs de Rome, en même temps que les Prussiens sous les murs de Paris.

CHAPITRE II

1870-1871

Premiers désastres. — Ambulance de Vaugirard; le P. Alexis Clerc et le F. de Plas. — MM. Adalbert et Henry de Plas. — La débandade de Châtillon et le siège de Paris. — La salle des blessés et la salle des fiévreux. — Esprit de foi. — *L'ambulance volante.* — Charité envers les malades. — Désir de souffrir; entrevue avec le R. P. Recteur. — M. Wolff, intendant en chef. — Les clubs et l'émeute. — Grande sortie du 30 novembre; mort de M. Henry de Plas. — Le parrain et le filleul; un ami chrétien. — Les fêtes de Noël. — Bombardement de Paris. — Bataille de Buzenval. — Capitulation. — Adieux à l'ambulance.

Paris, au moment où arriva le F. de Plas, était dans un état de surexcitation impossible à décrire. On avait appris successivement les désastres sans précédents de Forbach et de Reischoffen, les glorieux mais inutiles combats de Borny et de Mars-la-Tour. M. Olivier et ses collègues ayant donné leur démission, l'impératrice régente avait chargé le comte de Palikao de former un ministère. Les Prussiens marchaient sur la capitale et on armait les forts en toute hâte.

Dès le début de la guerre, le R. P. Provincial avait offert au gouvernement le concours de ses religieux, en qualité d'aumôniers volontaires; la réponse fut bienveillante mais dilatoire. Sans se décourager, le P. de Ponlevoy porta sa demande à M. le comte de Flavigny, président de l'association de secours aux blessés, et en obtint l'autorisation de concourir à la formation de quelques ambulances. Presque tous les collèges de la Compagnie et toutes les résidences furent transformés en hôpitaux militaires, et un grand nombre de Pères se consacrèrent au salut des blessés et des malades.

L'ambulance du collège de Vaugirard à Paris, ouverte dès le commencement des hostilités, reçut les premiers blessés de Wissembourg, de Woërth et de Freschviller. On avait fait venir d'Angers des novices pour aider les médecins et les infirmiers. Le F. de Plas trouva naturellement place au milieu d'eux. « Chère Augusta, écrit-il à l'une de ses sœurs, le 27 août, je m'empresse de te souhaiter une bonne fête. Les circonstances n'invitent guère à se livrer à la joie; mais les vrais chrétiens, tout en s'affligeant des maux de la guerre, doivent néanmoins conserver leurs âmes dans le calme. Ils savent que rien n'arrive que par la permission de Dieu, qui saura bien tirer sa gloire des événements et les faire tourner au profit des justes. Prions donc avec persévérance pour que le temps de l'épreuve soit abrégé, et attendons avec patience le jour où il plaira à Dieu de nous donner la paix.

» C'est une véritable satisfaction pour moi, que ma vocation éloigne maintenant des champs de bataille, de pouvoir donner quelques soins aux blessés et aux malades de l'armée. Bien que je reconnaisse l'utilité, la nécessité même de la guerre en beaucoup de circonstances, j'aime mieux en guérir les maux que de contribuer à les augmenter. » Il annonce, en finissant sa lettre, qu'il a reçu la tonsure le 25 août. Ce premier degré de la cléricature lui fut conféré par Mgr Bigandet, vicaire apostolique de Birmanie, qu'il avait connu à Poulo-Pinang, en 1851. « Je t'écris de l'ambulance, ajoute-t-il en post-scriptum, à côté du P. Clerc et d'un soldat. Nos malades vont bien, et beaucoup, je l'espère, se guériront au moral et au physique. »

Soigner les malades et les blessés dans une ambulance, c'était bien ce qui convenait le mieux à deux anciens officiers de marine, qui ne pouvaient servir la patrie sur les champs de bataille. Ils rivalisèrent de zèle sur ce champ du dévouement, comme ils l'avaient fait autrefois sur le *Cassini* dans les mers de Chine, et ils ne quittèrent plus de tout le siège, le poste qui leur avait été assigné dès le début des hostilités.

Nous n'avons pas l'intention de recommencer l'histoire du collège de Vaugirard, racontée d'une manière si exacte par le P. Prampain, dans son *Journal pendant le siège*, ni l'intéressant chapitre consacré à l'ambulance, dans la vie du P. Clerc publiée par le P. Charles Daniel; mais les notes qu'a bien voulu nous communiquer le R. P. Gravoueille, alors Recteur du collège, jointes au *Journal privé* et à la correspondance du F. de Plas, nous permettent de mettre en tout son jour le rôle modeste de l'ancien capitaine de vaisseau.

Vers la fin du mois d'août, la marche des Allemands sur Paris n'était que trop certaine; déjà les hulans couraient la campagne entre Reims et Château-Thierry. On disait qu'à l'arrivée des Prussiens sous les murs de la capitale, répondrait un soulèvement à l'intérieur; mais bientôt on apprit que l'ennemi se repliait vers l'Est, arrêté dans sa marche par l'armée du maréchal de Mac-Mahon. « Chère sœur, écrit François le 3 septembre, je profite du répit que nous donne l'évacuation d'une partie de nos blessés vers le midi, pour causer un instant avec toi. Les nouvelles qui circulaient hier sont favorables à notre armée. Sans ajouter foi entière à des journalistes qui cherchent évidemment à plaire à leurs lecteurs, on peut espérer, je pense, que la dernière affaire a été à notre honneur et qu'elle empêchera les Prussiens de tenter une nouvelle pointe sur Paris. Toutefois, ma croyance, comme celle de beaucoup d'autres, ne se base sur aucun fait certain. »

On renaissait à l'espérance, quand le soir même du 3 septembre, se répandit la nouvelle du désastre de Sedan, et l'annonce officielle de la captivité de l'Empereur. Le lendemain, la Révolution était maîtresse à l'Hôtel de ville et la République proclamée. « Du calme, du calme, et encore du calme, écrit le F. de Plas à sa famille ! Que chacun vaque à ses affaires comme d'habitude, tant qu'il ne se trouvera pas d'obstacle ! Que les bons chrétiens redoublent de prières et de sacrifices, et attendent avec patience qu'il plaise à Dieu d'arrêter les fléaux qui nous accablent !...

» Ma lettre est interrompue par l'arrivée d'Adalbert et de Henry, nos neveux, qui ont pu quitter Nancy dimanche et venir à Paris, où ils désirent prendre part à la grande lutte nationale contre la Prusse. Je les ai félicités de tout cœur de leur généreuse détermination. »

Adalbert et Henry de Plas, fils de M. de Plas, payeur à Nancy, étaient parvenus, malgré les rigoureuses mesures employées par les Prussiens pour empêcher les jeunes gens de rejoindre l'armée, à s'échapper de la ville, le 4 septembre, vêtus simplement, mais sans déguisement. A cette heure de désolation, où la patrie agonisante réclamait les bras de tous ses enfants, ils avaient considéré comme un devoir de s'immoler au besoin pour sauver au moins l'honneur. Après un voyage, « sinon très amusant, du moins très pittoresque, à cause de l'encombrement des routes, les deux frères étaient arrivés à Paris le 5 septembre, au lendemain de la proclamation de la République et s'étaient empressés d'aller au collège de Vaugirard saluer leur oncle, parrain d'Henry. D'après ses conseils et ceux de personnes compétentes, ils s'engagèrent au régiment des zouaves de la Garde. « Nous avons choisi ce régiment, écrit Henry, parce qu'il est appelé à rendre beaucoup de services ; il reste au cœur de la défense, est très actif et l'un des mieux composés. Notre oncle François a vivement approuvé notre décision. »

Les Allemands victorieux marchaient de nouveau sur Paris. Le 8 septembre, ordre fut donné à l'ambulance de Vaugirard d'évacuer complètement ses blessés sur le Val-de-Grâce. Tous les lits devaient demeurer disponibles dans l'éventualité d'un combat sous les forts. Les vides, hélas ! ne furent que trop vite comblés par les premières rencontres sous les murs de la capitale.

Devant l'imminence d'un siège, une partie des Pères de Vaugirard durent, par ordre des supérieurs, quitter Paris ; on ne conserva qu'une dizaine de Pères et une quinzaine de Frères coadjuteurs pour s'occuper de l'administration et prendre soin de l'ambulance. Le F. de Plas, vu son âge et son expérience, eut l'honneur et la consolation d'être désigné pour rester au service des malades. « Oui, c'est à Vaugirard, écrit M. Adalbert de Plas, que j'ai vu souvent mon oncle pendant le siège, et que j'ai admiré toujours l'activité, la charité avec lesquelles lui et le P. Clerc dirigeaient la grande ambulance ; c'est là, parmi les malades et les blessés que je le rencontrais avec Henry, chaque fois que nous allions le voir. »

Jusqu'au milieu de septembre, les deux engagés volontaires continuèrent de voir « leur bon oncle » presque tous les jours. « Ce matin, écrit le F. de Plas quelques jours avant l'investissement de Paris, j'ai vu Adalbert et Henry qui sont maintenant à Saint-Denis ; ils ont bonne mine et portent fièrement leur uniforme ; et ce qui vaut mieux, ils ont mis leur conscience en règle.

» Les Prussiens, reconnus hier à Lagny et à Villeneuve-Saint-Georges, ne peuvent tarder à commencer la canonnade ; j'aime à penser qu'on leur répondra vigoureusement. Nos braves matelots occupent la plupart des forts, et la défense de l'enceinte, divisée en neuf secteurs, est confiée à des officiers généraux de la marine. Le contre-amiral de Montaignac, qui commande le septième secteur à Vaugirard, a établi son quartier général tout près de nous, dans la gare du chemin de fer de ceinture. Ce sera un précieux voisinage.

» Je vois avec plaisir l'agitation se calmer autour de nous et une certaine confiance renaître dans les esprits, qui m'avaient paru un moment abattus après la honte de Sedan. Quant à moi, je suis parfaitement tranquille. J'aperçois le bras de Dieu levé pour nous humilier et nous corriger ; car il n'est pas seul coupable celui qui, humainement parlant, a attiré tous ces maux sur notre pays. N'avons-nous pas eu la faiblesse de le croire nécessaire, comme si la Providence avait besoin des hommes ? Nous payons notre peur, comme il subit le châtiment de ses témérités suivies d'incompréhensibles défaillances. Oui, c'étaient la peur et l'intérêt qui déposaient à ses pieds sept millions de suffrages, au moment où il allait abaisser la France à un degré inouï.

» Mais je vois derrière tous ces maux un grand bien : le pays moins fier et plus sage, nos mœurs améliorées et nos campagnes repeuplées ; je vois la religion refleurir et le caractère national retrempé. Je devrais dire : On verra, au lieu de : Je vois ; car qui peut être sûr d'une heure d'existence dans une ville assiégée par des forces imposantes, où le rôle de tout homme de cœur sera la proximité du danger ; dans une ville où l'habit religieux est pour l'homme de désordre une excitation aux plus criminels attentats. Notre sort est entre les mains de Dieu ; et, quoique notre courage ne soit pas au niveau de celui des martyrs, Dieu ne permettra pas, j'en ai la ferme espérance, que notre conduite diffère des nobles exemples qui nous été donnés par les Saints. »

Nous avons voulu citer tout entière cette belle lettre, la dernière que François écrivit avant le siège. Cette page éloquente de philosophie chrétienne de l'histoire, en nous révélant ses sentiments intimes, nous montre comment un homme de Dieu, sans être un Augustin ou un Bossuet, peut juger de haut, au milieu des plus humbles fonctions, les événements qui se passent sous ses yeux.

Le 19 septembre, jour de la honteuse débandade de Châtillon, l'ambulance du collège de Vaugirard reçut, de neuf heures à onze heures du matin, quatre-vingt-quatre soldats plus ou moins « avariés ». Dans la soirée, plusieurs Pères, munis d'un laisser-passer, parcoururent le champ de bataille, offrant aux mourants les consolations suprêmes. Le lendemain, le docteur Maisonneuve, en faisant la visite de l'ambulance, envoya à leur corps les malades qui avaient eu plus de peur que de mal.

A ce moment, raconte le P. Gravoueille [1], l'ambulance était renfermée dans la *salle d'exercices* du collège, vaste local bien aéré, où l'on avait installé cent vingt lits militaires. Le P. Alexis Clerc, ancien

---

[1] Notes manuscrites où nous avons puisé largement.

lieutenant du *Cassini*, en était le directeur général, ayant sous ses ordres le F. de Plas, pour faire exécuter les pansements et les prescriptions médicales. On vit alors l'ancien commandant obéir avec la docilité d'un novice à celui qui avait si longtemps servi à son bord. Son extérieur recueilli, sa figure austère, son air de distinction, son âge, trahi par ses cheveux blancs, attirèrent l'attention des blessés et des malades. Ils demandèrent quel était ce bon vieillard qui les soignait avec tant de charité. On n'avait aucune raison de leur rien cacher; on leur dit son nom et son grade de capitaine de vaisseau. Dès lors il ne fut plus connu dans la salle que sous le nom du commandant.

Bientôt le nombre des blessés et surtout des malades devint tel que les lits de la *grande salle* furent insuffisants. La place ne manquait pas dans ce vaste collège presque désert. Au mois d'octobre, il y eut plus de deux cents lits occupés par des hommes hors de combat. Mais alors l'ambulance subit de notables changements et reçut une organisation définitive jusqu'à la fin du siège.

L'hygiène s'opposait à placer les malades à côté des blessés. La grande salle, avec ses annexes, resta donc réservée aux blessés, et on établit un service spécial pour les malades. Dans l'étude et les classes de la seconde division, au premier étage du bâtiment Joly, on aménagea de nouvelles salles qui reçurent le nom d'ambulance des fiévreux. Le personnel aussi se divisa. Pendant que le P. Clerc et le docteur Maisonneuve continuaient de donner leurs soins aux blessés, la direction de la salle des malades fut confiée au F. de Plas et au docteur Bucquoy, médecin de l'établissement. En dehors des heures de visite, les docteurs étaient suppléés auprès des blessés par M. Bourthère, interne de l'Hôtel-Dieu, auprès des malades par le

P. Legouis, docteur ès-sciences naturelles. Tous rivalisaient de dévouement et d'habileté pour secourir les pauvres infirmes confiés à leurs soins.

Ce fut là, dans les salles empestées par la fièvre typhoïde et par la variole noire, au milieu de soixante à quatre-vingts malades, que s'écoula, pendant quatre mois, la vie de l'ancien capitaine de vaisseau. Impossible de dire avec quel zèle il se prodiguait à ses chers infirmes, avec quelle intelligente industrie il gagnait les âmes en soignant les corps!

Le R. P. Recteur ne s'était pas contenté d'installer dans le collège une salle pour les blessés et une autre pour les malades, il avait organisé une *ambulance volante* sur les champs de bataille (1). ¡Voici à quelle occasion. Le jour du combat de Châtillon, il explorait, le soir, la terrasse déserte du château de Meudon, quand il découvrit, à demi cachés dans un massif sous lequel ils s'étaient traînés, cinq blessés, oubliés là depuis la déroute du matin. Ces malheureux le supplièrent de ne pas les abandonner, de les arracher en même temps aux angoisses d'une nuit de souffrances et à l'ennemi qui, le lendemain, ne manquerait pas de les faire prisonniers.

Seul, sans moyen de transport, le P. Gravoueille ne put que les encourager à la patience et promettre de les signaler aux voitures d'ambulance qu'il rencontrerait. Malheureusement, il revint navré, sans en rencontrer aucune. Il envoya bien une charrette garnie de paille, mais arrêtée à l'entrée d'Issy, elle ne ramena point les pauvres blessés de Meudon.

Le collège possédait deux omnibus destinés, avant la guerre, au service du demi-pensionnat. En y joignant le fourgon aux provisions, on pouvait disposer

---

(1) **Père Prampain** : *Souvenirs de Vaugirard.*

de trois voitures bien suspendues pour transporter les blessés sans cahots ni douleurs. Le lendemain de l'aventure de Meudon, un des omnibus, pavoisé de drapeaux blancs à croix rouge, partit dès le matin à la recherche des blessés; mais une barricade s'élevait sur la route, au coin du parc d'Issy, et le chef de poste avait la consigne de ne laisser passer personne. La voiture, au lieu de rebrousser chemin, se dirigea vers le village de Villejuif au pouvoir de l'ennemi, et, sur l'indication des paysans, on parvint à recueillir cinq blessés abandonnés dans une ferme écartée. La journée n'avait pas été perdue. Vers la fin de septembre, l'ambulance volante de Vaugirard, composée de trois voitures parfaitement aménagées et munie de toutes les autorisations nécessaires, fonctionna régulièrement sous la direction du P. Prampain, avec le concours des FF. Oswald et Mouly.

Le P. Clerc accompagnait toujours, en qualité d'aumônier, l'ambulance volante. Dès que la mousqueterie se faisait entendre et qu'un ordre venait du secteur, il se rendait sur le théâtre même de l'action, cherchant les mourants pour les absoudre et relevant les blessés qu'attendaient les voitures du collège. Le F. de Plas se montra saintement jaloux de ce périlleux honneur. Il demanda plusieurs fois avec instance la permission d'accompagner dans ses excursions son ancien lieutenant du *Cassini*; mais cette consolation tant désirée lui fut toujours refusée. Par égard pour sa vieillesse, les supérieurs ne jugèrent pas à propos de l'exposer à des fatigues au-dessus de ses forces. Il resta donc au collège, attendant avec résignation les convois de malades et de blessés qu'on ramenait presque journellement du champ de bataille. L'arrivée des voitures d'ambulance lui était une occasion de montrer sa tendre charité. « Qu'il était beau à voir, raconte un témoin oculaire, ce grand vieillard, déjà un peu courbé par l'âge, à genoux devant de jeunes mobiles bretons ou francs-comtois, leur lavant les pieds, à l'exemple du divin Maître, les changeant de linge et les étendant dans un lit bien chauffé, avec la maternelle délicatesse d'une sœur de charité ! »

Dès ce premier moment, le cœur des soldats, objet de tant de sollicitude, était gagné ; et comme, dans la suite, il n'épargnait aucune peine pour leur procurer quelque soulagement, il conserva sur eux une salutaire influence employée principalement à les ramener à Dieu. Le soin des âmes, voilà ce qui le préoccupait par-dessus tout! Son ancien titre de capitaine de vaisseau donnait à ses paroles une grande autorité, et il s'en servait pour aborder carrément le chapitre des devoirs religieux. Non seulement il ne rencontra jamais aucune opposition, mais il trouva le plus souvent des âmes toutes disposées à correspondre à la grâce qui leur était offerte. Beaucoup s'approchèrent de la sainte table peu de jours après leur entrée à l'ambulance ; et, parmi ceux qui prolongèrent leur séjour au collège, plusieurs en vinrent à communier souvent. Lorsqu'il récitait à haute voix la prière, le matin et le soir, ou avant et après les repas, pas un malade, dans la salle, ne manquait de se découvrir et de répondre à haute voix.

Au milieu des consolations que lui procurait son zèle d'apôtre, il restait une peine au fervent novice : il souffrait de n'avoir pas assez à souffrir. Ceci demande une petite explication bien facile à comprendre. Le collège de Vaugirard, qui s'était longtemps attendu à recevoir, comme à l'ordinaire, ses cinq cents pensionnaires pour la rentrée d'octobre, renfermait nécessairement d'abondantes provisions. Outre des œufs, de la viande en conserve, et quelques centaines de kilogrammes de confiture et de gelée, il y avait abondance de pommes de terre et de haricots. On put même, pendant quelque temps, donner tous les jours du lait frais aux malades qui en avaient besoin ; ce qui n'empêcha pas les autres habitants, dès le milieu du mois d'octobre, de se nourrir de viande de cheval et de pain où il y avait de tout, excepté de la farine de froment.

Cette abondance relative au milieu d'une plus grande pénurie contristait le cœur sensible du F. de Plas. « Nous sommes, écrit-il dans son *Journal*, au 25 octobre, et je m'aperçois à peine, par quelques privations, que nous vivons dans une ville coupée de toute communication pour les approvisionnements. Tant que les misères du siège n'auront pas atteint toutes les classes de la population, la colère de Dieu, me semble-t-il, ne sera pas apaisée. *Desiderio desideravi hoc pascha manducare vobiscum*, disait le Sauveur du monde ; et il ajoutait qu'il avait hâte de satisfaire, par sa passion et par sa mort, à la justice de son Père. J'éprouve quelque chose de semblable, autant qu'il est permis de comparer nos pensées à celles du divin Maître ; je sens comme un besoin d'être contraint à la souffrance, n'ayant pas le courage de m'y soumettre moi-même. Cette ville coupable mérite de grands châtiments ; or, comme à une certaine époque de ma vie, j'ai partagé ses faux plaisirs, il me semble équitable de payer aujourd'hui ma dette à la justice divine. Je désire donc que le céleste médecin, en me faisant partager les misères de toutes sortes d'une grande ville assiégée, m'applique ainsi à moi-même les remèdes qui me rendront plus apte à le servir. »

Plein de ces pensées de réparation, mais craignant de se trouver dans l'illusion, il s'en va chez le R. P. Recteur pour lui soumettre un plan de réforme. « Tout le monde à Paris souffre de la faim, lui dit-il ; on n'entend parler que de gens qui meurent d'inanition. Et nous, ici, nous ne manquons de rien ou de presque rien. Passe encore pour les malades ! Mais ne pourrions-nous pas, nous religieux, retrancher quelque chose de notre régime ? » Le régime se composait alors pour chacun du pain de siège, de trente grammes de viande de cheval et d'une portion de légumes ; on y ajoutait parfois un petit morceau de fromage ou une cuillerée de confiture. C'était à peine suffisant pour conserver des forces utilement dépensées au service de l'ambulance ; et cependant cela paraissait excessif à la conscience délicate du compatissant vieillard. « Privez-vous de dessert, si vous le voulez, répondit avec prudence le supérieur chargé de veiller à la santé de ses religieux ; mais je vous engage, en vue des incertitudes de l'avenir, à user maintenant avec reconnaissance de ce que le bon Dieu veut bien nous donner : *Manducate quæ apponuntur vobis.* »

Du reste, à Vaugirard comme partout, les ressources allaient diminuant chaque jour. Aucune mesure n'avait été prise pour assurer l'alimentation des ambulances. Des cartes personnelles, délivrées par les mairies, permettaient aux chefs de famille d'acheter de la viande aux boucheries municipales ; mais l'administration civile refusait les cartes pour les blessés militaires. L'intendance, de son côté, déclarait ne devoir la ration qu'aux seuls combattants. Pendant un chassé-croisé qui dura six semaines, des mairies au ministère de la guerre et de celui-ci au ministère du commerce, le collège de Vaugirard ne put obtenir de ces diverses administrations, pour son nombreux personnel, que cent cinquante kilos de bœuf, vingt boîtes de conserves et six kilos de mouton. Si on n'avait pas tué trois chevaux pour nourrir les blessés, il aurait fallu fermer l'ambulance.

L'intendant en chef de l'armée de Paris, M. Wolf, avait occupé le même poste au Mexique où il s'était rendu avec le maréchal Forey, à bord du vaisseau le *Turenne*. L'ancien commandant du *Turenne*, comptant sur sa bienveillance, à cause de leurs bons rapports d'autrefois, proposa d'aller le trouver pour lui adresser quelques réclamations et faire régulariser une situation qui menaçait de devenir intolérable. L'entrevue eut lieu le 25 novembre et fut on ne peut plus cordiale, car les deux officiers avaient appris à s'estimer dans la traversée de France au Mexique. Le F. de Plas était porteur d'une petite note pour l'intendant en chef, afin de lui exposer d'une manière exacte les besoins de l'ambulance. La voici telle que nous l'avons recueillie, rédigée tout entière de la main du P. Gravoueille.

« L'ambulance de Vaugirard, qui fonctionne depuis le 18 août, a soigné jusqu'à ce jour quatre cent cinquante blessés ou malades. Elle se trouve dans l'impossibilité de se procurer de la viande pour nourrir les nombreux infirmes qu'elle soigne encore aujourd'hui.

» La mairie du XVe arrondissement ne veut rien fournir, et prétend en avoir reçu la défense formelle de la mairie de Paris.

» L'intendance, de son côté, prétend qu'elle n'est pas chargée des ambulances.

» De plus, toutes les provisions vont être rationnées. Si nous ne pouvons rien avoir, nous serons forcés de fermer notre ambulance. »

Le F. de Plas revint enchanté de l'accueil qu'il reçut et des promesses qu'on lui fit. « Ce n'est pas par hasard, écrit-il dans son *Journal*, que je me suis rencontré avec M. Wolf; ce n'est par hasard que je l'ai revu aujourd'hui. La Providence arrange toutes choses pour une fin déterminée. Puissé-je faire le bien que le bon Dieu attend de moi! Je m'efforcerai de voir l'avenir avec calme, persuadé que Dieu gouverne tout avec sagesse, et que sa miséricorde accompagne toujours sa justice. »

A partir de ce jour, l'hôpital Necker fournit gratuitement en riz et en viande de cheval les rations quotidiennes des militaires certifiés présents sur les rôles de l'ambulance.

Cependant le siège de Paris devait durer longtemps encore, grâce à l'enceinte fortifiée et aux ouvrages détachés vaillamment défendus par une élite des troupes de terre et de mer. Malgré de nombreuses sorties, le cercle d'investissement se rétrécissait sans cesse, et la perspective du bombardement devenait de plus en plus menaçante. « La voilà donc, s'écrie François dans son *Journal*, la cité du luxe, des plaisirs et des arts, séparée de toute communication avec le reste de la France! Que sont devenus ces musées et ces palais et ces monuments qui attiraient les visiteurs du monde entier? Elle est entourée de villas dévastées et de châteaux brûlés; les édifices publics sont ensevelis sous des sacs de sable destinés à les préserver, et cette population de deux millions d'habitants, qui se glorifiait des dépouilles de l'Univers, en est réduite à se nourrir des aliments les plus grossiers ou à mourir de faim. Saluons avec respect la volonté de Dieu et ne gémissons pas de ce qui diminue notre bien-être, de ce qui rabaisse notre vanité. Acceptons de bon cœur, comme un juste châtiment, les petites misères du présent, les plus grands maux que l'avenir nous laisse entrevoir; réjouissons-nous même, si le bon sens, uni à un véritable esprit de dévouement au bien public, remplace notre forfanterie et notre amour-propre national. »

Au milieu des douloureuses mais inévitables conditions où se trouvait réduite la capitale, il était facile de surexciter le peuple. D'ardents démagogues y réussirent en faisant retentir à ses oreilles le mot odieux de trahison. « Je rencontrerai mes meilleurs alliés sur les bords de la Seine, avait dit M. de Bismarck, et la Révolution combattra pour nous dans Paris. » Avant même le commencement du siège, les clubs s'apprêtèrent à lui donner raison. Vaincus le 11 septembre, ils essayèrent devant l'Hôtel de ville, le 8 octobre, une nouvelle manifestation qui n'eut pas plus de succès que la première. Après cet échec éclatant, ils s'étaient enfermés dans le silence, mais résolus à concentrer leurs forces dans l'ombre.

« Nous traversons en ce moment, écrit le F. de Plas, une période des plus critiques : plus d'unité dans le gouvernement, et les hommes de désordre sont prêts à tout oser contre la société. Paris, déchiré par des factions, pourra-t-il résister aux puissants ennemis qui l'assiègent? Un jour, qui n'est pas loin peut-être, il nous faudra revêtir, comme cela s'est déjà fait à Marseille, des vêtements de forçat. Mais de quoi nous plaindrions-nous, nous, disciples du Sauveur, qui ne voulons pas être mieux traités que le divin crucifié? Qu'importe le genre de martyre, qu'il soit de quelques minutes ou de plusieurs jours, ou de plusieurs mois, ou de plusieurs années! Il n'y a qu'un miracle qui puisse nous sortir de la situation où nous sommes; mais elle servira à retremper les caractères. Rappelons-nous, d'ailleurs, que rien n'arrive que par la permission de Dieu. »

Les clubs qu'on avait cru évanouis, à la suite de leur échec à l'Hôtel de ville, n'attendaient qu'une occasion favorable pour recommencer la lutte; elle ne tarda pas à se présenter, grâce aux événements de l'extérieur et aux maladresses du gouvernement de la Défense nationale. Le 30 octobre, jour où nous perdîmes le Bourget, on lisait dans l'*Officiel* l'annonce de la capitulation de Bazaine sous les murs de Metz, et la nouvelle du retour de M. Thiers qui, venant de parcourir l'Europe, apportait, de la part des puissances neutres, des propositions d'armistice. « La capitulation de Metz, affichée dans les rues, écrit François le 31 octobre, jette la consternation dans les esprits. Une armée de quatre-vingt mille hommes prisonnière de guerre ! Le bon Dieu nous soumet à de rudes épreuves. Disons hautement que nous sommes châtiés parce que nous avons péché ; et, si nous ne parvenons pas à calmer les autres, prions et sachons attendre sans trouble. La France expie cruellement sa confiance incroyable dans l'homme qui la conduisait à sa ruine, alors que tant d'honnêtes gens le regardaient comme la clef de voûte de l'édifice social... M. Thiers, ajoute-t-il, est arrivé à Paris avec des propositions d'armistice de la part de quatre grandes puissances. Je ne saurais être indifférent à la chose publique ; mais je n'ai confiance, pour une heureuse solution, que dans la Providence. »

Au moment où il traçait tranquillement ces lignes dans son *Journal*, la triple nouvelle de la prise du Bourget, de la capitulation de Metz et des propositions d'armistice avait, comme une traînée de poudre, mis en feu toute la population des faubourgs. Des bandes armées, sous la conduite de Flourens, de Mégy, de Vallès se précipitèrent, comme une avalanche, vers l'Hôtel de ville au cris de : « A bas Trochu ! A bas l'armistice ! Vive la Commune ! » C'était la première fois que ce mot magique était acclamé ; il allait devenir le mot d'ordre de l'émeute. « C'est la grande Commune, s'était écrié Ledru-Rollin, qui a sauvé de l'étranger le sol sacré de la patrie... Lyon l'a déjà instituée ; resterez-vous en arrière de Lyon, vous, Parisiens, qui avez toujours marché à la tête de la Révolution ? Ne ferez-vous pas ce qu'a fait Lyon ? Vous le ferez, vous le ferez. Vous êtes décidés à user de votre droit ; à vous donner une commune ! Vous nommerez la Commune de Paris..., cette grande Commune de Paris qui, en 92, a sauvé la France et préparé la République ! »

Nous n'avons pas à raconter cette fameuse journée du 31 octobre, qui vit l'émeute triomphante à l'Hôtel de ville, le gouvernement de la Défense nationale prisonnier de factieux demandant la sortie en masse, et Paris livré pendant douze heures à l'anarchie. La Commune n'était aux meneurs qu'un prétexte pour s'emparer du pouvoir, dût la France périr, grâce à la guerre civile, suscitée en face d'un ennemi qui attendait qu'on lui ouvrît les portes de Paris.

Le 3 novembre, le jour même où le gouvernement, victorieux de l'émeute, faisait confirmer ses pouvoirs par trois cent quarante mille *oui* contre cinquante-quatre mille *non*, on apprit que l'armistice proposé par les Prussiens avait été rejeté. Le F. de Plas, en relatant cette nouvelle dans son *Journal*, écrivit à la suite les tristes réflexions que lui suggérait la situation présente : « Paris, centre de corruption, n'est donc pas encore assez châtié ! Qu'elle est critique, cette position de la France envahie par les Prussiens et déchirée par les factions, au moment où elle se trouve sans gouvernement régulier, sans armée aguerrie et disciplinée, sans homme ayant le prestige nécessaire pour rallier des masses imposantes ! On dirait l'agonie de la patrie. Espérons cependant que les justes, qui sont heureusement en grand nombre dans ce pays, prieront avec plus de ferveur, et que leurs prières, désarmant la justice de Dieu, nous obtiendrons d'être délivrés de nos ennemis. Mais tout en demandant que la

Miséricorde désarme la Justice, sachons ne désirer que la sainte volonté de Dieu. »

En se résignant d'avance à la volonté de Dieu, l'ancien officier supérieur n'en sentait pas moins vivement les humiliations de la patrie. Que ne lui était-il donné de tenir encore une épée et de mourir en combattant! Il se surprenait parfois à envier le sort de ses nombreux compagnons d'armes qui avaient l'honneur de servir aux premiers rangs; mais jamais il ne regretta de s'être consacré à Dieu dans la milice de saint Ignace. Tout bien considéré, il se croyait plus utile au milieu des malades de son ambulance, qu'il ne l'aurait été, à son âge, sur un champ de bataille. Il ne parlait jamais de nos revers sans une vive émotion, et souvent on aperçut une larme mouiller sa paupière, quand il entendait dire que nous avions encore été vaincus. Au milieu de sa profonde tristesse il éprouvait pourtant un peu de consolation, quand il pouvait causer quelques instants avec les soldats de marine casernés au collège. Là, du moins, dans ces compagnies d'élite, il retrouvait l'esprit militaire et la discipline, des officiers qui cherchaient autre chose que de l'avancement, des soldats qui savaient mourir.

Ce n'était pas assez pour le F. de Plas de prendre part d'une manière générale aux malheurs de la patrie; il allait être cruellement frappé dans ses affections les plus chères. « Soldats de la deuxième armée de Paris, disait le général Ducrot dans une vibrante proclamation du 28 novembre, le moment est venu de rompre le cercle de fer qui nous enserre depuis trop longtemps et menace de nous étouffer dans une lente et douloureuse agonie! A vous est dévolu l'honneur de tenter cette grande entreprise : vous vous en montrerez dignes, j'en ai la certitude... En avant donc! en avant! et que Dieu nous protège! » On connaît les péripéties de cette grande sortie au succès de laquelle était attaché l'espoir de la délivrance. L'effort suprême vint se briser inutile, mais non sans gloire, contre le nombre et la fortune. Après deux journées de combats héroïques l'armée dut repasser la Marne, conservant intact l'honneur du drapeau. Le 1ᵉʳ décembre, François écrivit dans son *Journal* ces lignes précédées d'une croix : « Mort de mon neveu et filleul Jean-François-Henry de Plas, engagé dans les zouaves, tué d'une balle au front à l'attaque de Villers-sur-Marne, à l'âge de vingt et un ans. » Cette triste nouvelle lui avait été apportée par son neveu, Adalbert, qui s'était empressé de venir à Vaugirard, entre deux combats, épancher sa douleur fraternelle dans le cœur si compatissant de son oncle, et puiser dans ses surnaturels encouragements « non pas une consolation impossible, mais la force de persévérer dans la noble tâche entreprise à deux et qu'il devait terminer seul ».

Le P. Didierjean, dans les *Souvenirs des collèges de la Compagnie de Jésus*, a consacré une touchante notice à ce brillant jeune homme, enlevé, à la fleur de l'âge, à la tendresse de ses parents, à l'affection de ses amis, à l'estime de tous ceux qui l'avaient connu. Néanmoins, il ne sera pas sans intérêt, croyons-nous, de nous arrêter quelques instants à contempler, d'après de nouveaux documents, cette sympathique figure dont le souvenir glorieux illumine d'un doux rayon le sombre tableau du siège.

« Dans quelques jours, écrivait en 1871 le F. de Plas à son neveu M. de Vasselot, le 30 novembre nous rappellera la mort de votre cousin Henry, qui semblait destiné aux joies et aux consolations de la terre. Il a plu à Dieu de nous l'enlever au moment où, son éducation terminée, il allait embrasser une carrière honorable. Cette perte de mon filleul m'a été très douloureuse, et cependant j'ai cru reconnaître d'une manière très marquée la main paternelle qui a transporté dans le paradis cette jeune plante de tant d'espérance. Pauvre enfant ! Il risquait beaucoup de se flétrir au contact du monde ; et Dieu, dans sa bonté, a permis qu'il finît sa courte existence dans l'enthousiasme d'une sainte cause. »

Confiant avec ses maîtres, affectueux avec ses condisciples, Henry s'était fait remarquer au collège par une facilité à tout comprendre, à tout retenir, qui lui avait constamment valu les premières places. L'heure venue de choisir une carrière, il aurait bien voulu se dévouer à la défense du Pape ; mais sa grande jeunesse (il n'avait que dix-sept ans) et la faiblesse de sa constitution ne permettaient pas de croire qu'il pût supporter les fatigues de l'état militaire. D'après de sages conseils, il consentit donc à faire son droit à Nancy, avec le dessein d'entrer dans la magistrature. Là, pendant quatre années, tout en se livrant à l'étude de la jurisprudence, il devint l'un des membres les plus assidus d'une réunion littéraire, composée de jeunes gens d'élite, qui s'exerçaient, sous l'habile direction de M. de Margerie, aux luttes de l'avenir. « Nous avons à peine entrevu cet enfant, qui avait déjà l'esprit et le talent d'un homme remarquable, lisait-on dans le *Sport* de 1871 ; mais nous avons souvent entendu les pensées fraîches, originales et profondes qui jaillissaient de sa plume. Se défiant de sa propre valeur, il n'osait pas encore livrer son nom à la publicité et il essayait ses forces dans un cercle intime, comme l'oiseau qui voltige autour du nid paternel avant de s'élancer dans l'espace. Henry de Plas avait le charme de la parole et du regard ; il savait se faire aimer, car sa franche physionomie était le miroir limpide d'une âme sans peur et sans reproche. »

Au milieu des joies de la jeunesse, Henry eut constamment le pressentiment d'une fin prématurée : témoin ces vers mélancoliques, où il rêvait son trépas :

> Je suis triste, malgré les fleurs,
> Malgré l'air pur et le zéphire ;
> Plus je m'efforce de sourire,
> Plus mes yeux se gonflent de pleurs.
> . . . .
> Bois que j'aime, adieu, vois, je tombe,
> Adieu ! car demain tes rameaux
> N'abriteront plus qu'une tombe,
> Creusée au pied des vieux ormeaux.

M. et Mme de Plas s'efforcèrent en vain de détruire ces sinistres prévisions, en faisant remarquer à leur cher enfant que sa constitution physique s'était fortifiée et promettait de longs jours. « Oui, sans doute, répondit Henry, mais vous verrez ; il arrivera quelque chose, je ne sais pas quoi, qui m'emportera. » C'était au printemps de 1870 ; la guerre, qui éclata comme un coup de foudre au mois de juillet, ne devait pas tarder à justifier cette parole prophétique.

Nous avons dit comment, au mois de septembre, Henry était parti pour Paris avec son frère Adalbert, employé du ministère des finances, et comment, sur le conseil de leur oncle François, ils s'étaient engagés tous les deux parmi les zouaves de la Garde. Les courageux parents, dont le fils aîné, lieutenant d'infanterie, se battait déjà à l'armée de Metz, n'avaient pas hésité un seul instant devant une séparation qu'ils regardaient comme un devoir. Dès le 10 septembre, un mot d'Henry était venu calmer les angoisses du cœur maternel. « La vie militaire, disait-il, ne m'effraie pas ; je ne me suis jamais mieux porté. Adalbert n'a pas souffert non plus du voyage, et nous faisons ensemble excellent ménage. » Quelques jours plus tard, sur le point de partir en campagne, il envoyait à sa mère ce petit billet : « Je veux vous écrire encore une fois, ne sachant pas si je pourrai désormais le faire. Nous quitterons Paris demain pour aller camper aux environs. Je ne vous dis pas où, pour ne pas trahir le secret des mouvements de troupes. Nous voyons tous les jours mon bon oncle François. » Nous savons par le *Journal* du F. de Plas que le régiment des zouaves de la Garde était alors campé près de Saint-Denis ; mais ce billet fut, selon les prévisions d'Henry, le dernier qu'il put écrire à son père et à sa mère, séparés de lui par un cercle de fer qui interdisait toute communication.

A partir du mois d'octobre, Henry ne correspondit plus qu'avec son oncle François ; il ne pouvait le voir que rarement, depuis que le régiment était campé à Saint-Denis. « Santé et courage vont bien, écrit-il, c'est l'important. On nous occupe à travailler aux fortifications, à faire des sorties de temps en temps, à monter la faction, à accomplir bien d'autres choses tout aussi divertissantes. Mais tout cela a un but, servir le pays ; et ce but, le seul que nous ayons en vue, suffit à rendre tout facile. »

Malgré les occupations un peu absorbantes de l'ambulance, le parrain trouvait toujours un petit moment pour répondre à son filleul, et remplir auprès de lui et de son frère le rôle de leur père absent. « Adalbert, écrit Henry le 18 octobre, me charge d'achever sa missive, étant envoyé par ordre du caporal à la corvée du pain ; je suis heureux de vous remercier à mon tour de vos bons conseils. J'ai trouvé bien belle votre citation de saint François de Sales. Quel aimable saint ! Son *Introduction à la vie dévote* est ravissante de grâce et d'onction.

» Nous sommes encore à Saint-Denis. Ce matin on nous a fait quitter le camp et entrer en caserne. Cette mesure annonce-t-elle un changement de garnison ou une prolongation de séjour ? Je l'ignore et m'en remets complètement à la Providence de Dieu, prêt à aller partout où m'enverront mes chefs. L'obéissance est le meilleur esprit dans l'état militaire. Si tout le monde voulait raisonner, ce serait un déraisonnement universel. Nous regrettons cependant notre campement, car nous sommes moins bien couchés sur le plancher des chambres que nous ne l'étions sur la paille de nos tentes. Mais nous trouvons là une bonne occasion d'expier nos anciennes petites mollesses et nos lâchetés passées. Dans le contact quotidien des camps, comme on apprend à connaître les hommes et à juger les caractères ! En affirmant carrément ses idées et ses principes, on en fortifie d'autres, et l'on parvient à former avec eux une sorte d'alliance défensive contre le mauvais exemple. Au reste, le vice grossier et brutal, tel qu'il se montre chez les gens sans éducation, paraît trop répugnant pour gagner des hommes bien élevés. »

Placé aux avant-postes, le régiment des zouaves de la Garde était sans cesse sous les armes pour repousser les attaques des Prussiens, tout en supportant les rigueurs d'un hiver qui sévissait plus tôt qu'à l'ordinaire. Henry, puisant des forces dans le calme de sa conscience, n'en gardait pas moins sa belle humeur et continuait avec son oncle sa correspondance toujours vaillante. « Nous descendons de grand'garde, écrit-il vers la fin d'octobre, après une séance de vingt-quatre heures, où nous avons été exposés à toutes les intempéries de la saison et aux importunités des Prussiens. Grâce à Dieu, tout s'est bien passé. Quelques averses sont venues dans la journée nous rafraîchir les idées ;

mais la nuit a été superbe, constellée sans être trop froide. »

Cependant les Allemands poussaient activement le siège de Paris, et bientôt les progrès de l'investissement rendirent difficiles les communications entre Vaugirard et Saint-Denis. Au commencement de novembre, Henry essaya une fois d'aller revoir son parrain, et il ne put y parvenir. Vers le milieu de mois, le régiment des zouaves de la Garde fut supprimé et les hommes versés dans divers régiments. Henry se vit incorporer avec son frère au 3ᵉ zouaves, qu'ils rejoignirent à Courbevoie. Il y rencontra avec grand plaisir M. E. Bourloton, avec lequel il s'était lié, depuis quelques semaines, d'une étroite amitié. « C'est, disait-il, en en faisant la présentation par écrit à son oncle, un jeune docteur en droit, Vendéen, par conséquent croyant et pratiquant, rempli de qualités brillantes et surtout morales, qui rendent son commerce plus utile encore qu'agréable. »

Rapprochés l'un de l'autre par leurs sentiments de foi et leurs aspirations généreuses, les deux amis ne se quittaient presque plus, mettant en commun leurs pensées et s'encourageant mutuellement au bien. « Un soir, raconte M. Bourloton, au milieu de touchantes et réciproques confidences, il me dit : « Je mourrai dans » cette guerre, je le sens. » Depuis, ces paroles pesèrent sur mon cœur : car j'ai toujours cru que Dieu donnait aux âmes pures comme la sienne de mystérieux pressentiments de leur destinée. »

A peine Henry avait-il passé quelques jours dans son nouveau régiment, que les troupes commencèrent leur mouvement de concentration pour la fameuse sortie, tant de fois annoncée par le gouvernement et si fiévreusement réclamée par le peuple affolé. Le 28 novembre, le 3ᵉ zouaves fut averti de se disposer à marcher en avant. Les deux frères s'approchèrent ensemble de la sainte table, pour se tenir prêts aux luttes prochaines. Au milieu des préparatifs, Henry sut encore trouver un moment pour écrire à son parrain, sur une simple carte, ce suprême adieu :

« Mon cher oncle, nous avons quitté Saint-Denis pour venir à Courbevoie. Nous en partons ce soir pour nous battre demain. Où ? c'est un mystère. Nous nous portons assez bien. Inutile de vous dire que nous sommes *prêts de toute manière*, ayant soif de dévouement et de sacrifice pour la patrie. Vous aurez de nos nouvelles, quoi qu'il arrive. Adieu, mon cher oncle ; nous vous embrassons bien. Votre petit filleul. »

Le 30 novembre, à deux heures, le 3e zouaves, qui avait passé la Marne avec le reste de l'armée, reçut l'ordre d'escalader le coteau de Villers, pour déloger les Allemands du parc où ils s'étaient établis. Arrivés sur la crête du plateau, les zouaves se déployèrent en tirailleurs. « Henry s'avançait résolument en tirant contre l'ennemi, quand une balle l'atteignit à l'œil et foudroya en un instant cette jeune vie si riche d'espérance. Son régiment fut mis à l'ordre du jour de l'armée pour la bravoure dont il avait fait preuve dans la journée ; mais lui n'était plus là pour prendre sa part des lauriers que son sang avait payés(1). »

Ce ne fut qu'à l'appel du soir que M. Bourloton et Adalbert entendirent avec effroi constater la disparition celui-ci de son frère, celui-là de son ami. « Pauvre ami ! s'écriait M. Bourloton en écrivant à madame de Plas, j'avais été si heureux de rencontrer dans le milieu si difficile des camps le charme de sa droite et vive intelligence, l'appui fraternel de son âme con-

(1) Père Didierjean : *Souvenirs des Collèges de la Compagnie de Jésus en France*, 1850-1880.

vaincue, la douce sympathie de son noble cœur! Si courte qu'ait été notre amitié, je sens à ma tristesse qu'elle était bien profonde, et je comprends l'amertume de vos larmes. Mais je trouve dans le souvenir de ces deux mois passés ensemble la meilleure consolation pour tous ceux qui l'ont aimé. Je sais que son âme était prête, et tous nos intimes entretiens me donnent la plus grande sécurité sur son salut. »

Après une nuit d'angoisses, Adalbert courut dès l'aurore chercher sur le champ de bataille son frère bien-aimé. Il pria un instant près de son corps inanimé et recueillit à la hâte quelques souvenirs pour ses malheureux parents; mais incertain lui-même de les revoir, il confia par précaution une mèche de cheveux à un aumônier militaire, chargé de faire parvenir cette relique à la famille désolée, et retourna, le cœur brisé, à de nouveaux combats.

On comprend la vive peine que dut éprouver l'âme sensible du F. de Plas en apprenant la douloureuse nouvelle; mais après les premiers épanchements de la nature, il sentit se réveiller, en face de cette mort si glorieuse et si chrétienne, tous ses sentiments de foi et de patriotisme. « Quel mystère, s'écrie-t-il, que la mort d'hommes jeunes encore, doués de toutes les qualités qui semblaient leur promettre une vie heureuse! En ce qui concerne mon bien-aimé et regretté filleul, qui aurait couru de si grands dangers dans le monde, une si belle mort n'est-elle pas enviable? Dieu nous l'avait donné, Dieu nous l'a ôté; que son saint nom soit béni! »

Le 12 décembre, l'âme encore tout émue, il écrit à sa sœur Elisa : « L'incertitude sur le sort des ballons m'a fait différer jusqu'à présent de t'annoncer la cruelle perte que nous venons de faire. Henry, mon filleul, qui m'écrivait de Courbevoie, le 28 novembre, en partant pour une destination inconnue, a été frappé d'une balle, le 30 novembre, à l'attaque d'une batterie prussienne, et il a dû mourir sur le coup. La pensée qu'il était « prêt de toute manière, » comme il me le disait, cette soif « de dévouement et de sacrifice » qu'il manifestait pour la justice, me donnent lieu d'espérer que Dieu lui aura fait miséricorde... De telles victimes, il y en a beaucoup, apaiseront, je l'espère, la colère du ciel. J'ai confiance aussi que la noble résistance de Paris, qui peut, quoi qu'en dise l'ennemi, durer longtemps encore, pèsera dans la balance de la justice divine. »

Cette espérance que le F. de Plas s'efforçait par sa vertu d'inspirer à tous, il était bien loin de la partager lui-même, si nous en jugeons par les pensées qu'il confiait alors à son *Journal privé*. « *12 décembre.* — M'étudier, m'appliquer de toutes mes forces à acquérir l'esprit de conformité. Rien n'est plus utile dans les circonstances difficiles que nous traversons ; car l'imprévu, un imprévu triste, effrayant, accablant peut surgir d'un moment à l'autre, mais *Deus providebit*. D'ailleurs, « à chaque jour suffit sa peine. » Et quoi de meilleur pour qui ne peut combattre, que d'avoir soin des combattants éloignés des champs de bataille par la maladie ! Qu'importe la solution qu'il plaira à Dieu de donner aux événements ! Jamais meilleure occasion ne s'est offerte et ne s'offrira probablement d'en finir avec la vie. N'aspirons donc ni à l'honneur du sacerdoce, ni à la satisfaction de revoir nos frères et nos sœurs ou nos amis absents. Dieu sait mieux que nous ce qui nous convient ; soyons prêt à mourir au service des fiévreux, si telle est sa volonté. »

On approchait de la grande fête de Noël. Ce fut une occasion pour le zélé novice de faire ses premières armes dans la prédication, en préparant ses malades par quelques exhortations à célébrer dignement cette touchante solennité. Quelle ne fut pas la consolation du pieux commandant de voir tous ces soldats répondre en chrétiens au chaleureux appel qu'il avait fait à leurs sentiments religieux ! « Au milieu de tant de sombres journées, raconte le P. Daniel (1), arriva la nuit de Noël, et elle s'illumina tout à coup dans la chapelle du collège d'une clarté qui semblait à jamais disparue, et qui causa la plus douce surprise aux pauvres victimes des fureurs de la guerre. Grâce au concours d'un certain nombre d'élèves, qui fréquentaient encore la maison comme externes, et auxquels on avait eu soin de préparer des lits, la messe de minuit fut célébrée avec une solennité tempérée, mais fort inattendue en ces tristes conjonctures, et on entendit des chants accompagnés d'orgue, de violoncelle et de flûte. Outre les amis généreux dont l'ingénieuse charité multipliait les ressources et presque les agréments de l'ambulance, on remarquait dans l'assistance M. l'amiral de Montaignac qui commandait le septième secteur, le fils de l'amiral et plusieurs officiers de son état-major. Au moment de la communion, les élèves, par un sentiment délicat, cédèrent spontanément le pas aux soldats qui avaient eu l'honneur de verser leur sang pour la France. Les autres infirmes, retenus par la gravité du mal sur un lit de douleur, ne furent pas frustrés de la céleste nourriture ; ils ne pouvaient pas venir s'agenouiller au pied de l'autel, mais Notre-Seigneur alla lui-même à eux, précédé du long cortège de leurs camarades qui marchaient en bon ordre, sur deux rangs, le cierge à la main ; et quand fut terminée la touchante cérémonie, tous ces cœurs de jeunes gens et de soldats ne faisaient plus qu'un, et rien ne manquait à la

---

(1) Alexis Clerc, p. 494.

sérénité miraculeuse de cette nuit où la paix du ciel avait été donnée encore une fois aux hommes de bonne volonté. »

Avec l'année 1871, commença le bombardement de Paris, tant de fois annoncé, mais auquel personne ne voulait croire. Paris, disait-on, est une ville trop grande, trop riche, pour être exposée à la ruine et à l'incendie. Par son crédit et ses relations commerciales, cette capitale a ses destinées liées à la fortune de tous les peuples de l'Europe ; elle est une patrie commune à toutes les nations qui seraient frappées d'un coup terrible, si le vandalisme parvenait à porter le fer et le feu au sein de cette cité splendide. Ce serait un attentat à la civilisation (1). On avait compté sans la froide philosophie de M. de Bismarck, résolu à ne reculer devant aucune cruauté, même inutile, quand elle servait ses projets arrêtés d'avance.

Le 27 décembre, quatre-vingts pièces de gros calibre avaient ouvert le feu contre les forts de l'Est ; mais les projectiles tombaient sur les faubourgs sans atteindre la ville. L'ennemi, qui s'en aperçut, attaqua alors les forts du Sud. Dans la nuit du 5 au 6 janvier, huit batteries puissantes tirèrent à volonté sur Issy, Vanves, Montrouge et le Point-du-Jour. Le lendemain, deux nouvelles batteries se joignant aux anciennes, visèrent les bastions du rempart ; mais leurs coups, généralement trop longs, portaient sur le quartier de Vaugirard, et toute la soirée, le collège, malgré le drapeau d'ambulance, fut criblé de mitraille, de fonte et de plomb. Dans la nuit du 7 au 8, les Prussiens pointèrent à toute volée sur la ville. Le 8, l'ennemi démasqua quatre nouvelles batteries qui écrasèrent le fort d'Issy.

(1) Cf. Protestation contre le bombardement de Paris, envoyée par Jules Favre aux représentants de la France à l'étranger.

Des obus avaient éclaté dans le parc et les cours du collège ; les bâtiments eux-mêmes étaient menacés ; il fallut songer à préserver les malades et les blessés. « Aujourd'hui, écrit François le 11 janvier, je me suis occupé du déménagement des fiévreux, pour les mettre plus à l'abri des balles prussiennes. » Les malades furent, en effet, établis les uns dans l'étude et les classes de troisième division, au rez-de-chaussée, les autres dans l'ancienne *grande salle* transformée en dortoir. La communauté elle-même occupa, par ordre, les chambres basses et les sous-sol. Le F. de Plas se contenta de noter dans son *Journal*, à la date du 13 : « Nous commençons à ressentir quelques petites contrariétés de l'état de siège ; j'ai dû quitter ma chambre et aller coucher dans la dépense. — J'ai honte, ajoutait-il, quelques jours après, de n'avoir pas senti davantage les misères du siège ; je dois dire cependant que je les ai désirées dans la mesure de mes forces, afin de porter ma part du châtiment que Dieu impose à la Babylone moderne. »

Pendant que l'armée de Paris tentait, sans succès, de meurtrières sorties pour franchir les lignes allemandes, les membres du corps diplomatique présents à Paris adressèrent au chancelier de la Confédération de l'Allemagne du Nord, une note contre le bombardement ; mais M. de Bismarck repoussa cette sympathique protestation, en excipant des droits de la guerre. Isolé du reste du monde, presque réduit à la famine, Paris résolut de faire un effort suprême. « Il se prépare en ce moment, écrit François, le 18 janvier, une sortie générale. Une grande partie des troupes valides, plus de cent mille hommes, vont, dit-on, essayer de forcer le blocus, sous les ordres du général Trochu qui laisse au général Le Flô le gouvernement de la capitale. Dieu daigne protéger nos soldats et nous épargner de nouvelles hontes ! »

Le lendemain, nos troupes, massées sous le mont Valérien, livrèrent la sanglante bataille de Buzenval, qui devait être la dernière du siège. Cette fois encore, les héroïques efforts de l'armée, des mobiles et de la garde nationale, vinrent se briser contre le cercle de fer que de Moltke avait su rendre infranchissable. Le même jour, la ration de pain noir, indigeste et dégoûtant mélange de son, de riz, d'amidon et de paille, se trouva réduite de onze onces à trois cents grammes par jour pour chaque personne. C'était fini : il fallait se rendre ou mourir de faim. Les articles de la capitulation, arrêtés le 27 janvier, furent signés le 28 par Jules Favre et le comte de Bismarck. Une capitulation ! voilà donc où venaient aboutir, après cinq mois de siège et vingt-huit jours de bombardement, tant de courage et de sacrifices ! Paris succombait vaincu, non par la force des armes, mais par la famine.

Le ravitaillement de Paris arrivait à propos pour le F. de Plas qui avait beaucoup souffert des privations du siège, et dont les forces physiques n'étaient pas au niveau de l'énergie morale. « Il paraît difficile, écrit-il le 27 janvier, qu'enfermé la plus grande partie du jour, depuis plus de quatre mois avec des hommes atteints de dysenterie et de fièvre typhoïde, je n'en éprouve pas quelque influence. » Peu de temps après, il était condamné par la Faculté à prendre un repos nécessaire. « Voilà plus de huit jours, écrit-il le 9 février, que je ne fais aucun service à l'ambulance. On me trouve l'air très fatigué. Je ne sens pas le mal au degré où il se manifeste aux yeux des autres, et il me semble que je pourrais m'occuper utilement, mais il est doux de vivre dans l'obéissance, avec la certitude d'accomplir ainsi la volonté de Dieu ! »

Un changement d'air ayant été conseillé par le médecin, François dut se résigner à quitter ses chers malades pour se rendre à Laval; mais il ne voulut point partir sans les revoir encore une fois. C'est, les larmes aux yeux, qu'il leur fit les plus touchants adieux, auxquels ils répondirent par les plus sincères témoignages d'une affectueuse reconnaissance. « Soyez, leur dit-il, en leur serrant cordialement la main, aussi bons chrétiens que bons Français, et préparez-vous, par l'accomplissement de tous vos devoirs, à venger l'honneur de la patrie! »

Le 15 février, le F. de Plas partit de Paris à dix heures du matin, après avoir entendu la messe à Notre-Dame-des-Victoires, ce sanctuaire vénéré qui lui rappelait tant de grâces reçues de la très Sainte Vierge. Arrivé à Laval vers neuf heures, il confia le soir même à son *Journal* ses pénibles impressions de voyage. « Béni soit Dieu, s'écria-t-il! Me voilà enfin en territoire français, après avoir subi aux portes de Paris et à la gare du Mans l'ignominie du passeport et du visa prussien. La France est cruellement éprouvée : il y a sans doute beaucoup de mal, mais aussi beaucoup de bien ; nous devons donc espérer que Dieu ne nous abandonnera pas. »

CHAPITRE III

1871-1872

Le scolasticat de Laval; Notre-Dame d'Avénières. — Études théologiques; le P. Plet, professeur. — *Pietas ad omnia utilis.* — Visite à Puycheni. — Les martyrs de la Commune; souvenir de saint Laurent et de saint Sixte. — Les premiers vœux et la rénovation. — Récitation du bréviaire. — Diaconat, sacerdoce, fête de famille. — Célébration du saint sacrifice. — Continuation des études théologiques. — Prédication à l'asile des vieillards, à la prison de la ville. — Menaces contre la Compagnie à Rome. — Départ pour Brest.

L'ancienne collégiale de Saint-Michel, à Laval, acquise par les PP. de la Compagnie de Jésus vers 1820, avait été successivement résidence, puis noviciat, enfin scolasticat ou maison d'études. C'est là que le F. de Plas était envoyé par ses supérieurs pour étudier la théologie et se préparer au sacerdoce. Comme la plupart des scolasticats de la Compagnie, celui de Laval renfermait des religieux de presque tous les pays de l'Europe. L'observation d'une même règle, la charité fraternelle surtout, faisaient de tous ces hommes une véritable famille; et l'habitude de la langue latine, en usage dans les classes, leur permettait des communications aussi faciles que s'ils eussent parlé leur langue maternelle. On conçoit dès lors combien il avait été utile à François, pendant son séjour à Rome, de se remettre à l'étude du latin. « Malgré mon âge, observait-il, je ne suis pas impropre à mon nouveau genre de vie. J'entends suffisamment le latin pour suivre avec utilité le cours de théologie. » Pour entrer pleinement dans l'esprit de l'Institut (1), on le vit sacrifier généreusement certaines pratiques de piété qui lui plaisaient beaucoup, mais qui, n'étant que surérogatoires, auraient pu nuire à d'importantes obligations. « Je dois, disait-il, concentrer tous mes efforts sur les études qui me sont prescrites, » et il remerciait Dieu de lui avoir donné « une vie nouvelle plus douce et plus complète » que celle qui s'était déjà écoulée depuis son admission dans la Compagnie de Jésus.

Les supérieurs s'ingénièrent du reste à mesurer le travail à ses forces, en ménageant une santé ébranlée par les veilles de l'ambulance. « Je bénis Dieu, écrit-il à sa sœur qui l'avait invité à se reposer et à se refaire à Puycheni, de m'avoir envoyé ici, où je me trouve aussi bien que possible ; et j'apprécie le bonheur de vivre au milieu de gens qu'on serait heureux de compter parmi ses amis dans le monde. Ma santé, qui était plutôt affaiblie que sérieusement attaquée, se remet avec le bon régime qu'on m'a fait suivre. J'ai l'autorisation de me promener tous les jours, avec un autre Père, hors de la maison. Les environs de Laval me paraissent charmants. Je continue de me fortifier, et rien ne s'opposera, je l'espère, à ce que je me livre sérieusement aux études qui doivent me préparer au sacerdoce. C'est là, pour le moment, le but à atteindre et qu'il faut poursuivre avec persévérance. »

(1) *Orationibus prolixis, studiorum tempore, non adeo multum loci tribuetur.* Const., p. IV, c. 4.

Un moment on put croire que la maison de Laval ne jouirait pas de la tranquillité nécessaire à des études sérieuses. La paix n'était pas encore signée, et les avant-postes allemands menaçaient presque la ville. « Ce soir, écrit François, le 26 février, grande agitation ; on annonce la rupture des négociations. Hélas ! observe-t-il, en jetant un coup d'œil en arrière, il ne s'est rencontré personne, pas un homme de foi assez vive, pas un caractère assez élevé pour dominer les masses et les entraîner à d'héroïques efforts. Nous sommes broyés sans merci sous la botte prussienne, et cependant, combien d'hommes ont offert courageusement leur vie, combien ont fait preuve du plus généreux dévouement ! Sachons attendre avec patience et dans la prière le jour de Dieu, et que chaque évènement, quelque affligeant qu'il soit, ne nous arrache qu'un cri de résignation à la volonté divine ! »

L'annonce de la rupture des négociations n'était qu'une fausse nouvelle qui fut promptement démentie. On apprit le lendemain que les préliminaires de la paix avaient été signés à Versailles par M. Thiers, nommé par la chambre de Bordeaux chef du pouvoir exécutif. Aussi, dans l'après-midi, le F. de Plas dirigea-t-il sa promenade habituelle du côté de Notre-Dame d'Avénières. L'église était remplie d'une foule immense de fidèles qui venaient remercier la très Sainte Vierge d'avoir exaucé leurs vœux en protégeant providentiellement la ville contre les Allemands. « Ce qui a manqué à la France, dans les derniers évènements, disait-il avec émotion au Père qui l'accompagnait, ce qui lui manque pour se relever avec énergie et réagir contre l'étranger, c'est la force morale, c'est l'élévation des caractères, c'est cet amour de la vérité qui enfante les martyrs. »

A cette époque, une partie de la maison de Laval

était encore réservée à l'ambulance; le F. de Plas allait de temps en temps visiter les malades et s'entretenir avec les convalescents. On faisait cercle autour de lui, et il discourait volontiers de la religion; mais il ne tarda pas à s'apercevoir que cette manière d'agir ne produisait pas beaucoup de fruit. « Je m'en vais quelquefois, écrit-il dans son *Journal*, causer avec les militaires, mais je me suis aperçu qu'il vaut mieux parler avec un ou deux séparément que d'attaquer tout un groupe. Ils sont moins dominés par le respect humain. » Il ne négligeait rien pour gagner leur confiance, et il eut souvent la consolation de voir ses efforts récompensés par un sincère retour à Dieu.

Parmi les professeurs de théologie dogmatique, François retrouva avec plaisir une de ses anciennes connaissances de Chang-haï, le P. Plet, longtemps missionnaire en Chine, et que la maladie avait ramené en Europe. Celui-ci fut pour le commandant devenu scolastique, non seulement un maître habile, mais aussi un ami dévoué et un directeur consommé. C'est à lui que l'humble disciple s'adressait de préférence, exposant avec confiance ses difficultés, acceptant les explications avec docilité. « Le P. Plet, écrit-il le 11 mars, m'a recommandé, au sujet de mes inquiétudes sur l'étude de la théologie, de m'abandonner pleinement à Dieu. C'est un conseil plein de raison et de sagesse. Que suis-je autre chose qu'un instrument très imparfait aux mains de Celui qui de rien a créé toutes choses et qui de la pierre peut susciter des enfants d'Abraham? Dieu saura bien faire rendre à l'instrument, malgré son mauvais état, la note qu'il voudra. Donc, aucun souci à l'égard de mes études; accomplir avec suite ce qui me sera conseillé, et ne pas m'affliger, si je n'ai pas l'intelligence très ouverte aux connaissances requises pour l'état ecclésiastique. Je ne me sens pas porté à étudier la théologie en ce moment... Et qu'importe? Puisque c'est pour cela que j'ai été envoyé ici, je me mettrai par devoir à cette étude, laissant à mon Maître de me donner l'intelligence nécessaire pour y faire quelque progrès. »

Saint Thomas et les grands théologiens, avec leur langage métaphysique, ne pouvaient avoir beaucoup d'attraits pour un scolastique de soixante et un ans, que rien jusque-là n'avait préparé à ces hautes spéculations ; aussi savait-il s'humilier et reconnaître son impuissance, sans renoncer au travail dont il était capable. « Évitons, disait-il, de nous fatiguer l'esprit par des occupations intellectuelles au-dessus de nos forces, bornons-nous à ce qui nous est enseigné, et ne recourons aux grands auteurs qu'autant qu'ils peuvent contribuer à éclairer le sujet qui nous occupe. J'étudierai donc en esprit d'obéissance, mais sans me chagriner de la résistance de mon intelligence à saisir, à s'assimiler les questions importantes de la théologie. »

Grâce à sa bonne volonté et à sa persévérance au travail, les difficultés du commencement s'aplanirent peu à peu, et dès la fin du mois d'avril, il pouvait écrire avec satisfaction en constatant ses progrès : « L'étude de la théologie ne m'est pas pénible. » D'après les conseils de son professeur, il s'appliqua même à quelques études spéciales en dehors du cours. « Ne pouvant pas prétendre, disait-il, à tout savoir parfaitement, il convient du moins que je connaisse mieux les parties essentielles » ; et c'est vers la sainte Eucharistie, où l'entraînait sa tendre piété, qu'il dirigea ses travaux personnels.

Un des effets naturels de l'étude, si l'on n'y prend attention, est d'absorber tellement les facultés de l'esprit qu'il n'y a presque plus de place pour les épanchements du cœur. Mais le F. de Plas se tenait en garde contre cet inconvénient, en se rappelant la parole de l'apôtre : *Pietas ad omnia utilis est*, et en mettant dans son estime la piété bien au-dessus de la science. « Sans doute, disait-il, nous devons tâcher d'acquérir une connaissance profonde de la religion, par l'étude assidue de la théologie ; mais ne perdons pas de vue que la piété a le pas sur la science. D'ailleurs, la science n'est pas à la portée de tout le monde, mais tous nous pouvons progresser dans la perfection. Étudions donc par devoir et par obéissance, avec application et pureté d'intention, sans perdre de vue l'unique nécessaire, qui est d'aimer Dieu de tout son cœur. »

Et cependant il demandait la science à Dieu, source de toute lumière, de toute vérité ; non pas celle dont parle saint Paul, qui enfle et excite l'orgueil, mais celle dont parle saint Augustin, qui nous remplit d'humilité, en nous faisant connaître notre propre bassesse et la grandeur de Dieu. « Mon Dieu, lisons-nous dans son *Journal* à la date du 3 juin, qui avez daigné agréer la prière que je faisais en 1845, lorsque je vous demandais d'avoir la foi des pieuses bonnes femmes que je voyais aux messes de six heures du matin, dans l'église Saint-Louis, à Rochefort ; je vous demande aujourd'hui la grâce de comprendre, autant qu'il m'est nécessaire, le bien que vous m'avez accordé. Si, comme je suis autorisé à le croire, sur l'avis de mon digne professeur de dogme, je puis, sans présomption, lire saint Thomas et m'éclairer quelque peu de sa science, je vous supplie, ô mon Dieu, de me conserver dans une humilité profonde. Cette humilité ne peut que croître, si vous me donnez de vous connaître moins imparfaitement que je ne l'ai fait jusqu'à ce jour. *Noverim me, noverim te*, me dirai-je avec saint

Augustin, et cette connaissance suffira à me mettre à ma place, à me rendre humble et à admirer votre bonté envers moi, envers un homme qui, durant les premières années de sa vie, a marché dans les ténèbres de l'erreur et fui les douces clartés de la foi. »

Cette humilité lui était nécessaire, non pour soumettre son jugement aux décisions des supérieurs, où il ne rencontrait aucune difficulté, mais pour accepter des solutions théologiques qui ne cadraient pas toujours avec les idées un peu rigoristes qu'il avait apportées du monde en religion. Il eut bien du mal, surtout au commencement, à admettre ces distinctions nécessaires qui sauvegardent les droits de la conscience et les intérêts de la justice. Homme d'honneur avant tout, il aurait volontiers sacrifié tous ses droits à ses devoirs : mais il finit par comprendre que, s'il avait la générosité d'agir ainsi avec lui-même, il ne pouvait imposer aux autres un conseil, une opinion comme une rigoureuse obligation. « Saint Ignace, écrit-il le 18 mai, nous recommande de nous appliquer à penser comme l'Église, *sentire cum Ecclesia*, à approuver ce qu'elle approuve, à blâmer ce qu'elle blâme. Ce conseil est plein de sagesse. Il n'est pour ainsi dire pas de question sur laquelle les hommes s'accordent parfaitement; comme il n'y a pas, dit-on, deux feuilles d'arbre absolument semblables. Lors donc qu'une opinion commune dans l'École heurte notre entendement, lorsqu'une décision théologique n'est pas conforme à notre jugement, disons-nous avec simplicité que nous sommes des ignorants, et que nous devons commencer par suivre l'enseignement de nos maîtres, si nous voulons faire quelque progrès dans la science. Quant à l'enseignement formel de l'Église, c'est à l'aide de la foi que nous devons chercher à comprendre quelque chose. *fides quærens in-*

tellectum; par conséquent, il faut prier et redoubler d'attention : *Judicium Dei intentos nos habere debet, non adversos.* »

Les vacances de Pâques approchaient. Le F. de Plas, qui s'était abstenu, après une longue séparation, de revoir sa famille pour motif de repos et de santé, se vit obligé, à raison d'affaires qui ne pouvaient facilement se traiter à distance, de demander au R. P. Provincial la permission d'entreprendre un voyage de quelques jours à Puycheni. « Oui vraiment, mon bien cher Frère, lui répondit gracieusement le R. P. de Ponlevoy, j'autorise de bien bon cœur ce que vous me demandez, le voyage après Pâques, la conclusion de vos affaires et la continuation de ces bonnes œuvres d'autrefois.

» Vous êtes, ô mon Frère, *contentus juxta vocationem.* Que Notre-Seigneur vous dise toujours : *Euge, serve bone et fidelis, intra in gaudium Domini tui!* »

Nous ne suivrons pas François dans ce voyage peu important en lui-même; mais nous ne doutons pas qu'il ne fût fidèle au sage programme tracé le jour même de son départ et que nous citons pour l'édification du lecteur. « Ne pas rêver le bonheur dans la famille; voir seulement une obligation à remplir. Tâcher de faire tourner toutes choses à la plus grande gloire de mon Maître; parler avec simplicité; ne dire que ce que les personnes pieuses du monde peuvent porter ou comprendre; détourner, autant que possible, la conversation, si elle tendait à me mettre en scène; me montrer bon, affectueux pour tous. Mon Maître a passé en faisant le bien : m'efforcer d'imiter ce divin Modèle et le mettre sans cesse devant mes yeux. Éviter de donner des conseils, à moins qu'on ne m'en demande et que je croie pouvoir être utile. Savoir briser, *propter*

Christum, ma tendance à fuir le monde, et voir les personnes du voisinage. Me montrer prévenant, aimable dans la mesure du possible. Après avoir beaucoup prié et réfléchi, arrêter les dispositions que je compte prendre à l'époque de mes vœux. »

Le 18 avril, le F. de Plas revint à Laval, heureux d'une visite à sa famille, qui lui avait permis, par son extérieur modeste et recueilli, de prêcher Jésus-Christ partout sur son passage, mais encore plus heureux de reprendre la vie calme et réglée du scolasticat. Son désir d'être apôtre par la parole autant que par la conduite, lui avait fait choisir la troisième classe en chemin de fer, dans le trajet de Poitiers à Laval; ce qui lui procura l'occasion de dire quelques mots utiles à des soldats et à des ouvriers. « J'ai pu constater, disait-il, que l'esprit public est en ce moment très mauvais et que les révolutionnaires se montrent très audacieux dans l'exposition de leurs détestables doctrines. Mettre la crosse en l'air, quand on est envoyé pour combattre l'émeute; tirer sur les chefs qui font répandre le sang du peuple; s'emparer, pour en faire argent ou ripaille, des fournitures destinées aux troupes : ce sont autant d'exploits qui paraissent tout naturels et qu'on ne craint pas d'approuver. Je conçois que les Romains aient eu recours aux dictateurs dans les moments difficiles; et, dès qu'on ne veut plus de la religion qui, seule, pourrait pacifiquement opérer de grandes réformes, je comprends qu'il n'y ait pas d'autre moyen de sauver la société. Mais si les prières des justes n'obtiennent pas un effet prochain, si Dieu n'envoie pas l'homme nécessaire, nous devons nous attendre à des malheurs effroyables. Puisse la Compagnie de Jésus, puissent tous les ordres religieux s'offrir en holocauste pour apaiser la colère divine ! »

Ces réflexions, presque prophétiques, sont datées du

18 avril, un mois jour pour jour après le meurtre des généraux Lecomte et Clément Thomas à Montmartre. Depuis lors, les troupes s'étaient retirées sur Versailles, abandonnant Paris aux fédérés; les maisons religieuses avaient été envahies, dévastées, et plusieurs Pères de la Compagnie de Jésus enfermés à la Conciergerie puis à Mazas, avec Monseigneur Darboy, archevêque de Paris, et M. le président Bonjean. Le P. Clerc, directeur de l'ambulance de Vaugirard, se trouvait au nombre des prisonniers. Tout en priant pour la délivrance des otages de la Commune, le F. de Plas, avec son esprit de foi, ne pouvait s'empêcher de considérer la dure captivité des Pères comme une grâce pour les victimes, comme une gloire pour la Compagnie. « Quel honneur, écrit-il, d'être jugé digne de souffrir persécution pour la justice, d'être au premier rang dans la haine des impies! Dieu daigne soutenir leur courage et leur donner cette joie que ressentait saint Paul enchaîné pour Jésus-Christ! Et nous, les épargnés d'aujourd'hui, puissions-nous être prêts à devenir les victimes de demain! »

Le 24 et le 26 mai, cinq de ces Pères, qui s'en allaient quelques semaines auparavant tout joyeux en prison, *ibant gaudentes*, tombaient glorieusement à la Roquette et à la rue Haxo. La nouvelle, à cause de la difficulté des communications, n'en parvint que le 29 à la maison de Laval. « *Visi sunt oculis insipientium mori*, s'écria François, *ipsi autem sunt in pace*. — Voilà l'oraison funèbre de nos Pères, massacrés comme Jésuites, en haine de la foi, par les ennemis déclarés de Dieu et de son Christ. Non, ces chères victimes ne sont pas à plaindre, plus heureuses mille fois que ceux qui meurent au faîte des honneurs. Que pouvons-nous ambitionner de mieux, nous, religieux, que de combattre avec les armes mêmes du divin Sauveur! Il est bon qu'un sang généreux marque la voie que doit suivre la Compagnie. Efforçons-nous d'être jugés dignes de souffrir et de mourir pour le nom de Jésus! »

Il enviait la glorieuse mort du P. Clerc, la regardant comme la juste récompense de son dévouement aux blessés sur les champs de bataille et dans les salles d'ambulance, pendant le siège de Paris. Souvent, en pensant à son directeur spirituel à Vaugirard, il se rappelait la plainte filiale de saint Laurent à saint Sixte allant au martyre : *Quò progrederis sine filio, Pater? Quò, sacerdos sancte, sine ministro properas?* Par vénération pour la mémoire de cet ancien compagnon d'armes, il eut même la pensée de rédiger une notice sur sa vie si bien remplie. Il se mit au travail avec l'autorisation des supérieurs, et consacra à cette œuvre si chère à son cœur les moments de loisir qu'il pouvait rencontrer. Mais, au milieu de ses études théologiques, il n'eut guère que le temps de rassembler des matériaux précieux dont le P. Daniel sut tirer bon parti. « En me remettant entre les mains quinze années de correspondance, écrit l'auteur de l'intéressante notice sur le P. Alexis Clerc, on me recommande la plus grande discrétion. J'en ferai ma loi et me garderai bien de troubler, par une publicité importune, une vie, qui, après avoir connu le grand jour, aime à s'entourer d'ombre et de silence. »

Au milieu de l'ombre et du silence dont le F. de Plas s'entourait à Laval, nous avons peu d'événements importants à raconter; qu'il nous suffise de signaler rapidement les principales circonstances qui vinrent de temps en temps rompre la monotone régularité de cette vie toute cachée en Dieu avec Jésus-Christ.

Le 21 juin, fête de saint Louis de Gonzague, François, entré depuis deux ans dans la Compagnie de Jésus, eut la consolation de prononcer ses vœux entre les mains du R. P. de Ponlevoy, qui faisait alors la visite de la maison de Laval. « *Quid retribuam Domino*, s'écrie-t-il, le cœur débordant de joie, *pro omnibus quœ retribuit mihi* ! Que rendrai-je à Dieu pour tous les bienfaits qu'il n'a cessé de me prodiguer ! Aujourd'hui encore il veut bien m'admettre dans la petite Compagnie de son Fils, où on se fait gloire de travailler à son service, où on s'aime comme les frères d'une même famille, où on marche à la suite de grands saints et de martyrs, et côte à côte avec des hommes qui n'aspirent eux-mêmes qu'à donner leur vie pour le divin Maître. Je ne saurais trop bénir Dieu de me faire goûter combien il est avantageux pour moi d'être entré dans la Compagnie de Jésus. »

Le F. de Plas raconte avec une charmante simplicité dans son *Journal* la petite fête de famille organisée en son honneur, et il se montre très sensible à ces témoignages d'affection fraternelle. Parmi les lettres touchantes qu'il reçut à cette occasion, nous aimons à citer les félicitations sincères de son fidèle ami, Mgr Desprez, archevêque de Toulouse. — « Mon cher commandant, — Laissez-moi, en vous embrassant de tout mon cœur, vous donner encore ce nom qui me rappelle de si doux souvenirs... Le 21, je présiderai la première communion au collège de vos Pères ; je chargerai mon bon ange de vous porter les prières que je ferai pour vous au saint autel. Je vous le répète en toute simplicité ; je vous trouve dans la vraie voie. » Puis, faisant allusion aux victimes de la Commune, Sa Grandeur ajoutait : « En apprenant le martyre du bon P. Clerc, je me suis écrié : Que je voudrais être à sa place ! Oui, mon cher commandant, ces pertes sont très regrettables pour la Compagnie, mais si les jours mauvais se prolongent, de telles morts lui serviront de sauvegarde. Dieu a ses desseins de miséricorde, même au milieu des coups qui nous frappent rudement. »

Appelé à renouveler ses vœux, le 27 juin, avec tous les scolastiques, François se plaint de ne pouvoir assez bénir Dieu de la grâce insigne de sa vocation. « Comment remercier Dieu, s'écrie-t-il, de m'avoir placé dans un corps d'élite qui, depuis trois siècles, a produit un nombre si considérable de saints et de martyrs ! Quelle satisfaction de contempler autour de nous les portraits de nos chefs, de nos aïeux ! Que leur vue ranime notre courage ! S'il plaît à Dieu d'éclairer notre âme d'une lumière plus vive, d'embraser notre cœur d'une chaleur plus intense, nous pourrons, nous aussi, opérer quelque bien. Et quand même nous nous éteindrions dans une obscurité complète, ne serait-ce pas déjà quelque chose d'avoir désiré le bien et de nous être offert de bonne volonté pour l'accomplir ? » En attendant, il ne crut pas pouvoir mieux témoigner sa reconnaissance qu'en se montrant fidèle observateur de la vie commune. « Que personne, dit-il, ne s'aperçoive qu'il y a un scolastique de soixante-deux ans dans la maison, si ce n'est à la couleur de ses cheveux, et aux marques extérieures de la vieillesse ; mais qu'à l'église, en récréation, au réfectoire, le vieillard ne diffère en rien du plus jeune scolastique ! »

Au mois de septembre, le F. de Plas apprit avec joie qu'il continuerait de suivre pendant une année les cours de théologie ; car, s'il se croyait impropre à de longues études, il sentait le besoin d'acquérir une science suffisante pour travailler efficacement plus tard au salut des âmes. A l'ordination des Quatre-Temps, il reçut les ordres mineurs et le sous-diaconat des mains de Mgr Wicart, évêque de Laval. Depuis longtemps, il aimait à réciter le bréviaire quand il en trouvait le loisir, persuadé qu'aucune lecture ne pouvait être plus utile que ce qui avait été écrit sous l'inspiration de l'Esprit-Saint. « Rappelons-nous souvent, disait-il, que notre saint Fondateur préfère la piété à la science dans ses religieux. Lors donc que je réciterai le bréviaire, je m'efforcerai d'y apporter toute l'attention dont je suis capable ; je m'appliquerai à prononcer distinctement, et je ne croirai pas perdre mon temps, mais l'employer de la manière la plus utile, en éclairant mon esprit, en réchauffant mon cœur. »

A partir de son ordination, la récitation quotidienne du bréviaire devint pour lui une douce obligation, qui servit d'aliment à sa tendre piété. « Que je suis heureux, s'écrie-t-il, d'être obligé de réciter le bréviaire ! Qu'elles sont admirables ces prières si variées de l'Église ! Sans doute, rien de beau comme le *Pater noster* et l'*Ave Maria* ; mais le cœur incline à manifester de toute manière ses sentiments, à multiplier les formes qu'il emploie pour exprimer son amour. Je ferai donc de ce trésor de sagesse mon étude principale. Je tâcherai, en lisant les psaumes de David, les légendes des saints, les homélies des docteurs, de mieux connaître la sainte Écriture, de nourrir ma dévotion, de m'exciter à combattre le bon combat. »

Non seulement il récitait le bréviaire avec attention, *attente*, mais aussi avec dévotion et respect, *digne ac devote*, comme le demande la prière de l'Église. « Je suis tout satisfait, écrit-il le 1er octobre, d'avoir récité d'un trait Matines et Laudes du dimanche ; c'est un vrai régal spirituel que je me suis donné sans trop de fatigue. J'étais à la tribune, et j'ai dit la plus grande partie des psaumes à genoux. Puissé-je ne jamais réciter le bréviaire à la hâte ! Tel passage, qui glisse aujourd'hui inaperçu, jettera demain un éclair dans l'intelligence, et me sera un stimulant puissant pour marcher en avant. »

Cette résolution, qu'il avait prise de faire de la récitation du bréviaire la principale nourriture de son âme, il y demeura fidèle pendant tout le temps de son scolasticat et jusqu'à la fin de sa vie. « Combien je m'applaudis, écrit-il le 25 avril 1872, d'avoir pris l'habitude de réciter le bréviaire avec attention, et d'en faire à la fois, pour ainsi dire, une prière, une méditation, une étude. L'obligation du bréviaire me semblait en perspective dure et pénible : aujourd'hui, ce serait une vraie privation, si j'étais contraint d'y renoncer. »

Ordonné diacre le 23 décembre, dans la chapelle du grand séminaire de Laval, François fut averti, au commencement de l'année 1872, de se préparer au sacerdoce pour les Quatre-Temps de la Trinité. « J'ai un vif désir, écrivit-il au R. P. Provincial à cette occasion, de ne pas rester trop au-dessous de cette haute dignité, et j'aimerais mieux n'y aspirer jamais, que de ne pas en comprendre l'importance, pour en bien remplir les devoirs. C'est vous dire que je m'y préparerai de mon mieux. »

Le scolasticat devint pour lui comme un cénacle, où, à l'exemple de Marie et des Apôtres, il priait sans cesse pour se bien disposer à la grâce sublime du sacerdoce. « Je ne vois pas s'avancer, écrit-il à sa sœur le 8 avril, sans une certaine émotion, l'époque à laquelle je serai, s'il plaît à Dieu, ordonné prêtre. C'est un honneur, sans doute, mais c'est aussi un ministère qui demande, pour être bien rempli, un entier dévouement et une solide instruction. J'offrirai ce que je puis, c'est-à-dire un grand désir de bien servir le divin Maître, et mes supérieurs décideront ce qui convient le mieux. Le F. de Plas n'était pas sans éprouver quelques hésitations à l'approche du grand jour tant désiré et tant redouté : il craignait, vu son indignité et son incapacité, comme il disait, d'être un « sel sans saveur. » Il fallut toute l'autorité de ses supérieurs pour dissiper ses scrupules et ranimer sa confiance. « Eh bien, oui, qu'il en soit ainsi, s'écrie-t-il le 25 avril. *Si ad bonum meum, si ad salutem proximi, si ad gloriam Dei, fiat!* Dans un mois, si Dieu me prête vie, je recevrai la grâce insigne du sacerdoce. »

Au moment de commencer la retraite de huit jours préparatoire à l'ordination, il avait écrit au P. Rubillon, à Rome, pour solliciter, comme un encouragement, la bénédiction du T. R. P. Général. « Merci, mon Père, de votre bon souvenir, lui répondit le Père assistant de France, surtout dans une occasion si solennelle. Agréez aussi mes sincères salutations : *Ad multos annos!* Oui, j'espère que vous serez bon prêtre, comme vous avez été bon soldat, comme vous êtes maintenant bon Jésuite. Dimanche prochain, j'offrirai ma messe en union de la vôtre, et je prierai la Très Sainte Trinité, afin qu'elle vous comble de ses grâces et de ses dons... Notre Père, dont la santé est très bonne, vous bénit de nouveau et ne vous oublie pas. »

C'est le 25 mai que l'ancien commandant eut le bonheur d'être ordonné prêtre dans la chapelle du grand séminaire, à Laval. « Puissé-je comprendre la faveur immense que le bon Dieu va me faire aujourd'hui, écrit-il le matin dans son *Journal*, en m'admettant à l'honneur du sacerdoce! Puissé-je, en offrant la sainte victime, imiter ces soldats généreux qui brûlent du désir de se sacrifier avec leurs chefs ! » Nous n'essaierons pas de dire les douces joies dont son âme fut inondée en ce jour béni qu'il passa tout entier dans le recueillement et l'action de grâces. « *Quid retribuam!* s'écrie-t-il. Puissé-je être un bon prêtre ! Que ce soit là mon unique ambition ! Elle est grande, sans doute, mais *omnia possibilia sunt credenti et speranti in Dei gratia.* »

Le lendemain, jour de la Sainte Trinité, le Père de Plas (c'est le nom qu'il conservera désormais jusqu'à la mort), célébra sa première messe, dans la chapelle de la communauté, assisté du R. P. Chambellan, recteur du scolasticat, et ayant pour servants son frère Louis, officier supérieur en retraite, et l'un de ses jeunes neveux, Ludovic de Plas, élève au collège de Poitiers. Ses sœurs n'avaient pu, à leur grand regret, assister à cette touchante cérémonie ; aussi s'empressa-t-il, dès le soir, de les associer en quelque sorte à son bonheur, en leur communiquant les suaves impressions qui remplissaient son âme.

« Laval, le 26 mai 1872.

» Chères sœurs,

» Je chanterais volontiers aujourd'hui le cantique du saint vieillard Siméon : « Maintenant, Seigneur, vous » pouvez laisser en paix votre serviteur, puisqu'il a eu » le bonheur de tenir entre ses mains son Sauveur et » son Dieu. » Une grande partie des Pères et des Frères remplissaient la chapelle domestique ; mon frère et mon neveu me servaient la messe. Combien il m'a été doux de voir mes deux familles, celle du sang et celle de la religion, représentées à mon ordination et à ma première messe (1) !

» Vous dire ma joie serait impossible. Cette joie est d'autant plus vive qu'elle est partagée par tous. J'ai passé une des plus agréables journées de ma vie, goûtant combien le Seigneur est bon, et ne cessant de répéter : « Le cœur de l'homme ne saurait comprendre » ce que Dieu réserve à ceux qu'il aime... »

(1) Son frère Ludovic et son neveu Jean-François étaient présents.

Au dîner de la communauté, les places d'honneur au réfectoire avaient été occupées par le P. de Plas et le P. Le Chauff de Kerguénec, ancien zouave pontifical, ordonné en même temps que l'ancien capitaine de vaisseau. Des poésies latines et françaises, pleines d'à propos et empreintes des plus nobles sentiments, furent, selon l'usage, chantées ou dites en cette solennelle occasion. Le 26 mai de cette année, on célébrait le premier anniversaire des martyrs de la Commune. Un des scolastiques, s'inspirant de cette glorieuse circonstance et de la carrière militaire des nouveaux prêtres, trouva de chaleureux accents qui firent vibrer d'un saint enthousiasme du sacrifice tous les cœurs.

« Parmi les faveurs immenses dont Dieu m'a comblé, écrit le P. de Plas quelques jours après son ordination, je regarde celle de m'avoir appelé au sacerdoce, comme dépassant tout ce que je pouvais envier. Je n'osais pas aspirer à cette sublime dignité, et si mes supérieurs ne m'y avaient pas engagé, je n'aurais fait aucune démarche pour l'obtenir. Et cependant ma vie me semble avoir aujourd'hui un tout autre horizon, et je me sens heureux des augustes fonctions que j'ai à remplir. Chaque jour je sens davantage combien le Seigneur a été bon en m'appelant à la vie religieuse et au sacerdoce ; et maintenant que j'ai pu offrir le saint sacrifice, je mourrai plus content. »

Depuis sa conversion en 1848, François de Plas, qu'il fût embarqué ou à terre, en ville ou à la campagne, n'avait cessé d'assister à la messe chaque jour, autant que la chose dépendait de lui ; aussi considérait-il la grâce du sacerdoce comme une récompense de sa fidélité à cette pieuse pratique. Pour aider sa dévotion dans la célébration du saint sacrifice, il eut recours au savant et utile ouvrage du P. Chaignon, intitulé : *Le Prêtre à l'autel*, dont il fit pendant quelque temps sa lecture quotidienne. « Bien entendre la messe, écrit-il, a été durant vingt-quatre ans mon principal désir, et je puis me rendre cette justice que je n'ai pas cherché de faux prétextes pour manquer à cet exercice de piété, quand il s'est présenté de petites difficultés. Aujourd'hui, mes efforts doivent tendre à bien célébrer la messe, à prêcher par une bonne tenue à l'autel, et à me tenir tellement en la présence de Dieu, qu'aucun indifférent, qu'aucun impie ne puisse objecter : Voilà un homme qui ne paraît pas croire à ce qu'il dit et à ce qu'il fait. « Que ce prêtre célèbre bien la messe ! » s'écriaient parfois les fidèles qui assistaient au saint sacrifice, quand saint Vincent de Paul était à l'autel. Toute mon ambition serait d'inspirer la même pensée à ceux qui me verront célébrer. » Il en fut ainsi qu'il l'avait désiré. Beaucoup, en voyant le recueillement et l'ardeur du P. de Plas au saint autel, s'écriaient : « Quel homme de foi ! comme il aime Notre-Seigneur ! »

Le P. de Plas continua ses études théologiques, même après son ordination à la prêtrise. On ne lira pas sans intérêt le témoignage rendu à cet élève de soixante-deux ans, par son ancien professeur à Laval. « A son âge, nous écrit de Jersey le P. Plet, avec la formation intellectuelle qu'il s'était faite, après la carrière qu'il avait parcourue, venir de nouveau s'asseoir sur les bancs, se servir d'une langue qu'il ne pouvait avoir suffisamment cultivée, tandis qu'il parlait facilement la sienne, s'assujettir aux formes du raisonnement exigées dans nos classes, tout cela n'était pas pour lui la matière d'une vertu ordinaire. Aussi, pendant cette année, le P. de Plas eut-il à souffrir et sans qu'il en parût rien. Il se soumettait à ce règlement pénible avec une humilité, une sérénité et une allégresse qui charmaient tout le monde et nous édifiaient de même.

» Son amour pour la vérité et pour notre sainte religion se manifestait avec le même éclat. Aussi, quand il ne parvenait pas, à l'aide de la langue latine et du syllogisme, à rendre sa pensée ou à résoudre la difficulté qu'on lui proposait, il s'écriait avec une grande simplicité : « Tenez, laissez-moi parler en français et » sans m'astreindre à la forme, et je vous dirai ce qu'il » en est... » Si quelquefois permission lui était accordée, il exposait ou résolvait avec beaucoup de justesse et de lucidité ; si on ne le lui permettait pas (car il avait souvent besoin de recourir à ce moyen et on ne pouvait pas toujours acquiescer à sa demande), il se taisait humblement, réflétant sur son visage une sorte de joie de l'impuissance où il était d'exprimer ce que pourtant il avait la conscience de saisir clairement. Pour lui, le principal était d'arriver à la vérité, et, sur le moment, il n'appréciait pas, comme pouvant lui être utiles, les formes que nous gardons dans l'éducation théologique de nos jeunes gens. Il voyait, il voulait la vérité : cela lui suffisait ; le semblant de lenteur qu'apportait à ce résultat notre forme classique le faisait souffrir, et c'est par la douceur, la patience, l'obéissance et l'humilité qu'il pratiqua dans cette épreuve, que notre bon Père, me semble-t-il, s'est montré admirable.

» Que si sa vie présente moins de faits éclatants pendant ce travail obscur de renoncement religieux à lui-même pour Notre-Seigneur ; aux yeux de Dieu pourtant, elle a un grand mérite, comme elle a été d'une singulière édification pour nous tous qui l'avons vu à l'œuvre. »

Selon l'usage du scolasticat, le P. de Plas fit aussi à Laval, en quelque sorte, l'apprentissage du saint ministère. On le vit exercer son zèle pour le salut des âmes dans différentes œuvres, entre autres à la prison et chez les Petites-Sœurs des pauvres.

Sa première visite, le jour même de sa première messe, avait été pour les vieillards des Petites-Sœurs. « Quelle œuvre admirable! s'écria-t-il! j'ai vu avec plaisir la salle des bonnes vieilles qui étaient toutes occupées, les unes à filer, les autres à tricoter, celles-ci à coudre, celles-là à raccommoder. O charité sainte, qui poussez tant d'âmes généreuses à tout quitter pour se donner tout à vous en se donnant tout aux pauvres, embrasez mon cœur d'un ardent désir de vous servir aussi avec dévouement et fidélité ! »

Il retourna souvent à ce pieux asile, ou pour dire la messe, ou pour donner la bénédiction du Très Saint-Sacrement, ou pour adresser aux vieillards quelques paroles qui produisaient toujours une heureuse impression. « Certain jour de fête, nous raconte un témoin de cette scène touchante, il s'y rendit avec plusieurs scolastiques pour servir les vieillards. En le voyant revêtu d'un tablier, passer, avec sa dignité habituelle, au milieu des tables et causer familièrement avec eux, les « bons vieux » pleuraient d'attendrissement. Lui-même avait des larmes dans les yeux, tant il était pénétré de la sublimité de ces humbles fonctions. C'était bien le Christ qu'il voyait et qu'il servait dans la personne des pauvres. »

Le P. de Plas avait déjà prêché à la prison de Laval avant son élévation au sacerdoce. « J'ai parlé hier pour la première fois aux prisonniers, lisons-nous dans son *Journal*, à la date du 30 octobre 1871. Je n'ai rien dit de très suivi, néanmoins j'ai vu avec plaisir que je n'étais pas trop embarrassé, et que, s'il plaît à Dieu, mes efforts pour obtenir quelques résultats ne seront pas inutiles. » Il constatait en même temps avec satisfaction que le jugement du Père qui l'avait accompagné était favorable et plein d'encouragements. Il ne se faisait pas illusion sur son talent oratoire qui consistait dans le naturel d'une causerie un peu élevée; mais il était persuadé qu'en parlant simplement, après avoir bien médité son sujet devant Dieu, on ne pouvait manquer de produire quelque fruit de sanctification dans les âmes.

Il préparait avec soin, autant que ses études théologiques le lui permettaient, cette petite prédication qu'il jugeait aussi utile pour lui-même que pour ses auditeurs. « L'obligation où je suis de m'occuper des prisonniers, disait-il, m'est avantageuse pour approfondir les vérités de la religion; car, avant d'instruire les autres, il faut s'instruire soi-même, et, autant qu'on le peut, il ne faut enseigner que ce dont on est soi-même parfaitement convaincu. »

Au-dessus de la prédication par la parole, il mettait bien haut dans son appréciation la prédication par l'exemple, se rappelant une réflexion qu'il avait entendue au noviciat d'Angers. Un Père, auquel il exprimait ses inquiétudes au sujet de l'apostolat, se regardant impropre à remplir cet important ministère, lui avait répondu : « Votre meilleur sermon sera toujours votre entrée dans la Compagnie de Jésus. » Cette parole l'avait frappé; et sa conduite fut dès lors, par l'imitation du divin Modèle, une prédication vivante de Notre-Seigneur.

Pendant que le P. de Plas continuait en paix ses études théologiques dans la maison de Laval, la Compagnie de Jésus à Rome était menacée, sinon dans son existence, du moins dans ses droits de propriété, par la rapacité du gouvernement italien. Le R. P. Rubillon, bien placé pour apprécier les événements, lui écrivit à cette époque : « Je partage, mon cher Père, vos espérances pour notre pauvre France. Cependant les épreuves ne sont pas finies; une crise plus générale, peut-être plus terrible que la précédente la menace, mais j'ai confiance qu'enfin Notre-Seigneur aura pitié d'elle.

» Que vous dire de Rome? Humainement, aucun espoir, nous pouvons nous attendre à tout; mais celui qui a assisté nos chères victimes de Paris, le cas échéant, *nobis Romæ propitius erit*. Ces temps difficiles nous mettent dans la nécessité de nous jeter sans réserve entre les mains de notre Père qui est aux cieux, et c'est un avantage immense pour nos âmes. »

Oui, c'était en Dieu seul qu'il fallait avoir confiance en ces temps troublés; car, malgré les protestations de la France, de l'Autriche, des évêques de Belgique, du Souverain Pontife, de quatre-vingt-deux généraux d'Ordre, le Collège romain fut occupé, le Gesù pris et pillé, et le T. R. P. Général expulsé.

Des difficultés d'une autre nature venaient aussi de fondre sur la maison de Brest, et il était à craindre qu'elles ne missent obstacle à la fondation d'un collège projeté. Le P. de Plas, qui connaissait parfaitement cette ville où il avait conservé tant de vrais amis, écrivit le 18 juillet au R. P. de Ponlevoy pour se mettre à sa disposition, s'il jugeait sa présence utile aux intérêts de la Compagnie. « Les nouvelles qui nous arrivent de Brest, lui dit-il, me font désirer de partager les angoisses et les ennuis de nos Pères, et m'ont inspiré la pensée de vous écrire pour me mettre de *cœur*, comme j'y suis de *fait*, à votre disposition, si vous croyez qu'à raison de mes anciennes relations je puisse être de quelque utilité dans les circonstances présentes. »

Il avait beaucoup consulté et prié avant d'écrire sa lettre. Aussi vit-il une manifestation de la volonté de Dieu dans la volonté du R. P. Provincial qui l'envoya à Brest. « Je me trouvais trop bien à Laval, écrivit-il le 21 juillet, pour ne pas regretter cette chère maison;

mais Dieu m'appelle, il faut obéir. S'il y a quelque chose à souffrir, tant mieux. C'est le cas d'appliquer cette parole de foi : *Diligentibus Deum omnia cooperantur in bonum.* »

CHAPITRE IV

1872-1879

Le P. de Plas ministre de la *résidence*. — Messe à Puycheni. — La procure de la maison. — L'école libre Notre-Dame de Bon-Secours. — Congrégation des élèves. — L'œuvre des militaires et le *Cercle catholique*. — Événements publics. — Le cours préparatoire à la marine. — Projet d'union des forces conservatrices sur le terrain catholique. — Le *prieur* de la maison. — Les Petites-Sœurs des pauvres. — Mission et prédications. — Le *troisième an* à Paray-le-Monial; guérison miraculeuse. — Les derniers vœux.

Parti de Laval le 21 juillet, le P. de Plas arriva à Brest le même jour, vers onze heures du soir, et passa la nuit à l'hôtel de la *Tour d'argent*. Le lendemain, après avoir célébré la messe dans la gracieuse chapelle de Bon-Secours qui lui rappelait de si doux souvenirs, il écrivit dans son *Journal* : « J'étais déjà destiné pour Brest par le R. P. Provincial, quand ma lettre lui est parvenue ; elle n'a donc fait que confirmer une pensée déjà arrêtée. Il paraît que je remplirai les fonctions de procureur. Dirai-je que la nature a grimacé à cette ouverture ? Mais la ferme résolution d'obéir à mes supérieurs, qui sont les interprètes de la volonté divine, m'a vite ramené à l'acceptation franche et entière de mon rôle. »

François revit avec plaisir cette ville de Brest qu'il avait autrefois habitée, et où il allait retrouver tant de connaissances et d'amis. « Je devrai faire tous mes efforts, se dit-il, afin de profiter d'une circonstance si favorable pour opérer quelque bien. » En qualité de vieux marin, il ne dissimulait pas la joie éprouvée devant la mer et les bâtiments qu'il apercevait des fenêtres de sa chambre. « A l'arrivée du Révérend Père, lisons-nous dans l'*Océan*, nombreux étaient les officiers, en résidence dans notre ville, qui avaient servi sous ses ordres. On s'empressait autour de lui et l'habitude faisait que le plus souvent on l'appelait commandant. Il ne s'en plaignait pas, mais il savait montrer bien vite à quel point il était revenu des vanités de ce monde et combien plus il prisait l'honneur d'être Jésuite. »

Après trois jours de repos consacrés à des visites indispensables, le Père allait, à l'âge de soixante-trois ans, commencer enfin son ministère apostolique, et fournir en quelques années une féconde carrière. « Le R. P. Provincial, raconte-t-il le 25 juillet, sort de ma chambre, m'annonçant que je serai nommé ministre à l'heure du dîner. Faut-il me réjouir, ou m'humilier et m'attrister, en pensant à mon insuffisance ? C'est la volonté de Dieu qui nous est communiquée par nos supérieurs ; que notre acceptation soit donc franche et joyeuse : *Hilarem datorem diligit Deus!* »

« Vous voilà ministre ! lui écrivit le R. P. Chambellan, Recteur de Laval, à qui il s'était empressé d'exprimer ses sentiments de gratitude. Certes, vous ne faisiez pas souvent avec votre navire des virements de bord aussi brusques ; la carcasse eût été trop secouée. Passer d'une existence tranquille, exempte de sollicitudes, et presque toute en études et en spéculations, à une vie consacrée à tous les détails d'une pratique minutieuse, et où il faut penser à tout sans rien oublier, c'est un changement complet et qui ne laissera pas que d'être pénible pour vous. Heureusement le bon Dieu, tout en vous appelant tard à l'état religieux, ne vous a pas inspiré d'y chercher le repos ; il excite, au contraire, dans votre âme rajeunie par l'abondance de ses grâces, le désir de vous dépenser en procurant sa gloire et le salut du prochain. Assurément, quand vous m'exposiez avec tant d'ouverture vos pensées sur le genre de services que vous croyiez pouvoir rendre à la Compagnie, vous ne pensiez pas du tout à la position qui vient de vous être faite ; et pourtant, lorsque vous y serez habitué, vous reconnaîtrez, je crois, que c'est à peu près là ce que vous soupçonniez de mieux pour vous. » En effet, dès le dimanche suivant, en examinant devant Dieu la semaine qui venait de s'écouler, le nouveau ministre reconnut que ses débuts avaient été aussi heureux que possible, et qu'il s'était trouvé très occupé sans être accablé.

Les fonctions qui lui étaient confiées à l'intérieur de la *résidence* n'absorbèrent pas tellement son temps qu'il ne pût en consacrer une partie aux œuvres extérieures. Aussi le voyons-nous, au commencement du mois d'août, répondre aux invitations qui lui furent faites de visiter les vaisseaux-école l'*Inflexible*, la *Bretagne* et le *Borda*, et accompagner les membres des conférences de Saint-Vincent de Paul dans un pieux pèlerinage à Notre-Dame du Folgoët. « Je ne pouvais tomber, écrit-il à sa sœur Élisa, dans un meilleur milieu que celui où il a plu à la Providence de me placer ; je l'en bénis et l'en remercie chaque jour... J'ai revu un bon nombre d'amis : le jeune Desfossés, qui est aide de camp du préfet maritime ; Escande, ancien inspecteur en chef du commissariat, à Cherbourg; deux camarades d'école, Le Bègue de Germiny et de la Roche-Kerandraon. » Hélas! plusieurs des amis d'autrefois n'étaient plus là pour serrer la main à leur ancien compagnon d'armes, mais il ne les oublia pas devant le Seigneur. Le 9 août, fête de saint Romain, patron de l'amiral Desfossés, il se rendit à Kéréraut pour célébrer la messe dans la petite chapelle du château; et, au retour, il entra au cimetière de la ville pour prier sur la tombe de M. de Kersauson Pennandreft.

Ne convenait-il pas que sa chrétienne famille participât aux prémices de son ministère sacerdotal? C'était le plus ardent désir de ses frères et de ses sœurs, et François lui-même n'attendait pour partir qu'un signe de ses supérieurs. Le 9 septembre, il eut la consolation de célébrer, pour la première fois, la messe dans la chapelle de Puycheni, et tous les membres de la famille, présents au manoir, s'approchèrent de la sainte Table pour recevoir de sa main la communion. « Que rendrai-je au Seigneur, s'écria-t-il, l'âme remplie de reconnaissance, en voyant la joie qui épanouissait les visages, en constatant l'harmonie qui régnait dans les cœurs? » Quand le moment de la séparation fut venu, il prit la parole, à la fin de la prière du soir récitée en commun dans la chapelle, et invita tous les assistants à remercier avec lui le Seigneur de ses bienfaits. Le 21 septembre, il était de retour à Brest, après avoir prié sur la tombe de son ami Marceau, en passant à Tours; après avoir visité à la Chataigneraie, près de Nantes, un vieux camarade de l'école de marine, M. de la Tocnaye que la maladie retenait depuis six ans sur un lit de douleur, où il donnait l'exemple d'une patience et d'un courage héroïques. « Il me semble, écrit-il à sa sœur Élisa, que je vous ai à peine vus ; cependant le souvenir de ces quelques jours passés en famille me cause une grande satisfaction. Dieu qui nous a ménagé la joie de nous revoir, nous ménagera peut-être encore quelque autre circonstance pour le louer et le bénir de nouveau en commun. Unissons-nous de prières, et abandonnons l'avenir à Celui qui nous a si bien traités dans le passé, nous persuadant qu'il arrangera tout pour le mieux. »

Le P. de Plas s'était aussi empressé, au retour de son voyage, de remercier le R. P. Provincial de l'autorisation accordée, et de lui raconter les touchants épisodes de cette pieuse réunion de famille. Il en reçut une réponse concise et pleine de délicatesse, qui approuvait tout ce qu'il avait fait, et qui l'encourageait à bien remplir les fonctions dont il avait été chargé. « Mon Révérend et bien cher Père, lui dit le R. P. de Ponlevoy. — Vous me rendez compte de votre quasi-pèlerinage, et de cette bonne et pieuse réunion qui en était le terme. Vous y avez fait vos premières armes, c'est bien ! *Nostræ vocationis est.* Du reste, désormais, *vita clamet, etiamsi lingua taceat* ; car il nous a été dit: *Laudate Deum de totis vobis.*

» Maintenant, vous voilà à votre affaire. L'exactitude est ici la grande qualité, car alors on a l'ordre et la clarté ; une fois qu'on sait ce qu'on a reçu et ce qu'on doit, on sait ce qu'on a et où on en est. »

Le P. de Plas avait été nommé, le 8 septembre, procureur de la maison de Brest, qui allait joindre à son titre de résidence celui de collège ; il entra de bon cœur dans ses nouvelles fonctions, quoi qu'elles ne flattassent pas ses goûts naturels. « Cette charge de procureur, écrivait-il plus tard, était bien, dans les circonstances où elle m'a été donnée, ce qu'il me fallait pour m'habituer à me confier en Dieu et à espérer contre toute espérance. » La caisse, à peu près vide, dont il était chargé, lui causait de perpétuelles alarmes ; et il s'étonnait que, malgré la pénurie d'argent et les dettes, la maison continuât de marcher comme à l'ordinaire. C'était un excellent moyen, il le reconnaissait lui-même, de pratiquer l'abandon à la Providence. « Dieu sait, disait-il, Dieu voit, Dieu avisera ; *cum nihil sum, tunc potens sum*, voudrais-je ajouter après saint Paul et avec la foi qui animait le grand Apôtre. Oui, Dieu voit le procureur des Jésuites à Brest avec un coffre vide ou à peu près et de grosses dettes à régler à courte échéance. A qui tendre la main ? » C'est la question qu'il adressait à son supérieur, vers la fin du mois de décembre, l'avertissant qu'il ne pourrait faire face à un paiement de cinq mille francs pour le lendemain. « Cherchez et vous trouverez, lui répondit le P. Hubin ; mais si à midi vous n'avez rien trouvé, avertissez-moi. » Confiant en la parole de celui qui l'envoyait au nom de Dieu, le procureur résolut de chercher, et, à peine sorti, rencontra un ami. « Je vous trouve à propos, lui dit en souriant le P. de Plas, donnez-moi donc un avis. On m'envoie chercher cinq mille francs dont j'ai besoin ; savez-vous où je pourrais m'adresser ? — Parfaitement, lui fut-il répondu. Je viens de mettre de côté cinq mille francs, afin de les placer pour mes enfants. Je ne puis malheureusement abandonner les intérêts, à cause de ma famille ; mais, si vous voulez emprunter, ils sont à votre disposition. » Quelques instants après, d'accord avec le R. P. Recteur, l'affaire était conclue.

Le P. de Plas qui, comme officier de marine, avait eu la consolation, en 1858, d'assister à la consécration de la chapelle de Notre-Dame de Bon-Secours, se trouva d'office, comme procureur, au mois d'octobre 1872, à l'ouverture du collège réclamé depuis longtemps avec instance par une grande partie de la population. « Mgr Nouvel, évêque de Quimper, écrit-il à sa sœur, le 4 octobre, est venu ce matin, à l'occasion de l'ouverture de notre externat, bénir la maison, après avoir célébré la messe et adressé quelques paroles d'encouragement aux parents et aux enfants » La lettre était accompagnée d'un récit de cette touchante cérémonie, emprunté au journal l'*Océan*.

« Dès huit heures du matin, les portes du collège étaient ouvertes. A neuf heures précises, plus de quatre-vingts élèves, conduits par les Pères, faisaient leur entrée dans la chapelle, déjà remplie d'une nombreuse assistance. Dans le chœur se pressaient les membres du clergé paroissial, les aumôniers, la marine et les maisons religieuses. Après le chant du *Veni creator*, Monseigneur a célébré la messe du Saint-Esprit, assisté du R. P. Hubin et du P. Le Sauce. A l'évangile, Sa Grandeur a pris la parole : s'adressant tout d'abord aux élèves, Elle leur a fait remarquer la coïncidence qui existait entre le jour de l'inauguration du collège et celui de la fête des saints Anges; se tournant ensuite vers les fidèles, Elle les a félicités de leur présence à cette cérémonie. « Cette œuvre, qui
» ne date que d'hier, s'est écrié Monseigneur, a déjà
» eu ses épreuves bien cruelles, mais il ne faut pas
» s'en étonner. Toute œuvre de Dieu doit avoir pour
» fondement non seulement Jésus-Christ, mais Jésus-
» Christ avec sa croix. » Il a ensuite développé cette pensée que l'éducation chrétienne est l'œuvre par excellence de notre époque. « Ce qu'il faut aujour-
» d'hui, a-t-il dit, pour régénérer la société, ce ne
» sont pas des hommes de science; l'éducation de
» l'esprit ne suffit point, si elle n'a pour base l'éduca-
» tion du cœur : or, cette éducation n'est pas possible
» sans la religion. »

« Après la messe, Monseigneur a parcouru processionnellement le collège pour le bénir; il était accompagné par tout le clergé présent et aussi par un grand nombre d'assistants. Cette bénédiction s'est faite au chant des Litanies de la Sainte Vierge. La cérémonie terminée, on s'est séparé le cœur rempli de bien douces émotions. Puisse le Ciel écouter les prières qui lui ont été adressées avec tant de ferveur! Puisse Notre-Seigneur répandre ses bénédictions sur cette œuvre de dévouement, qui doit être pour la ville de Brest une œuvre de régénération et de salut! » Le collège, commencé sous de si heureux auspices, ne pouvait manquer de prospérer; c'est avec joie que son procureur le constate dans une lettre adressée à Puycheni : « Notre externat, écrit-il, réussit à merveille; les enfants y paraissent heureux, et les parents se plaisent à nous le redire. »

Outre les fonctions de procureur, le P. de Plas remplit aussi, pendant l'année scolaire 1872-1873, l'office de consulteur, en même temps qu'il était chargé de faire le catéchisme et de donner les points de méditation aux Frères coadjuteurs. En écrivant pour la première fois, en qualité de consulteur, au R. P. Provincial et au T. R. P. Général, il ne put s'empêcher d'admirer la sagesse des Constitutions de saint Ignace : « Béni soyez-vous, ô mon Dieu, dit-il, de m'avoir placé dans un Ordre où la raison et le bon sens forment un alliage si étroit avec la foi et la piété! » Et il souhaitait à nos gouvernants politiques de puiser à cette source les lumières dont ils avaient besoin.

Au mois de septembre 1873, le P. de Plas échangea les fonctions de procureur contre celles de ministre, qu'il avait déjà provisoirement exercées à son arrivée à Brest. « J'avais rêvé à tort le rôle de Marie, s'écriat-il, en apprenant cette nouvelle, je me disais : mon rôle se bornera à célébrer la messe, à confesser et à parler quelquefois à des pauvres, à des marins ou à des soldats, dont je connais le caractère et les défauts ; et on me donne l'occupation de Marthe ! Il faut veiller, dans une certaine mesure, à la cuisine, au réfectoire, à la fourniture des chambres, aux objets du vestiaire. Cet office ne m'a pas été confié par caprice ; mes supérieurs ont obéi à Dieu, et moi je dois leur obéir le mieux qu'il me sera possible. » Et comme il était maintenu dans ses autres charges, il ajoutait : « Je dois remercier Dieu de m'avoir conservé l'obligation de faire le catéchisme et de donner les points aux Frères coadjuteurs. J'aimerais mieux, je crois, qu'un Père plus capable en eût le soin ; mais puisque l'office m'est confié, c'est la volonté de Dieu que je l'exerce. Puissé-je le remplir dignement ! »

Dès la seconde année scolaire, le collège Notre-Dame de Bon-Secours avait vu doubler le nombre de ses élèves, sans compter le cours de marine, qui avait été transféré de Paris à Brest. En qualité d'ancien capitaine de vaisseau, le P. de Plas se réjouit de cet élément intéressant, qui lui rappelait quelques-unes des plus belles années de sa jeunesse ; aussi, quand il fut question d'établir une congrégation parmi ces jeunes gens, le R. P. Recteur songea-t-il tout d'abord à en confier la direction à l'ancien commandant. « J'ai dit la messe ce matin, note-t-il dans son *Journal*, le dimanche 11 janvier 1874, en présence de huit élèves du cours de marine, qui ont demandé à faire partie d'une congrégation de la Sainte Vierge. N'est-ce pas une grande faveur qui m'est faite, à moi qui ai vécu vingt-cinq ans dans l'oubli de Dieu, d'être appelé aujourd'hui à exciter la piété chez des jeunes gens d'élite ! » La congrégation constituée, on choisit le lundi comme jour ordinaire de réunion, et on s'aperçut bientôt, par le bon esprit de la division, de l'heureuse influence exercée par le directeur sur ses congréganistes.

Malgré ses multiples occupations comme procureur, comme ministre et comme directeur de congrégation, le P. de Plas dévoré de zèle, *zelus domus tuæ comedit me*, trouvait encore maintes occasions d'exercer son apostolat. A peine installé, il avait repris la visite des pauvres, qu'il faisait autrefois en qualité de membre des conférences de Saint-Vincent de Paul. Quelle ne fut pas sa joie de retrouver un jour un malheureux estropié, ancien cordonnier, qu'il avait visité en 1848 ! Volontiers il assistait aux réunions générales et souvent il se rendit à l'invitation d'accompagner les pèlerins tantôt à Sainte-Anne du Porzic aux portes de Brest, tantôt à Notre-Dame du Folgoët ou à Notre-Dame de Rumengol, et jusqu'à Sainte-Anne d'Auray, le jour de la fête, le 26 juillet.

Le P. de Plas regrettait de ne pas trouver établie à Brest, ville de garnison importante, l'œuvre des militaires qu'il avait vu fonctionner ailleurs, et dont il avait pu apprécier les résultats à Paris, à Cherbourg et à Rochefort. Il en parla à des amis capables de seconder son dessein, et, pour le mieux faire connaître, rédigea une petite note sur son origine et ses progrès.

« L'œuvre des militaires, disait-il, remonte au règne de Louis-Philippe. Un pieux laïque, gémissant de voir l'abandon dans lequel vivaient les soldats au point de vue moral et religieux, eut le premier l'idée de ces associations, qui se répandirent promptement dans toutes les villes de garnison. Partout le clergé, les Frères des Écoles chrétiennes et les membres de la Société de Saint-Vincent de Paul s'empressèrent d'unir leurs efforts pour mener à bonne fin une œuvre que le gouvernement laissait faire et que les autorités militaires voulaient bien encourager par leur parole et souvent par leur présence. En 1851, le général de Saint-Arnaud, alors ministre de la guerre, se montra très favorable aux réunions de militaires, en proclamant leur utilité morale et en reconnaissant leurs bons effets.

» La réunion de Cherbourg, en particulier, avait été plusieurs fois honorée de la présence des principales autorités civiles et militaires de la ville, lorsqu'au commencement de 1860, une déplorable erreur la fit fermer avec un certain nombre d'autres. Mais, dès le 21 avril de la même année, elle fut de nouveau autorisée par l'amiral Hamelin, ministre de la marine. L'éloignement des casernes n'avait permis qu'une séance par semaine, encore était-elle purement religieuse. Un des aumôniers de la marine était chargé de la direction de l'œuvre, aidé de membres de la Société de Saint-Vincent de Paul, qui le suppléaient en cas d'absence ou de fatigue.

» L'œuvre des militaires se trouve établie à Paris, Lyon, Toulon, Dunkerque, Calais, Caen, etc.; et dans toutes ces villes elle fonctionne librement. »

Dès le commencement de l'année 1873, le commandant Grivel s'occupa sérieusement d'organiser à Brest cette belle œuvre, appelée à rendre tant de services aux marins et aux soldats. « J'ai assisté hier soir, note le P. de Plas dans son *Journal*, le 20 février, chez les Frères des écoles chrétiennes, à une réunion d'officiers de divers grades et de quelques laïques, qui désirent établir ici l'œuvre des militaires, œuvre à laquelle le général de Sonis, commandant la division à Rennes, semble attacher beaucoup d'importance. Le R. P. Recteur a bien voulu me désigner comme aumônier. Je ne dois ni m'effrayer de mon insuffisance, ni m'imaginer que je ferai des merveilles ; il faut que j'agisse avec simplicité, demandant à Dieu qu'il daigne suppléer à ce qui me manque. » L'œuvre, à raison de la difficulté des temps, fit des progrès lents mais solides, et, cinq mois après son établissement, l'aumônier se félicitait de pouvoir adresser la parole, chaque dimanche et quelquefois le jeudi, à une cinquantaine de soldats.

C'est dans l'établissement des Frères des écoles chrétiennes, rue Monge et rue de Siam, que les militaires et les marins étaient reçus tous les jeudis et dimanches, de cinq heures à sept heures et demie en hiver, de six heures à huit heures et demie en été. La première heure était consacrée aux écoles et aux lectures, et le reste du temps partagé entre l'instruction religieuse et les jeux; mais on pouvait n'arriver que quand l'école était terminée, la porte d'entrée restant ouverte jusqu'à la fin de la première heure.

Vers 1876, l'œuvre prit tout à coup un rapide essor sous l'habile direction de M. Fouët, ancien capitaine de vaisseau, dont le plus jeune fils suivait les cours de l'école préparatoire. « Hier au soir, lisons-nous dans le *Journal*, à la date du 19 novembre 1877, la réunion des militaires chez les Frères s'élevait à cent dix hommes environ. Cela m'a causé une grande satisfaction, et j'ai fait de mon mieux pour le leur exprimer. » Au départ de M. Fouët en 1878, l'œuvre continua de prospérer, grâce à l'expérience de M. Calvez, employé de l'administration aux Pupilles de la marine, et au zèle de l'aumônier. « Je m'applique, disait-il, à leur inculquer de bonnes pensées, à leur inspirer de pieux désirs; en un mot, à leur faire connaître et aimer Dieu. »

A côté de l'œuvre des militaires s'établit, au mois d'avril de l'année 1873, une œuvre nouvelle qui devint bientôt, par la force des choses, le principal ministère du P. de Plas : nous voulons parler des *Cercles catho-*

liques d'ouvriers. Fondée en 1872 par l'ardente initiative du comte Albert de Mun, l'œuvre des *Cercles catholiques d'ouvriers* s'était rapidement répandue dans les bourgades comme dans les grandes villes. « T'ai-je dit, écrit le P. de Plas à sa sœur, au mois de mai, qu'on vient de fonder à Brest un *Cercle catholique*, qui compte déjà plus de quatre-vingt-dix membres? Il y a des pensées qui n'ont qu'à se produire pour porter des fruits. Plus on groupera les hommes d'ordre, plus on réagira contre les mauvaises doctrines qui nous envahissent de toutes parts. Sans doute la situation est déplorable, elle deviendrait honteuse, si les gens de bien ne cherchaient à combattre le mal. »

C'est un ingénieur de la marine, M. Perroy, président des conférences de Saint-Vincent de Paul, qui avait eu l'idée de répondre à l'appel adressé par le comité de Paris aux hommes de bonne volonté. Le 13 avril, Mgr l'évêque de Quimper approuva officiellement l'œuvre dans son diocèse, en acceptant la présidence d'honneur du *Cercle catholique* fondé à Brest. Toutefois l'œuvre ne fut définitivement constituée qu'au mois d'août 1874, après un éloquent discours de M. de Mun, devant l'élite de la société réunie dans la chapelle Saint-Joseph. M. l'abbé Lucas voulut bien remplir les fonctions d'aumônier provisoire, jusqu'au mois de septembre où le P. de Plas prit définitivement la direction spirituelle du *Cercle*. « Dieu soit loué, s'écrie-t-il dans son *Journal*, le 27 septembre, je suis allégé de mes fonctions de ministre ; mais à une inquiétude en succède une autre : je suis chargé de l'œuvre des ouvriers réunis sous le nom de *Cercle catholique*. J'ai célébré ce matin la messe devant une cinquantaine d'hommes dont dix-huit ont fait la sainte communion, et j'ai dit quelques mots sur l'évangile du jour. » Et il ajoute, peu de temps après, dans une lettre à sa sœur :

« J'augure bien de l'avenir de ce *Cercle*. Un capitaine de frégate, très zélé pour les bonnes œuvres (M. Gicquel des Touches), le dirige, et plusieurs membres très recommandables de la conférence de Saint-Vincent de Paul lui prêtent leur concours. Je bénis Dieu de ce qu'il daigne m'employer malgré mon insuffisance, et le désir d'obéir me donne du courage qui soutient ma bonne volonté. »

Grâce aux efforts réunis du président et de l'aumônier, une société civile, au capital de 60,000 francs, fut fondée, et par là même l'avenir de l'œuvre assuré. « J'ai l'espoir, écrit le P. de Plas au mois de novembre 1874, que notre *Cercle catholique d'ouvriers*, qui compte déjà plus de cent associés, fera quelque bien. Des ingénieurs, des professeurs, des officiers l'encouragent de leurs sympathies et de leur bourse. Le sous-directeur du génie maritime vient de nous donner une conférence très intéressante sur la situation des ouvriers avant la Révolution, situation bien meilleure que celle qui leur est faite par les prétendus hommes de progrès de nos jours. »

Le nombre des membres associés alla toujours croissant, et cependant on se gardait bien d'accepter toutes les demandes; on préférait la qualité à la quantité. « Il y avait hier, écrit l'aumônier le 5 juillet 1875, réunion générale au *Cercle catholique*. Il compte plus de deux cents membres associés ou candidats. Ces derniers assistent aux réunions; mais ils ne sont admis définitivement que si leur conduite permet d'espérer qu'ils feront honneur au *Cercle*. Me voilà donc à la tête d'une petite paroisse dont le personnel est bon ou désire le devenir. Puissé-je bien remplir cette mission qui me paraît des plus utiles ! »

A peine installé comme aumônier du *Cercle catholique*, le P. de Plas avait compris la nécessité de connaître à fond l'esprit et les doctrines de l'œuvre, et il se mit à l'étude avec ardeur, interrogeant de vive voix et par écrit tous ceux qui étaient à même de lui fournir quelques renseignements. Nous avons trouvé parmi ses papiers les notes qu'il avait prises à la suite d'une assemblée générale à Paris, où s'était tenue une réunion particulière des aumôniers et dont il avait fait la règle de sa conduite.

« Les aumôniers, écrivait-il, représentent auprès des comités et de la classe ouvrière l'Eglise elle-même, sous l'autorité du pape et des évêques; aussi l'œuvre leur laisse-t-elle la pleine direction *doctrinale*, *morale* et *spirituelle*. Rien de plus grand, de plus délicat, de plus sacerdotal. Cette haute mission se ramène à maintenir et à développer dans les fondations diverses la vie surnaturelle.

» Pour cela, mille moyens sont mis à la disposition de l'aumônier, suivant qu'il lui faut agir sur la classe dirigeante ou sur la classe ouvrière. — Auprès du comité, son action trouve à s'exercer : comme conseiller, dans les délibérations et dans l'organisation des conférences; comme prédicateur, dans les messes mensuelles; comme apôtre, dans l'association des dames patronnesses et dans les retraites. — Auprès du *Cercle*, son action est plus efficace encore, parce qu'elle est plus spirituelle et plus intime; il en a, à proprement parler, toute la direction morale. Les ouvriers sont comme ses paroissiens. La piété, chez eux, doit être organisée par toutes sortes d'industries, variant selon les circonstances, mais qui doivent toutes tendre à faire des ouvriers du *Cercle* une élite de chrétiens, capables de ramener à la religion leurs compagnons de travail. »

Parmi les moyens dont dispose l'aumônier : messe, instructions, confréries, pèlerinages, œuvres de charité et de zèle, le P. de Plas indique, en les soulignant, les *retraites annuelles*. « Là est vraiment le nerf de la guerre à la Révolution. Il y a les retraites des comités, où tous les membres devraient retremper leur esprit de foi, de dévouement et de sacrifice. Il y a les retraites des dames patronnesses, où elles apprennent à connaître l'œuvre, à en saisir la portée sociale et à déployer pour elle leur industrie et leur générosité. Il y a les retraites des ouvriers, très importantes, parce qu'elles sont comme la source d'un renouvellement général de piété.

» Quelle science, quelle dextérité, quel zèle, ajoutait-il, ne demande pas un semblable ministère! Mais tel est bien le rôle qu'a rempli le clergé de France, auprès de la société laïque aux meilleures époques de notre histoire. »

Le P. de Plas, aumônier du *Cercle catholique* à Brest, fut-il fidèle à suivre ce programme? Oui, dans la mesure qui lui était possible au milieu des difficultés locales. « L'aumônier du *Cercle catholique des ouvriers*, écrivait-il en 1878, a toute facilité pour l'exercice de son ministère auprès des ouvriers, mais les efforts tentés pour mettre en relation les dames patronnesses et les familles des ouvriers n'ont pas encore réussi. » Cependant il se plaisait à reconnaître la bonne volonté de toutes ces dames, et chez quelques-unes une générosité exceptionnelle. Il ne voulait s'en prendre qu'à lui-même, lorsque le succès ne venait pas couronner son zèle et le dévouement de ses associés. « Rien ne gêne l'action de l'aumônier, écrivait-il; mais il n'a pas assez de moelleux et de simplicité pour réussir auprès des membres du *Cercle*. Il ne cause pas volontiers et se tient dans une trop grande réserve. Il paraît respecté d'une manière suffisante, mais il n'est pas à proprement parler l'homme de l'ouvrier. »

Ne nous étonnons pas de ce langage qui est celui même de l'humilité ; mais est-il bien celui de la vérité? Nous aurions quelque raison d'en douter, si nous faisions appel aux souvenirs de ceux qui ayant vu l'aumônier à l'œuvre, nous ont communiqué leurs impressions personnelles.

« Le R. P. de Plas, nous écrit M. Pener, a été l'âme du *Cercle catholique des ouvriers* à Brest, auquel il s'est consacré pendant plus de treize années avec un dévouement au-dessus de tout éloge. Le samedi soir, il se rendait régulièrement au *Cercle* pour entendre les confessions. Le dimanche, à sept heures du matin, il disait la messe et faisait le prône, en lisant l'Évangile qu'il commentait et dont il tirait des conclusions pratiques à l'usage de son auditoire. Dans l'après-midi, on chantait Vêpres, et il faisait encore une courte instruction avant le salut. Bien que le *Cercle* fût situé en dehors des fortifications, la distance ne l'empêchait pas de revenir le soir, quand il y avait fête. Pendant la belle saison, le R. Père allait, de temps en temps, avec les ouvriers chanter les vêpres dans quelques paroisses des environs, persuadé que cette prédication d'exemple était plus efficace que toute autre. Tous les ans, le mardi-gras, pour protester contre les saturnales de la rue, il conduisait les membres du *Cercle* à la chapelle des Carmélites, où, prosternés devant le Très Saint-Sacrement, ils priaient avec l'Église, en esprit de réparation. Il accompagnait aussi les ouvriers dans leurs pèlerinages. En un mot, il n'y avait pas au *Cercle* une conférence, une fête, une réunion à laquelle l'aumônier ne crût de son devoir d'assister. »

A ce témoignage d'un membre du comité, ajoutons celui de M. Grignon qui, par ses fonctions dans le *Cercle*, eut le bonheur d'approcher l'aumônier de plus près. Il a bien voulu nous communiquer quelques

notes qui montrent combien le P. de Plas, par son dévouement à l'œuvre, avait su gagner la sympathie de tous. « Son zèle pour ses chers ouvriers, nous dit-il, était presque de tous les instants. Outre le samedi et le dimanche, il venait au *Cercle* le lundi, pour consommer les saintes Espèces. Celui qui avait l'habitude de lui servir la messe ne pouvait se lasser d'admirer son intrépidité à affronter le mauvais temps en hiver. Le Père trouvait tout naturel la course qu'il faisait pour accomplir un devoir, et il s'oubliait lui-même pour ne penser qu'aux autres : « Vous avez eu du courage,
» disait-il à son servant de messe, pour venir sitôt par
» un temps pareil. Merci, mon ami, le bon Dieu vous
» en tiendra compte. » Parfois il arrivait tout trempé par la pluie et semblait gelé ; mais quand il revêtait les ornements sacrés, sa figure s'illuminait, et, pendant le saint sacrifice, qui durait au moins trois quarts d'heure, ces jours-là, des larmes coulaient abondamment sur ses joues, larmes de reconnaissance et d'amour, surtout au moment de la sainte communion.

» Il paraissait encore au *Cercle* le mercredi, pour nous donner une instruction sur le catéchisme, et tous les mercredis de carême, il nous conviait à faire le Chemin de la Croix. Il ne manquait jamais d'assister aux réunions annuelles où le président rendait compte de l'œuvre au point de vue moral et financier ; toujours il prenait la parole pour nous encourager à la persévérance, et l'on se séparait édifié, fortifié.

» Quand nous nous retirions pour prendre nos ébats, après les offices religieux, le dimanche, lui, restait longtemps en prière au pied du tabernacle ; il venait ensuite nous voir et causer avec nous. « Je voudrais bien me
» mêler à vos jeux, disait-il ; mais, vous le voyez, je
» suis trop vieux ! » Sa seule présence était pour tous un précieux encouragement.

» Le titre d'ancien officier supérieur ne pouvait manquer de nous imposer un certain respect; mais ce qui nous frappait surtout dans notre saint aumônier, c'étaient ses qualités personnelles, sa douceur, son humilité, sa mortification, sa charité. « Apprenez de » moi, aurait-il pu nous dire avec le divin Maître, que » je suis doux et humble de cœur; » ou bien avec l'Apôtre : « Soyez mes imitateurs, comme je le suis de » Jésus-Christ. » Combien il aimait saint François de Sales, son patron, ce parfait modèle de la douceur ! Aussi nous citait-il sans cesse et les paroles et les exemples de ce grand Saint, dont il s'efforçait d'imiter les vertus.

» Que dire de l'humilité qui respirait dans tout son extérieur, et qui lui gagnait tous les cœurs? On le voyait venir au *Cercle* le bréviaire sous le bras, un vieux parapluie à la main, avec une soutane passée, un chapeau déformé et des souliers usés. S'il aimait la pauvreté dans sa toilette, il tenait aussi à la propreté, surtout lorsqu'il devait monter à l'autel. Parfois il arrivait couvert de boue; mais en vain essayait-on de lui prêter secours, il n'acceptait les offres de personne, voulant se servir lui-même, comme un pauvre de Jésus-Christ. « Tous les états, nous disait-il, sont nobles aux » yeux de Dieu, fût-ce même celui de balayeur des » rues, lorsqu'ils sont acceptés chrétiennement. » On le surprit plusieurs fois, alors qu'il se croyait seul en la présence de Dieu, balayant soigneusement le parquet du sanctuaire.

» Dans les instructions, il aimait à raconter des anecdotes de sa vie de marin, mais il se gardait bien de parler de lui. Jamais il ne faisait allusion à sa personne; et s'il se mettait parfois en scène, c'était comme un tiers que tout le monde reconnaissait du reste facilement.

» Nous avons été témoins bien des fois, sans qu'il

s'en doutât, de sa mortification comme de son humilité. Il nous adressait la parole, le plus souvent assis devant une table; mais ses mouvements oratoires laissaient apercevoir une chaînette qui entourait les poignets. Sa figure restait calme et souriante, malgré les pointes de fer qui pénétraient douloureusement la chair. Le dimanche, après la messe, plusieurs d'entre nous étaient invités à déjeuner avec l'aumônier. Il nous excitait à faire honneur au repas, et lui-même se contentait d'un peu de lait, baptisé d'eau fraîche, sous prétexte qu'il était enrhumé ou qu'il trouvait cela meilleur. Pendant que nous mangions, il nous entretenait de sujets d'édification, et surtout du bonheur d'être réunis, comme les premiers chrétiens, dans des agapes fraternelles.

» Comme il comprenait bien le précepte de la charité, et le mettait fidèlement en pratique! « Mes amis, » nous répétait-il sans cesse avec l'apôtre saint Jean, » aimez-vous les uns les autres; c'est à cela qu'on re» connaîtra que vous êtes de vrais chrétiens... Je vous » fatigue peut-être, ajoutait-il, en vous répétant tou» jours les mêmes choses; mais que voulez-vous que » je vous dise de mieux? C'est là le grand précepte: » Aimer Dieu et le prochain, voilà toute la loi. » Son accent de conviction remuait tous les cœurs. Que de fois n'avons-nous pas entendu faire cette remarque au sortir de ses conférences: « Le Père n'est sans doute » pas éloquent; mais quand il nous parle, nous appre» nons quelque chose et nous en retirons quelque » fruit, car il nous ouvre vraiment son cœur. »

» La charité ne consiste pas seulement dans les sentiments et les paroles; elle se prouve surtout par les œuvres. Il n'épargnait aucune démarche, quelque pénible qu'elle fût, pour intéresser les autorités en faveur de ses chers ouvriers. Quelqu'un de nous tombait-il malade, on voyait paraître l'aumônier, comme un ange consolateur, soit dans les hôpitaux, soit dans nos demeures. Il ne craignit pas de faire deux lieues chaque semaine, pendant plusieurs mois, pour visiter un des jeunes gens du *Cercle* qui était allé à la campagne respirer un air pur nécessaire à sa santé.

» C'est au bien des âmes qu'il visait, en pratiquant les œuvres de miséricorde corporelle. Combien d'hommes sont revenus à Dieu, touchés par les exhortations du pieux aumônier! Nous citerons un quartier-maître, que nous avons particulièrement connu et qui avait refusé jusqu'à ses derniers moments tout secours religieux. Le P. de Plas alla le voir pour lui adresser quelques bonnes paroles. A la vue de ce prêtre vénérable qu'il appelait encore *mon commandant*, le vieux marin se mit à fondre en larmes ; il se réconcilia sincèrement avec Dieu et mourut peu de temps après dans les meilleurs sentiments. »

Au commencement de janvier 1875, le P. de Plas avait écrit, selon son habitude, à Mgr Desprez, archevêque de Toulouse, avec qui il était toujours resté en rapports suivis depuis le voyage du *Cassini* à Bourbon, et il en reçut une parole d'espoir pour ses œuvres et surtout pour le *Cercle catholique*. « A votre tour, mon cher commandant, lui répondit le digne prélat, veuillez agréer les vœux que j'adresse au ciel, afin que l'année qui commence soit bénie de Dieu, pour vous et pour vos œuvres. Les *Cercles catholiques d'ouvriers* ne sont encore que de jeunes arbres récemment plantés ; ils n'ont pu encore donner leurs fruits. Nous en avons trois à Toulouse et un quatrième se prépare. Nos espérances d'un heureux résultat grandissent chaque jour ; mais le démon nous fait rencontrer des difficultés là où nous ne devions attendre que des encouragements. » Hélas! il en était ainsi à Brest, comme à Toulouse, comme un peu partout. N'est-ce pas le propre des œuvres de Dieu d'être en butte à la contradiction, qui ne sert, du reste, qu'à les enraciner davantage?

Nous aurons occasion de revenir sur l'heureuse influence exercée par le P. de Plas, comme aumônier du *Cercle catholique*, malgré les difficultés qui surgirent à la mort du commandant Gicquel des Touches, son premier directeur; mais il est bon de jeter un coup d'œil sur les principaux événements auxquels il fut plus ou moins mêlé, pendant son paisible séjour à la rue d'Aiguillon.

L'humble religieux s'était réjoui avec la France catholique, en apprenant, le 24 mai 1873, la chute de M. Thiers et l'avènement de Mac-Mahon à la présidence de la République. « C'est là, écrivit-il, un événement dont il faut remercier Dieu, car le Maréchal passe pour un esprit droit, et il a été choisi par la majorité pour combattre les doctrines révolutionnaires.

» Les méchants se félicitaient d'avoir la majorité à la Chambre et se montraient disposés à appuyer de leur vote toute proposition contraire aux principes qui sont la base de la religion, de la famille et de la société. Ils avançaient avec une audace d'autant plus grande, que le ministère de Jules Simon semblait leur tendre la main pour se prêter à tous leurs plus mauvais desseins. Béni soit Dieu qui a ouvert les yeux au maréchal de Mac-Mahon, et lui a inspiré la pensée de choisir un ministère honnête, présidé par le prince de Broglie! De nombreux remplacements de fonctionnaires permettent de bien augurer de l'avenir. Puissions-nous gagner du temps et enrayer le mal! C'est déjà un grand bien dans les circonstances actuelles. »

Fidèle à sa règle de religieux, de Jésuite, il ne sortit point de sa volontaire obscurité pour se mêler, même de loin, à la lutte ardente des partis politiques. Quand le maréchal-président vint à Brest pour visiter l'arsenal, « quel bonheur, s'écria l'ancien commandant, en entendant le bruit du canon, en voyant l'empressement de la foule pour fêter le chef de l'État, quel bonheur de n'avoir à jouer aucun rôle dans ces réceptions officielles! »

Cependant l'ancien lieutenant et protégé du prince de Joinville avait les yeux fixés sur son amiral, auquel il avait gardé, depuis le *Suffren*, une affectueuse reconnaissance. Il eut quelque espoir, en entendant parler de la fusion qui se préparait entre les deux branches de la maison de France, de pouvoir concilier dans un même dévouement et ses traditions de famille et ses sentiments personnels. « Sire, avait dit le comte de Paris, dans une visite au comte de Chambord, le 5 août, je viens en mon nom et au nom de tous les membres de ma famille saluer en vous, non seulement le chef de notre maison, mais encore le seul représentant du principe monarchique en France. » Ces paroles de soumission avaient retenti profondément dans le cœur du P. de Plas, et, sous l'impression de contentement qu'il avait ressenti, il écrivit, le 18 août, au prince de Joinville, la lettre suivante :

« Monseigneur,

» Permettez à un religieux, jadis officier de vaisseau, et qui a eu l'honneur de servir sous vos ordres dans l'expédition de Tanger et de Mogador, de vous exprimer l'impression de satisfaction profonde qu'il a éprouvée en apprenant votre visite au comte de Chambord. Cette démarche lui a paru inspirée par un sentiment de dévouement au pays, et, j'oserai dire, à la religion, qui ne peut que gagner à voir les grands principes d'ordre triompher dans la société, etc., etc. »

On voit, par cette citation, à quel mobile obéissait

l'ancien lieutenant du *Suffren* : la pensée de la religion et de la patrie avait seule guidé sa plume. C'est encore là ce que nous constatons dans une note de son *Journal*, à la date du 19 août : « J'ai écrit hier au prince de Joinville, pour lui dire la grande joie que j'avais éprouvée en apprenant sa visite au comte de Chambord. Cela m'a semblé un devoir. Il faut que les hommes qui marchent dans la bonne voie se sentent appuyés par l'opinion publique ; les marques d'adhésion qu'ils reçoivent de personnes peu connues ou presque oubliées doivent, ce me semble, les encourager. » Le 1er septembre, le prince de Joinville daigna répondre poliment à la lettre qui lui avait été adressée ; mais ce n'était qu'un simple accusé de réception, signé par un secrétaire particulier.

En 1875, l'école libre de Notre-Dame de Bon-Secours, qui n'avait que trois années d'existence, se trouvait en pleine prospérité. L'externat, bien qu'il n'eût débuté que par les classes inférieures, comptait déjà plus de cent soixante élèves, et la considération dont il était l'objet promettait un avenir plus florissant encore. L'école préparatoire à la marine, transférée de Paris à Brest en 1873, dépassait, dès sa seconde année, le chiffre de soixante élèves, attirés de toutes les parties de la France par les premiers succès. Mais les progrès rapides de l'école libre de Notre-Dame de Bon-Secours avaient rendu insuffisant le local primitif, et il devenait nécessaire de lui procurer de nouveaux agrandissements.

Le R. P. de Cacqueray, qui avait remplacé à la tête de la maison le P. Hubin, appelé à Paris pour diriger l'œuvre des jeunes gens de la rue de Sèvres, songea à la formation d'une société anonyme pour favoriser les développements projetés. Il résolut de faire appel aux hommes de bonne volonté, non seulement dans le département du Finistère ou dans l'ancienne province de Bretagne, mais dans la France entière. C'est qu'en effet, l'école préparatoire à la marine n'avait pas été ouverte comme une institution locale, mais comme un établissement national. Elle offrait à toutes les familles, pour la préparation des élèves à l'École navale, les garanties d'une éducation chrétienne, en se proposant de continuer les traditions de science et de distinction de la marine française.

Le P. de Plas fut à cette occasion envoyé à Paris, où il eut des conférences avec des hommes compétents, et il rédigea, avec leur concours, le plan d'une Société anonyme au capital minimum de 200,000 francs et maximum de 400,000, versés en espèces, avec la faculté d'émettre de nouvelles actions, selon les besoins. La Société devait acheter et approprier successivement tous les immeubles nécessaires et les donner à bail aux Pères de la Compagnie de Jésus, moyennant un loyer représentant cinq et demi pour cent de la valeur de ces immeubles. Ainsi le capital des actions était garanti par les immeubles, et leur revenu par le loyer. En recevant cinq et demi pour cent, la Société pouvait donner cinq pour cent à ses actionnaires, et, avec le demi pour cent en plus, faire face aux frais généraux et au paiement de l'impôt sur les revenus. Les locataires, chargés de tous les frais d'entretien, impôts, assurances, etc., se proposaient, avec le temps, de racheter les actions au choix ou par voie de tirage au sort.

Cette combinaison, due en grande partie aux conseils de M. Riant, fut acceptée sans objection par la plupart des familles influentes de Brest; et cependant elle ne parvint jamais à être réalisée, malgré les démarches tentées par le P. de Plas auprès de ses anciens amis qu'il aurait voulu intéresser à cette bonne œuvre. Nous n'avons pas à en rechercher les causes; mais nous ne pouvons passer sous silence un curieux incident d'un de ses voyages à Paris.

Dès l'ouverture de l'école préparatoire, un grand nombre d'officiers supérieurs et généraux s'étaient empressés de confier l'éducation de leurs enfants aux soins des Pères de la Compagnie de Jésus, et de les recommander à la bienveillance de leur ancien camarade. Ainsi on put lire successivement inscrits sur les listes de Notre-Dame de Bon-Secours les noms les plus connus dans la marine à Brest : de Gueydon, de la Grandière, Didelot, de la Roche-Kerandraon, le Bègue de Germiny, de Dompierre d'Hornoy, de Jonquières, Tabuteau, Grasset, de Cuverville, etc., etc.

Au mois de juillet 1875, le P. de Plas devait se rendre à Paris. Les supérieurs de la maison profitèrent de son départ pour lui confier quelques élèves du cours de marine qui retournaient chez eux en vacances. Le vénérable surveillant, s'attendant à une grande déférence de la part de ces jeunes gens, qui lui avaient toujours paru distingués, lorsqu'il avait eu occasion de les voir isolément, commença à les traiter avec une bonté toute paternelle. Mais hélas ! cette gent est sans pitié. Quelle ne fut pas sa déception de s'apercevoir que cette petite bande d'élèves était toute disposée à jouir bruyamment de son indépendance ! L'ancien officier se vit obligé de prendre son ton de commandement pour imposer une autorité qui fut, du reste, consciencieusement respectée pendant tout le voyage, et arrivés à Paris, on se sépara bons amis. Cependant cette tendance naturelle dans ses jeunes compagnons à s'affranchir du frein l'avait impressionné, et, le 20 juillet, il écrivit dans son *Journal* : « Ce que je craignais un peu est arrivé. Des jeunes gens que je connaissais d'une manière particulière, et qui, selon les apparences, sont de bons sujets, m'ont obligé à faire une sortie un

peu violente contre leur émancipation. Dieu a daigné m'envoyer cette épreuve pour me faire mieux comprendre le mérite de ceux qui leur consacrent, avec tant de désintéressement, leurs soins de chaque jour.»
A partir de ce moment, on l'entendit manifester hautement son admiration pour le dévouement que montraient les Pères professeurs et surveillants dans l'exercice de leur charge, et tant qu'il fit partie de la consulte, il se déclara toujours disposé à soutenir au besoin leur autorité.

Tout occupé de ses œuvres, étranger à la politique, le P. de Plas ne resta cependant pas insensible aux événements publics qui intéressaient la France et l'Eglise. Aussi le voyons-nous se réjouir en apprenant, au mois de mai 1877, qu'un bon chrétien, le vice-amiral Gicquel des Touches, prenait la direction des affaires au ministère de la marine. Il songea dès lors à l'union désintéressée des forces conservatrices sur le terrain catholique, pour contrebalancer la prépondérance désastreuse de ces masses aveugles que des meneurs ambitieux conduisent à la ruine de la religion et de la patrie. « Sans doute, observait-il, cette pensée a été émise déjà, mais elle n'est pas assez répandue. Il faudrait la propager, non sous la forme de Jésus-Roi, puisque ce mot de roi offense tant d'oreilles, mais sous celle de Jésus-Sauveur, car il n'y a pas d'autre nom par lequel les peuples, comme les particuliers, peuvent être sauvés. »

« Cette pensée, ajoutait-il le 2 juin, a pris de la consistance dans mon esprit, et, si mes supérieurs le trouvent bon, j'incline à la manifester par le journal l'*Océan* : Proposer aux hommes de cœur, dans tous les partis, de soutenir de toutes leurs forces le gouvernement, s'il consent lui-même à poursuivre, comme but principal, la liberté du catholicisme et la résistance à l'impiété sous toutes ses formes. »

Il exposa même à quelques amis ses vues sur la concentration des forces conservatrices pour la défense du catholicisme, abstraction faite de toute pensée politique ; mais on lui répondit avec raison qu'elles semblaient peu pratiques, attendu les défiances qu'inspiraient les hommes du gouvernement. Néanmoins, il n'abandonna pas un projet qu'il croyait raisonnable, et, profitant d'une circonstance qui lui parut favorable, il écrivit le 5 juin au ministre de la marine :

« Mon cher amiral,

» Ça va bien ! courage, courage, et encore du courage ! Le ministère a franchi le Rubicon à la suite du Maréchal, inspiré cette fois dans la politique, comme il l'a été souvent sur le champ de bataille.

» Les actes de vigueur n'ont pas tardé à prouver la sincérité de la circulaire du président du conseil, et ces actes, devant les menaces de la Révolution, sont plus utiles au pays qu'une victoire sur le Rhin. Aussi bien la Prusse est-elle atteinte, dans ses vues ambitieuses et iniques, par tout ce qui relève le pays de l'abaissement moral où l'impiété l'entraîne avec une effroyable rapidité.

» Permettez-moi d'exprimer un vœu, c'est qu'il se rencontre, parmi les vrais catholiques et les bons Français, un homme respecté de tous, qui ose proposer au parti de l'ordre, à tous les gens de bien, de souscrire l'engagement ci-joint, non dans sa rédaction, qui est fort discutable, mais dans la pensée qu'elle exprime.

» Daignez agréer, mon cher amiral, l'assurance de mes sentiments respectueux.

» Votre très humble et dévoué serviteur en Notre-Seigneur Jésus-Christ,

» F. DE PLAS. »

Nous ne savons si cette lettre a été envoyée à son adresse ; mais elle est caractéristique. La copie que nous avons trouvée, ne fut-elle qu'un simple projet, méritait d'être citée. Nous reproduisons aussi à titre de curiosité l'engagement qui accompagnait la lettre.

« *In hoc signo vinces.*

» Je proteste vouloir avant tout et au-dessus de tout le triomphe de la religion catholique sur les erreurs qui font le malheur du pays, et je m'engage, foi de chrétien, à user de toute mon influence, de toutes mes forces pour sauvegarder les intérêts de la foi en France, promettant de laisser à Dieu le soin de faire connaître, quand l'heure sera venue, la forme de gouvernement la plus propre à assurer le triomphe des principes auxquels je veux sacrifier ma vie, et considérant la conduite actuelle du maréchal de Mac-Mahon et de son gouvernement, comme devant inspirer aux gens de bien une pleine confiance. »

Nous ne dirons pas que le P. de Plas ne se fît point illusion ; c'était au moins une généreuse illusion, une de ces illusions dont sont seuls capables les hommes à l'âme droite, au caractère loyal, au cœur sincère qui espèrent contre toute espérance. Quoi qu'il en soit, on ne peut qu'approuver comme parfaitement vraies les réflexions que lui dictait, le 24 octobre, cet amour du bien public qui inspira toute sa conduite.

« Combien il est désirable que les catholiques, divisés par la politique, ajournent pour un temps la poursuite de leurs projets et concentrent toutes leurs forces sur le terrain du catholicisme. Faisons régner Jésus-Christ en France, et il saura bien nous donner le gouvernement le plus propre à conserver la foi et les mœurs, et à combattre l'impiété. Cette pensée, qui a été exprimée, je crois, par l'*Univers*, est déjà celle de beaucoup de chrétiens; il faut la propager, la populariser. L'ennemi, ce n'est ni le Républicain ni le Bonapartiste; l'ennemi, c'est l'impie. L'impie travaille à procurer la ruine des individus, de la famille, de la patrie et de la société. L'impie nous ramène aux idoles: il nous fera revoir les luttes sanglantes de Sylla et de Marius, ou celles de César et de Pompée; il nous imposera des maîtres comme Néron. »

En attendant des jours meilleurs, le P. de Plas bénissait Dieu de lui avoir donné un poste de combat et des occupations proportionnées à ses forces; il s'appliqua de plus en plus, en vue de plaire à son divin Maître, à bien faire toutes choses pour opérer son salut et édifier le prochain. « Il faut, lui avait dit le R. P. Provincial en visite à Brest, que vous soyez le *prieur* de la maison, que vous priiez pour ceux que leurs occupations empêchent de le faire. » Cette parole l'avait frappé; elle devint une lumière pour sa vie spirituelle.

« Pourquoi, se demanda-t-il à lui-même, ne prendrais-je pas au sérieux cette parole qui m'a été dite comme en plaisantant? Je suis le moins occupé de la maison et j'aime la prière; je puis donc m'appuyer sur la parole du R. P. Mourier pour vaquer à ce doux devoir, sans crainte de lui sacrifier d'autres obligations. » Il se mit dès lors à l'œuvre sous la direction de l'obéissance, et il s'acquitta consciencieusement, comme nous le dirons plus tard, de sa charge nouvelle.

« Oh! la belle chose, la noble tâche, s'écriait-il, le 9 juillet 1877, d'être nommé prieur de la maison; non avec droit de priorité, mais avec le devoir d'y remplir le rôle de Frère quêteur auprès de Dieu! Comme cette charge est moins lourde que celle de procureur, que j'ai exercée durant un an! Sans doute le prieur ne mérite pas plus que le procureur, et celui-là sera plus récompensé dans le ciel, qui aura mieux rempli sur la terre les obligations imposées. Cependant il a, comme Marie, une meilleure part que Marthe ; et c'est une grande faveur que de faire avec goût ce qui est commandé. »

Bien que son attrait le portât davantage vers la prière et la retraite, le P. de Plas ne cessa de joindre, selon l'esprit de la Compagnie de Jésus, l'action à la contemplation. Le zèle de la maison de Dieu qui dévorait son âme, ne lui permettait jamais de dire : C'est assez ! C'est auprès des pauvres qu'il se plaisait surtout à exercer son ministère. « J'ai eu la satisfaction, écrivit-il à sa sœur Élisa, dès le mois de février 1873, de dire la messe chez les Petites-Sœurs des pauvres, et je tâcherai d'y aller de nouveau. Quelle œuvre utile et méritoire que celle de ces anges de la charité ! » Il adressa quelques mots aux vieillards avant la messe. Comme ceux-ci se montraient désireux de l'entendre, il accéda au désir qui lui fut exprimé, et chaque semaine, le mercredi, il venait entretenir ses sympathiques auditeurs de leurs intérêts éternels. « C'est une mission qui me plaît, disait-il. Que de fois j'ai visité avec joie cette maison, lorsque j'étais dans le monde ! Elle a gagné encore dans mon estime depuis que je suis dans la vie religieuse. » Les vieillards ne se lassaient pas de l'entendre ; aussi le voyons-nous leur donner trois années de suite une retraite de huit jours. « Je bénis Dieu, s'écriait-il, qui daigne me permettre d'évangéliser les pauvres. C'est une mission qui n'est pas pénible. Les vieillards bien disposés écoutent avec une attention qui m'édifie beaucoup. Puissé-je m'acquitter dignement de ce saint ministère ! »

Au mois d'octobre 1875, le P. de Plas avait été

envoyé avec deux autres Pères de la résidence pour donner une mission dans l'Ille-et-Vilaine, à Pleugueneuc, près de Saint-Malo, où il devait rencontrer un ancien officier de marine qui avait servi en même temps que lui dans la mer du Sud. Il ne laissait pas que d'être un peu préoccupé en abordant, même sous la conduite de missionnaires expérimentés, un ministère tout nouveau pour lui; car il ne se faisait aucune illusion sur son talent oratoire; il partit cependant animé d'une grande confiance et ne doutant pas que l'obéissance peut opérer des miracles. « Quelle lumière pour moi! écrit-il dans son *Journal*, le 1er octobre. Quel sujet d'espérance! Je vois dans la vie de saint Ignace par Bartoli cette réflexion : « Ce n'était point à son élo-
» quence qu'il devait l'efficacité de ses discours, car
» la nature lui avait refusé ce don; mais son cœur
» parlait, et ce cœur, tout embrasé de l'amour de Dieu,
» semblait un foyer d'où se répandaient sur ceux qui
» l'écoutaient, les flammes dont il était dévoré. »

La mission réussit au-delà de toute espérance, et l'on admira, nous dit un des témoins oculaires, avec le zèle empressé du P. de Plas pour entendre les confessions, sa douce amabilité envers tout le monde. « Voilà notre mission heureusement terminée, écrit-il le 22 octobre. Cette campagne apostolique à Pleugueneuc m'a été aussi agréable que l'eût été autrefois une campagne maritime en Italie ou en Espagne. J'ai admiré combien est encore vive la foi bretonne, en voyant près de sept cents hommes approcher de la sainte table pour la clôture du Jubilé. Deux jours auparavant, l'église, trop petite pour contenir simultanément les pieux fidèles des deux sexes, avait été remplie par les femmes donnant l'exemple à leurs maris. »

Les années suivantes, il ne put se soustraire à diverses invitations qui lui furent adressées pour faire entendre la parole de Dieu dans son propre pays. En homme vraiment obéissant, dès que ses supérieurs eurent parlé, il s'était empressé d'accomplir leur volonté. C'est ainsi que nous le voyons prêcher une retraite d'enfants au Sacré-Cœur d'Angoulême en 1876, et à la paroisse de Royan en 1878, pour la préparation de deux de ses petites nièces à la première communion ; et de plus, une mission à Saint-Romain, son pays natal, à l'occasion du jubilé accordé par Léon XIII, pour célébrer son avénement au trône pontifical.

Toutefois, ce ministère de retraites et de missions, si pénible à son âge, ne fut en quelque sorte qu'une exception dans la vie d'apôtre du P. de Plas. Il en remplissait un autre bien plus fructueux, comme nous l'avons déjà vu et comme nous le dirons encore en son lieu, par ses fréquentes relations avec ses anciens compagnons d'armes. S'intéressant à tout ce qui les concernait, il les suivait presque pas à pas, prenait part à toutes leurs joies, à toutes leurs tristesses, et ne manquait jamais de leur exprimer à propos, de vive voix ou par écrit, ses sentiments de religieuse sympathie. Mais, comme il avait à cœur avant tout leur salut éternel, il saisissait habilement le moindre prétexte pour glisser quelque bonne parole qui pût reporter leur esprit et leur cœur vers Dieu.

« Mon cher commandant, lui écrivit le 9 décembre 1877 un de ses amis, qui venait d'être nommé contre-amiral, et que le P. de Plas s'était empressé de féliciter de ce grade conquis par une longue et honorable carrière. Tout d'abord, permettez-moi de vous donner encore cet ancien titre des temps passés, qui n'enlève rien d'ailleurs au profond respect que m'inspire votre caractère actuel. Veuillez ensuite accepter mes remerciements les plus sincères pour votre affectueux compliment. Si je n'y ai pas répliqué sur-le-champ, c'est que je vous ai rangé, sans hésiter, parmi ceux de mes amis qui me feraient volontiers un crédit de quelques jours; et aussi parce que votre lettre, qui n'est pas celle de tous, convie à la réflexion.

» Les sentiments que vous me désirez, comme un acheminement à des joies plus réelles que celles d'ici-bas, sont encore, je dois vous le confesser, à l'état latent dans mon esprit. Je suis resté, à l'endroit de la religion, ce que vous m'avez connu; je l'honore, mais ne la pratique pas, parce que je n'ai pas la foi. Pourtant, j'ai élevé mes enfants dans des pensions religieuses, suivant le vœu de leur mère très pieuse, et n'ai pas eu lieu de le regretter...

« Comment, avec une vie régulière et un tel entourage, le père est-il resté stationnaire, alors que son camarade L***, autrement mécréant à l'époque où nous étions tous au ministère de la marine, est entré dans la voie que vous m'indiquez? C'est que, sans doute, son heure n'est pas venue. Quoi qu'il en soit, la manière affectueuse dont vous m'en parlez me touche beaucoup, et ma femme s'est emparée de votre lettre, persuadée qu'elle mérite d'être encadrée et remise sous mes yeux jusqu'à vaincre. » La victoire ne se fit pas longtemps attendre; quelques mois après, l'ancien commandant eut la consolation d'apprendre que ce parfait honnête homme était devenu un très fervent chrétien.

L'année 1879 devait être une année mémorable dans la vie du P. de Plas. Après dix ans de religion, il allait avoir la consolation de prononcer ses derniers vœux. Mais, selon l'usage de la Compagnie, cet acte solennel fut précédé d'une grande retraite avec les Pères de la troisième année de probation. François avait vu approcher avec joie ce moment depuis longtemps souhaité, qui devait l'unir par des liens plus étroits à sa vocation, en le détachant plus complètement des affections terrestres. Le 16 juillet 1878, il s'était empressé de communiquer au R. P. Provincial son désir de consommer l'holocauste : « Admis, disait-il, dans la Compagnie de Jésus, par une faveur spéciale en 1869, à l'âge de cinquante-neuf ans et demi, j'ai prononcé mes premiers vœux à Laval le 21 juin 1871, et j'ai été ordonné prêtre le 26 mai 1872. Désirant m'attacher et me lier de plus en plus à la Compagnie, je viens humblement vous prier de vouloir bien solliciter du T. R. P. Général la grâce de prononcer mes derniers vœux dans le courant de l'année 1879, lorsque je compterai dix années de vie religieuse.

» A soixante-huit ans et demi le temps presse, et différer plus longtemps serait peut-être perdre à jamais l'occasion de témoigner mon ardent désir de me dévouer plus solennellement au service de Dieu. »

Le T. R. P. Général accueillit favorablement la demande du P. de Plas, qui reçut l'ordre, au mois d'octobre, de se rendre à Paray-le-Monial, où se trouvaient déjà réunis, sous l'habile direction du Père Ginhac, cinquante-sept *tertiaires* de différentes provinces. « Dieu daigne penser à moi, écrit-il dans son *Journal*; il m'envoie au *troisième an* suivre les exercices de la grande retraite. Quelle insigne faveur d'être ainsi appelé à la cour du Roi des rois, pour y traiter avec lui, durant plusieurs semaines, la grande affaire de ma sanctification ! »

Parti de Brest le 4 novembre, le P. de Plas arriva le lendemain soir à Paray-le-Monial, après avoir célébré le matin la messe à l'autel des martyrs, rue de Sèvres, à Paris. Il fut accueilli avec une bonté toute paternelle par le P. Ginhac, instructeur du troisième an, et, comme la retraite était déjà commencée, celui-ci voulut bien lui donner isolément les points de méditation. « Il était plein d'entrain et de ferveur, raconte un de ses compagnons de *probation*, espérant bien, ainsi qu'il le dit avec enjouement à l'une des premières recréations, en remontrer, malgré son âge, à bon nombre de jeunes gens. Cette ardeur sans pareille se soutint pendant toute la retraite. Je le vois encore debout pour combattre le sommeil, la *birette* un peu sur l'oreille, muni d'une épaisse rame de papier écolier, armé d'un long crayon, qui tombait régulièrement à terre toutes les cinq minutes, mais qu'il reprenait avec une patience infatigable, pour noter les paroles du Père instructeur pendant les conférences ou les points de méditation.

» Lorsque commencèrent les méditations de nuit, il demanda et obtint la permission de se lever, tout comme les plus robustes ; mais après la seconde veille il se sentit souffrant et dut s'arrêter. J'étais infirmier, et j'avertis le P. instructeur qui se rendit immédiatement auprès du malade. Le médecin, appelé aussitôt, constata que le bon Père était menacé d'une fluxion de poitrine et manifesta de sérieuses inquiétudes. Le fervent tertiaire ne pouvait se dissimuler la gravité de son état; mais, loin de s'en alarmer, il était heureux d'avoir à souffrir en un lieu si saint, tout près du sanctuaire privilégié du Sacré-Cœur de Jésus et des tombeaux de la Bienheureuse Marguerite-Marie et du Vénérable Père de la Colombière.

» On le transporta dans une chambre exposée au midi. « C'est ici, dit-il en y entrant, qu'il « faut me » disposer à mourir ! » Mais Notre-Seigneur et le P. Ginhac n'en jugèrent pas ainsi. Sur l'ordre qu'il en reçut, le cher malade demanda très simplement sa guérison au Sacré-Cœur de Jésus, par l'intercession de la Bienheureuse Marguerite-Marie, et fit vœu de se rendre en action de grâces à la chapelle de la Visitation, dès qu'il aurait assez de force pour marcher. »

Au bout de huit à dix jours, le P. de Plas, quoique souffrant encore, obtint la permission de se lever et de célébrer la sainte messe, et, faisant appel à toute son énergie, il se traîna à l'autel de l'apparition, où il pria, comme il savait le faire, prosterné devant la châsse de la Bienheureuse. Quand il se releva, le mal avait complètement disparu : « Merci, divin Cœur de Jésus, écrivit-il dans son *Journal*, de m'avoir porté, par le conseil du R. P. instructeur, à vous demander de m'accorder la santé. Et maintenant, j'oserai implorer une autre faveur, c'est que cette petite épreuve soit pour moi comme un nouvel échelon pour monter au degré de perfection où vous daignez m'appeler. Que vos voies à l'égard de ceux qui veulent vous aimer sont admirables ! Puissé-je n'avoir désormais d'autre but que de plaire à mon divin Maître, en faisant toujours sa très sainte volonté ! » A partir de ce moment, il reprit courageusement les exercices de la grande retraite, et poursuivit vaillamment avec les autres Pères son saint travail jusqu'à la fin.

« Bientôt, continue le narrateur qui nous a donné ces détails, on vit reparaître le P. de Plas à la salle des exercices, avec ses grandes feuilles de papier, et son long crayon, et aussi, malgré la meilleure volonté du monde, son sommeil intermittent. Par prudence, il lui fut interdit de se lever la nuit et de se livrer à certains actes de mortification corporelle. Ne pouvant satisfaire, comme il l'aurait désiré, sa soif des austérités, il s'en dédommageait au réfectoire, par tous les genres de pénitence en usage dans la Compagnie ; je ne crois pas me tromper en affirmant qu'il obtint la permission d'en faire chaque jour. Il affectionnait particulièrement celle qui consiste à mendier son pain durant le repas.

Son air humilié et la façon suppliante avec laquelle il tendait la main, montraient bien qu'il n'était pas seulement d'action, mais du plus profond de son cœur le plus pauvre des pauvres de Jésus-Christ ; et toute la communauté en était singulièrement édifiée. »

Pendant toute la grande retraite, le P. de Plas fut favorisé de grâces vraiment exceptionnelles. « Jamais, écrivait-il le 5 décembre, je n'ai éprouvé une joie aussi intime que celle qu'il plaît à Dieu de me donner ici. Cela m'effraierait quelque peu, si je ne savais que cette joie est comme un lest que le céleste arrimeur met dans les navires qu'il destine à des mers difficiles et orageuses. Je ne sens, hélas ! aucune force pour affronter les périls et la souffrance, tout en comprenant qu'il faut m'y préparer, car le serviteur ne saurait être mieux traité que son maître. Mon Seigneur Jésus, je désire ardemment vous servir ! »

Et cette joie n'était pas un sentiment passager, mais un état d'âme qui lui semblait comme un avant-goût des délices éternelles : « Oh ! s'était-il écrié le 3 décembre, c'est une des journées les plus douces et les plus agréables de ma vie. Quel homme du monde le croirait ? Mon Dieu, qui me permettra d'apprécier vos bienfaits ? *Ne laissez pas mon esprit s'inquiéter de l'avenir et douter de votre secours au milieu des épreuves.* Je comprends qu'il n'y a qu'une chose raisonnable : vous bénir de l'heure qui passe et vous demander la grâce de vous la consacrer tout entière. »

Voilà bien indiqué en quelques mots le point faible de son âme : « Je m'en veux à moi-même, disait-il, quand je me surprends dans ces inquiétudes et soucis de l'avenir. » Aussi le R. P. instructeur lui avait-il conseillé, comme résolution efficace, la confiance en Dieu. « QUID RETRIBUAM ? écrivit le P. de Plas en gros caractères, à la fin de sa retraite. Je voudrais écrire ces paroles en lettres immenses, comme ma reconnaissance. Le R. P. Ginhac m'a conseillé de faire à chaque heure un acte de confiance en Dieu. Je tâcherai, autant qu'il me sera possible, de n'y pas manquer. »

Cette résolution prise, il songea aux motifs qui devaient la rendre inébranlable. « Il est évident, se dit-il à lui-même, que la confiance, ainsi que l'observe notre Père saint Ignace, vient du bon ange, comme la défiance, la tristesse et le découragement viennent du mauvais. J'ai quelques jours à vivre encore, et peut-être de ces jours que la nature appelle mauvais, parce que la vieillesse amène forcément des souffrances et des peines plus rares dans la jeunesse et l'âge mûr ; mais cette perspective de jours mauvais, selon la nature, ne doit nullement m'effrayer. Celui qui, depuis soixante-neuf ans, a daigné me conduire, et qui, dans ces derniers temps, et aujourd'hui même, m'a donné et me donne une satisfaction indicible, ne saurait m'inspirer de défiance. Je veux croire, et je crois fermement que sa Providence, qui dirige toutes choses, même les plus petites, me conduira par la voie la plus sûre au port du salut. Si j'ai eu parfois confiance en quelque pilote pour entrer dans un port de difficile accès, quelle injure ne ferais-je pas au meilleur des pères, en craignant qu'il m'abandonne à mes propres forces au milieu des dangers qui menacent toute vie humaine ! Le maréchal Radetzky, à l'âge de quatre-vingts ans, infligeait aux Piémontais un rude échec. Eh bien ! ce qu'il fit pour un prince de la terre, ne pourrai-je le faire pour mon souverain Maître, en combattant à outrance ses ennemis ? »

Animé de tous ces puissants motifs, il terminait enfin par cette belle prière : « Je vous demande donc, ô mon Dieu, une confiance aveugle et sans bornes en votre Providence; je vous supplie de me rappeler, au milieu des difficultés, que vous voulez tout ce qui se passe et que je dois le vouloir aussi. Vous m'avez conduit ici sur le Thabor; mais ce n'est pas un lieu pour y dresser sa tente. Accordez-moi la grâce de ne pas me soustraire aux fatigues et aux souffrances, aux soucis et aux incertitudes de la vie. Puissé-je me proposer pour but de suivre, selon mes forces, mon divin Maître au Calvaire ! »

Aussi, comme son cœur déborde d'allégresse au souvenir des bienfaits de Dieu ! Écrivant à sa sœur Élisa, au sortir des saints exercices, pour lui annoncer son prochain départ, il ne sait comment exprimer les grâces qu'il a reçues pendant sa retraite. « J'ai passé ici, dit-il, *les meilleurs jours de ma vie*; et, chose remarquable, c'est à la fin de ma soixante-huitième année, et au moment où j'entrais dans la soixante-neuvième (1) qu'il a plu à Dieu de me donner des consolations que je n'avais pas encore éprouvées au même degré. Je dis consolations, je pourrais dire aussi lumières. Oh ! si l'on connaissait le bonheur que Dieu réserve à ceux qui veulent le servir ! »

Le 9 décembre, le P. de Plas quitta Paray-le-Monial, où, d'après le témoignage du P. Ginhac, « il avait fort édifié tout le monde par sa fidélité à suivre exactement toutes les prescriptions du troisième an. » Plein de reconnaissance pour les soins dont on l'avait entouré, il remercia, en style marin, le R. P. instructeur « d'avoir bien voulu gréer à neuf et radouber un bâtiment que le génie avait condamné. » Dix jours après, il bénissait Dieu de l'avoir ramené sain et sauf à Brest. Il avait voyagé à petites étapes, selon le conseil de ses supérieurs, et s'était arrêté à Paris pour s'y occuper

---

(1) François était né le 6 décembre 1809.

des intérêts matériels de l'école Notre-Dame de Bon-Secours.

Appelé à prononcer ses derniers vœux au mois d'août 1879, il régla définitivement ses affaires de famille et affecta, avec la permission des supérieurs, une petite somme aux aumônes qu'il avait continué de faire depuis son entrée dans la Compagnie. « C'est bien volontiers, lui avait écrit à ce sujet le R. P. Provincial, que je vous autorise à prélever la somme dont vous me parlez dans votre lettre. Le nom du religieux sera de la sorte béni comme l'était celui de l'officier. » Pendant la retraite préparatoire, il alla, selon l'usage de la Compagnie, mendier de porte en porte, mais, il regretta de n'avoir rencontré que des visages amis, au lieu de ces regards dédaigneux que ne lui avaient pas épargnés les libres-penseurs romains. Enfin, le 15 août, jour anniversaire de la fondation de la Compagnie à Montmartre, en même temps que de l'entrée de Marie au ciel, il eut la consolation de se consacrer publiquement à Dieu, assisté comme témoins de ses amis MM. Escande et Lebègue de Germiny.

CHAPITRE V

1879-1882

Mort du commandant Gicquel des Touches, directeur du *Cercle catholique*. — Allocutions aux dames patronnesses, au comité, aux ouvriers. — Pèlerinages à Sainte-Anne du Porzic, à Notre-Dame du Folgoët, à Notre-Dame de Rumengol, à Sainte-Anne d'Auray. — Cérémonies pieuses et fêtes profanes. — L'article 7 ; les décrets ; la dispersion. — L'asile des vieillards : le P. de Plas, aumônier des Petites-Sœurs des pauvres ; relations intimes avec M. H. Violeau ; instructions au carmel de Lambezellec ; accident. — Retour en communauté.

À son retour du troisième an, où il avait goûté combien le joug du Seigneur est doux et son fardeau léger, le P. de Plas avait repris avec ardeur toutes ses œuvres de zèle. Comme aumônier du *Cercle catholique*, il ne retrouva plus son dévoué directeur, le commandant Gicquel des Touches, qui, après une longue maladie, s'était éteint doucement de la mort des justes, le 14 août 1878. Mais il avait eu, avant le départ pour le troisième an, la consolation de l'assister dans ses derniers moments, avec cet affectueux dévouement que peut seule inspirer la charité chrétienne. Le malade avait conservé jusqu'au dernier soupir l'usage de ses facultés ; et, à sa demande, son ami récitait près de lui les litanies du saint Nom de Jésus ou lisait quelque livre de piété. Le jour où il reçut le sacrement de l'extrême-onction, le P. de Plas se trouvait agenouillé à son chevet, priant avec tous les assistants qui fondaient en larmes. Comme le cher malade paraissait souffrir beaucoup sans se plaindre, le bon Père l'exhorta à tout offrir à Dieu pour obtenir la grâce d'accomplir parfaitement sa très sainte volonté. Il lui lisait un chapitre de l'Imitation sur le bonheur du ciel, quand on s'aperçut que la respiration devenait plus faible. Il s'empressa alors de lui donner une dernière absolution et de réciter les prières des agonisants, et, à cinq heures et demie du soir, son saint ami, en baisant une dernière fois le crucifix, remit avec confiance son âme entre les mains de son Créateur.

« Oh ! que la mort des justes est précieuse devant Dieu ! » s'écria l'aumônier, en annonçant à M. de Mun la perte irréparable que l'œuvre des *Cercles* venait de faire à Brest. Le secrétaire général s'empressa de rendre un hommage bien mérité à cette chère mémoire. « Mon Révérend Père, répondit-il, le 21 août, j'ai reçu ce matin la lettre par laquelle vous voulez bien m'annoncer la douloureuse nouvelle de la mort du bon commandant Gicquel : j'en ai été profondément affecté. J'avais pu apprécier, par moi-même, en plusieurs circonstances, son caractère si admirablement chrétien, et je ne m'étonne pas que sa mort ait été celle d'un saint. Je sais quel dévoûment il a consacré à notre œuvre et, tout dernièrement encore, j'en ai eu la preuve la plus touchante par une lettre de lui où il offrait, avec une simplicité magnifique, de faire au bien et au service de l'œuvre, si on le croyait utile, le sacrifice d'un repos que le délabrement de sa santé ne rendait que trop nécessaire.

» C'est la dernière lettre que j'ai reçue de lui, et j'en garde précieusement le souvenir comme un témoignage de sa confiante affection. Je m'associe de tout mon cœur au deuil de nos confrères de Brest, et le comité de l'œuvre, dont beaucoup de membres ont connu l'excellent commandant, y prendra, par sa sympathie et par ses prières, une part profonde, aussitôt que j'aurai pu lui communiquer votre lettre. »

Le vicomte de Bélizal, secrétaire de division, écrivit aussi au P. de Plas, regardant la mort du commandant Gicquel des Touches comme un malheur pour l'œuvre qui perdait dans sa personne un de ses plus zélés serviteurs. « J'ai pu, disait-il, admirer depuis plus de trois ans les trésors de dévouement qui remplissaient le cœur de notre regretté confrère : cette mort est pour moi un profond chagrin. Mais, puisque nous restons sur la brèche, il faut songer à maintenir et à continuer l'œuvre à laquelle le cher directeur s'était donné de tout cœur. C'est à vous, mon Révérend Père, qu'il appartient surtout de rechercher l'homme qui peut remplacer notre confrère. Je vous serais reconnaissant de m'informer du choix que le comité et vous aurez pu faire; et en attendant que le vide soit comblé, je vous prie de vouloir bien correspondre avec moi, et m'instruire de tout ce qui a trait au comité et au *Cercle* de Brest que Dieu éprouve, sans doute pour mieux faire ressortir le mérite de leurs membres. »

Brest ne manquait pas d'hommes de bonne volonté prêts à tous les dévouements; mais personne ne jouissait de cette complète indépendance qui avait permis au commandant Gicquel de consacrer à l'œuvre des *Cercles* tout son temps. Presque tous les membres du comité étaient assujettis à des devoirs de position ou de famille qui limitaient nécessairement leur zèle; et l'ancien sous-directeur qui fut élu président du comité ne jouissait pas d'une excellente santé. L'aumônier se vit donc obligé de multiplier en quelque sorte son activité, car presque tout le poids de l'œuvre retomba sur ses épaules. « Depuis la mort du regretté fondateur, lisons-nous dans des notes qui nous ont été communiquées par un membre du *Cercle*, le P. de Plas, qui lui avait promis de le suppléer près de tous, ne ménageait pas ses forces. Il convoquait régulièrement les dames patronnesses, assistait aux réunions du comité où sa présence édifiait toujours; en un mot, il était continuellement sur la brèche, prenait les intérêts de ses chers ouvriers, et cherchait tous les moyens de les rendre heureux. »

« Les difficultés, dans cette nouvelle tâche, ajoute M. Nogues, ne lui manquèrent pas; souvent, autour de lui, des défaillances, des découragements excitèrent son zèle. Alors on retrouva l'officier qui savait, sans blesser personne, parler la langue énergique des combats, et rappeler à tous qu'on ne déserte pas. Il savait ainsi ranimer les courages et le *Cercle* lui dut son existence. »

Dès l'origine du *Cercle catholique* à Brest, les dames de la ville avaient été appelées à former une association spéciale pour venir en aide au comité. « Vous voudrez bien, avait dit M. de Mun dans sa première allocution aux dames patronnesses de Paris, pour donner à votre association le caractère de piété qui doit la distinguer, entendre quelquefois la sainte messe en commun et vous fortifier ainsi contre les découragements qui ne manqueront pas de vous assaillir. Le règlement de ces réunions pieuses échappe à notre compétence, et c'est à notre aumônier qu'il appartiendra de s'en entendre avec vous. » Dans ces réunions des dames patronnesses, le P. de Plas parlait, selon son habitude, de l'abondance du cœur; non toutefois sans avoir préparé le sujet de l'entretien, comme le montre un cahier de notes rédigées de sa main. Quand l'œuvre devint plus difficile par suite des événements extérieurs, le zèle de l'aumônier ne fit que s'accroître, et sa parole trouva des accents convaincants pour exhorter à une inébranlable persévérance.

Nous avons aussi retrouvé quelques notes des allocutions adressées par le P. de Plas aux membres du comité. Un jour il emprunte à l'*Association catholique* les paroles du comte de Mun, destinées à faire mieux connaître à son auditoire l'*Œuvre des Cercles catholiques*. « Le but de notre œuvre, dit-il, est de nous arracher avec le peuple aux étreintes de la Révolution, criminelle parce qu'elle a tout détruit. Après avoir tout promis au peuple, elle n'a rien fait pour lui... Nous voulons mettre la force sociale dont nous disposons par la grâce de Dieu au service de notre pays. *Une force sociale*, c'est bien le nom qui convient, c'est-à-dire une idée qui pénètre peu à peu dans les esprits, qui les envahit et finit par s'établir dans les intelligences, et qui un jour, s'il plaît à Dieu, brillera dans les lois et les institutions de la nation. »

Puis, comme dans les réunions des dames patronnesses, c'est toujours la même note de confiance en présence des mêmes obstacles, mais plus accentuée, car l'aumônier entrait plus facilement en communication d'idées avec ce second auditoire. « C'est dans les circonstances difficiles, répétait-il, que les âmes se retrempent. Lorsque le respect humain, la faiblesse de caractère, la lâcheté du cœur semblent dominer les multitudes, c'est alors qu'il est beau de dire : *Etsi omnes, ego non..* Quand tous les juifs, s'écriait Mathathias, iraient sacrifier aux idoles d'Antioche, moi et mes fils nous garderons la loi de nos pères. Trop longtemps les riches se sont crus exonérés de tout travail ; il est temps qu'ils contribuent par la culture de l'intelligence ou par des sacrifices d'argent au bien-être des classes laborieuses... L'œuvre des *Cercles catholiques* prépare des éléments de réorganisation sociale et est essentiellement antirévolutionnaire et chrétienne... Si les grandes villes n'avaient plus de *Cercles catholiques* ne serait-ce pas d'un fâcheux effet?... Cercles et réunions, comme l'homme lui-même, ont leurs jours de faiblesse et de maladie; mais tant qu'il existe un souffle de vie, on peut espérer encore... Humilions-nous, en voyant que nos efforts paraissent sans résultats, mais ne nous décourageons pas... Faute d'union et d'énergie, la cause catholique est traitée en vaincue par un petit nombre de vauriens suivis par des multitudes immenses et vicieuses. Ce n'est pas le moment d'abandonner ceux qui résistent à ces fâcheux entraînements... De la persévérance, de la patience! et nous viendrons à bout de tout. » C'est ainsi que le vaillant aumônier ranimait les courages qui semblaient parfois défaillir, et attendait, plein de confiance, des jours meilleurs.

Quant aux ouvriers, il leur parlait cœur à cœur avec la seule préparation de la prière; aussi sa parole était-elle ardente comme la foi qui l'animait. Quoi qu'il ne fût pas naturellement éloquent, il rencontrait souvent d'heureuses inspirations, comme cet écho d'une instruction qu'on a bien voulu nous citer. « Si un médecin célèbre, ou un jurisconsulte éminent, ou un général fameux par ses victoires, si, en un mot, quelqu'un de ces hommes que le monde honore pour leur science ou leurs grandes qualités, donnait à une jeunesse studieuse et avide de renommée de publics enseignements, avec quelle ardeur ne s'attacherait-on pas à ses pas, ne recueillerait-on pas ses moindres paroles? — Eh bien, allez à Jésus, allez au Maître de toute science, allez à la Source de tout bien : là, vous apprendrez à être bon fils, bon frère, bon père, bon citoyen ; là, vous puiserez et boirez à longs traits l'eau qui jaillit jusqu'à la vie éternelle ; là, vous serez comme enivrés d'un amour que rien ne saurait remplacer et qui suffit, malgré la privation de tout ce que réclame la nature... » On conçoit dès lors combien les ouvriers préféraient la parole de leur aumônier à toute autre ; aussi était-il leur infatigable prédicateur, non seulement pour les réunions habituelles, mais encore pour les circonstances solennelles.

Nous ne pouvons que rappeler en quelques mots tout ce qu'inventait l'ingénieux aumônier, aidé des zélés directeurs, pour attacher les ouvriers au *Cercle catholique*. Ce fut d'abord l'attrait des pèlerinages si puissants pour réchauffer la foi dans les âmes.

A trois ou quatre kilomètres de Brest se trouve la baie de Sainte-Anne, très fréquentée par les habitants de la ville qui, dans la belle saison, vont y prendre des bains de mer. Sur la colline qui la domine au nord, s'élève une chapelle rustique, consacrée à la patronne de la Bretagne. But de pèlerinage pour les marins, elle le devint aussi pour les ouvriers du *Cercle catholique*. « Le dimanche, 7 octobre 1877, lisons-nous dans les rapports du *Cercle catholique*, les ouvriers se rendirent à Sainte-Anne du Porzic où on récita le chapelet. Après le chant de couplets en l'honneur de la sainte mère de Marie, l'aumônier adressa quelques paroles d'édification à l'auditoire ; puis on assista au salut, et on reçut la bénédiction du Très Saint-Sacrement dans l'église paroissiale de Saint-Pierre-Quilbignon. On est reparti, après un goûter offert par le directeur, le commandant Gicquel, aux membres du *Cercle*. »

L'antique chapelle de Notre-Dame du Folgoët, près de Lesneven, dans le pays de Léon, un des monuments les plus curieux de la Bretagne, sous le rapport de l'architecture et des arts, reçut aussi la visite des pèlerins du *Cercle* de Brest. Tout le monde connaît la touchante histoire de ce pauvre villageois, nommé *Salaün* ou *Salomon*, issu, vers 1350, de parents dont les noms sont restés inconnus. Il avait l'esprit si *rétif*, nous dit son biographe, qu'on ne put jamais lui apprendre autre chose que ces deux premières paroles de la salutation angélique : *Ave Maria;* mais son cœur débordait d'amour pour la bienheureuse Vierge, Mère de Dieu. Il vivait solitaire dans un bois, près de la ville, et cette manière de faire lui avait valu le surnom de *fou* : c'est de là qu'est venu le nom de Folgoët ; *Foll-goët*, « le fou du bois. » Lorsqu'il mourut, Dieu permit, pour manifester la gloire du serviteur de sa très sainte Mère, qu'un beau lis sortit du tombeau, portant sur ses feuilles ces mots écrits en lettres d'or : *Ave Maria!*

Le bruit du miracle se répandit dans le pays de Léon et l'on accourut de toutes parts visiter le tombeau fleurdelisé. En mémoire de cette merveille, une chapelle fut construite en l'honneur de Notre-Dame. « Tout y est royal et magnifique, dit une ancienne notice, et démontre la grande dévotion des princes de la sérénissime maison de Bretagne.

Folgoetana domus, duce Virgine, surgit ad astra.
Immortale, sacra sede, recondit opus. »

« C'est à cet antique sanctuaire, nous racontent les *Rapports du Cercle,* que quarante ouvriers de Brest se rendirent en voiture le 14 juillet 1878, chantant des cantiques durant le trajet, et se réunirent après la messe dans des agapes fraternelles où régnait la plus grande cordialité. On alla ensuite, bannière déployée, à la chapelle du collège à Lesneven, où l'aumônier fit une courte exhortation pour exciter les âmes à la reconnaissance, et l'on revint à Brest bénissant Dieu de cette heureuse journée. »

Notre-Dame de Rumengol, si pittoresquement située au fond de la rade de Brest, était aussi un lieu de pèlerinage bien cher à la piété des ouvriers du *Cercle catholique*. C'est, avec Notre-Dame du Folgoët, un des sanctuaires de Marie les plus fréquentés dans le diocèse de Quimper. Son origine remonte à plus de quinze cents ans ; ce ne fut d'abord qu'une chapelle en bois, bâtie par Grallon le Grand, premier roi chrétien de la Bretagne, pour remplacer un monument druidique qu'on appelait en breton *Ru men goulou*, « la pierre rouge de la lumière. » De là, selon quelques antiquaires, l'étymologie de *Rumengol*, pendant que quelques autres la tirent de deux mots celtiques, *Remed oll*, « tout remède. »

En 1536, comme le porte l'inscription gravée sur une pierre de la façade, s'éleva l'église actuelle. Les murs couverts d'*ex-voto* attestent et la puissance de Marie et la piété des fidèles. Aussi, en 1856, Pie IX accorda-t-il à cette chapelle les privilèges dont jouit Notre-Dame de Lorette, et, en 1858, il ordonna de couronner solennellement la statue en son nom. Depuis lors, le pèlerinage n'a cessé d'être très fréquenté, surtout aux quatre *pardons* qui ont lieu chaque année, et plus encore le dimanche de la Trinité, le jour du grand *pardon*.

On appelle *pardon*, en Bretagne, la fête patronale d'une église ou d'une chapelle, sans doute parce que les pécheurs qui s'y disposaient pieusement, obtenaient le pardon de leurs fautes par l'absolution, et, en gagnant une indulgence plénière, le pardon des peines temporelles dues à leurs péchés.

Au pardon de Rumengol, les pèlerins se pressent en foule dès le matin avant l'*Angelus*, et déposent au pied de l'autel de Marie les produits de leur ferme, qu'on vend ensuite au profit de l'église. A l'issue des vêpres, la procession sort de l'église avec ses bannières, ses croix et ses reliques, accompagnée du son des cloches qu'une multitude d'enfants agitent de toute leur force. La journée se termine par des danses au son du hautbois ou de la musette ; après quoi l'on regagne gaiement son foyer.

Le pèlerinage du 22 août 1886 fut surtout remarquable par le grand concours de *Cercles catholiques* qui s'y étaient donné rendez-vous de tous les points du diocèse, et par une petite retraite que prêcha avec beaucoup de fruit M. Dulong de Rosnay. « Ce pèlerinage, observait le P. de Plas dans son *Journal*, s'est heureusement accompli, et il laissera dans ma mémoire, comme dans celle de beaucoup d'autres, un agréable souvenir. »

Le pèlerinage de Sainte-Anne d'Auray était plus solennel encore ; car dans ce sanctuaire si cher à la piété des fidèles se réunissaient tous les *Cercles* de Bretagne. Le 19 août 1877, l'aumônier, qui accompagnait sept ouvriers de Brest avec deux membres du comité, compta une cinquantaine de bannières représentant cinquante localités différentes. Le lendemain, il nota dans son *Journal* la profonde édification qu'il avait ressentie, en voyant ces milliers d'hommes prier avec ferveur « pour leurs familles, pour la France, pour l'Eglise. »

A l'attrait des pèlerinages à l'extérieur, on joignait les fêtes pieuses et profanes à l'intérieur, pour attacher davantage les ouvriers à leur *Cercle*. C'est ainsi que les mois de saint Joseph, de la Sainte Vierge et du Sacré-Cœur étaient célébrés avec solennité dans la chapelle ornée pour la circonstance ; et les dames patronnesses rivalisaient de délicatesse et d'habileté pour les décorations des processions du Très Saint-Sacrement et du vœu de Louis XIII. Le *Journal privé* mentionne un feu de joie pour la Saint-Jean, une tombola en faveur des familles des ouvriers, qui eut beaucoup de succès, et une soirée musicale, le jour de sainte Cécile, où les artistes se distinguèrent par leur goût et leur entrain. « Le P. de Plas, raconte M. Nogues, aimait ces ouvriers chrétiens et en était aimé; c'était chose touchante, au jour de sa fête, que de voir ce vieillard vénérable recevoir les vœux de ses nouveaux amis, leur répondre par quelques paroles sorties du cœur, et faire le tour de l'assistance pour les embrasser l'un après l'autre. »

Les *Rapports du Cercle* sont en général très sobres de détails; ils nous ont au moins conservé les noms des hommes dévoués qui voulurent bien, à plusieurs reprises, prendre la parole devant les ouvriers dans des conférences toujours intéressantes, ou honorer le Cercle de leur présence, en présidant les assemblées générales. Nous y relevons avec plaisir les noms suivants : M. Perroy, ingénieur de la marine; M. Amiot, inspecteur des lignes télégraphiques; M. Coutance, pharmacien en chef de la marine; M. Pener, ancien professeur de philosophie; M. Nogues, ancien officier de marine; le commandant Rallier, depuis contre-amiral; M. de Belizal, député des Côtes-du-Nord; M. de Kerjégu, député du Finistère; M. le vice-amiral Gicquel des Touches, ancien ministre de la marine, etc.

Telle fut la vie intime du *Cercle catholique des ouvriers* à Brest, même après l'exécution des décrets, jusqu'au moment où, les forces épuisées par l'âge, l'aumônier crut utile, pour le bien même de l'œuvre, de donner sa démission, comme nous aurons occasion de le dire plus tard.

Lorsque le P. de Plas avait eu le bonheur de prononcer

ses derniers vœux, le 15 août 1879, déjà de sourdes rumeurs annonçaient un terrible orage contre les Ordres religieux, et leur avant-garde, la Compagnie de Jésus. Le moment paraissait donc bien choisi pour être en quelque sorte armé chevalier, en vue des combats que réservait l'avenir. Le temps, en effet, s'écoulait, et l'on avançait dans cette voie douloureuse de la persécution qui n'a donné à notre pauvre patrie ni influence extérieure, ni paix intérieure, ni prospérité matérielle, ni solidité pour les institutions qu'on prétendait ainsi défendre. Nous n'avons pas à retracer la lutte suprême des partisans de la liberté de l'enseignement contre les projets de M. Ferry, admis avec enthousiasme par la majorité vendue de la Chambre, ni l'inébranlable résistance d'une partie du Sénat contre le perfide article 7 de la loi nouvelle. Ce dernier acte d'indépendance du premier corps de l'État fut le prétexte dont se servit un ministère aux abois pour substituer la violence à la légalité; mais la violence n'a qu'un temps, et les opprimés gardent encore un espoir qui ne sera pas trompé.

Malgré les incertitudes de l'avenir, au commencement de l'année scolaire 1879-1880, les familles ne perdirent pas confiance; le P. de Plas le constate pour l'école libre de Notre-Dame de Bon-Secours dans une lettre à sa sœur Élisa : « Nous avons plus de demandes pour le cours de marine, écrit-il le 5 octobre, que les années précédentes. Il nous a même fallu en rejeter quelques-unes par manque de place, car nous ne pouvons en ce moment recevoir plus de cinquante pensionnaires. »

Les ministères du P. de Plas semblaient le tenir en dehors des agitations provoquées par la discussion de l'article 7 de la nouvelle loi d'enseignement; cependant il ne pouvait se désintéresser complètement d'une question qui menaçait l'existence de l'école libre de

Notre-Dame de Bon-Secours et de tous les collèges de la Compagnie de Jésus en France. Il se rappela qu'un de ses parents de l'île de la Réunion, M. A. de La Serve, occupait un siège au Sénat ; et comme le sort de l'article 7 et par là même de la liberté d'enseignement à tous ses degrés dépendait du vote du Sénat, il écrivit à son cousin pour sonder ses intentions et le disposer favorablement, si c'était possible, à l'égard de la Compagnie de Jésus. Le 29 mars, jour néfaste des décrets, voici la réponse qui lui fut adressée, et que nous trouvons accompagnée de cette note : *spécimen curieux de la manière de voir d'un honnête républicain.* A ce titre, nous la citons tout entière ; car elle est très instructive pour montrer combien les préjugés aveuglent les esprits les plus droits et les empêchent de connaître la vérité.

« Mon cher cousin,

» Je ne suis qu'un des plus humbles soldats de la grande armée républicaine, et en cette qualité, je ne suis point initié aux projets des chefs qui la dirigent. Je ne puis vous parler qu'en mon propre et privé nom. Toutefois, je suis parfaitement convaincu qu'aucun d'eux ne songe à persécuter la religion et les religieux, qu'au contraire tout le monde est disposé à respecter la liberté des cultes et de conscience, et à améliorer le sort des plus humbles ministres du culte professé par la majorité des Français.

» Mais aussi, en revanche, l'on est bien décidé à faire exécuter les lois concordataires, et à obliger tous les ecclésiastiques à les respecter et à se conduire comme de bons citoyens, non comme des factieux qui prêchent la désobéissance aux lois de leur pays, et excitent à la haine et au mépris des institutions que le peuple français s'est librement données.

» Que chacun reste dans son rôle ; vous, les ministres de la religion, à enseigner aux hommes l'Évangile et à prêcher la morale, à rappeler aux fidèles qu'ils doivent s'aimer et se pardonner mutuellement leurs offenses ; nous, qui vivons dans le monde et sommes en proie à des luttes continuelles, à respecter la foi de nos concitoyens et à leur faciliter le libre exercice de leur culte — et tout ira bien.

» Je ne dois point vous dissimuler que les violences de langage de certains évêques et de certains religieux, les invectives et le ton grossier de la presse soi-disant catholique irritent beaucoup de gens et font le plus grand tort à l'Église romaine. J'ai toutefois l'espoir que ces provocations ne seront pas suivies de représailles, et que les libres-penseurs montreront plus de tolérance que les intransigeants catholiques romains.

» Vous n'ignorez point les préventions que depuis trois siècles soulève l'ordre religieux auquel vous appartenez. Je ne veux point entrer avec vous dans une discussion qui serait peu convenable sur les principes et la morale des Jésuites ; mais je dois vous avertir que si vous n'êtes pas menacés de persécution, beaucoup de personnes désirent que le droit d'enseigner, droit qui vous a été contesté sous l'ancienne monarchie, vous soit enlevé sous la République. Je ne sais ce que l'on va décider à ce sujet ; mais ce dont je suis bien sûr, c'est que vous ne serez tracassés ni dans vos personnes, ni dans vos biens. Soyez donc tranquilles, vous et vos frères en religion, et n'appréhendez tout au plus que l'interdiction d'enseignement décrétée contre vous par les lois encore en vigueur au moment où je vous parle. Je ne serais nullement étonné que cette interdiction ne fût pas prononcée, tant le courant libéral et tolérant a de puissance aujourd'hui, cependant je ne peux rien garantir.

» En ce qui me concerne personnellement, j'ai tant de foi en la liberté et l'égalité dans la Révolution, que j'accorderais aux Jésuites le droit de tout dire et de tout prêcher, à la condition de pouvoir élever autel contre autel, chaire contre chaire, et de voir abolir toutes les lois qui accordent des privilèges aux cultes reconnus par l'État. Oui, mon cher cousin, j'adore la liberté, mais avec sa compagne inséparable, l'égalité ; et là où il n'y a pas égalité complète, il n'y a pas de véritable liberté.

» Veuillez agréer, etc.
» Votre dévoué cousin et ami,

» A. La Serve. »

A côté de cette lettre, vraiment par trop naïve, surtout quand on réfléchit qu'elle fut écrite le jour même où parurent les fameux décrets qui lui infligeaient un si complet démenti, il nous est doux de pouvoir opposer ces lignes émues par lesquelles M. Adalbert de Plas s'empressa de témoigner à son frère les sentiments de sympathique condoléance de toute sa famille.

« Bien cher frère, nous étions réunis à Puycheni, lorsque la nouvelle des iniques décrets du 29 mars nous est parvenue. Je n'ai pas besoin de te dire qu'après les premiers mouvements d'indignation contre ce triste gouvernement, la pensée de tous s'est portée sur notre cher frère de Brest, qui peut être, d'un jour a l'autre, éloigné de nous et de la France. Elisa s'était chargée de t'exprimer au nom de chacun les sentiments des frères et sœurs présents, mais je veux te dire aussi, pour Gabrielle et pour moi, combien nous déplorons cette brutale mesure, qui va exiler de notre pays les vénérables maîtres de nos enfants, et parmi eux notre excellent frère. Enfin, espérons que cette épreuve ne sera pas de longue durée, et servira un jour à rapprocher tous les cœurs vraiment honnêtes, à quelque parti qu'ils appartiennent. »

Tel fut, en effet, un des heureux résultats des décrets, cette arme dangereuse qui blessa si grièvement la main qui les avait lancés. Ils devinrent pour tous les honnêtes gens un point de ralliement contre les injustices d'un pouvoir hypocritement persécuteur. On sait comment à la fin du mois de juin, ils furent brutalement exécutés *manu militari* dans la France entière. De paisibles religieux, appartenant à tous les Ordres, furent arrachés de leurs maisons et jetés sur la rue, parce qu'ils avaient commis le crime abominable de se réunir, bien que légalement, pour le travail, les bonnes œuvres et la prière.

« La joyeuse soumission du P. de Plas à la volonté de Dieu, observe M. Nogues, sa sérénité au milieu des colères anticléricales et des chaleureuses indignations des catholiques, frappèrent tout le monde et montrèrent une fois de plus combien sont au-dessus de toutes les attaques, ceux qui se sont donnés à Dieu tout entiers. »

A l'approche du jour néfaste, indiqué par les décrets, des amis dévoués avaient écrit de tous côtés à l'ancien capitaine de vaisseau pour mettre des appartements à sa disposition ; à tous il répondit invariablement en exprimant sa reconnaissance : « J'irai, s'il faut partir, où m'enverra l'obéissance. » Mais à sa sœur Elisa, il dévoila en même temps, le 25 juin, ses dispositions intérieures en face de l'épreuve : « Rien n'est doux comme de faire la volonté de Dieu, je tâche de me préparer de mon mieux à ce que demandera cette volonté sainte pour le 29 juin. Je lisais tout à l'heure dans l'Ecclésiastique : « Toutes choses sont un bien » pour les saints. » La prison de saint Louis n'a-t-elle pas été le monument de sa vraie grandeur ? Rien n'égale la gloire des vaincus de la Vendée, des Cathelineau, des Bonchamps, des La Rochejaquelein, si ce n'est celle des martyrs et des confesseurs de la foi. Laissons donc la Providence mettre en usage la malice des impies pour raffermir et vivifier la piété des fidèles. On prie beaucoup à Brest. Je n'ai pas grand effort à faire pour rester calme et attendre le bon plaisir de Dieu, certain que les forces viendront avec l'épreuve. »

L'école de Brest, comme tous les collèges des religieux, fut épargnée au mois de juin, et on remit au mois d'août, à la fin de l'année scolaire, l'emploi, s'il était nécessaire, des mesures de rigueur déjà exercées contre les résidences ou maisons de missionnaires proprement dites. « Nous avons eu hier, écrit le P. de Plas, le 1er août, notre distribution des prix et la fête de notre saint Fondateur. Six curés, dont deux de Brest, ont dîné avec nous, comme pour prouver que notre cause est aussi celle de la religion. La distribution des prix s'est faite avec beaucoup de solennité, comme d'usage, et on a annoncé que les classes rouvriraient le 7 octobre, ce qui a été salué de nombreux applaudissements.

» Que se passera-t-il d'ici là ? Je l'ignore, et je ne cherche pas à le deviner. Je vis confiant en ces paroles de la sainte Écriture : « Le Seigneur me conduit » et me dirige ; rien ne pourra me manquer... » et aussi en celles de l'Imitation : « Votre sollicitude pour moi, » Seigneur, est plus grande que celle que je pourrais » avoir moi-même. » Ce que les hommes du siècle redoutent le plus, c'est la mort; mais qu'est-ce que la mort pour un religieux, si ce n'est le passage à une vie meilleure, surtout si la mort nous est donnée en haine de la foi ? Au reste, ma cause est entre les mains de Dieu et de ceux qui sont pour moi les interprètes de sa volonté. »

Quand le commissaire de police se rendit, le 31 août, à l'école libre de Notre-Dame de Bon-Secours, pour s'assurer de l'exécution des décrets, il se trouva non plus en présence des Pères de la Compagnie de Jésus, qui avaient évacué la maison, mais devant un directeur laïque, M. Pener, dont l'honorabilité était bien connue à Brest, et qui se proposait de continuer, avec l'aide d'auxiliaires dévoués, les traditions de foi, d'honneur et de science laissées par ses devanciers. Pendant que les autres religieux s'étaient dispersés par petits groupes dans des familles amies, qui leur avaient gracieusement offert l'hospitalité, le P. de Plas s'était joyeusement acheminé vers l'asile des vieillards tenu par les Petites-Sœurs des pauvres, sur la paroisse Saint-Martin, en dehors des murs de la ville.

Dès qu'il avait eu connaissance de la détermination de ses supérieurs, il s'était empressé de la faire savoir à sa famille, comme une bonne nouvelle dont il fallait rendre grâces à Dieu. « Je me réjouis d'une grande joie, écrivit-il le 29 août à sa sœur Élisa, à la pensée que Dieu daigne m'appeler à lui faire le sacrifice de la vie en commun avec des supérieurs qui s'inspirent de l'amour de Jésus-Christ dans leurs rapports avec nous. Je me réjouis à la pensée de vivre des *dessertes* de la ville de Brest et de manger vraiment *le pain de l'aumône*. Jamais, je crois, il ne m'aura paru meilleur. C'est ce soir ou demain que j'irai m'abriter à l'asile des vieillards. Quand je me rappelle ce que nos Pères ont à souffrir en Chine, ou dans les missions d'Afrique et d'Amérique, j'ai honte du peu que Dieu demande à ma bonne volonté.

» *Quelle chance!* diraient nos neveux. Oui, c'est une bonne chance, et je te demande, ainsi qu'à la communauté de Puycheni, d'approuver le bon Dieu en cette affaire et de lui en rendre grâces, comme s'il m'avait fait amiral quand j'étais dans la marine.

» Tu pourras m'écrire à Brest, sans autre désignation que mon nom, à l'asile des vieillards des Petites-Sœurs, comme si j'étais en réalité un des *vieux* recueillis et nourris par la charité. »

On le voit, le P. de Plas savait mettre en pratique le conseil de son Bienheureux Père saint Ignace, qui recommande à ses enfants d'aimer la pauvreté comme une mère, et de se réjouir quand ils ont parfois à en supporter les rigueurs. A Puycheni, on était capable de comprendre ces beaux sentiments et de les partager, et on offrit bien généreusement à Dieu le sacrifice d'un rapprochement que les circonstances semblaient devoir favoriser. « Je reçois à l'instant ta bonne lettre, écrit le P. de Plas à son frère Louis. Je vois avec joie que nos cœurs battent bien à l'unisson. J'aime ta pensée : « cela vaut mieux qu'un évêché d'être aumônier des pauvres. »

C'est le 30 août, vers trois heures de l'après-midi, que le P. de Plas, en vrai pauvre de Jésus-Christ, alla frapper avec confiance à la porte de l'asile des vieillards, pour y exercer ses fonctions nouvelles. Il y fut reçu avec cette douce charité qui caractérise les Petites-Sœurs. A ses yeux il n'était qu'un vieillard de plus dans la maison des pauvres ; mais, pour les religieuses, ce vieillard, prêtre du Seigneur, apportait avec lui les bénédictions célestes. « Ma bonne Mère, dit-il à la Supérieure, en franchissant le seuil de l'asile, vous voulez bien m'accueillir pour l'amour de Dieu ; voici mon petit sac de voyage, c'est tout ce que je possède ; veuillez me regarder et me traiter comme un de vos pensionnaires. Je ne suis pas difficile : un petit coin, n'importe où, me servira de logement, et je me contenterai de la nourriture commune. Si le bon Dieu me conserve un peu de forces, je pourrai, comme aumônier, rendre quelques services aux Petites-Sœurs et aux *bons vieux.* »

Du parloir, le Père fut conduit à la chapelle saluer Notre-Seigneur, le premier supérieur de la maison, puis dans sa chambre, qu'il devait habiter durant deux années. C'était un lieu de passage, ouvert d'un côté sur l'infirmerie des hommes, et de l'autre sur le palier des dortoirs. On y avait mis un lit, une table, quelques chaises, un ameublement, en un mot, semblable à celui de la cellule qu'il venait de quitter. Nul lieu ne pouvait être mieux choisi pour lui : de la fenêtre il apercevait la petite lampe brûlant devant le Saint-Sacrement, image de la ferveur qui consumait son cœur pour l'hôte divin du tabernacle; et puis, si quelque malade avait besoin de son ministère, il se trouvait à proximité pour lui porter immédiatement tous les secours de la religion. « Aujourd'hui, lisons-nous dans le *Journal privé*, je suis venu demander l'hospitalité aux Petites-Sœurs des pauvres, et j'y suis installé non comme un persécuté qu'on cherche à cacher, mais comme un prêtre dont on veut honorer le caractère sacré. En vain ai-je demandé à prendre au moins mon premier repas avec les vieillards ; la bonne Mère m'a fait observer que telle n'était pas l'intention des supérieurs. » Cependant, n'ayant plus personne auprès de lui pour l'arrêter dans ses mortifications, il se livra à des jeûnes auxquels on doit attribuer le déclin rapide de sa santé.

Dès le lendemain, commença pour le P. de Plas une vie aussi uniforme que celle qu'il avait menée au sein de sa communauté. Levé chaque jour à quatre heures du matin, il faisait, après une courte visite au Saint-Sacrement, une méditation d'une heure, qui était suivie de l'exercice du Chemin de la Croix, comme préparation au saint sacrifice. A six heures, il célébrait la sainte messe qu'il accompagnait d'une instruction, le dimanche et les jours de fête. Après un léger déjeuner, il partait pour entendre, dans les églises du voisinage, autant de messes qu'il le pouvait, ordinairement celle de sept heures à l'Adoration, celle de huit heures à Saint-Martin, et celle de neuf heures au Carmel. De retour, il s'occupait de lectures pieuses et du bréviaire qu'il récitait à genoux.

L'après-midi, il aimait à causer avec les vieillards : « Je ne fais guère, disait-il, que passer rapidement dans les salles, et cette courte visite paraît être agréable à tous. » S'il rencontrait quelque matelot échoué au même asile que lui, on causait marine, campagnes lointaines, contrées visitées, dangers affrontés ; chacun prenait plaisir à évoquer les lointains souvenirs du temps passé. Le mercredi était spécialement consacré au catéchisme, que les *bons vieux* appelaient solennellement la conférence. Le Père leur expliquait avec une grande simplicité les vérités de la foi ou les exhortait à l'accomplissement de leurs devoirs. Toujours il était écouté avec beaucoup d'attention, bien qu'il parlât assez longuement ; mais il entremêlait son instruction de tant de comparaisons originales, de tant d'exemples frappants qu'il saisissait son auditoire et que le temps s'écoulait sans qu'on s'en aperçût. Il avait cessé de parler que volontiers on l'aurait écouté encore.

Plusieurs fois la semaine il se rendait à l'église Saint-Martin, où il faisait le catéchisme à une quinzaine d'enfants qui lui avaient été confiés par le vicaire de la paroisse. Puis il redescendait à Brest, continuant, par des visites à domicile, son ministère d'apôtre auprès de ses anciens compagnons d'armes, et recevait force bénédictions du Saint-Sacrement chaque fois qu'il en était averti. Ces multiples occupations n'entravaient en rien son activité pour les œuvres anciennes, entre autres, pour le *Cercle catholique*, auquel il continua de prodiguer son dévouement.

« Je me trouve aussi bien que possible ici, sous tous les rapports, écrit-il le 7 septembre ; il ne me manque que la vie de communauté. » Mais cette privation lui était très sensible : on peut s'en rendre compte par ce passage de son *Journal*, à la date du 14 décembre : « Si je disais aux pauvres qui m'entourent que je suis triste, très triste parfois, ils ne le pourraient comprendre. Puissé-je voir une permission ou une volonté de Dieu dans la tristesse et la désolation, comme dans la consolation, et me réjouir d'être l'objet de l'attention de mon Maître et de pouvoir faire un acte de conformité à sa volonté sainte ! »

Cette impression de tristesse ne dura pas longtemps ; elle fit place à un calme, à une tranquillité d'esprit habituels dont il ne cessa de remercier le bon Dieu. Souvent même son âme débordait de joie, d'une joie qu'il appelait délirante, ne trouvant aucune expression capable d'exprimer les sentiments de son cœur. « Mon âme, s'écriait-il, déborde de joie ; les consolations surabondent au point de me faire dire avec un grand saint : *Satis, Domine, satis :* c'est assez, mon Dieu, pour la terre ; je ne suis pas digne d'approcher si près de vous ! »

Nous ne pouvons passer sous silence, pendant le séjour du P. de Plas chez les Petites-Sœurs des pauvres, les relations suivies qu'il eut alors avec un homme célèbre, M. Hippolyte Violeau, qui habitait la rue de Paris dans le faubourg de Lambezellec. L'éminent écrivain que nous avons eu le plaisir de visiter pour recueillir des renseignements sur son saint ami, a bien voulu, avec sa grâce habituelle, nous communiquer sur cette douce intimité quelques notes qu'on ne lira pas sans intérêt.

« Voici, dit-il, comment je fis la connaissance du P. de Plas. En 1872, des affaires de famille me rappelèrent à Brest, ma ville natale, après une absence de vingt-sept ans, et, fatigué au delà de toute expression des dernières querelles politiques et religieuses, j'avais pris le parti d'y vivre désormais à l'écart. Tous mes anciens amis étaient morts ; mais, parmi mes compatriotes, quelques-uns de ceux que j'avais connus enfants se souvenaient de moi, et l'un d'eux, M. Gicquel des Touches, capitaine de frégate, président d'un cercle d'ouvriers, vint me demander avec insistance des conférences dans les réunions de sa Société. Je donnai une petite souscription avec un exemplaire de mes *Soirées de l'ouvrier*, couronnées par l'Académie française vingt ans auparavant ; mais je refusai d'écrire des conférences nouvelles, très convaincu d'ailleurs qu'elles ne vaudraient pas les premières. Ce fut alors que, pour me persuader, M. Gicquel revint à la charge, accompagné des PP. Le Sauce et de Plas, renfort inutile, car je prévoyais trop bien ce qui devait arriver, pour revenir sur ma détermination. Depuis, souvent encore, le P. de Plas voulut m'arracher à ma retraite, me mettre en rapport avec celui-ci ou celui-là, et toujours vainement, tant la solitude et le silence étaient devenus un besoin pour moi...

» Quand les religieux de Brest furent dans l'obligation de se séparer, le P. de Plas se réfugia chez les Petites-Sœurs des pauvres, dont l'établissement était voisin de ma demeure. Vous savez combien la plupart des indigents sont peu reconnaissants des soins qu'on leur donne dans les asiles ouverts à leur vieillesse. Il suffit que ces asiles soient soumis à une règle pour faire regretter à beaucoup d'entre eux la liberté de la rue, même avec le plus affreux dénuement. Une de ces vieilles femmes, rebelles à toute autorité, disait cependant à ma domestique, dans son enthousiasme pour le nouvel aumônier des Petites-Sœurs : « Il a » fait de notre prison un paradis. » Une autre ajoutait, un soir que j'allai demander des nouvelles de mon saint ami, retenu au lit à la suite d'une chute : « Il ne » se soigne pas assez, monsieur ; il se nourrit mal et » se laisse pâtir. Je sais bien qu'il est pressé d'aller » chercher au ciel sa récompense, mais il aurait plus » de mérite à se conserver longtemps pour nous qui » l'aimons tant et qu'il aime aussi. »

» Pendant le temps qu'il servit d'aumônier à l'asile des vieillards, il venait me voir au moins une fois chaque semaine, et nous causions cœur à cœur. Tout me charmait dans cet homme si pieux, si bon, si simple et surtout si vrai. Dans l'état d'esprit où je me trouvais alors il était pour moi, et sans s'en douter le moins du monde, le médecin de l'âme, appliquant toujours le baume qu'il fallait à mes blessures.

» Privé d'enfants, j'avais élevé depuis l'âge de cinq ans le fils de ma sœur, devenu sous-commissaire de la marine. Embarqué sur le *Nielly*, il était en Chine, puis à Madagascar pendant la guerre, et quand le bon Père venait me visiter, il me trouvait parfois dans une incertitude cruelle, allant jusqu'à l'angoisse. — « Soyez » donc moins troublé, moins craintif, me disait-il, et » quand vous chérissez tant votre fils d'adoption, n'ou- » bliez pas que lui, vous, moi, tous les hommes, nous » sommes aussi les fils d'adoption de Dieu. Suppo- » serez-vous à la suprême Bonté un amour inférieur » au vôtre ? Confiance donc et certitude qu'il ne peut » rien arriver que de bien, que de bon à votre absent, » puisqu'il est dans les mains du meilleur de tous les » pères. » Ainsi parlait-il avec un accent si tendre, si sympathique, que les larmes m'en venaient aux yeux.

» Je regardais notre rencontre comme un des bienfaits de la Providence à mon égard. Il disait qu'au lieu de se plaindre, en avançant dans la vie, de la perte de telle ou telle de ses facultés, il trouvait plus juste et plus agréable de bénir Dieu de tout ce qu'il lui conservait encore. « Je ne demande pas mieux que de vivre » longtemps, ajoutait-il, dans l'espoir qu'aujourd'hui » j'aimerai le bon Dieu un peu plus qu'hier, et demain, » après-demain, un peu mieux encore. » Ces pensées si douces allaient bien avec ses lèvres souriantes, son regard affectueux, ce je ne sais quoi d'ineffable répandu sur tous ses traits, dans la conversation comme dans la prière. Il n'est jamais sorti de la chambre où je le recevais, sans me laisser sous l'impression des disciples d'Emmaüs. Il n'était pas le Christ, mais il était véritablement de la Compagnie de Jésus. Vous rappelez-vous une jolie petite pièce de l'anthologie ? — « Je ne suis pas la rose, disait une fleur inodore, » embaumée du parfum de la reine des fleurs, mais » j'ai vécu auprès d'elle. »

» Souvent, tous les deux, nous aimions à parler de l'action providentielle dans notre vie, et nous nous racontions mutuellement des exemples de cette action protectrice. Je me souviens qu'il s'amusa beaucoup d'un mot que je lui rapportai, et que je tenais de mon vénérable ami le comte de la Fruglaye. Un cultivateur de Ploujean racontait à ce dernier je ne sais quel bonheur inattendu. « — Oh ! mon garçon, répondit le » vieux gentilhomme, le doigt de Dieu est là ! — Le » doigt de Dieu ? répliqua le paysan ; dites donc, mon- » sieur le comte, les quatre doigts et le pouce ! »

» A l'appui de ceci, il m'apprit un jour qu'il venait de rencontrer au port de commerce un de ses anciens matelots. Cet homme l'avait reconnu malgré sa robe noire, et venant à lui : « — Ah ! commandant, que je suis bien

» aise de vous voir pour vous remercier ! — Comment
» cela, mon ami ? — Oui, vous remercier de m'avoir
» refusé ce que je vous demandais, quand j'étais sous
» vos ordres, et même de m'avoir puni, parce que je
» m'étais mis dans mon tort. » Une reconnaissance
aussi singulière exigeait une explication. Le matelot
avait voulu quitter son chef au cours d'une campagne,
pour un autre embarquement moins avantageux, et le
commandant, dans son intérêt, s'était refusé à ce caprice. Or, le navire désiré avait sombré corps et biens.

» Dans sa jeunesse, le P. de Plas avait beaucoup lu
Montaigne. A propos du fameux *Que sais-je ?* il m'arriva de lui dire : « Tout à fait convaincu des princi-
» pales vérités de notre religion, il y a un point ou deux
» dans les questions secondaires, sur lesquels je suis
» moins persuadé. Alors, pour m'incliner sans réserve
» devant l'autorité compétente, je ne cherche pas
» d'autre raisonnement que celui-ci : Dans le doute,
» mieux vaudra toujours se tromper par humilité que
» par orgueil. » Je fus étonné de l'impression que je
lus sur le visage de l'homme qui m'écoutait. — « Très
» bien, très bien », me dit-il. Et tirant de sa poche du
papier et un crayon qui ne le quittait guère, il me demanda la permission d'écrire les paroles si simples qui
venaient de m'échapper, et qui sont réellement ma
règle de conduite en matière de foi.

» Nous n'avions pas toujours les mêmes sympathies,
mais pas une fois je ne l'ai entendu parler avec aigreur
des hommes que j'aimais. Non seulement il était juste,
il était mieux encore, il était bon, c'est-à-dire toujours
charitable. Il me suffisait pour le vénérer de voir la
droiture de son caractère et la beauté de son âme.

» Son humilité était parfaite. Je le vis peu de jours
après l'entrée au ministère de l'amiral Krantz, et, sur
une question que je lui adressai : — « Krantz, me

» dit-il, a servi sous mes ordres, il a été mon second,
» et, comme marin, j'ai pu apprécier tout son mérite.
» Comme homme, je vous le ferai connaître et admirer
» par un seul mot : Il était bien supérieur à moi, et il
» ne me l'a jamais fait sentir. »

» Que de fois l'excellent vieillard ne m'a-t-il pas fait l'éloge des amiraux Marcq de Saint-Hilaire, Lefèvre, de Cuverville et de bien d'autres officiers servant autrefois sous son commandement. En rappelant les services que tous rendaient à la marine, il n'oubliait que les siens.

» Insulté parfois sur nos chemins par de mauvais drôles, cet homme qui avait longtemps porté une épée, baissait tranquillement la tête devant l'outrage, gardait le silence et passait en récitant son chapelet. On eût bien étonné ces vauriens en leur apprenant ce qu'avait été dans le monde ce vieillard caché sous la robe d'un religieux.

» Nous avions un ami commun, M. Escande, ancien inspecteur général de la marine, chargé du contrôle de tous les ports. Ce dernier, excellent chrétien aussi, nature simple et droite, caractère charmant, avait fait la connaissance du P. de Plas lorsqu'il n'était encore à Toulon qu'élève de marine. Les deux jeunes gens se rencontraient chez madame de Villeneuve-Bargemont qui, bien des années après, avec Marceau, ne fut pas étrangère au retour du digne marin aux pratiques catholiques oubliées un temps.

» Une fois ce dernier devenu religieux, les voilà de nouveau réunis à Brest, où l'on se vit nécessairement moins souvent. Un jour, il accepta pourtant, à la campagne, un modeste déjeuner en tiers avec Philémon et Baucis. Vous connaissez le charme des souvenirs chez les vieillards. On parla de Cherbourg, de Toulon, de mille choses intéressantes, et, quand vint l'heure de se séparer, le P. de Plas se montra ravi des moments passés ensemble : « Eh bien, il faudra nous revenir, la » table reste là, dit l'octogénaire hospitalier. — Eh ! » mon Dieu non, répondit le religieux, c'est justement » parce que je viens d'éprouver un très grand plaisir » que je ne dois pas recommencer. » Il croyait qu'il était de son devoir de religieux de s'imposer des privations et de ne se permettre qu'à de longs intervalles les plaisirs les plus innocents. »

Ces notes écrites au courant de la plume, et qu'on a si gracieusement mises à notre disposition, disent assez quelle douce et sainte amitié unissait l'éminent écrivain et l'humble religieux. Quelques passages du *Journal privé* nous montreront que le P. de Plas sut l'apprécier comme un don du ciel. « Visite à M. Violeau, écrit-il le 21 janvier 1881, qui ne dure pas moins d'une heure. Je le prie de me prêter l'ouvrage qui lui plaît le plus parmi ses publications, et il me fait cadeau des *Pèlerinages de Bretagne*... Ce que je viens de lire me fait croire que j'ai été bien inspiré. Oui, c'est une plume chrétienne, c'est un cœur droit, c'est un esprit observateur et délicat qui entre en matière, et cela promet... Les hommes de ce caractère ne sont pas nombreux, et c'est une grâce que Dieu nous fait de nous mettre en rapport avec eux. »

« Je croyais, écrit-il un autre jour, ne plus aimer la poésie, et je m'aperçois que c'est une erreur, en lisant celles de mon digne ami, M. Violeau. Quoi de plus chrétien et de mieux rendu que l'élégie sur le marquis de Dampierre, intitulée : *Un regard au but*, où la mort du juste paraît si enviable !

Il est un âge de mystère,
Où l'homme encor sans souvenir,
Crédule aux bonheurs de la terre,

Marche les yeux dans l'avenir.
Que voit-il ? — Une route où le plaisir l'appelle.
Plus loin ? — La gloire vaine et qu'il croit immortelle.
Plus loin ? — L'or, les honneurs, le faste du pouvoir.
Et là-bas ? — Oh ! là-bas, pas un œil ne s'arrête !
C'est assez ! c'est assez ! L'homme baisse la tête,
Soupire et ne veut plus rien voir.

. . . .

Sur la terre où rien ne demeure,
Pauvres bannis, pour nous guider,
Ce n'est pas le gîte d'une heure,
C'est le but qu'il faut regarder.

. . . .

L'heureux selon le monde est vide et misérable !
Il ne reste une épave, un débris secourable
Qu'à l'heureux selon le Seigneur.

Devant cette tombe chrétienne,
Oh ! que chacun de ces enfants
Prie, et, comme ce juste, obtienne
Des jours sereins et triomphants.
Qu'il méprise les biens que le monde proclame,
Que du berceau tranquille au chevet de souffrance,
Appuyé sur Dieu même il ait une espérance
Que la mort ne détruise pas !

Outre les entretiens intimes où ils épanchaient leurs âmes, les deux amis s'écrivaient souvent et continuaient ainsi leurs entretiens littéraires. On avait un jour beaucoup parlé de Sainte-Beuve et de Béranger ; le lendemain, Hippolyte Violeau envoya au P. de Plas quelques extraits de la correspondance de ces deux écrivains. Nous ne citerons que cette lettre inédite de l'auteur des *Causeries du lundi*, dans laquelle le spirituel critique ne ménage guère les quarante immortels. « J'aurais désiré, ainsi que quelques-uns de vos amis, que l'Académie vous distinguât plus expressément et plus particulièrement dans le concours Montyon ; mais les vers ont peu de vrais juges partout, et surtout au sein de l'Académie, ce qui semble un peu singulier. Il y a là des hommes influents qui se vantent de n'y rien entendre ; et ils ont raison de le dire, s'ils se contentaient de l'avouer sans s'en vanter.

» Ce que vous dites, monsieur, sur l'inspiration si morale et si vraie qui a dicté vos poésies consolatrices, montre combien la grâce et la douceur du ton cachent souvent plus d'élévation et de profondeur qu'on n'en trouverait dans des strophes pompeuses. Continuez, monsieur, à puiser à ces bonnes sources et à en faire part autour de vous. Croyez à la respectueuse sympathie que vous excitez chez ceux qui n'ont fait que passer sous le rocher où vous avez abrité votre tente. »

Quant à Béranger, nous ne citerons aucun extrait d'une correspondance déjà publiée. Il en ressort cependant qu'avec l'âge un travail sérieux s'était fait dans l'esprit de l'auteur de tant de chansons condamnables, sans, pourtant, l'avoir entièrement éclairé. « J'ai beaucoup prié pour Béranger, écrivait M. Violeau au P. de Plas, et demandé sa conversion. Un prêtre l'a visité mourant, et l'on assure que ce prêtre a été bien accueilli. Le malade s'est-il sérieusement confessé ? Que s'est-il passé entre lui et le confesseur ? Dieu le sait. Mais il m'est doux de me reposer préférablement sur une espérance, une pensée de repentir et de miséricorde. »

En se promenant de compagnie avec M. Hippolyte Violeau, le P. de Plas faisait de nombreuses visites au monastère de « leurs bonnes amies », les Carmélites, situé à l'extrémité du faubourg de Lambezellec. Pendant que le poète restait en adoration devant le Très Saint-Sacrement, le religieux montait au parloir, où la communauté se réunissait avide d'entendre ses familières instructions, toujours entremêlées de pittoresques images empruntées à sa vie de marin. Les filles de sainte Thérèse, à qui nous avions demandé quelques renseignements sur les visites du P. de Plas au Carmel, ont bien voulu nous communiquer par écrit les souvenirs qui sont encore vivants parmi elles. Nous les reproduisons dans leur naïve et touchante simplicité.

« Jésus ! — Le bon et saint P. de Plas venait de temps en temps nous faire des instructions que nous trouvions toujours trop rares. Ainsi lorsque nous descendions le soir pour l'oraison et que la sœur portière nous disait : Mes sœurs, il faut prendre vos voiles, le P. de Plas est là, il va nous prêcher !... nous ne pouvions retenir une exclamation de joie : Oh ! quel bonheur !...

» C'est que la parole si simple et si convaincue du serviteur de Dieu nous allait jusqu'au fond de l'âme, et que jamais nous ne sortions de ses sermons sans nous sentir un plus vif désir de servir le bon Dieu et de le remercier de ses dons. Le fond de ces ferventes exhortations ne variait guère ; c'était seulement la forme et les exemples qui étaient nouveaux. Le Père commençait souvent ainsi : « Mes sœurs, en m'acheminant
» vers votre petit Carmel, je me disais : Voyons, de
» quoi vais-je entretenir ces bonnes religieuses ?... Et,
» en considérant combien Notre-Seigneur avait été
» bon pour vous, de vous avoir séparées si complète-
» ment du monde, il m'a semblé ne pouvoir vous rien
» dire qui vous fût plus profitable que d'essayer de
» de vous faire comprendre l'*immense bonheur* de la
» vie religieuse... »

» Il fallait entendre l'accent ému et pénétré avec lequel le vénérable Père prononçait ces mots : l'*immense bonheur !* On sentait que lui-même l'appréciait si bien ! Aussi était-ce un tressaillement de joie dans tous nos cœurs, et nous lui répondions intérieurement :

« Oh! que vous avez raison, mon Père, et que Notre-
» Seigneur est bon de vous envoyer nous parler de ce
» bonheur que nous goûtons si bien! »

» Venaient alors les développements de cette vérité, tout émaillés d'exemples que le Révérend Père empruntait à ses anciens souvenirs de marin. Un jour, en nous parlant de la grâce particulière à la vie religieuse, qui est de nous détacher de toutes les choses de la terre, et de tenir nos cœurs prêts pour le moment où le divin Époux nous appellera aux noces éternelles, le Père nous dit : « Ceci me rappelle, mes sœurs, qu'après
» une longue station dans les mers de Chine, nous
» attendions le navire qui devait venir nous remplacer
» et nous apporter l'ordre de retourner en France ;
» chaque matin nous montions sur le pont et nous
» regardions si rien ne paraissait à l'horizon. Rien
» encore aujourd'hui, nous disions-nous ; mais qui
» sait, demain, peut-être sera-ce demain!... Eh bien,
» c'est cet espoir qui me soutient encore! Je suis vieux,
» ma campagne est bientôt finie ; Notre-Seigneur me
» rappellera bientôt, qui sait, mes sœurs, demain ; ce
» sera peut-être demain, Jésus, que vous viendrez me
» dire d'entrer dans la patrie! Oh! sans l'espoir que
» ce sera bientôt qu'il me sera donné de vous voir, que
» la vie me serait amère!... »

» Une autre fois le Père nous exhortait à la charité fraternelle. Il nous disait quelle grâce Notre-Seigneur nous faisait en nous permettant de vivre dans la société d'âmes qui ne cherchent qu'à aimer et servir ce bon Maître, et qui nous soutiennent par leurs bons exemples. « Oh! oui, s'écria le saint religieux, que vous
» êtes bon, mon Dieu, et pour ma part, combien je dois
» vous remercier! Voyez, mes sœurs, j'étais semblable
» à un vieux ponton démâté et hors de service, et voilà
» que Notre-Seigneur me donne pour compagnons de

» route de beaux et forts navires, parés de tous
» leurs agrès. Ils m'entourent et me soutiennent;
» oui, grâce à mes frères, j'espère arriver au
» port. »

» S'il nous entretenait de l'obéissance, le Père s'efforçait de nous faire bien saisir le précieux avantage d'une vie où tout est réglé par la sagesse des supérieurs que l'Esprit-Saint inspire ; d'une vie où l'on est sûr de toujours accomplir la volonté de Dieu, rien n'étant laissé au caprice, et où, par conséquent, chaque action, chaque moment de la journée peut être un échelon qui nous rapproche du ciel, un acte de pur amour envers Notre-Seigneur.

» Quelquefois, nous disait le bon Père, surtout
» quand on est jeune, on est tenté de se deman-
» der : mais, pourquoi ceci? pourquoi cela? Il me
» semble qu'il eût mieux valu agir de telle ma-
» nière... Oh! mes Sœurs, ajoutait le Père, restons à
» notre place; laissons le soin de tout prévoir à ceux
» qui en sont chargés. Lorsque nous revînmes de notre
» première campagne, je me rappelle que nous étions
» à bord plusieurs jeunes officiers, bien pressés de
» toucher la terre de France. Nous arrivâmes un peu
» tard dans l'après-midi, vers les côtes d'Ouessant; il
» y avait un léger brouillard et le commandant nous
» dit : Mes enfants, nous allons stopper ici, il serait
» imprudent de nous engager ce soir entre les récifs
» qui défendent l'entrée du Goulet. Nous attendrons à
» demain... Grande déception parmi nos jeunes gens!
» Nous murmurions entre nous, et nous nous disions :
» Ah! le vieux! le vieux a peur!... Eh! bien, lorsque
» plus tard je me vis chargé de conduire un navire
» dans les mêmes conditions, la prudence m'obligea à
» tenir exactement le même langage. C'est ainsi,
» mes Sœurs, que le plus souvent l'expérience nous

» fait reconnaître que c'est nous qui nous trompons,
» lorsque nous nous permettons de juger les mesures
» prises par nos supérieurs. »

» Il est impossible de rendre l'onction avec laquelle tout cela était débité. On sentait que le vénérable et saint religieux était tout pénétré de ce qu'il nous enseignait, et que son âme vivait habituellement dans un élément surnaturel, tout uni au bon Dieu! Vers la fin de chacune de ses petites exhortations, le Père ouvrait un livre, et, avec un profond sentiment d'humilité, il ajoutait : « Maintenant, mes Sœurs, permettez-moi de
» vous lire une chose qui m'a bien frappé, ce sera un
» dédommagement à ce que je vous ai si mal dit. »
Mais nous étions loin d'être de l'avis de l'humble religieux.

» Le R. P. de Plas insistait beaucoup sur le bonheur d'être les épouses de Jésus. Il aimait à nous montrer, par de nombreux exemples, la vanité des biens que l'on estime tant dans le monde, et comme ce que nous avions sacrifié était peu de chose en comparaison des grâces que Notre-Seigneur nous avait faites. « Que
» pouviez-vous prétendre? nous disait-il; au plus, à
» être l'épouse du Président de la République! Bel
» honneur, vraiment, auprès de celui qui vous est fait
» d'être épouses du Roi des rois!... Si vous saviez, mes
» Sœurs, combien on se trompe en recherchant les
» honneurs et les joies du monde! Après une campagne
» qui avait eu quelque éclat, de nombreux amis me di-
» saient : — On vous présentera au Roi; vous serez
» reçu à la cour! — Je le fus, en effet, mais, après
» quelques phrases bienveillantes, je me trouvai là,
» entouré d'une foule d'inconnus. La journée me parut
» longue, et c'est certainement une des plus ennuyeuses
» de ma vie. Pourtant, combien de personnes qui en-
» viaient mon prétendu bonheur et se disaient : Oh! il

» a été à la cour! il a dîné avec le Roi, etc. (1). »

» Nous nous rappelons un petit trait qui montre dans tout son jour l'aimable simplicité de ce saint et vénérable Père. A la fin d'une petite exhortation, au lieu de prendre un livre pour nous en lire quelques passages selon son habitude, le Père nous dit : « Mes chères » Sœurs, pour appuyer ce que je viens de vous mon- » trer, que c'est Notre-Seigneur seul qui donne la vraie » joie et qu'elle ne se trouve qu'à son service, je vais » vous lire quelques lignes que j'ai trouvées dans le » journal d'un religieux, dans ses notes. C'était un » homme qui avait occupé une certaine position dans » le monde. Il écrivait ceci dans un hospice, à cinq » heures du matin, un jour d'hiver, alors que tout re- » posait autour de lui. » Le Père nous lut ensuite quelques fragments dans lesquels le religieux épanchait la joie profonde qu'il ressentait à n'avoir que Notre-Seigneur pour tout bien, et à reposer sous cet humble abri pour l'amour du divin Sauveur. C'était beau, simple, touchant. Malheureusement nous ne nous rappelons pas les paroles, mais seulement l'expression de ferveur qu'elles nous laissèrent.

» Il faut bien le dire, pourtant, nous n'avions pu retenir un sourire, car au ton ému du bon Père, nous avions compris qu'il était lui-même ce religieux surabondant de joie au sein de la pauvreté. En effet, toute la ville s'était édifiée, en apprenant que ce vénérable Père, qui traversait autrefois nos rues dans un brillant uniforme, était allé, lors de l'expulsion, choisir un

(1) « J'ai trouvé, écrit la Révérende Mère Prieure, en nous envoyant ce récit, que le passage où l'on parle de la présentation à la cour n'est pas tout à fait exact; car, si je me souviens bien, le Révérend Père ne se nommait pas, il racontait le fait comme arrivé à une personne de sa connaissance. »

asile chez les Petites-Sœurs des pauvres, près des bons vieillards, dont il se constitua l'apôtre.

» De temps en temps, à l'époque des grandes solennités de l'Église, le saint religieux demandait notre Révérende Mère au parloir. Le Père restait debout, ne parlait que du bon Dieu, de son amour pour nous, de la fête que l'on célébrait; après avoir ainsi satisfait sa dévotion, il se retirait sans s'être permis une seule parole qui ne fût toute du bon Dieu, laissant notre Mère profondément édifiée de sa tendre piété. Lorsqu'il survenait quelque événement douloureux pour la sainte Église, le Révérend Père venait le communiquer à notre Mère, pour lui demander de faire prier la communauté, et se retirait aussitôt. Ses visites, très rares, du reste, ne duraient jamais plus de dix minutes. C'était un vrai saint; rien ne le touchait que ce qui regardait Notre-Seigneur et les grands intérêts de sa gloire. Aussi combien nous étions heureuses de nous unir à ses prières, lorsqu'à chacune de nos fêtes, la Sainte-Thérèse, le Mont-Carmel, etc., nous apercevions, à travers notre grille ouverte, la tête vénérable du serviteur de Dieu, tout abîmé dans la prière, semblable à un ange adorateur.

» Souvent, pendant nos récréations, nous aimons à rappeler le souvenir du bon P. de Plas, et chacune redit les petits traits qui l'ont le plus frappée. Nous regrettons vivement, observe la narratrice, de n'avoir pas recueilli, à mesure qu'il nous les racontait, tous ces récits si intéressants et présentés d'une manière si originale. »

Le P. de Plas habitait encore l'asile des vieillards, lorsqu'il vit un jour entrer chez lui un vénérable ecclésiastique, aumônier d'une communauté éloignée, qui avait entrepris un pénible voyage pour venir se placer sous la sage conduite de l'humble religieux. A sa sortie de retraite, après huit jours de solitude et de méditation, il ne cessait de redire tout le bien que lui avait fait son saint directeur, et il partit animé d'un nouveau zèle, pour travailler à sa perfection et à la sanctification des âmes.

Depuis plus de deux ans, le P. de Plas donnait au milieu des pauvres l'exemple de toutes les vertus, laissant partout sur son passage, selon l'expression d'une des Petites-Sœurs, « un vrai parfum de sainteté. » Malheureusement une chute qu'il fit un soir, en se rendant à la chapelle, vint mettre obstacle quelque temps à l'exercice de son zèle. « Il y a deux ans, écrivait-il le 1er décembre 1884, à pareille date, je m'applaudissais d'avoir commencé la journée par l'audition de quatre messes, une à l'Adoration, et trois à Saint-Louis, d'avoir visité une pauvre malade et les vieillards, et fait le Chemin de la Croix. J'avais médité le matin sur la mort, avant de dire la messe, et je demandais la grâce de l'accepter avec la satisfaction d'un journalier qui va recevoir d'un maître généreux le salaire de sa journée... J'étais loin de m'attendre à ce qui devait m'arriver. Vers cinq heures et demie, après avoir fait le catéchisme à de petits enfants arriérés de Saint-Martin, je me heurtai, par un temps obscur et pluvieux, contre une grande *baille* pleine de légumes, laissée par oubli, à côté de la fenêtre de la cuisine, sur le chemin de la chapelle à ma chambre, et je fis une chute que je ne pus pas modérer, ayant à la main un bougeoir et le catéchisme. Le front et le nez choquèrent assez fortement contre le pavé, et je répandis beaucoup de sang. J'aurais pu facilement mourir de cette chute ou de ses suites ; le bon Dieu ne l'a pas permis, et il s'est borné à m'infliger cent jours de pénitence, durant lesquels je n'ai pu offrir le saint sacrifice de la messe. »

C'était une grande épreuve, la plus rude que le bon Dieu pût envoyer à cette âme affamée de la nourriture eucharistique ; mais il s'efforça de voir dans cette privation une marque de la volonté de Notre-Seigneur, et cette pensée suffit à le consoler. Cependant sa santé s'affaiblissait chaque jour, et ses supérieurs regrettaient un isolement qui ne leur permettait pas de veiller de près sur le bon vieillard. Quand ils le rappelèrent au milieu de ses Frères dispersés, le P. de Plas se soumit en esprit d'obéissance et revint joyeux partager, autant que possible, la vie de communauté, mais le cœur plein de reconnaissance et d'affection pour la maison des pauvres où il avait espéré mourir.

CHAPITRE VI

1882-1886

Inaction forcée et privation du saint sacrifice; neuvaine dite *de la grâce* et guérison. — Œuvres apostoliques : Petites-Sœurs des pauvres, asile Eugénie, *Cercle catholique,* prison de Pontaniou. — Fête nationale du 14 Juillet. — Maladie et mort du comte de Chambord. — Pèlerinage à Lourdes. — Anniversaires de la mort de sa mère et de son père. — La croix des *sept frères;* discours et inscription. — La maison de la rue de Foy. — Déclin des forces physiques. — Crise subie par le *Cercle catholique,* efficace intervention du P. de Plas; il donne sa démission d'aumônier, en restant très attaché à l'œuvre.

C'est le vendredi, 15 décembre, que le P. de Plas reprit, rue de la Rampe, sa place dans la communauté dispersée, et recommença son *Journal privé* que la douleur ne lui avait pas permis de continuer depuis près d'une semaine. « Je voudrais, écrit-il, laisser libre cours à l'expression de ma joie et raconter tout ce que Dieu a fait pour moi ; je me contenterai de bénir le Seigneur et de le remercier de m'avoir rappelé près de nos Pères : *Quid retribuam?* Que Dieu me prenne la main gauche, s'il lui plaît, et me trouve heureux de pouvoir lui offrir encore la droite! O mon Dieu, que vos vues deviennent les miennes, et que ma volonté soit toujours en conformité avec la vôtre ! »

La chute chez les Petites-Sœurs des pauvres avait occasionné à la main gauche un phlegmon, qui inspira quelque temps de sérieuses inquiétudes. On crut même un instant qu'une opération serait nécessaire, et le Père fut condamné par le médecin à un repos absolu ; mais il ne fut nullement troublé de cette triste perspective, qu'il envisageait plutôt avec une tranquillité d'âme parfaite. « J'ai besoin de te dire, écrit-il à sa sœur Élisa, le 28 décembre, que je regarde l'inaction à laquelle il plaît à Dieu de me réduire, comme un signalé bienfait dont je suis pénétré de reconnaissance. Je le bénis tout particulièrement de me donner cette paix promise par les Anges aux hommes de bonne volonté. Comme il est doux, comme il est bon de pouvoir se dire : Dieu est mon père, le meilleur des pères ; il sait ce qui me convient, et cela arrive dans le moment le plus opportun... J'étais heureux, très heureux de célébrer la messe chez les Petites-Sœurs des pauvres ; je suis très heureux d'être ici entouré de bons Pères, visité par d'excellents amis. »

Les sentiments de reconnaissance dont il se trouvait pénétré pour la bonté de Dieu, n'étaient point passagers, mais, sauf de courts intervalles, perpétuels et accompagnés d'une joie toute surnaturelle. « *Benedicam Dominum in omni tempore*, lisons-nous dans le *Journal privé* à la date du 3 janvier 1883. Bénir Dieu de ce qu'il m'a fait la grâce d'accepter avec joie la petite épreuve qui me tient comme aux arrêts dans une chambre, et de goûter la vérité de cette parole de l'Imitation : *Cella continuata dulcescit*. Quiconque m'aurait dit, il y a un mois, que je devrais garder la chambre plusieurs semaines, m'aurait fort déconcerté et peut-être découragé. Eh bien, non ! La pensée que cette petite croix vient de Dieu me la fait accepter de très grand cœur, et, quoique mon infirmité soit peu de chose, comparée aux tribulations de l'Apôtre, je puis m'écrier avec lui que je surabonde de joie. »

Malgré les soins si dévoués de M. le docteur de Léséleuc, la guérison marchait lentement, trop lentement, selon le désir des parents et des amis du cher malade. Ceux qui avaient le bonheur de le visiter étaient charmés, édifiés de son inaltérable tranquillité d'esprit ; lui-même essayait de calmer les inquiétudes des absents par quelques lignes si résignées, si affectueuses qu'ils en étaient ravis d'admiration. « Le médecin m'a vu ce matin, écrit-il à sa sœur le 11 janvier ; il trouve que ça va mieux, et moi aussi. Le bon P. Recteur, qui assiste au pansement et me tient compagnie durant les repas, croit de son côté que le mieux s'accentue, mais lentement. Quand je réfléchis à tout ce que le Seigneur a fait pour moi, je ne sais comment exprimer ma reconnaissance. Combien je te sais gré des marques incessantes d'affection que je reçois de Puycheni ! Les sœurs, les frères, les amis que Dieu nous donne ne sont-ils pas comme autant de canaux de cet Océan de bonté ? Parmi les hommes qui ont fortune, santé, jeunesse, je ne pense pas qu'il y en ait beaucoup qui soient plus heureux que je ne le suis en ce moment. J'éprouve une douce consolation dans ces paroles de l'Imitation : « Mon fils, laissez-moi disposer de vous » selon ma volonté ; je sais ce qui vous convient. » Oh ! oui, le soin que vous prenez de moi, ô mon Dieu, est plus grand que tout ce que je pourrais faire moi-même. Je dois donc estimer ce qui m'arrive comme bien préférable à ce que je pourrais désirer naturellement. »

D'après le bulletin de santé qu'il envoyait régulièrement à sa famille, chaque semaine, nous pouvons suivre les progrès de la guérison qui se fit beaucoup plus lentement qu'on ne l'avait cru tout d'abord. Vers le milieu de janvier, on permit au malade de sortir, et sa première visite fut pour les Petites-Sœurs et leurs bons vieillards. « J'ai eu le plaisir, écrit-il le 19 janvier, d'aller cette après-midi à mon ancien asile où j'ai été reçu en ami par la Mère supérieure. Cette promenade, après plus d'un mois de chambre, hâtera ma guérison, mais je ne l'espère pas complète avant cinq semaines. » Les cinq semaines écoulées, le phlegmon n'avait pas encore disparu, et le P. de Plas continua de sortir le bras en écharpe. Il n'était d'ailleurs nullement attristé de voir cette situation se prolonger indéfiniment. « Grâce à Dieu, disait-il, ma vie est suffisamment occupée. Je tâche de meubler ma mémoire des passages de l'Écriture sainte les plus propres à faire du bien aux personnes avec lesquelles je suis en rapport. La main est en voie de guérison, mais rien ne laisse supposer à quelle époque je pourrai en avoir le plein usage. Je tâche de me conformer à la volonté de Dieu, attendant son jour sans me demander quand il viendra. »

La privation de célébrer le saint sacrifice était de toutes les souffrances la plus douloureuse à son cœur affamé d'amour. Au commencement de février, le médecin lui laissa espérer qu'il pourrait dire la messe dans un mois, mais il avait le pressentiment qu'il devrait attendre plus longtemps. « Que faire? se demande-t-il. Faut-il m'en attrister? Mais il est dit : *Servite Domino in lœtitia*, non seulement dans la santé, mais encore dans la maladie. Pourquoi voudrais-je servir mon Maître autrement qu'il le désire? Ne me suffit-il pas, pour être content, de savoir que je suis dans le courant de sa volonté sainte! »

S'il était privé du bonheur de célébrer la messe, il se dédommageait en quelque sorte, en assistant avec dévotion à toutes les messes qu'il pouvait entendre, au Refuge, à Saint-Louis et jusqu'à la chapelle du *Cercle catholique*. Cette consolation même allait lui être enlevée, car il fit, dans la rue d'Aiguillon, le 4 mars, une nouvelle chute qui l'obligea de garder complètement la chambre, ne pouvant se tenir debout sans l'aide du frère infirmier. N'attendant plus rien du côté des hommes, il se tourna du côté du ciel et commença, par déférence pour son supérieur, *la neuvaine de la grâce*, afin d'obtenir, par l'intercession de saint François-Xavier, sa prochaine guérison. Le 12 mars, fin de la neuvaine, il put reprendre la vie commune; mais le médecin désira que, par prudence, il attendît quatre jours encore avant de célébrer la messe.

« Bien cher frère et chères sœurs, écrit-il à Puycheni le 16 mars, réjouissez-vous avec moi; j'ai pu offrir le saint sacrifice, ce matin, à cinq heures et demie. J'avais entrepris une neuvaine à saint François-Xavier, et ma prière a été exaucée. J'ose donc espérer que je pourrai désormais continuer de dire la messe chaque jour. Aidez-moi à rendre grâce à Dieu et au grand apôtre des Indes.

» Je demeure convaincu que cette épreuve, qui a duré trois mois et demi, m'a été très avantageuse, et je répète avec le Roi-prophète : « Il est bon, Seigneur, » que vous m'ayez humilié. » J'ai été tout l'hiver à charge aux autres, ne pouvant ni m'habiller, ni couper mon pain à table; cette vie sans activité n'est-elle pas très propre à nous pénétrer de sentiments d'humilité, et à nous convaincre que nous sommes des serviteurs inutiles?

» Mais, aujourd'hui, je suis surtout comme la femme de l'Évangile qui avait retrouvé la drachme perdue, et je sens le besoin de vous redire : Réjouissez-vous avec moi! »

La convalescence fut rapide, et dès le mois d'avril, le P. de Plas recommença, malgré ses forces diminuées, l'existence qu'il aimait. « Ses pas chancelants, raconte M. Nogues, le portaient d'église en église ; il y priait sans cesse, entendant messe après messe. Souvent, au poids de l'âge s'ajoutait, pour courber davantage sa vénérable tête, le poids d'un irrésistible sommeil. On le voyait lutter pour continuer sa prière, et les gens légers souriaient, mais, endormi, son sommeil semblait prier encore, et on admirait ce saint vieillard qui ne cherchait jamais ni ses aises ni le repos. »

Il avait aussi recommencé toutes ses œuvres extérieures, comme avant sa chute chez les Petites-Sœurs des pauvres. Il s'y livrait avec beaucoup d'ardeur, essayant de réparer par un zèle plus actif tout le temps passé dans un repos involontaire. « J'ai tout à fait repris mes fonctions au *Cercle catholique* des ouvriers, écrit-il le 1er mai ; mais on a nommé un prêtre du diocèse pour me remplacer chez les Petites-Sœurs. Le dimanche, après avoir donné la bénédiction du Très Saint-Sacrement au *Cercle*, j'ai la satisfaction de la recevoir à l'asile des vieillards ; et je profite de cette petite visite pour aller causer avec eux dans leurs salles. » Un jour, la supérieure de la maison lui apprit qu'on venait de faire revivre un ordre du préfet maritime tombé en désuétude, lequel leur enlevait une grande partie de leurs ressources en denrées alimentaires. L'ancien aumônier des Petites-Sœurs se mit aussitôt en campagne pour empêcher l'application d'une mesure si désastreuse, mais il eut le regret de voir ses démarches n'obtenir aucun résultat. « J'ai confiance, cependant, disait-il à la supérieure inquiète de l'avenir, que Dieu y pourvoira en son temps. » Dieu y pourvut, en effet, et les *bons vieux* n'eurent pas trop à souffrir de cette décision de l'administration.

Le P. de Plas eut aussi plusieurs fois l'occasion, nous le savons par son *Journal*, d'exercer le saint ministère à l'asile Eugénie et au dépôt de mendicité. Heureux de pouvoir porter partout quelques paroles de consolation, il parvint même à pénétrer dans la prison maritime de Pontaniou, dépourvue d'aumônier, et où deux cents hommes se trouvaient privés de la messe, le dimanche, et de toute instruction religieuse. Grâce à l'obligeance du commissaire aux hôpitaux et prisons, il fut admis à visiter les détenus dans les salles et à leur parler dans la chapelle. L'œuvre difficile d'abord, à cause du respect humain qui empêchait un grand nombre de prisonniers d'aborder le prêtre, s'était développée peu à peu et promettait une abondante moisson, lorsque surgirent tout à coup des obstacles qui réduisirent à néant les efforts persévérants de l'apôtre et la bonne volonté des prisonniers.

« Mon Révérend Père, lui écrivit le commissaire aux hôpitaux et prisons, — en vous autorisant à visiter les détenus de la prison maritime, dans les salles et dans la chapelle, j'avais cédé au désir de m'associer au bien que vous faites en allant porter à ces malheureux les paroles de consolation dont ils sont privés, par suite de l'impossibilité d'affecter un aumônier à leur service. Mais déjà j'ai eu lieu de reconnaître que cette tolérance est de nature à me créer des embarras, et je me vois dans la nécessité de vous prier de limiter vos visites au parloir, ce qui nous rapprochera davantage des termes du règlement.

» J'ai donné des ordres au surveillant principal, pour que dès votre arrivée on prévienne dans les salles, et qu'on vous amène successivement les hommes qui manifesteront le désir de s'entretenir avec vous. »

Dans un post-scriptum, le commissaire de marine demandait au P. de Plas de vouloir bien renvoyer, comme devenue sans objet, la permission qui lui avait été délivrée par écrit. L'humble aumônier accepta, sans récrimination aucune, la décision de l'autorité, et se contenta de voir au parloir les détenus qui désiraient s'entretenir avec lui. Bientôt même il dut renoncer complètement à cette œuvre des prisons qui lui rappelait de lointains souvenirs : la mission des Pères Jésuites au bagne de Brest, lorsqu'il était aide de camp du ministre en 1848. « Cette après-midi, lisons-nous dans le *Journal* à la date du 26 février, j'ai été à Pontaniou ; mais à peine avais-je vu une dizaine de prisonniers, que le gardien chef est venu m'avertir qu'il y aurait désormais école à l'heure où j'avais l'habitude de venir. »

C'était un congé donné d'une manière peu polie par un subalterne, sans égard pour le respect qu'inspirait à tous l'ancien capitaine de vaisseau. Le P. de Plas ne fit aucune observation et partit aussitôt, offrant à Dieu cette petite humiliation pour la conversion de ses chers prisonniers. De retour à la maison, il trouva une lettre du commissaire aux hôpitaux et prisons, adressée non plus au Révérend Père, comme la précédente, mais bien à Monsieur l'abbé de Plas.

« Monsieur,

« Pour me conformer aux instructions qui m'ont été transmises de la part de M. le vice-amiral, commandant en chef, préfet maritime, j'ai l'honneur de vous faire connaître que M. l'abbé Rio, aumônier de la marine, vient d'être chargé du service religieux à la prison maritime, et que par suite ce service se trouve assuré d'une manière suffisante.

« L'amiral m'a chargé de vous remercier d'avoir bien voulu visiter les détenus, pour leur apporter les consolations de la religion lorsqu'elles leur faisaient défaut; mais il estime que l'aumônier titulaire doit seul être chargé de ce soin, quand la situation le permet, ce qui est le cas maintenant. »

C'était l'époque où le gouvernement, cédant à la pression des radicaux, entrait dans la voie de la persécution ouverte contre le cléricalisme, l'ennemi de la République, comme l'avait déclaré le chef de l'opportunisme. Or, à cette République que l'on qualifiait d'Athénienne, il fallait des fêtes qui justifiassent son titre usurpé. En remontant aux origines de la Révolution, on ne trouva rien de mieux pour une *fête nationale* que le 14 juillet, célèbre par la prise de la Bastille et par le meurtre de deux loyaux serviteurs de la royauté : « Date honteuse, observait le P. de Plas, dont la République veut faire un jour de gloire pour le pays. »

A chaque anniversaire de cette fête odieuse, qui ne rappelle que des idées de destruction et de carnage, le fils de l'ancien émigré ne cesse de flétrir les ignobles saturnales dont le bruit parvient jusqu'à ses oreilles, en même temps qu'il crie vers Dieu merci pour les égarements de la France malheureuse. « La nuit dernière, écrivait-il en 1882, le Saint-Sacrement a été exposé dans la chapelle, et les Petites-Sœurs et les vieillards ont passé de trois à quatre heures en prières. J'y ai passé à peu près le même temps, mais en deux fois, de neuf heures à onze heures du soir, et de trois et demie à cinq et demie du matin, sans en ressentir aucune fatigue. Il pleut à verse par moments et le vent souffle très fort. Cela calmera le délire des multitudes qui, sous l'influence des mauvais sentiments que leur inspirent les meneurs du jour, se réjouissent de tout ce qui attriste les hommes sincèrement religieux, et les gens de bien, amis de l'ordre. »

« On a fêté hier, écrit-il le 14 juillet 1883, par une

salve des bâtiments de la rade, et ce matin, à huit heures, par une nouvelle salve, cette date funèbre, la prise de la Bastille. Et nous sommes en pays chrétien, sur le sol qui a produit les croisés, dans la patrie des grands cœurs, des nobles caractères ! Soyons patients durant ces jours de honte, suscités par un gouvernement impie qui s'appelle République française; et attendons avec une ferme confiance l'effet de la prière des justes qui, grâce à Dieu, sont encore nombreux dans ce pays. Que Dieu nous donne un drapeau, un signe de ralliement, un chef hardi, marchant dans la voie droite, et le mal ne tardera pas à se dissiper ! »

Hélas! le chef légitime sur lequel le P. de Plas aimait à compter, disparaissait un mois plus tard de la scène du monde, emportant dans sa tombe les dernières espérances d'une restauration catholique. Par tradition de famille et par conviction personnelle, François de Plas, nous l'avons vu, était resté dans sa carrière, malgré les fluctuations de la politique et son respect pour le pouvoir de fait, toujours fidèle et dévoué à cette grande figure qui paraissait à ses yeux le seul représentant du principe monarchique et du droit national, comme elle était le type le plus achevé du vrai patriotisme et de l'honneur chrétien. On ne sera donc pas étonné des sentiments exprimés par lui dans son *Journal*, lorsqu'il apprit la maladie, puis la mort du comte de Chambord.

« On dit ce matin, écrit-il le 3 juillet, qu'une dépêche télégraphique annonçait hier le décès du comte de Chambord. S'il est mort, comme on doit l'espérer, en bon chrétien, on peut l'estimer heureux de n'avoir jamais abandonné son droit, ni cherché à le faire prévaloir par des manœuvres indignes ou de lâches concessions. Il me semble que sa vie tout entière plaide éloquemment en faveur du principe dont il était le représentant. » La nouvelle de la mort avait été prématurée, mais des craintes sérieuses d'un dénouement prochain ne semblaient malheureusement que trop fondées. « En ce qui concerne les nouvelles de Frohsdorff, écrit-il à sa sœur le 6 juillet, je me dis que Dieu voit, que Dieu sait, que Dieu avisera. Le comte de Chambord a su honorer la cause dont il était le représentant; il ne s'est jamais souillé par des bassesses et a montré le plus noble caractère. Si cette maladie l'enlève, comme on s'y attend, elle lui épargnera bien des jours de trouble et des difficultés sans nombre, qui seront le partage inévitable de tout homme appelé à gouverner la France. »

On adressait partout au ciel de ferventes prières pour l'auguste malade que beaucoup s'étaient habitués à considérer comme le seul prince capable de sauver notre malheureuse patrie. A Brest, les légitimistes firent célébrer, dans l'église Saint-Louis, une neuvaine de messes pour obtenir la guérison de Henri V. Le P. de Plas y assista, sans le savoir, nous dit-il, mais priant en union avec les pieux fidèles qu'il avait vus rassemblés en grand nombre. « Il semble superflu d'observer ajoute-t-il, que je ne crois aucun homme nécessaire; c'est une vérité dont tout chrétien éclairé doit être parfaitement convaincu. Mais quand un prince se présente, avec la droiture et la franchise qui caractérisent Henri V, en opposition avec le gouvernement impie et honteux de Jules Grévy, Jules Ferry et consorts, n'est-il pas naturel de demander au ciel qu'il le soutienne et lui donne l'honneur et la gloire de triompher de ces ennemis de la société, de ces traîtres à Dieu et à la patrie? »

Quelle ne fut pas la désolation de tous les vrais amis de la France et de l'Église, de ceux même qui ne comptaient pas parmi les partisans du comte de Chambord, lorsque, grâce à la rapidité du télégraphe, retentit le même jour dans toute l'Europe cette douloureuse nouvelle : le Roi est mort ! Le Fils de saint Louis, à la veille de la fête du plus grand de ses ancêtres, était, nous l'espérons, monté au ciel. « On a appris hier, écrit le P. de Plas, le 25 août, la mort de Henri V, et j'ai célébré ce matin la messe pour le repos de son âme. Il n'a pas plu à Dieu d'imposer au comte de Chambord la tâche difficile de gouverner la France. Y a-t-il dans cet événement un motif de voir l'avenir sous des couleurs plus sombres ? Je ne le crois pas. La France, comme tout chrétien, comme tout homme, peut dire en s'adressant à Dieu : *Non potest esse nisi bonum quidquid de me feceris.* Redoublons de confiance et prions pour que les favoris d'une multitude aveuglée soient humiliés, pour que la lumière se fasse chez les hommes de bonne volonté. Il est impossible que ceux qui ont quelque droiture de jugement ne reconnaissent pas bientôt quel tort le pays se fait, en se livrant aux politiques de bas étage, qui mènent aujourd'hui les affaires de la France et la gouvernent si méchamment et si sottement. Je veux espérer contre toute espérance que Dieu daignera enfin nous donner un homme qui retrempera dans la foi une grande partie de la nation. » Le P. de Plas eut le regret de ne pas voir la réalisation de ses espérances ; espérons cependant comme lui, contre toute probabilité humaine, qu'elles ne seront pas trompées.

Au mois de septembre, il eut la consolation de faire, en compagnie de sa sœur Élisa, un pèlerinage d'actions de grâces à Notre-Dame de Lourdes. « Eh bien, oui, lui avait écrit le R. P. Chambellan, alors Provincial, allez avec votre chère sœur remercier la Sainte Vierge, jamais vous ne la remercierez assez. Priez-la en même temps pour notre Compagnie bien-aimée, afin qu'Elle daigne plus que jamais étendre sur nous sa maternelle protection. » Parti de Brest le 24, le P. de Plas put dire la messe le 26, à l'occasion de l'anniversaire de la mort de sa mère, dans la petite chapelle de Puycheni, devant une grande partie de la famille. A son retour de Lourdes, il put aussi offrir le saint sacrifice le 2 octobre, jour anniversaire de la mort de son père. « Après le déjeuner du matin, écrit-il dans son *Journal*, tous les convives se sont rendus à la chapelle où j'ai récité le *De profundis* pour nos chers défunts, et le *Magnificat* pour remercier Dieu d'avoir permis cette réunion de sept frères septuagénaires (1), unis non seulement par le sang, mais par la conformité des sentiments religieux et politiques. »

Deux ans plus tard, les sept frères et sœurs, dont les plus âgés étaient déjà octogénaires, se trouvaient de nouveau réunis, mais pour la dernière fois, dans ce monde. Il s'agissait de bénir une croix élevée à Puycheni, sur une éminence dominant tout le pays, en remplacement de celle qui avait été érigée en 1803, à la naissance de mademoiselle Élisa, l'aînée de la famille. Celle-ci avait eu l'idée de cette touchante cérémonie, destinée à rappeler les bénédictions du ciel sur le vieux manoir. Le P. de Plas, malgré la vive affection qu'il avait conservée pour tous les siens, n'osait accepter une invitation qu'il regardait comme éloignée de l'esprit de la Compagnie ; et volontiers il eût suivi les exemples de détachement donnés par saint Ignace et saint François-Xavier. « En ce qui touche la bénédiction de la croix de Puycheni, écrivit-il à sa sœur, je ne saurais rien décider par moi-même ; mais je soumettrai en toute simplicité la proposition

---

(1) Sous l'expression de *sept frères*, le P. de Plas comprend ses quatre frères et ses deux sœurs.

au R. P. Provincial, bien préparé, autant qu'il dépendra de moi, à voir dans sa décision la volonté de Dieu. »

Le R. P. Chambellan, en autorisant le P. de Plas à remplir le petit ministère qui lui était demandé, ajouta un encouragement pour vaincre la répugnance du bon religieux. « Puisse votre parole, disait-il, faire mieux connaître et mieux aimer le mystère de Jésus crucifié ! » L'humble missionnaire partit donc, bénissant Dieu de cette circonstance providentielle qui, en le rapprochant de sa famille, lui permettait de manifester son vif désir d'exciter les âmes à la pratique de notre sainte religion. « Dieu soit loué ! écrit-il à sa sœur au moment du départ. C'est pour lui témoigner ton amour que tu as voulu faire ériger et bénir une croix à Puycheni; et, comme on ne fait rien pour un si grand Maître, sans en être généreusement récompensé, il permet une réunion de famille tout à fait inattendue, où dans une communauté de pensées et de sentiments, nous lui offrirons tout ce que peuvent donner des cœurs embrasés de reconnaissance et d'amour. »

Le P. de Plas s'arrêta quelques instants à Nantes, où il revit avec plaisir son ami du Couëdic, devenu fervent chrétien après avoir été brillant officier de marine ; puis à Angoulême, où Mgr Sébaux lui accorda gracieusement l'autorisation d'exercer le saint ministère dans le diocèse. Il arriva le 7 juillet au milieu d'une nombreuse assemblée de frères, neveux et petits neveux, qui rappelait par l'union de tous ses membres les familles patriarcales de l'ancien temps.

Le lendemain, après la messe célébrée dans la chapelle du vieux manoir, eut lieu la bénédiction de plusieurs croix, de celle de Puycheni, en particulier, devant une nombreuse assistance de prêtres et de fidèles accourus de tout le voisinage pour témoigner à la famille de Plas par leur présence, leurs sentiments de respectueuse sympathie et d'affectueuse reconnaissance. « C'est un des souvenirs les plus chauds de ma vie, nous écrit un des témoins de cette belle et touchante cérémonie, que cette fête champêtre et religieuse. Je n'oublierai jamais cette grande figure énergique de prêtre vénérable debout sur les marches de la croix, montrant aux siens le chemin du ciel, et donnant cette dernière bénédiction à sa famille agenouillée. »

Avant la bénédiction de la croix qu'on appela *la croix des sept frères*, le P. de Plas, très ému, avait adressé à l'assistance un court discours qui impressionna vivement tous les auditeurs. Comme on lui demandait plus tard de vouloir bien recueillir les paroles qu'il avait prononcées, il répondit : « Impossible de me rappeler ce que j'ai dit au pied de la croix de Puycheni. Jamais je ne réussis à répéter ce que j'ai écrit ; et quand j'ai parlé, je ne me rappelle que confusément la manière dont j'ai formulé ma pensée. » Dans la même lettre, il indique en quelques mots le sujet son discours. « Ce matin, mes Frères, je me
» disais après la sainte messe : que rendrai-je au Sei-
» gneur pour tous les biens qu'il m'a faits ? Ces paroles,
» me semble-t-il, peuvent se redire au pied de cette
» croix qui rallie toute la famille, et rappellera aux gé-
» nérations futures que, grâce à la foi, les frères et
» sœurs assemblés ici ont traversé la vie dans une
» parfaite union. C'est une grande joie, c'est un vrai
» bonheur pour moi d'avoir été appelé à faire cette
» bénédiction, etc., etc. » Du reste, continue-t-il, je ne me rappelle pas ce que j'ai pu ajouter à ces paroles. »

La croix des sept frères devait être, en effet, un témoignage de leur reconnaissance envers Dieu, qui les avait gardés tous jusqu'à un âge si avancé, dignes les uns des autres, dans une union si rare aujourd'hui. « Pour l'inscription de la croix, nous écrit un des neveux du P. de Plas, on avait fait appel à mon humble latinité, comme plus fraîche que celle de la génération précédente. Voulez-vous me permettre de vous la donner ?

†

Hoc salutis nostræ signum,
Communis fidei et fraterni amoris monumentum,
Elisa, annis 82,
Emmanuel, annis 81,
Ludovicus, annis 79,
Augusta, annis 78,
Adalbertus, annis 77,
Franciscus, sacerdos S. J., annis 75,
Augustinus-Ludovicus, annis 71,
Liberi septem Francisci Robinet de Plas et Auroræ de Castelnau de Laloubière, hodie præsentes et Deo gratias agentes, benedicente Francisco, sacerdote Soc. J. uno ex fratribus, die octavo julii 1885,
Erexerunt (1).

†

(1) *Ce signe de notre salut,*
Monument d'une foi commune et d'un fraternel amour,
Fut érigé par
Élisa, âgée de 82 ans,
Emmanuel, âgé de 81 ans,
Louis, âgé de 79 ans,
Augusta, âgée de 78 ans,
Adalbert, âgé de 77 ans,
François, prêtre S. J., âgé de 75 ans,
Augustin-Ludovic, âgé de 74 ans,
Et béni par
François, l'un des frères, prêtre de la Compagnie de Jésus,
En présence des sept enfants de François Robinet de Plas et d'Aurore de Castelnau de Laloubière, rendant grâces à Dieu,
Le 8 juillet 1885.

« Si dans deux cents ans, ajoute M. A. de Plas, quelque révolution n'a pas mis par terre cette croix, nos arrière-petits-enfants se diront que dans ce temps-là leurs ancêtres avaient l'âme bien chevillée. » En ce moment (1890), le plus jeune des six frères et sœurs survivants a soixante-seize ans, et l'aînée quatre-vingt-sept.

De retour à Brest le 18 juillet, le P. de Plas, le cœur plein de reconnaissance, bénissait Dieu de son heureux voyage. « C'est une vraie satisfaction, disait-il, de se retrouver dans sa famille religieuse, même quand la famille du sang nous est très chère. Je vais reprendre mes habitudes, et le bonheur de vivre en communauté remplacera la joie que j'ai goûtée au milieu de mes frères et sœurs. »

Quelques semaines avant le voyage que nous venons de raconter, le P. de Plas avait quitté la rue de la Rampe, où il habitait depuis son départ des Petites-Sœurs, pour occuper un autre appartement dans la rue Foy. « Je viens de visiter, écrit-il le 18 avril 1885, la petite chambre qui m'est destinée. Elle n'offrira pas les agréments de l'ancienne ; mais nous ne devons jamais oublier que nous avons fait vœu de pauvreté et d'obéissance. Il est bon, comme le dit notre règle, de sentir, au moins par moments, les effets du dénuement dans l'habillement, la nourriture ou l'habitation : *In omnibus gratias agere.* » Le 1er mai, il était installé dans la nouvelle maison, où la délicatesse des supérieurs avait réservé au bon vieillard une grande chambre, non loin de la chapelle domestique. « Ce n'est pas une cellule, s'écrie-t-il avec reconnaissance, mais une belle salle avec deux fenêtres sur la rue ; et Notre-Seigneur tout près de moi ! Vraiment il n'est pas pénible de faire vœu de pauvreté, quand on a des Pères qui pourvoient si largement à nous donner mieux que le nécessaire. »

Quand arriva l'époque du *Status*, au mois de septembre, le P. de Plas s'attendait à ne pas rester à Brest, où par sentiment d'humilité, il ne se croyait plus bon à rien. « J'en ai prévenu le R. P. Provincial : *assueta vilescunt*, ou comme disait une dame carliste à Angoulême : *Sa non estamos de modo*, nous ne sommes pas de mode ici. Je n'ai plus ce prestige, cette influence que produit parfois la nouveauté ; et puis on rabâche, à l'âge avancé où je me trouve, et on risque d'ennuyer tout le monde de ses redites. Quoi qu'il en soit, je veux être disposé d'esprit et de cœur à aller où mes supérieurs m'enverront, ou à rester ici avec le désir de m'y montrer bon religieux. » Le R. P. Provincial n'avait nullement songé à priver la communauté de Brest de l'édification de ce saint vieillard, dont les exemples de vertu, répandus comme un parfum dans toute la ville, devaient en quelque sorte l'embaumer de la bonne odeur de Jésus-Christ. « Le *status*, écrit-il, m'assigne le même poste que l'an dernier. Je veux l'accepter comme une fonction nouvelle, et apporter tout le zèle possible à ce qu'on demande de moi. »

Parmi les titres que le *status* lui avait conservés, se trouvait celui d'aumônier du *Cercle catholique*. Dieu continua de bénir son ministère, surtout auprès des ouvriers, et il put écrire à sa sœur, le 2 décembre : « Les bonnes œuvres prospèrent à Brest, et celle des ouvriers, après un temps d'arrêt, s'est augmentée de seize membres. »

Toutefois, le P. de Plas, alors dans sa soixante-dix-septième année, ne se sentait plus capable de remplir cette lourde charge. Les forces physiques ne répondaient pas à l'énergie de la volonté. « Ce soir, écrit-il le 8 mars 1886, il me faudrait assister à la réunion générale mensuelle des sociétaires du *Cercle catholique* ;

mais il m'est impossible de m'y rendre. Dans cette plus ou moins grande dégradation du corps, il est bon de faire acte de conformité à la volonté de Dieu, et de le bénir de ce qu'il nous laisse, plûtôt que de gémir de ce qui s'affaiblit en nous. » Le P. de Plas éprouvait en ce moment une grande faiblesse dans les jambes et de légers étourdissements dans la tête, et il en avertit simplement le supérieur, qui l'invita à ne pas jeûner pendant le carême. « Je dois m'efforcer, écrivit-il dans son *Journal*, de faire, en vue de l'obéissance, cette mortification de ne pas me mortifier. » Ayant recouvré un peu de force au commencement d'avril, il obtint l'autorisation de reprendre le jeûne, disant que sa santé ne pouvait être meilleure et qu'il était inutile de lutter contre la vieillesse.

Cependant, à mesure que l'âge augmentait, les forces diminuaient. Si les facultés de l'âme gardaient toute leur activité, les membres du corps refusaient souvent leur service. Il se sentait, disait-il, « les jambes de coton, » et tombait fréquemment ; ce qui l'exposa maintes et maintes fois à de graves accidents. Il se promenait un jour, avec un autre Père de la résidence, dans les environs du port de commerce. Ils marchaient côte à côte sur une voie de chemin de fer qui n'est garantie par aucune barrière. Absorbés par le sujet de la conversation, ils n'entendirent pas le coup de sifflet qu'un vent violent emportait d'un autre côté. Tout à coup le bruit du train leur fait tourner la tête et la machine se précipite pour les écraser. Brusquement averti, le P. de Plas trébuche et tombe entre les rails ; son compagnon n'eut que le temps de le retirer vivement, en le traînant par terre. « Dites encore, se contenta d'observer, en se relevant, l'aimable vieillard, qu'il n'y a pas une Providence ! » Et il continua tranquillement sa promenade, en racontant quelques-uns de ces traits de Providence, pour lesquels il ne cessait de remercier Dieu.

Cependant, malgré le zèle du P. de Plas et de ses collaborateurs au *Cercle catholique*, cette œuvre subissait une crise bien sensible au cœur de l'aumônier. Au lieu d'augmenter, le nombre des ouvriers diminuait chaque jour. « Il passe sur nous, écrit-il le 20 juillet, comme un vent de tristesse, et, par moments, comme des bancs de brume. La désertion des ouvriers me peine et je crains de n'avoir pas assez fait pour les attacher à l'œuvre. » Ce n'était pas sa faute, mais celle des circonstances : les bons, hélas ! n'ont pas toujours la force de réagir contre l'intimidation de la part des méchants. Il ne négligeait rien pour retenir les ouvriers fidèles. « A la vue de notre petit nombre, raconte un des membres du *Cercle catholique*, souvent il nous disait : « Ayez confiance et persévérez. Le bon Dieu ne regarde pas au nombre pour accomplir ses desseins. Sans doute nous voudrions voir plus d'hommes comprendre le bonheur qu'on éprouve dans l'accomplissement des devoirs du chrétien ; pour vous, du moins, que Dieu a choisis parmi tant d'autres, persévérez dans la bonne voie. Qui sait ce qu'il vous réserve ? N'est-ce pas avec douze hommes simples et inconnus qu'il a fondé son Église ? »

A la fin du mois de juillet, le nombre des ouvriers, membres de l'œuvre, se trouvait réduit au chiffre de vingt-huit personnes, et les dépenses surpassaient beaucoup les ressources. D'après une proposition du président, les dames patronnesses décidèrent d'abandonner, comme trop cher, le local où l'on était établi depuis douze années. « J'aurais voulu, écrit l'humble aumônier, accepter cette décision avec résignation ; mais je crains d'avoir paru trop contrarié. » Bientôt on parla de changements dans les règlements. « Il est question, ajoute-t-il, de modifier tellement le *Cercle catholique des ouvriers* qu'il n'y aura plus de place pour l'aumônier. » Les membres fondateurs furent même convoqués pour examiner si on ne devait pas supprimer les réunions. La discussion paraissait laisser peu d'espoir à ceux qui auraient voulu tenter un dernier effort, et on allait passer au vote sous cette fâcheuse impression, quand le P. de Plas demanda la parole. Il plaida avec tant de chaleur et d'émotion qu'un revirement s'opéra dans les esprits : le *Cercle catholique* était sauvé ! « J'ai plaidé la cause du *Cercle*, se contente-t-il d'écrire dans son *Journal*, me bornant à demander qu'il vive encore un an pour attendre des circonstances plus favorables. Un de ces messieurs ayant offert cinq cents francs, et plusieurs autres des sommes moins considérables, on a pu constater que les dépenses seraient suffisamment couvertes, et la vie de l'œuvre assurée, au moins pour l'année prochaine. »

Un moment, au mois d'août, le P. de Plas, de plus en plus accablé par l'âge, crut qu'il serait relevé de ses fonctions d'aumônier. M. l'abbé Ollivier, protecteur des œuvres du diocèse, lui avait promis un remplaçant pour le service religieux du *Cercle*. Mais ce ne fut qu'au mois de décembre qu'il put annoncer à la réunion des dames patronnesses la nomination de M. l'abbé K***, vicaire de Saint-Louis. Il entrait alors dans sa soixante-dix-huitième année. « Le sentiment de mon insuffisance, disait-il, et la pensée qu'un jeune prêtre réussirait mieux que moi, m'ont amené à provoquer ce changement. » Le 1er janvier 1887, l'ancien aumônier présenta lui-même son remplaçant aux ouvriers, et, le dimanche suivant, il leur dit la messe pour la dernière fois. S'il faut en croire M. Peuer, un de ses amis, le P. de Plas était dans une grande erreur en cessant ses fonctions d'aumônier. « Sa modestie, dit-il, l'empêchait seule de voir qu'il était le principal soutien du *Cercle*; mais l'état de santé du vénérable vieillard força le comité à accepter sa démission. »

Le P. de Plas resta très attaché à l'œuvre ; il était assidu aux séances du comité, dont il continua de faire partie jusqu'à sa mort. « Ceux qui l'ont vu aux réunions, observe M. Nogues, s'expliqueront facilement la grande influence du Révérend Père. Il avait fait abnégation complète de sa personnalité, aimait à se ranger à l'opinion des autres, et renonçait à la sienne avec une facilité, une bonne grâce qui causaient quelque confusion à ceux dont l'avis prévalait. »

CHAPITRE VII

1887

Projets d'apostolat à Rochefort, à Cherbourg ; les retraités de la marine à Brest ; association pour la conversion des pêcheurs ; visites à domicile ; essais de conversion, méthode et résultats. — Correspondance avec des amis ; avec M. de Rocquemaurel, de 1848 à 1878 ; combats et triomphe. — Bonheur de la vie chrétienne et de la vie religieuse. — Entrée d'un ancien aspirant du *Cassini* à la Grande Chartreuse. — Départ de M. Olivieri, lieutenant de vaisseau, pour Solesmes.

En quittant l'aumônerie du *Cercle catholique*, le P. de Plas ne songea pas à se reposer ; mais, dégagé d'un lien qui le retenait à Brest toute l'année, il forma des projets de ministère au loin, à Rochefort, à Cherbourg, etc. Ne se sentant pas d'autre maladie que la vieillesse, il s'écriait avec saint Martin : *Non recuso laborem.* « Il m'est venu à la pensée, ce matin, lisons-nous dans son *Journal*, d'écrire à M. de Bérenger à Cherbourg, et de m'offrir, avec toute la réserve convenable, pour donner une retraite à la conférence de Saint-Vincent de Paul, ou au *Cercle catholique*. Depuis 1862, il me semble avoir réalisé quelques progrès dans la foi et la connaissance de la religion ; pourquoi n'essaierais-je pas de faire bénéficier mes anciens confrères des grâces que j'ai reçues de Dieu? *Misericordias Domini in æternum cantabo.* »

Un autre jour, il rédigea pour M. le curé de Rochefort un brouillon de lettre que nous avons retrouvé dans ses papiers, et qui montre combien son cœur, malgré les glaces de l'âge, était consumé d'ardeur pour le salut des âmes. « Monsieur le curé, disait-il, *tempus resolutionis meæ instat*: avant de partir, il me vient à la pensée de faire mon testament, et de donner comme un legs spirituel à mes anciens compagnons d'armes, qui sont encore en assez grand nombre à Rochefort. Je viens donc vous demander avec simplicité, si vous pensez que je puisse faire quelque bien auprès de ces vieillards retardataires que la curiosité pourrait amener à l'église.

» S'il y avait une retraite à donner aux prisonniers ou aux malades de l'hospice civil, ce serait un prétexte suffisant pour me faire venir à Rochefort. Je ne me présente pas comme prédicateur ou conférencier, mais comme quelqu'un qui désire ramener les égarés dans la bonne voie. Un homme qui a eu le malheur de vivre de la vie du monde, a au moins cet avantage de pouvoir en signaler les mécomptes et la vanité, et de faire ressortir l'immense bonheur que nous offre la vie chrétienne. »

Le Supérieur, qui veillait avec une paternelle sollicitude sur la santé du bon vieillard, ne put qu'admirer ce zèle d'apôtre, sans se prêter à la réalisation des projets qui lui furent soumis. Mais si l'on jugeait imprudent à son âge de s'exposer à des fatigues au-dessus de ses forces, ne pourrait-il pas du moins s'occuper des retraités de la marine, en grand nombre dans tous les ports militaires? Cette pensée, plus acceptable que la première, méritait réflexion ; une circonstance imprévue permit au P. de Plas de faire part de son désir à l'un des curés de Brest. « Suis-je parti avant l'ordre, écrit-il dans son *Journal* ? Ai-je gardé la prudence convenable ? Je l'ignore, mais j'ai senti comme une force irrésistible, qui m'a porté à communiquer à M. le curé des Carmes mon désir de faire des conférences aux retraités. Je lui en ai parlé, non comme d'une demande formelle, mais comme d'une simple pensée soumise à son appréciation. Le P. Supérieur, lui ai-je dit, parait me trouver un peu hardi et ne montre pas grande confiance dans la réussite ; mais je ne parlerais qu'en vue de faire quelque bien à mon auditoire, et non pas *in sublimitate sermonis*. Mon intention, ai-je ajouté, serait de prouver à mes anciens compagnons d'armes que, dans la pratique de la religion, l'on trouve et le bonheur du temps et l'espoir d'une félicité éternelle. » Le projet de conférences aux retraités de la marine, dans une église de la ville, dut être abandonné comme celui de missions hors de Brest.

Aucun obstacle n'était capable de décourager le zèle de l'apôtre. Peut-être des causeries intimes seraient-elles mieux accueillies et produiraient-elles autant de bien ? « Il m'est venu à la pensée, dit-il, de réunir dans une salle quelconque, pour faire connaître la vérité, un certain nombre de personnes d'opinions religieuses et politiques opposées, mais ayant assez de droiture et d'instruction pour discuter loyalement le sujet proposé. Il me semble difficile, si ces réunions avaient lieu, que la vérité ne finit pas par se faire jour. » Mais il laissa bientôt de côté cette idée, la regardant comme impraticable au milieu de l'indifférence de notre société contemporaine.

Un dernier projet, qui lui semblait plus facile à réaliser que les précédents, dut à son tour être abandonné. Nous l'indiquerons cependant, car il nous montrera comment le P. de Plas ne négligea rien pour se rendre utile, dans la mesure de ses forces, au salut du prochain. « Il me vient à la pensée, écrit-il dans son *Journal*, d'organiser une association active pour la conversion des pêcheurs. Chaque membre s'engagerait, en vue de s'avancer dans la vraie charité, à travailler à la conversion de la personne près de laquelle il croirait avoir le plus de chance de réussir. Pour assurer le succès de cette croisade d'un nouveau genre, tous les membres de l'association s'uniraient d'intention dans leurs autres œuvres de piété et de charité. On s'assemblerait de temps en temps pour s'aider mutuellement des lumières d'autrui ; un prêtre pourrait alors réchauffer le zèle des associés, en leur rappelant la parole de saint Jacques : *Scire debet quoniam qui converti fecerit peccatorem ab errore viæ suæ salvabit animam ejus a morte, et operiet multitudinem peccatorum* (1). Quoi de plus encourageant que ces paroles, ajoute-t-il, en songeant à lui-même, pour ceux qui, après de longues années de désordre, sont revenus à la pratique de la religion ! »

Le P. de Plas consacra alors tous ses moments libres dans le courant de la journée à l'apostolat par les visites à domicile. Il l'avait commencé depuis longtemps déjà. « Outre les ouvriers et militaires, disait-il un jour, je vise comme principal objectif mes amis ou connaissances de la marine. » Mais ses occupations et ses ministères ne lui avaient pas permis jusque-là de s'y livrer tout entier. Ce n'est qu'à partir de 1887 qu'il en fit son affaire principale. Le moment nous paraît bien choisi pour jeter un coup d'œil sur les diverses

---

(1) « Sachez que celui qui ramènera un pécheur de la voie où il s'égare, sauvera une âme de la mort et couvrira une multitude de péchés. » *Epist. S. Jac.*, v, 20.

conversions qu'il opéra par ce moyen et dont nous n'avons pu parler encore.

« Il m'est venu la pensée, écrivait-il le 25 mars 1874, d'aller voir quelques vieux officiers en retraite, afin de jeter le filet, s'il y a lieu, et de les amener à la barque de Pierre. Il est désolant de voir à quel degré d'ignorance des choses les plus élémentaires de la religion sont arrivés beaucoup de vieillards. La charité, et j'ose l'espérer, la grâce de Dieu qui l'inspire, me prêtent des paroles plus fermes, plus énergiques, plus propres à produire effet, que si je m'appliquais à tête reposée à composer un plaidoyer en faveur de la religion. Dieu ne m'a pas appelé ici en vain, j'en ai la confiance; il daigne me laisser la santé et le désir de le servir, il saura bien m'en fournir les occasions. Sous l'impulsion de cette idée, j'ai été cet après-midi, après en avoir demandé l'autorisation au R. P. Recteur qui me l'a accordée en disant : « Oui, vous pouvez aller à la pêche; » j'ai été, dis-je, visiter le commandant V*** et le contre-amiral B***. Je n'ai vu que ce dernier ; mais demain, au plus tard, je me propose de faire d'autres tentatives.

» C'est là, ajoutait-il dans son style marin, une *pêche à la ligne* qui n'offre pas les joies que dut donner aux Apôtres la pêche miraculeuse; mais n'est-ce pas quelque chose, que Dieu daigne nous employer à prévenir nos frères égarés qu'ils sont invités aux noces de son Fils, et qu'ils n'ont d'autres frais à faire que de s'y présenter avec la robe nuptiale? »

Les tentatives de conversion, souvent renouvelées, réussirent d'abord au-delà de ses espérances. « Dieu a permis, disait-il, que je fusse, en apparence, la voix qui devait faire pénétrer la vérité dans l'âme de trois officiers supérieurs en retraite : F***, de R***, et T***; mais combien en est-il d'autres que je pourrais avec quelques efforts et la grâce de Dieu remettre dans la voie droite ! »

Parmi les renseignements que nous avons recueillis pour cette histoire, se trouve le récit de quelques conversions opérées par les soins du P. de Plas. « J'ai particulièrement connu, nous dit un des membres du *Cercle catholique* à Brest, un vieux matelot qui, après avoir refusé tout secours religieux, se mit à pleurer à chaudes larmes, à la vue de l'aumônier qu'il vénérait comme un saint, et mourut, après s'être réconcilié avec Dieu, dans les plus édifiants sentiments de foi et de piété. »

« M. J***, officier de marine en retraite, nous écrit un ancien capitaine de vaisseau, était depuis longtemps souffrant, lorsque, dans les premiers mois de 1883, le docteur Cras, qui le soignait, jugea que la maladie aurait à bref délai un dénouement fatal. Le curé des Carmes, appelé par madame J***, vint voir le malade et causer longtemps avec lui. Il le trouva dans de bons sentiments ; mais le vieux marin ne pratiquait pas, et le point essentiel de la confession n'avait pas été abordé.

» Cependant le malade dépérissait à vue d'œil, et madame J*** craignait qu'une crise ne l'emportât avant qu'il se fût réconcilié avec Dieu. Un matin, elle me fit appeler près de son mari que je trouvai à la dernière extrémité, et elle me pria d'aller chercher un prêtre qui pût, par son caractère, exercer sur le mourant une influence décisive. Elle avait pensé au P. de Plas que j'allai trouver immédiatement.

» Le Révérend Père connaissait J***, mais n'était jamais allé le voir. Préoccupé de l'accueil que le malade lui ferait, j'en parlai au P. de Plas qui me répondit avec une grande simplicité : « Ne vous inquiétez pas
» de moi. S'il me reçoit mal, je retournerai dans un
» meilleur moment. Ma personne n'est rien ; il s'agit

» d'une âme à sauver. » Dans la matinée, il vit le malade, qui l'accueillit avec reconnaissance, mais il n'eut que le temps de le préparer à bien mourir. »

« Le bon P. de Plas, nous raconte le Père de Cacqueray, ancien recteur du collège de Brest, visitait presque chaque jour, en 1874, un commandant en retraite qui avait autrefois servi sous ses ordres. Il essaya longtemps, mais en vain, de ramener cette pauvre âme à la religion. Un jour enfin, le bon Père entre chez moi tout joyeux ; il venait de réconcilier ce pécheur avec Dieu. « En arrivant près de la porte, me dit-il, je me
» suis mis à genoux, et j'ai demandé à la Sainte Vierge
» de ne pas permettre que cette visite restât inutile ;
» j'ai été exaucé. »

Deux ans après, le même Père recteur écrivait le 29 juin au P. de Plas, alors absent de Brest pour quelques jours : « Je suis heureux de pouvoir vous envoyer une bonne nouvelle. L'amiral R*** s'est confessé, et demain, vendredi, il fera la sainte communion. Comment cela s'est-il fait ? Le doigt de Dieu est là. Je vous raconterai, à votre retour, comment le bon Dieu a tout conduit admirablement ; comment un autre a recueilli la moisson qui vous avait coûté tant de sollicitude et de prières : *Sic vos non vobis...* »

Dans le *Journal privé*, nous trouvons indiqués en quelques mots les moyens dont le P. de Plas se servait pour opérer peu à peu la conversion des vieux marins qu'il visitait. « Dieu, disait-il, nous a le premier témoigné son amour. Eh bien ! cette conduite de Dieu envers nous, nous devons l'imiter dans nos rapports avec le prochain. Si nous voulons faire quelque bien à nos frères momentanément éloignés de Dieu, il faut nous efforcer de gagner leur affection. Il faut leur parler d'eux-mêmes, de ce qui les touche et surtout leur laisser la parole.

» Vous pouvez beaucoup contribuer, écrivait-il à un ami, par votre caractère sympathique à ramener au bercail les brebis égarées. Il faut avoir quelqu'un en vue et l'attaquer vigoureusement, en priant pour lui et en le gagnant par quelques prévenances. C'est probablement ce que vous faites, et ma réflexion a surtout pour but de vous inviter à la persévérance. »

A ces indications du P. de Plas, nous ajouterons les documents qu'on a bien voulu nous communiquer, et nous connaîtrons ainsi complètement sa méthode d'apostolat. Son zèle pour la conversion des anciens marins, nous dit-on, n'avait point de bornes ; il aurait voulu faire partager à tous le bonheur qui inondait son âme ; et comme cette paix intérieure n'est que le fruit d'une conscience tranquille, c'est vers la confession qu'il dirigeait tous ses efforts. Toutefois sa manière de procéder n'était pas la même pour tous ; il savait la modeler selon les personnes et selon les circonstances. Il abordait avec une grande réserve les vieux matelots qui manquaient d'instruction, et essayait par mille prévenances de gagner peu à peu leur confiance ; quels que fussent leurs faux-fuyants, ils ne le trouvaient jamais que patient et discret. Mais, quant à ses anciens amis, il gardait moins de ménagements. En vain s'entouraient-ils de spécieux prétextes comme autant d'ouvrages avancés. Après leur avoir conseillé la lecture du traité de la *Vieillesse* de Cicéron qu'il goûtait beaucoup, il attaquait résolument la place elle-même. Il ne ménageait ni son temps ni ses peines et ne songeait jamais à lever le siège, quelle que fût la longueur de la résistance. Si l'attaque était vive, la défense parut souvent désespérée, et non sans blessures de part et d'autre ; mais le P. de Plas aurait cru manquer à tous ses devoirs de prêtre et d'apôtre si, par complaisance, il eût trop tardé à exiger la pratique des devoirs religieux.

La conversion des âmes est une œuvre difficile qui résiste souvent à toute l'ardeur de la charité, à toutes les industries du zèle. Cependant Dieu veut le salut de ces âmes, mais il ne veut l'accorder qu'à la prière, à la persévérance dans la prière. Le P. de Plas l'avait bien compris; aussi, après avoir fait tous ses efforts, n'attendait-il le succès que de Dieu. « Et maintenant, quelle n'est pas ma douleur, s'écriait-il un jour, ma désolation de ne pouvoir faire arriver la lumière de la foi, même une faible lueur, dans l'âme d'hommes que j'ai connus, qui vivaient avec une certaine honnêteté, et qui s'avancent vers la mort, sans se douter du juge devant lequel ils vont paraître... Mon Dieu, donnez-moi une foi communicative; donnez-moi de vous faire aimer et de sauver quelque âme! » Puis il ajoutait en faisant un retour sur lui-même : « Prier avec persévérance, sans me décourager du peu de succès de mes efforts. Me rappeler que, vers 1837, le P. de Saint-Angel échoua dans le désir de ma conversion; que Marceau, huit ans plus tard, me fit avancer sans m'amener à la pratique... »

Après ces considérations générales sur l'apostolat du P. de Plas auprès des vieux marins, il ne sera pas sans intérêt d'ajouter aux faits déjà connus quelques autres résultats de ce ministère que l'ancien commandant appelait d'une manière si pittoresque : *la pêche à la ligne*. Nous ne ferons que citer dans sa concision le *Journal privé;* car le P. de Plas se contentait ordinairement d'une simple indication, seulement pour ne pas perdre le souvenir d'une grâce reçue de Dieu.

« *4 janvier 1875.* — J'ai été au *Cercle catholique*. A mon retour, j'ai entendu la confession d'un matelot qui ne s'était pas approché des sacrements depuis quinze ans. Je lui ai rappelé cette parole du Sauveur :

« Qu'il y aura plus de joie au ciel pour un pécheur qui
» se convertit que pour quatre-vingt-dix-neuf justes
» qui n'ont pas besoin de pénitence. »

» *17 juillet.* — J'ai dit la messe, ce matin, pour le repos de l'âme du commandant Fl***, décédé l'an dernier le 18 juillet. Une des grandes grâces que Dieu m'a faites a été certainement le retour à Dieu de ce vieil officier, homme droit et juste selon le monde, mais qui ne pratiquait pas. Au milieu de ses horribles souffrances (un cancer lui rongeait la bouche), sa conversion lui avait apporté une grande consolation. Il me répéta souvent : « Je ne voudrais pas, au prix de ma
» foi, être guéri de l'affreux cancer qui ne me laisse
» de trêve ni jour ni nuit. »

» *3 juillet 1880.* — Le P. Le Sauce m'a appelé hier pour voir chez lui le docteur Q***, ancien chirurgien en chef de l'escadre de la Méditerranée. Je l'ai embrassé cordialement et il m'a dit de suite : « Eh bien !
» j'ai tenu ma promesse. C'est fait. » Il venait de se confesser. Cette nouvelle m'a causé une grande joie. Il y a quinze ans environ que j'avais entrepris de ramener cette âme droite à Jésus-Christ.

» *30 mai 1884.* — On m'a invité, il y a trois ou quatre jours, à visiter un vieillard de quatre-vingt-six ans, que j'avais vainement cherché à ramener à la religion. Il était malade et son état inspirait de graves inquiétudes. Je ne savais comment aborder avec lui le sujet important. La première entrevue ne m'a pas donné assez de confiance pour parler nettement des devoirs du chrétien ; mais, à une seconde visite, j'ai été plus heureux, et mes paroles ont été bien accueillies. Le curé des Carmes, appelé près du malade, a pu le confesser, ç'a été pour moi une source de grande joie.

» *25 janvier 1887.* — Visite à un vieux matelot à peu près aveugle, cloué sur un lit de douleurs, et n'ayant pour le soigner qu'une jeune fille sourde et paraissant peu intelligente. Je bénis Dieu de me laisser la force de monter jusqu'au quatrième étage. Me dire quand je ne puis voir les malades qu'au prix de beaucoup de fatigue: Il vaut encore mieux visiter que d'être visité. »

Le zèle du P. de Plas pour ramener les âmes à Dieu ne se bornait pas à quelques visites. Quand il s'apercevait que sa parole n'avait pas été assez persuasive, il avait recours à de petits billets dans lesquels il mettait tout son cœur. Si le retardataire ne se rendait pas encore, il pressait, selon le conseil de l'Apôtre, *opportune, importune*, sans jamais perdre patience. « J'ai projeté d'écrire, lisons-nous dans son *Journal*, le 22 septembre 1887, à quelques égarés qui ne paraissent pas me recevoir avec plaisir, en leur exprimant mes regrets de ne pouvoir leur procurer cette paix de l'âme, cet adoucissement aux chagrins de la vie que la foi seule peut donner. »

Le 23, il écrivit à l'amiral L***, pour l'exciter à la foi et lui donner quelques avis qui devaient faciliter son retour. Dès le lendemain, il reçut la visite de l'officier général. « Je crois, écrit-il, que ma lettre, inspirée par nos bons anges, a porté quelque fruit. Oh! combien je voudrais utiliser ma vie pour le salut du prochain ! »

Parmi ces vieux marins, vrais loups de mer, quelques-uns mordaient difficilement à l'hameçon ; le patient pêcheur, de son côté, ne se décourageait pas, sachant par expérience qu'il fallait attendre le moment favorable. Un de ses anciens camarades de collège étant venu s'établir près de Brest, le P. de Plas s'était empressé d'aller le voir, mais sans pouvoir le rencontrer. « Mon cher de Plas, lui écrivit son ami, quand j'ai trouvé ta carte, il y a quelques jours, j'ai bien regretté de ne t'avoir pas vu. Plus j'avance, moins j'oublie mes anciennes et affectueuses relations. Quand tu pourras revenir, sois sûr de me faire plaisir. — Je n'irai pourtant pas moi-même te voir. Ton entourage ne m'est pas sympathique... Chacun fait ce qu'il peut ; Dieu nous jugera sur nos actes. J'espère pour toi comme pour moi ; nous sommes tous deux sincères et honnêtes. »

Le P. de Plas retourna plusieurs fois visiter son ami et lui parler sérieusement ; mais il trouva un homme si ignorant de toutes les choses religieuses qu'il dut se résigner à l'éclairer peu à peu. Un jour qu'il ne l'avait pas rencontré, il en reçut le billet suivant qui nous montre que la conversion n'avançait pas rapidement :

« Mon bon vieux camarade,

» En rentrant, j'apprends qu'en mon absence tu es venu ici. Nous nous voyons rarement, et je regrette d'autant plus vivement de t'avoir manqué. Tu étais, tu es un bon et digne garçon ; je te conserve une sincère affection et suis sensible aux marques de la tienne, quoique nous servions Dieu d'une manière différente. Pendant que je regarde tous les hommes comme frères et parfaitement égaux devant Dieu, tu as embrassé les principes d'un clergé qui se dit envoyé de Dieu et tend à la domination universelle, comme ont fait les clergés de tous les temps et de toutes les religions. C'est une lutte qui menace de durer encore, mais en diminuant d'intensité, et qui finira, je l'espère, si Dieu veut que les hommes arrivent quelque jour à la paix, au bonheur, à la vertu.

» En attendant, je pense que tous les hommes de bon cœur et de bonne foi sont également estimables, quelles que soient leurs opinions. A ce titre, crois à toute ma sympathie, et quand tes obligations te permettront de venir me voir, sois sûr que tu me feras grand plaisir. »

A quelque temps de là, le P. de Plas apprit qu'un autre de ses anciens camarades de collège était tombé gravement malade. Il s'empressa d'aller le voir. « J'ai été, hier, par le chemin de fer à C***, écrit-il dans son *Journal*, et je suis revenu à pied, sans avoir été reçu par X***, à cause de ma soutane et plus encore de mon titre de Jésuite. Je n'en suis pas moins aise d'avoir fait cette course, et je lui écris aujourd'hui que je ne me sens nullement blessé de son procédé. J'y joins quelques réflexions qui peuvent lui donner à penser qu'il n'est pas dans la bonne voie et qu'il est toujours temps de reprendre le droit chemin. »

Tant de patience et de bonté touchèrent le cœur du malade. Il en fut ému jusqu'aux larmes et fit appeler son vieux camarade, qui eut la joie de le réconcilier avec Dieu. *Quid retribuam?* s'écriait le P. de Plas à cette occasion. Et il ajoutait : « Poursuivre avec ardeur la pensée de ramener quelques égarés à la vérité; ne pas me décourager des résistances, voire même des rebuffades : *Pati et contemni pro te*. La cause que je sers est trop belle, trop utile pour s'en laisser détourner par des difficultés de quelque nature qu'elles soient. »

Malgré tous ses efforts, toutes ses industries, le P. de Plas ne réussissait pas toujours dans ses saintes et hardies entreprises. Un de ses camarades d'Angoulème, parvenu aux plus hautes dignités, lui avait dit jadis : « Quand tu seras curé, je me confesserai à toi » ; mais il n'avait pas affirmé que ce serait de suite, et il ne se rendait pas. « C'est ma faute, disait l'humble religieux, l'amiral ne peut voir en moi que l'ancien capitaine de vaisseau. »

Cet apostolat par correspondance, auquel le P. de Plas eut recours dans les circonstances que nous venons d'indiquer, il le pratiquait depuis de longues années, même avant son entrée en religion, auprès de ses amis éloignés de Dieu. Nous avons déjà eu l'occasion de citer, dans cette histoire, plusieurs lettres, qui lui furent adressées pour répondre à ses pressantes avances ; il nous en reste encore un grand nombre entre les mains, mais nous ne pouvons nous en servir qu'avec une extrême réserve et discrétion, dans la mesure utile pour édifier le lecteur, sans révéler le secret d'une correspondance intime qui n'était pas destinée à la publicité.

« Mon cher de Plas, lui écrivait M. L***, le 3 mars 1864. Depuis de longues années, fatigué de chercher dans le rationalisme la solution des questions morales, religieuses et sociales, qui se posent à l'esprit de tout homme un peu sérieux, j'ai compris que le seul refuge assuré contre les tempêtes qui surgissent menaçantes devant nous était la foi, et que cette foi elle-même ne pouvait exister que dans l'unité catholique. Mais, mon cher ami, pour dégager le terrain de toutes les plantes parasites qui l'obstruaient, il m'a fallu combattre bien des objections, déraciner bien des préjugés ; et, jusqu'ici, pensant que je ne porterais pas d'une main assez ferme le drapeau de la foi, je n'ai point encore osé le déployer.

» J'ai eu, jadis, des idées et des aspirations peu en harmonie avec mes convictions actuelles. Dans la discussion que j'aime, je sens que je puis encore me laisser entraîner à des concessions que la foi repousse, ou à des exagérations dépassant les limites imposées par l'obéissance. Dans cette situation, serait-il prudent d'accomplir un acte auquel ma raison me convie, dont elle comprend le bienfait pour l'avoir déjà tenté imparfaitement, mais auquel ne s'associeraient pas encore assez complètement mes convictions intimes, pour en faire le préliminaire d'un autre acte plus important?

» Maintenant, vous voyez l'état de mon esprit. Je vous remercie de votre bonne lettre ; je vous suis reconnaissant de l'intention qui vous l'a inspirée. J'envie le bonheur de ceux qui, comme vous, marchent d'un pas ferme dans la seule voie que j'estime bonne et sensée ; j'espère vous y suivre prochainement, mais, aujourd'hui, mes pas n'y seraient point assez assurés, et j'ai besoin d'un peu plus de temps pour les affermir. »

D'après cette lettre, on le voit, le zèle prudent de l'apôtre savait se faire tout à tous ; mais parfois ses amis se plaisaient à rendre hommage à sa bonne volonté, tout en refusant de céder à ses pressantes sollicitations. « Au point de vue de la religion, lui écrivait en 1884 un officier général, qu'il estimait beaucoup comme homme et comme marin, je suis toujours à peu près dans la même situation. Je ne nie rien, mais je doute encore. Je vais à la messe ; je demande souvent, très souvent à Dieu de m'éclairer. Je vois, je connais des hommes que leur croyance rend heureux ; je voudrais avoir comme eux une foi entière. Je ne l'ai pas encore, mais je ne résiste pas. Il est probable que je finirai par croire, et, en vérité, j'en serais très heureux. »

Rarement la conversion complète était le résultat d'une première attaque ; il fallait revenir sans cesse à la charge, et ce n'est quelquefois qu'après de longues années qu'on consentait enfin à s'avouer vaincu. Mais l'humble apôtre ne se décourageait jamais; il avait d'autant plus de mérites devant Dieu, qu'il éprouvait de la part des hommes moins de consolations.

M. de Rocquemaurel fut, pendant une trentaine d'années, de 1848 à 1878, l'objet des préoccupations constantes de François de Plas. Nous avons dit, dans le cours de cette histoire, comment les deux officiers, après s'être liés d'amitié au ministère de la marine et après avoir fait ensemble la campagne des mers de Chine, aimaient à renouer leurs anciennes relations chaque fois que l'occasion s'en présentait. A peine s'étaient-ils connus, que de Plas, nouvellement converti, entreprit de conquérir à la foi un homme que ses qualités naturelles rendaient digne de la plus haute estime; mais ses constants efforts, dont nous allons continuer de suivre la trace, ne furent couronnés de succès que quelques mois avant la mort du commandant.

« Mon cher ami, écrivait M. de Rocquemaurel, le 2 février 1877, vous avez bien compris qu'en fait de conscience je gardais toujours une indépendance qui n'a rien d'incompatible avec une soumission respectueuse aux saines doctrines. Loin de moi la folle et inepte théorie de la libre pensée. Le cercle très étroit de ma parenté et de quelques amis intimes me fournirait d'ailleurs, au besoin, tous les sujets d'édification utiles et nécessaires, pour me diriger et maintenir dans la bonne voie *usque ad finem*. Vous voyez par là, cher ami, que vous ne devez avoir sur ce point aucune préoccupation. »

Cette lettre, si digne au point de vue de l'honneur naturelle, n'était-elle point comme une excuse de ne pas répondre aux avances du P. de Plas, qui essayait en vain d'amener son ami à la pratique de la religion.

« Mon cher commandant, lui avait-il écrit, j'avais un grand désir de répondre à votre lettre de l'an dernier et de vous faire remarquer que vous glissiez sur la partie principale de ma missive, où je vous exprimais et mes vœux et mes bons souhaits pour le temps et pour l'*éternité* ; car vous m'avez remercié affectueusement de l'intérêt que je porte à la vie du temps, et nullement de l'ardent et vif désir que j'ai de vous savoir franchement chrétien. »

Cette tactique de se tenir sur la réserve avait été habilement employée par M. de Rocquemaurel, dès qu'il s'était aperçu du dessein apostolique de son ami. « Je suis profondément touché, lui avait-il écrit en 1850, de cette bonne pensée que vous avez pour moi, et pour ce qui m'est le plus intime. Avant de vous en remercier, j'ai voulu lire un chapitre de ce livre que vous voulez bien offrir à mes méditations (1). J'ai commencé par l'âme dont j'ai vu la définition…. Je suis heureux de penser que cette âme réunit en moi plus d'une corde qui vibre à l'unisson des vôtres ; mais je sens combien il s'en faut encore pour qu'elle s'élève à cette parfaite harmonie dont vous jouissez. Quoi qu'il en soit, mon ami, votre bienfait ne sera pas perdu, puisque j'en comprends tout le prix. Ma seule faiblesse m'empêche encore de vous suivre dans une voie que votre exemple me rendrait si attrayante. »

Quand le commandant de Rocquemaurel eut pris sa retraite, Mgr Desprez, dans le diocèse duquel il habi-
t: joignit ses instances et ses industries à celles de
ois de Plas pour gagner cette âme à Dieu. « J'ai
iencé avec le bon M. de Rocquemaurel, écrit
andeur le 4 février 1863, de plus fréquentes rela-
. Dimanche soir, il était dans mon salon, et nous

(1) Probablement les *Études philosophiques sur le Christianisme*.

avons parlé de vous. Il m'a bien recommandé de le rappeler à votre souvenir. Je crois que nous ne tarderons pas à l'amener à la pratique, et elle sera fervente, dès qu'il aura fait le premier pas.

» On raconte ici des choses bien touchantes des sentiments qu'il n'a cessé de montrer pour sa mère. Il lui envoyait des réserves faites sur son traitement, mais il les faisait passer par une sienne parente, amie de cœur de la vieille mère. Cette parente a si bien partagé ces secours, qu'en prenant sa retraite, M. de Rocquemaurel a été fort étonné de recevoir le surplus de ce qui n'avait pas été employé pour sa mère, et la somme était assez ronde. Quelle touchante délicatesse d'une mère envers son fils ! »

« Il serait difficile, écrit de nouveau Mgr Desprez, le 26 avril 1866, de vous dire où nous en sommes avec le commandant de Rocquemaurel, sur la grave question que vous savez. Je n'ai pas encore pu l'aborder de front. Je sais seulement de son curé, lorsqu'il est à la campagne, que nous gagnons beaucoup de terrain, et que le pas décisif ne paraît point devoir tarder. »

Cet espoir d'une prompte conversion ne devait pas, hélas ! se réaliser. Ce n'est que douze années plus tard, en 1878, que Mgr Desprez put enfin annoncer dans toute la joie de son âme de bon pasteur le retour de la brebis égarée. « Mon cher commandant, écrivit-il au P. de Plas, le 17 janvier. — Vous avez dû être étonné que ma dernière lettre ne vous dît pas un mot de M. de Rocquemaurel ; je le croyais à la campagne. Le curé de sa villa vint me voir il y a quelques jours ; et comme je lui demandais des nouvelles de son paroissien, il me répondit qu'il était en ville et tout à fait revenu à Dieu. Hier, j'allai voir ce cher malade. Sa première parole a été de me dire, avec un bonheur que je renonce à décrire, qu'il s'était mis en règle avec Dieu et l'Église.

Il y a quelques semaines, comme il pouvait encore marcher, il alla spontanément trouver son curé, et, après les entretiens nécessaires, il communia le lendemain. Depuis, il ne sort plus ; les pieds sont enflés. C'est la fin qui se prépare ; elle est encore éloignée, selon toutes les apparences, mais, comme il l'a répété : *Il est prêt.* Sur la cheminée, j'ai vu des livres de piété. Pour moi, je suis très content de son langage. Le retour est complet... »

Trois mois après, le commandant de Rocquemaurel mourait entouré de tous les secours de la religion, et le P. de Plas, dans un article qui fut remarqué, se plut à rendre un éclatant hommage à la mémoire de son ami. « Nature d'élite, disait-il, dont l'existence avait été remplie de deux sentiments qui, après l'amour de Dieu, élèvent le plus le cœur de l'homme sur la terre : la piété filiale et l'honneur du pays. »

Les quelques exemples que nous venons de citer suffisent à montrer le zèle actif et persévérant du P. de Plas auprès de ses anciens compagnons d'armes. Ce zèle, il l'exerça non seulement pour ramener à la foi les égarés, mais aussi pour exciter au bien ceux qui, comme lui, avaient le bonheur de porter le joug du Seigneur.

« Je vous serai très obligé, disait-il à un ancien camarade, de m'écrire de temps à autre, quand vous le pourrez. Je ne pense pas que Dieu mette les hommes en rapport sans quelque vue, et je puis dire qu'il n'est pas un ami qui ne m'ait fait du bien et encouragé à marcher vers le mieux. » Nous pourrions puiser à pleines mains dans la correspondance mise libéralement à notre disposition par un officier supérieur qui, depuis 1866 jusqu'en 1888, ne cessa d'être en rapports intimes avec le commandant, puis Père de Plas, mais laissons-le nous dire lui-même en quelques mots quels puissants secours il trouva toujours dans le commerce épistolaire avec son saint ami. « Même après son entrée dans la vie religieuse, nous écrit-il, le bon Père avait voulu que notre correspondance ne cessât pas. Il tenait essentiellement à suivre les péripéties de ma carrière, à prendre sa part de mes joies de famille, surtout à apporter la consolation, quand l'épreuve venait nous visiter. Il aimait à redire alors les paroles du grand Apôtre : *Diligentibus Deum omnia cooperantur in bonum.* — Comme il aimait Dieu, lui ! »

Comme il appréciait surtout le don de la foi et le bonheur d'être chrétien ! « Je réfléchis souvent, écrivait-il le 18 juin 1868 au commandant M***, aux avantages que nous donne la foi, même pour la vie présente, et je reconnais avec saint Paul que la piété a non seulement les promesses de la vie future, mais qu'elle assure encore le bonheur dans la limite du possible sur cette terre. Qui donc goûte mieux le charme de l'amitié et les joies de la famille que le vrai chrétien ? Qui peut avoir comme l'homme religieux une foi complète dans les sentiments de réciprocité de ceux qu'il aime ? L'homme irrégulier dans sa conduite, inconstant dans ses affections, peut-il croire trouver de bons amis ? Cela serait imprudent de sa part ; or, quoi de plus doux que de s'appuyer sur l'amitié et l'affection chrétiennement, pour cheminer dans la vie ! Quel bonheur de penser qu'on serait au besoin soutenu et aidé par ses compagnons de voyage, ne fût-ce que par amour de Dieu ? Mais l'amour de Dieu ne va pas sans l'amour du prochain... »

S'il estimait à un si haut prix le bonheur de la vie chrétienne, combien plus ne devait-il pas apprécier les délices de la vie religieuse ! De Plas venait à peine d'entrer au noviciat de la Compagnie de Jésus, lorsqu'il écrivit à M. M*** : « Oh ! comme il est bon de se donner à Dieu, cher ami ; comme nous sommes largement indemnisés de ce qui semble aux mondains un grand sacrifice ! Quelle différence entre les pensées qui occupent l'esprit d'un religieux et celles qui troublent et agitent dans la vie du monde. Tout ce que je lis me charme et porte un cachet de vérité qui inonde l'âme de satisfactions douces, et la place comme en vue de l'aurore des collines éternelles. Ici, une seule pensée nous occupe : travailler à notre propre perfection et au bien du prochain dans la mesure où nos supérieurs, qui pour nous représentent la volonté divine, le jugeront praticable, en cherchant avant tout la plus grande gloire de Dieu.

» C'est ici qu'on sent vraiment combien le joug du Seigneur est doux, et combien il est beau de travailler à panser les blessures d'une société malade, au lieu de contribuer à les agrandir. Sans doute il faut des armées de terre et de mer, et c'est là peut-être où l'on trouve le plus de dévouement et de cœur. Mais n'a-t-on pas fait abus de ce qui ne devait être destiné qu'à sauvegarder les frontières du pays, qu'à assurer le travail des laboureurs et le trafic des commerçants ? »

Plus François avance dans la vie religieuse, plus il goûte combien le Seigneur est bon, et il éprouve le désir de faire part de sa joie à son ami. « Je n'ai pas besoin de vous dire que le bon Dieu m'a donné bien plus qu'il ne m'avait promis, et que je suis aussi heureux qu'on peut l'être sur cette terre, vivant dans l'exemption des soucis de toute nature, qui sont le partage de tout homme du monde, ne m'occupant même pas de la *cuisine politique*, qui n'est pas agréable à voir faire, quand on peut soupçonner les *cuisiniers* d'être des empoisonneurs par maladresse ou mauvais instinct.

» Ici nous ne sommes occupés que de nos rapports

avec Dieu ; nous ne cherchons qu'à nous instruire et à nous éclairer pour pouvoir, s'il plaît à Dieu, instruire et éclairer nos frères. L'autorité religieuse n'a rien de cette rudesse qu'on rencontre parfois dans la vie militaire ou maritime, voire même dans les administrations. Tout est simple, doux, sensé : même règle, même vêtement, même nourriture pour tous les hôtes de la maison ; aucune occasion de jalousie, aucun motif de haine ; pas de conversations oiseuses ; lectures intéressantes durant les repas, travail sans excès, etc. Si les sages du monde connaissaient les biens que Dieu donne dans la religion, nos maisons seraient vite remplies, ou bien leur sagesse serait folie. »

Ces sentiments d'allégresse au service de Dieu dans la vie religieuse ne le quittèrent pas un seul instant jusqu'au moment de sa mort, comme nous aurons occasion de le dire bientôt. Nous ne pouvons citer toutes les lettres où il les exprime, et il est difficile de choisir. « Pour ce qui me touche, écrit-il le 15 janvier 1878, je puis dire que l'état religieux me donne non pas cent, mais mille et dix mille fois plus que je n'ai quitté, bien que j'aime beaucoup ma famille et la campagne où j'aurais probablement terminé mes jours. Ma santé est aussi bonne qu'on peut le souhaiter à soixante-huit ans, et les petites occupations que j'ai ici entretiennent la vie de l'âme sans fatigue pour le corps ou l'esprit.

» Je comprends, dit-il encore à M. M*** le 9 janvier 1883, votre désir de consacrer au moins un de vos enfants à Dieu, mais vous serez, j'en suis sûr, assez prudent pour laisser à l'Esprit-Saint le jour et l'heure. Ils savent, ces chers enfants, combien vous appréciez le dévouement et le sacrifice ; cela suffira, vous pouvez l'espérer, pour porter l'un d'eux à embrasser l'état religieux. Dites-leur que votre vieil ami s'est trouvé plus heureux mille fois dans la vie religieuse qu'il ne l'eût été avec le sénat et le bâton de maréchal. Dites-leur que plus on progresse dans l'amour de Dieu, plus on est utile à sa famille et à son pays, plus on approche du bonheur possible sur cette terre d'exil. »

Ce bonheur qu'il éprouvait dans la vie religieuse, il aurait désiré le faire partager à tous ceux qu'il aimait. Aussi quelle n'était pas sa joie, lorsqu'il apprenait qu'un officier de marine avait tout quitté pour mieux servir Dieu. « Je suis heureux, écrit-il un jour, de savoir que ce bon de Gaulejac (un ancien aspirant du *Cassini*), a pu résister aux froids de la Grande Chartreuse et assurer sa vocation. Si nous pouvions dire aux blasés et aux désœuvrés de la marine, qui ne sont pas tenus par les liens de la famille, l'immense bonheur de la vie religieuse, je ne doute pas que nous ne fissions quelques prosélytes. Que de jeunes gens ont une faim vague de la vérité et qu'une parole amie et convaincue pourrait attirer pleinement au bien ! »

Il a raconté dans son *Journal* l'agréable surprise que lui fit, au mois de septembre 1886, un brillant officier de marine, ancien élève des Jésuites à Brest et des Maristes à Toulon, qui, après avoir conquis, par une héroïque bravoure au Tonkin, la croix d'honneur et le grade de lieutenant de vaisseau, venait lui annoncer sa résolution d'entrer prochainement dans l'ordre des Bénédictins. « Au moment où j'allais balayer ma chambre, M. Olivieri, jeune homme de vingt-cinq ans environ, est venu me voir et m'apprendre qu'il partait pour Solesmes. Sa visite m'a fortement ému et réjoui. Je l'ai félicité de tout cœur d'arriver à point pour remplacer dom Sarlat, ancien capitaine de frégate, qui était mort récemment, affirmant qu'il ne se repentirait pas de sa généreuse détermination, qui assurait son bonheur sur la terre et pendant l'éternité. » Le futur bénédictin avait été, lui aussi, vivement touché de son entrevue avec l'ancien commandant; car voici ce qu'il nous écrit de Solesmes. « Le P. de Plas, que je visitai dans sa cellule avant mon départ définitif de Brest, apprit ma détermination avec une joie profonde, en remerciant le ciel, disait-il, de ce qu'un de ses camarades allait trouver le bonheur sur cette terre et la vie éternelle plus tard. Je fus frappé du ton de conviction avec lequel il me parla. Rien, d'ailleurs, sur les difficultés du noviciat, ni sur les épreuves, résultat d'un pareil changement. Il était comme ceux qui ont atteint le but et qui oublient la peine du chemin. Il me parla de l'humilité en termes dont l'accent semble vibrer encore à l'oreille de mon cœur. Cela sortait de profondeurs que Dieu seul connaît, et dont le langage humain ne saurait copier la vérité. »

A l'apostolat des œuvres par la parole et par le commerce épistolaire, le P. de Plas ne pouvait oublier de joindre le plus efficace de tous, celui de la prière et du bon exemple. Ce fut l'apostolat de toute sa vie depuis sa conversion, mais plus spécialement, comme nous allons le dire, celui des derniers mois de son existence.

CHAPITRE VIII

1887-1888

Apostolat du bon exemple. — Dévotions particulières : la sainte Eucharistie, la très Sainte Vierge, saint Joseph, les âmes du purgatoire. — Vœu de tout rapporter à la plus grande gloire de Dieu. — Piété : audition de plusieurs messes, confession quotidienne, retraites annuelles. — Perfection des sentiments naturels. — Vie commune ; charité, dévouement ; amitié. — Visite de M. C. Grosselin, ancien aspirant du *Cassini*. — Témoignage du commandant M*** — Mortifications : jeûne, discipline, cilice, chaînes de fer, veilles, etc. — Le Vénitien Cornaro et le P. Lessius. — Fidélité aux petites choses.

« Oh ! combien je voudrais aimer assez Notre-Seigneur Jésus-Christ, s'écriait un jour le P. de Plas, pour le faire aimer autour de moi et par tous ceux avec lesquels je suis en rapport ! Oh ! pourquoi ai-je connu si tard ce bonheur d'aimer le Souverain Bien, et aussi toutes les créatures en Dieu et pour Dieu ? Il faut que je m'applique, par la sérénité de mon visage, par une bienveillance prévenante, par tous les dehors d'une véritable charité, à faire connaître le bien qu'apporte à l'âme notre sainte religion, la paix qu'elle procure, l'utilité évidente de son action sur l'individu, la famille, la société : *Si scires donum Dei !* »

Cet apostolat de l'exemple, le P. de Plas l'exerça avec une grande perfection, en sorte qu'il eût pu s'écrier avec l'apôtre saint Paul : *Imitatores mei estote, sicut et ego Christi*. L'ancien capitaine de vaisseau fut dans la vie religieuse, comme il l'avait été dans le monde, un modèle pour l'accomplissement de tous les devoirs de sa vocation. Il remplit surtout avec perfection l'office de *prieur* qui lui avait été confié par le R. P. provincial.

Nous avons eu l'occasion de parler de sa tendre dévotion envers le Sacré-Cœur, la très Sainte Vierge, saint Joseph et la sainte Eucharistie. Il avait prononcé, en 1874, le vœu héroïque en faveur des âmes du Purgatoire. A partir du 5 juillet 1877, il ne crut rien faire de mieux, pour entrer dans l'esprit de son office de prieur, que d'aller souvent, durant la journée, médier quelques minutes devant le Très Saint-Sacrement, à genoux et dans le plus profond recueillement. « Si nous ne pouvons pas, disait-il, retenir notre esprit et l'empêcher de divaguer à l'église, contraignons au moins notre corps à donner les marques extérieures de respect que nous voudrions avoir également d'esprit et de cœur. »

Outre les visites au Saint-Sacrement, il passait une grande partie de la journée à l'église pour parcourir le Chemin de la Croix, entendre plusieurs messes, faire de pieuses lectures, réciter son bréviaire et assister aux saluts. « J'ai dit au R. P. Recteur, écrit-il le 8 septembre 1883, que j'avais assisté hier à deux saluts, l'un au Refuge à cinq heures, et l'autre à l'hospice à six heures et demie, et que, ce matin, j'avais entendu deux messes ici et deux autres aux Carmes. Je l'ai en même temps prié de m'avertir, s'il voyait en cela quelque chose de répréhensible. Il ne m'a pas paru désapprouver cet excès apparent de dévotion. J'ai cru dévoir observer que, si des Saints avaient attribué au crucifix toute leur science, je considérais la messe comme la plus utile des occupations pour un homme de mon âge, incapable d'étudier avec quelque profit.

» Je ne saurais me dissimuler, ajoute-t-il, que ma dévotion doit être taxée d'excessive, d'exagérée, voire même de ridicule par beaucoup de gens ; et, si je n'avais pas l'approbation de mes supérieurs, je pourrais craindre de heurter l'opinion publique sans profit pour la cause de Dieu. Mais l'approbation donnée à mes pratiques de piété doit m'être un encouragement à persévérer sans éclat, autant que possible, tout en bravant cette crainte de trop attirer l'attention qui deviendrait une sorte de respect humain. »

Ces pratiques extérieures, qui pouvaient paraître excessives, n'étaient que la manifestation de la piété intérieure qui, comme une flamme d'amour, consumait son âme. « Je dois m'appliquer, disait-il, à rendre méritoires toutes mes pensées, tous mes désirs, toutes mes actions, les rapportant à Dieu, en la présence de qui je pense, je désire et j'agis. Je serai, par la faiblesse de ma nature, souvent détourné de mon projet ; mais, avec la grâce qui me l'inspire et de la bonne volonté, je dois approcher chaque jour de sa réalisation. » Tels furent ses efforts pour atteindre le but proposé, qu'il s'engagea par vœu, au mois de mai 1885, à tout rapporter à la plus grande gloire de Dieu, et qu'il ne pouvait s'empêcher un peu plus tard de constater, dans la sincérité de son cœur, ses progrès toujours croissants dans la voie de la sainteté. « Pourquoi ne m'avouerais-je pas, lisons-nous dans son *Journal*, le 4 novembre 1885, malgré bien des faiblesses et des résistances à la grâce, qu'il me semble avoir notablement progressé dans le désir de servir Dieu fidèlement et de tout rapporter à sa plus grande gloire ? »

Cette pureté d'intention dans ses actions était favorisée par la confession quotidienne qui le détachait des imperfections inhérentes à la nature humaine, et par l'examen particulier qui ornait son âme de toutes les vertus. » En 1848, dit-il, je me confessais tous les samedis ; à Rome, en 1869 et 1870, deux fois par semaine ; ici, depuis 1883, chaque jour. » A partir de 1885, il n'eut plus qu'un seul sujet d'examen particulier : la présence de Dieu. « Quel plus sûr moyen, écrit-il le 2 janvier, de suivre sa volonté sainte en toutes choses, que de penser à Dieu qui pense sans cesse à nous : *Oculi Domini super metuentes eum!* »

Rien ne lui paraissait plus propre à entretenir et à augmenter sa bonne volonté dans l'œuvre de sa perfection que les retraites en usage dans la Compagnie. C'était pour lui le meilleur moment de l'année, car il était toujours affamé en quelque sorte de recueillement et de prière. Aussi, dans les derniers temps de sa vie, quittait-il le centre de ses occupations habituelles pour se retirer à la résidence de Quimper, et entendre dans une solitude plus profonde la voix du divin Maître lui parlant au cœur. On ne lira pas sans intérêt les pittoresques comparaisons dont l'ancien commandant aimait à se servir pour mieux se pénétrer des vérités que renferment les Exercices de saint Ignace.

« Qu'est-ce que la retraite, se demande-t-il un jour, avant de commencer les saints Exercices, et quels fruits devrai-je en retirer?... La retraite, répond-il, coupant nos communications avec le monde, nous donne une force momentanée que rien ne semble pouvoir arrêter : c'est une machine à vapeur fonctionnant dans des eaux calmes et lancée à toute vitesse ; c'est un navire en pleine mer, loin des écueils et poussé par une belle brise. Mais viennent les récifs et les côtes dangereuses; viennent les brumes, les bourrasques et les ouragans ! Alors il faudra régler la machine en conséquence, et qui sait si elle ne fera pas d'avaries ; alors il faudra serrer avec soin la plus grande partie des voiles, et attendre avec anxiété que le beau temps et des circonstances favorables permettent de faire route vers le port.

» Après une longue campagne, écrit-il une autre fois, il est d'usage de faire entrer les bâtiments de guerre dans le port. S'ils doivent retourner à la mer, ils passent au bassin, sont visités, nettoyés, et radoubés si c'est nécessaire ; puis, avant de prendre la mer, on les munit de vivres et de provisions, suivant la nature de la campagne à laquelle on les destine. — N'est-ce pas là ce que Dieu fait pour nous, quand il nous permet d'entrer en retraite? Oh ! puissé-je en comprendre l'utilité et l'importance, et surtout en sortir bien préparé aux épreuves qui m'attendent et aux services qu'on pourrait me demander ! »

La retraite commencée, avec quelle générosité n'entre-t-il pas, dès le début, dans cette disposition d'*indifférence* surnaturelle sans laquelle, d'après saint Ignace, la perfection est impossible (1)! « Saluer et bénir, s'écrie-t-il, le froid et le chaud, la maladie comme la santé. Ne pas imiter certains marins, loups de mer de café, qui paraissent soupirer pour la mer et les longues campagnes quand ils sont à terre, et maudissent le métier quand ils sont en mer. »

Pendant la seconde *semaine* des *Exercices*, c'est d'abord la considération du *Règne* qui ranime toutes ses idées militaires (2). « Oh ! alors que j'étais dans la marine, dit-il, et que je commandais le *Solferino*

---

(1) Cf. Exercices spirituels de saint Ignace de Loyola : Première semaine, principe et fondement.
(2) Ibid. Seconde semaine, du Règne de Jésus-Christ.

sous l'amiral Bonët-Willaumez; si cet amiral, ou un homme comme l'amiral Romain Desfossés, avait fait signal à l'escadre d'engager le combat contre l'ennemi à portée de pistolet, avec quelle ardeur j'aurais dit : « Machine en avant ! » et au timonier de mettre le cap sur l'ennemi. — Eh bien ! chaque jour le Christ, mon divin Maître, conduit ses troupes à l'ennemi ; chaque jour il y a à veiller et à combattre, et l'apôtre saint Pierre nous avertit que notre adversaire, le démon, rôde autour de nous comme un lion qui s'apprête à dévorer sa proie.

» Quel regret, dit-il encore, si j'avais fait manquer une manœuvre à l'amiral Desfossés, lorsque j'étais son second sur la *Belle-Poule*, et si l'*honneur* de cette belle frégate, comme disent les marins, avait été compromis par ma faute. — Eh bien ! le monde est le navire de Dieu, où les justes manœuvrent sous ses yeux et s'efforcent de procurer sa gloire. Que ne dois-je pas faire pour plaire à mon Maître si généreux pour récompenser ?... »

La méditation *de deux Étendards* (1) avait aussi le privilège d'enflammer le vieux marin d'une ardeur toute guerrière. « Une belle campagne, observe-t-il, sur une magnifique frégate capable de braver les plus affreuses tempêtes, sous un bon commandant, avec de dignes camarades et un équipage admirablement discipliné, serait un objet d'envie pour tout officier de marine ayant un peu de cœur et le désir de faire honorablement sa carrière. — Eh bien ! n'avons-nous pas mille fois mieux dans la vie religieuse ? Où trouver des commandants comme nos supérieurs et des règlements comme nos règles?

(1) Cf. Exercices spirituels, seconde semaine, quatrième jour : Méditation de deux Étendards, l'un de Jésus-Christ, l'autre de Lucifer.

» Il y a un corps, ajoute-t-il, dans lequel ont servi saint Ignace, saint François-Xavier, saint Louis de Gonzague et des martyrs nombreux. Dieu, dans sa bonté, a daigné m'y admettre : *Quid retribuam ?* — M'efforcer d'y servir comme un soldat dans un corps d'élite, près d'un prince qui connaît tous ses hommes, et qui est à la fois très généreux et très juste. »

La Compagnie de Jésus est, en effet, un corps militant, une avant-garde qui doit être prête à affronter tous les périls pour le salut de l'armée, de l'Église. L'ancien officier de marine se félicitait du poste de combat qui lui avait été assigné aux premiers rangs. « Aurais-je été peiné, se dit-il, d'être mis à la tête d'une compagnie d'abordage ou de faire partie d'une colonne d'assaut, pour assurer la victoire au drapeau français et à un chef bien-aimé qui m'aurait appelé à cet honneur? Je ne le crois pas. — Eh bien ! quand les souffrances ou les peines nous arrivent, pourquoi ne pas nous dire qu'elles entrent dans le plan de notre général en chef, et que Jésus-Christ daigne nous offrir ainsi un moyen de nous distinguer ?

» Dans cette guerre acharnée, continue-t-il, que soutient l'armée du Christ contre ses ennemis et ses persécuteurs, tâchons de garder fidèlement notre poste de combat. Il y a des colonnes d'attaque, il y a de la cavalerie légère, il y a de l'artillerie, il y a aussi des troupes de réserve, d'autres à la garde des bagages, d'autres employées à transporter les blessés : je dois savoir me contenter de mon petit rôle, *sicut oculi servorum* ; et avoir les yeux fixés sur le divin Chef, afin d'obéir promptement, au premier signal. »

La retraite finie, c'est avec ardeur que l'officier supérieur reprend son service à la suite de son divin Chef. « Quel bonheur, s'écrie-t-il, dans cette pensée qu'il n'y a pas de retraite dans le service du Roi des rois. Tous les sujets ont le privilège de maréchaux de France et d'officiers généraux qui ont commandé en chef ; tous peuvent servir la cause de leur maître à tout âge et dans toute position. »

Aimer Dieu de tout cœur, tel est le premier commandement, et nous venons de voir comment le P. de Plas y fut fidèle ; mais le second commandement est semblable au premier : « Vous aimerez le prochain comme vous-même et pour l'amour de Dieu. » Cette loi de la charité, le P. de Plas l'accomplit, autant qu'il lui fut possible, dans toute sa perfection. « Béni soyez-vous, ô mon Dieu, écrit-il le 31 octobre 1886, du vif désir que vous m'inspirez, non seulement de me donner pleinement à vous, mais de travailler de mon mieux à la bonne édification de mes frères ! » Ces frères, c'était sa famille, sa communauté, ses amis, les malades et les pauvres. Nous avons longuement parlé dans cette histoire de tous ces objets de sa dilection fraternelle ; nous nous contenterons de glaner quelques traits qui paraissent dignes d'être ajoutés à la gerbe de ses mérites.

La piété n'éteignit pas en lui les sentiments naturels ; elle ne fit que les perfectionner davantage. Avec quelle tendresse émue ne continua-t-il pas de parler de Puycheni, ce « vieux manoir, » qui résumait pour lui les plus précieux souvenirs. « Combien, s'écrie-t-il en 1882, je me trouvais heureux à Puycheni, à mon retour de la mer du Sud en 1832 ! Combien j'ai apprécié ce vieux manoir en 1858, après la campagne de la *Virginie !* Si la terre, à raison des amis que Dieu nous a donnés, nous est parfois douce et agréable ; si, pour en jouir, on fait de grands sacrifices : que ne ferons-nous pas, animés d'une foi vive, nous qui aspirons à la céleste patrie ? »

On garde comme un trésor, dans la famille, les lettres si touchantes que François adressait à tous les siens, pour prendre part à leurs tristesses ou à leurs joies. Nous ne citerons que ces consolantes paroles, écrites à l'occasion de la mort de Roger de Plas, enlevé à la fleur de l'âge à l'affection de ses parents, le 18 décembre 1886 : « Ne pleurez pas, comme ceux qui n'ont plus d'espérance ! Dieu, qui vous avait confié ce cher enfant, disait-il à sa seconde mère, ne l'a repris que pour vous le rendre ; vous le retrouverez un jour au ciel, et il ne vous quittera plus. »

En entrant dans la vie religieuse, François de Plas avait trouvé dans la Compagnie de Jésus une nouvelle famille où, selon la promesse de Notre-Seigneur, il posséda le centuple de tout ce qu'il avait quitté pour le suivre. Mais ce bonheur lui-même était un sujet d'inquiétude pour le disciple du divin Maître : « Ma vie est tellement douce, disait-il, que, si je ne savais pas que d'un moment à l'autre Dieu peut l'abreuver de tristesse, d'amertumes et de souffrances, pour payer ma dette, je tremblerais qu'il pût me dire : Tu as eu ta récompense sur la terre ; tu ne saurais entrer au ciel à la suite de Jésus crucifié. »

Ce n'est pas que le P. de Plas ne rencontrât dans la vie de communauté bien des occasions de souffrir. Il aurait pu répéter avec saint Jean Berchmans : *Mea maxima mortificatio vita communis* ; mais, selon le conseil de l'Apôtre, il se faisait tellement tout à tous qu'il aurait pu s'écrier avec un martyr : « Oui, Seigneur, quand on vous aime, les plaisirs sont amers, les supplices sont doux. » Nous l'avons connu personnellement, toujours prêt à rendre service, et mettant en pratique ce qu'il écrivait un jour : « M'efforcer de faire profiter les jeunes Pères qui m'entourent de ce que j'ai vu d'instructif et d'intéressant dans mes voyages. Aussi comme on se taisait dès qu'il prenait la parole en récréation ; comme on était tout yeux, tout oreilles pour le voir et l'entendre !

Souvent le Père se tenait debout, dans la salle commune, car à peine était-il assis qu'il se sentait gagné par le sommeil ; mais un mot dit en passant réveillait tout à coup son attention, et lui rappelait sur les hommes et sur les choses du passé une foule de curieux souvenirs. Sa mémoire abondait en saisissantes anecdotes, auxquelles sa naïve manière de conter ajoutait un charme particulier ; et il ne craignait pas de formuler nettement ses appréciations, sans se départir jamais de cet esprit de charité qui fut un de ses traits caractéristiques. Il était exposé à se répéter, mais on l'écoutait chaque fois avec un nouveau plaisir ; et l'on pouvait constater à la fidélité du récit toujours le même, que l'imagination n'envahissait point le domaine de la vérité. Cependant, avant de commencer, il parcourait d'un œil scrutateur le cercle de ses auditeurs, et s'il apercevait un léger sourire sur quelques lèvres ingénues, c'était un indice certain que l'histoire était déjà connue, et il se préparait à garder le silence, promettant, disait-il, dans son style proverbial, « de mettre le couteau sur le verre : » ce qui voulait dire qu'on connaissait l'histoire et qu'il fallait la réserver pour d'autres. Souvent, on répondait à son proverbe par un autre proverbe, *bis repetita placent*, et le charitable désir de faire plaisir à ses frères l'emportant sur la crainte de leur causer quelque ennui, il se frottait les mains d'un geste qui lui était familier, et se laissait aller au courant de sa verve intarissable.

Le P. de Plas ne comprenait pas la charité fraternelle sans le dévouement, se rappelant la doctrine de saint Ignace : l'amour consiste plus dans les œuvres que dans les paroles ou les sentiments. Depuis la dispersion, nous raconte le P. Bernadac, un de ses supérieurs à Brest, les servants de messe faisant souvent défaut, l'occasion ne manquait pas de se rendre utile sous ce rapport, et il s'y prêtait volontiers, dût-il même en servir plusieurs de suite. Un Père d'une de nos maisons de Paris, ajoute le P. de Causans, se trouvant de passage à Brest, fut très édifié un jour, lorsqu'il vit le bon vieillard, quelques semaines avant sa mort, s'approcher de lui au moment d'une sortie en ville et lui dire avec la plus exquise affabilité : « Je vous prie de vouloir bien m'excuser ; je regrette beaucoup de ne pouvoir vous accompagner dans votre visite au port militaire. » Ce qu'il ne manquait jamais de faire autrefois pour tous les Pères étrangers, lorsque ses forces lui permettaient encore cette fatigue.

Si le P. de Plas demeura fidèle à ses amis, même après son entrée dans la vie religieuse, ceux-ci, de leur côté, témoignèrent en maintes circonstances, comme nous le savons déjà, qu'ils ne l'avaient pas oublié. Que de visites ne reçut-il pas dans son humble cellule de la rue de la Rampe et de la rue Foy ! « Je dois lutter, disait-il, contre les pensées de vanité, à raison de la sympathie qui m'est témoignée par mes anciennes connaissances dans tous les rangs de la société. » Officiers supérieurs et officiers généraux venaient souvent causer avec lui et se consoler des tristesses du présent par les souvenirs du passé et les espérances de l'avenir. Et lui, l'âme toujours sereine, appuyé qu'il était sur une inébranlable confiance en Dieu, ranimait leur courage, en leur répétant un langage qu'il n'avait cessé de tenir depuis les revers de la France. « Nous avons été châtiés ; il faut avouer que nous le méritions. Dieu veuille que la leçon nous serve et que l'esprit public s'améliore !... Chassez les idées noires de votre esprit et cherchez à les dissiper autour de vous ; dites hardiment que le bras de Dieu n'est pas raccourci, et rappelez que l'histoire du monde est pleine de faits aussi douloureux que ceux qui se passent sous nos yeux. Mais luttons avec confiance contre ce débordement de folie. *Dominus irridebit eos... Desiderium peccatorum peribit.* »

En dehors des visites habituelles, le P. de Plas avait gardé douce mémoire de deux amis qu'il n'avait pas revus depuis longtemps, et qui étaient venus le surprendre au moment où il s'y attendait le moins. M. Camille Grosselin, aspirant du *Cassini*, converti par le P. Clerc, et resté depuis lors fervent chrétien, eut la consolation de revoir son ancien commandant à Brest, en 1883. Au moment de se séparer, après une longue et intime causerie où l'on avait rappelé les miséricordes du Seigneur, le P. de Plas embrassa chaleureusement son ami, en disant : *Antequam moriar!* C'était, en effet, pour la dernière fois, bien que Dieu ne lui demandât le sacrifice de sa vie que cinq années plus tard.

Le 23 juillet 1887, le P. de Plas inscrivit en ces termes, dans son *Journal*, la joie que venait de lui causer une agréable surprise. « J'ai eu, ce matin, la satisfaction d'avoir pour servant de messe un capitaine de vaisseau, qui, il y a vingt-deux ans, était mon officier de choix. Ce hasard, comme on dit dans le monde, a été pour moi une nouvelle marque de la bonté de la divine Providence. » Nous laisserons la parole au commandant M***, qui a bien voulu nous raconter quelles saintes impressions il avait conservées de ses rapports avec son ami, durant un séjour de plusieurs mois à Brest.

« Je n'avais pas revu votre bon P. de Plas, nous écrit-il, depuis que nous avions quitté ensemble le *Solferino*, quand une heureuse circonstance m'amena à Brest, à la fin de juillet 1887. J'allai avec un empressement ému embrasser mon vieux commandant. Les années l'avaient bien changé : le corps, autrefois si droit, était tout voûté et se courbait vers la terre ; la tête, qui jadis se dressait fièrement, s'était inclinée sur l'épaule, et les jambes affaiblies refusaient souvent le service. Mais je retrouvai toute la plénitude de l'intelligence, la même pureté dans la diction, la même fermeté dans la voix, le geste toujours noble et soutenu. L'aimable vieillard avait gardé intact cet air de distinction qui le caractérisait. La physionomie, sans avoir perdu de son austérité, avait revêtu un cachet particulier de douceur et de bonté. On se sentait attiré en même temps qu'envahi par un sentiment de respect profond. J'ai souvent entendu s'exprimer ainsi les pauvres et les petits, meilleurs juges de la sainteté que les privilégiés de ce monde. « C'est un saint ! » disaient-ils, et je n'étais pas pour y contredire.

» J'eus la précieuse consolation, au lendemain de mon arrivée, de lui servir la messe dans la pauvre petite chambre qui servait de chapelle, rue Foy, et nous n'avions pour témoin que le R. P. Recteur, qui l'avait précédé au saint autel. Mon bonheur eût été de l'assister souvent au saint sacrifice, comme je le faisais jadis sur le banc de quart. « Il vaut mieux, me disait-
» il, que vous entendiez la messe du public, pour pré-
» cher d'exemple. » Édifier ses frères avait été sa constante ambition, depuis le jour où il avait hautement arboré le drapeau de Notre-Seigneur Jésus-Christ.

» Sa cellule était tout près de la chapelle ; j'y allai frapper souvent, durant mon séjour à Brest. Nous devisions du passé ; il en parlait surtout pour rappeler les grâces qu'il avait reçues de Dieu. Il citait tel et tel de nos compagnons d'armes qu'il fallait absolument ramener à Dieu. « Que ne puis-je, s'écriait-il,
» convaincre ceux qui s'attardent encore dans les che-

» mins du monde, pour y chercher une félicité que
» nous, chrétiens, nous seuls possédons ! Oh ! mon
» cher ami, dites-leur donc combien nous sommes
» heureux ! Que ne puis-je crier sur tous les toits mon
» bonheur ! » Toute l'âme du P. de Plas passait dans ces quelques paroles. Sa paix était inaltérable, et la félicité dont il jouissait pleinement, il cherchait à la communiquer en publiant les miséricordes du Seigneur. Aucune démarche ne lui coûtait pour ramener une brebis au bercail, et il ne fuyait pas les humiliations ; nous savons, du reste, que plusieurs de ses compagnons d'armes ont répondu à l'appel de l'apôtre. Pour moi, j'emportai toujours de ces entretiens intimes une foi plus vive et une espérance plus ferme.

» Si, comme je le disais tout à l'heure, le corps se rapprochait de la terre, l'âme se redressait de plus en plus vers le ciel, et l'on sentait très proche le moment de la séparation de l'une et de l'autre. Pénétré du véritable amour de Dieu, entièrement soumis à sa sainte volonté, il répétait sans cesse le texte de saint Paul : *Diligentibus Deum omnia cooperantur in bonum.*

» A la fin décembre, au moment où mon bâtiment recevait une destination nouvelle, je tombai assez sérieusement malade. Quelle preuve ne me donna-t-il pas alors de son excessive charité ! J'étais alité à un quatrième étage, et le digne Père, s'oubliant complètement lui-même, sans souci de ses pauvres jambes qui le portaient à peine, montait me voir presque chaque jour, me témoigner sa sollicitude, et me fortifier dans l'épreuve... *omnia cooperantur in bonum !*

» Dès que mes forces me le permirent, je pris mes dispositions de départ. Le Père était là, chez le bon Nogues un de nos amis communs alors absent, et dont j'occupais l'appartement. J'embrassai mon ancien commandant avec toute la tendresse d'un fils ; puis je m'agenouillai et demandai à l'homme de Dieu de me bénir, de bénir tous les miens qu'il aimait, et le bâtiment qui m'avait été confié.

» Nous nous sommes donné rendez-vous au ciel, et je supplie Dieu qu'il daigne me faire la grâce d'être fidèle à ce rendez-vous. »

Quand le P. de Plas avait inscrit dans son *Journal*, le 5 juillet 1877, la recommandation d'être le *prieur* de la communauté, il avait ajouté : « Puissé-je être non seulement *prieur*, mais encore *jeûneur !* il y aura profit pour les pauvres, avantage pour la communauté, grand bien pour moi ». Dès le commencement de sa conversion, François de Plas avait compris la nécessité d'unir la mortification à la prière ; c'était comme un fruit de sa pénitence intérieure, une satisfaction offerte à la justice divine en réparation de ses fautes. A son entrée dans la vie religieuse, il continua de la pratiquer, sous la direction de l'obéissance, comme un moyen de se vaincre lui-même et d'acquérir le don de l'oraison. Après la troisième année de probation, on lui permit de donner un plus libre cours à son désir ardent d'imiter Jésus crucifié. « J'ai plus gagné du côté de l'intelligence de la Passion durant cette heure de nuit, écrit-il après une méditation de la troisième semaine des Exercices, que pendant les vingt années que j'ai fait chaque jour le Chemin de la Croix, quand je l'ai pu... Je suis payé, à cette heure, de toute la froideur que j'ai supportée avec patience devant les tableaux représentant les mystères de la Passion, sachant bien que la bonne volonté et les pieux désirs auraient tôt ou tard leur récompense. »

Persuadé, par l'exemple des Saints, que l'homme qui s'occupe sérieusement de son avancement spirituel ne doit jamais être sans pratiquer quelque pénitence, on le vit s'ingénier à rechercher une mortification et une abnégation continuelles en toutes choses. C'est lui-même qui nous révèle, dans son *Journal privé*, les souffrances qu'il s'imposait à l'imitation de Notre-Seigneur, par zèle pour sa perfection et le salut des âmes.

« *4 avril 1873.* — Je m'applaudis de l'usage de la discipline chaque jour. C'est peu de chose, sans doute ; mais cela me rappelle la flagellation du divin Maître, et le désir que nous avons de cheminer vers le Calvaire.

» *23 février 1875.* — Le froid me paralyse et me chasse de ma chambre, où je n'ai pas toujours de feu... Le froid continue et mon rhume semble s'enraciner plutôt que se guérir. Puissé-je dire cependant : *Benedicite gelu et frigus Domino*, puisque « la maladie n'est pas » moins un don de Dieu que la santé ! »

» *14 octobre 1879.* — Je vous remercie, ô mon Dieu, de m'avoir accordé la grâce de porter le cilice sans inconvénient pour mes devoirs et mes occupations. J'espère que vous me ferez la grâce de le porter jusqu'à la mort, comme un témoignage de reconnaissance pour les maux autrement graves dont vous avez jusqu'à ce jour préservé ma vieillesse, et aussi comme une préparation à bien accueillir les souffrances qu'il vous plairait de m'envoyer.

» Notre-Seigneur a dit : *Qui fidelis est in minimo, et in majori fidelis est.* C'est peu de chose qu'une chaînette au poignet, c'est peu de chose que la discipline, c'est peu de chose qu'un cilice. C'est peu de chose de ne pas prendre d'œufs au souper du vendredi et de se contenter d'un seul œuf au dîner, comme aussi de jeûner le mercredi et le samedi ; mais ces petites choses sont une excellente préparation à de plus grands sacrifices. Quand nous apprenons par le *Ménologe* ce que faisaient nos Pères, nous ne pouvons qu'éprouver des sentiments d'humilité à la vue de notre faiblesse et de nos répugnances en face de la mortification... Je demande à Notre-Seigneur un vrai désir de le suivre dans la voie royale de la croix.

» *1er décembre.* — Je dois, à mesure que le bon Dieu m'épargne, m'appliquer à faire de nouvelles mortifications; elles ne seront jamais que des bagatelles comparées aux souffrances et aux tristesses de toutes sortes, qui sont le lot habituel de la vieillesse.

» *14 août 1880.* — Le R. P. Recteur ne désapprouve pas que je me couche à neuf heures et demie chaque soir et que je me lève à trois heures et demie du matin. — Je lui ai dit que je tâchais de ne boire que de l'eau durant le repas, et de ne prendre que d'un plat de viande à midi; je lui ai demandé d'ajouter vingt-cinq à trente coups de discipline, après m'être flagellé durant un *Miserere* et un *De profundis*. Le P. Recteur m'engage à ne pas me faire une loi rigoureuse de ces résolutions, mais il m'autorise à y donner cours.

» *25 juillet 1882.* — C'est mon bon ange qui m'a inspiré la pensée de me coucher tout habillé, afin de me lever plus facilement et de méditer en faisant le Chemin de la Croix, de minuit à une heure.

» *12 avril 1884.* — Pourquoi ne noterais-je pas que je bénis Dieu de m'avoir permis de jeûner strictement pendant le carême, sans incommodité pour le corps ni pour l'esprit? Hier, j'ai très bien soupé, en ne prenant, selon l'usage de la Compagnie, que du pain et du vin à la collation du soir; il sera bon d'user souvent de ce régime.

» *1ᵉʳ janvier 1885.* — Mon bon ange m'a inspiré hier de faire l'heure sainte de onze heures à minuit. Je dois noter que rien n'est plus doux que ce petit sacrifice de sommeil. Qu'est-ce d'ailleurs que cette privation comparée aux exigences du service à bord des vaisseaux?

» *23 janvier.* — Sur l'invitation du P. Supérieur, je n'ai pas jeûné aujourd'hui; on me dit que je ne mange pas assez pour me soutenir et me bien porter. Dieu sait que je désire vivement obéir et conserver la santé en vue de remplir plus efficacement mes obligations. »

Ce n'était pas la première fois que les supérieurs, par sollicitude pour le bon vieillard, l'avaient engagé à modérer ses austérités, surtout du côté de la nourriture. « Le R. P. Recteur, écrivait-il dès le 8 juillet 1877, me fait quelques observations sur mon régime et pense qu'il y a excès de sobriété. Je lui ai répondu que j'étais disposé à faire ce qu'il jugerait convenable. »

Par esprit de mortification, coloré du nom de système hygiénique, le P. de Plas avait adopté pour principe qu'il fallait se réduire au *minimum* de nourriture. Il s'appuyait de l'autorité de Lessius, qui avait imité avec succès l'exemple du fameux Cornaro. Louis Cornaro, qui vécut de 1462 à 1566, appartenait à une famille patricienne de Venise. Après avoir ruiné, par les désordres de sa jeunesse, une santé déjà chétive à cause de sa faiblesse de tempérament, il changea tout à coup de régime, réduisant sa nourriture à douze onces d'aliments solides et à quatorze onces de vin par jour. Sa santé se rétablit avec une rapidité étonnante. Voulant plus tard faire profiter ses semblables de son expérience personnelle, il écrivit ses *discorsi della vita sobria* qu'il publia successivement en quatre parties, depuis l'âge de quatre-vingt-trois ans jusqu'à celui de quatre-vingt-quinze. Mais, tout en retraçant le plan de conduite dont il retira de si précieux avantages, le noble Vénitien observait avec raison que l'efficacité du régime dépend du tempérament de chacun, et que les aliments doivent être mesurés sur les forces digestives de chaque individu.

Quoi qu'il en soit, à la suite de Lessius, saint et savant Jésuite, qui avait traduit en latin l'ouvrage de Cornaro, le P. de Plas résolut d'imiter des exemples qui lui permettaient de dérober aux yeux de tous sa mortification des sens. Les résultats, au point de vue des forces physiques, furent loin d'être merveilleux, et les supérieurs durent intervenir pour lui faire dépasser ce qu'il appelait sa mesure. Enfant d'obéissance, l'humble religieux se soumit à tout ce qu'on voulut, et prit désormais autant de nourriture qu'il était nécessaire pour réparer ses forces et soutenir sa vie très fatigante.

L'apostolat de l'exemple pour le P. de Plas ne consistait pas tant dans la pratique des vertus extraordinaires que dans la fidélité aux petites choses. « M'appliquer de plus en plus, écrit-il le 4 décembre 1879, comme le conseille saint François de Sales, mon patron, à faire excellemment les petites choses » ; et il répète le 17 août 1882 : « Faire les petites choses de chaque jour excellemment. » Nous trouvons dans son *Journal*, à la date du 1er novembre 1885, un exemple frappant de sa fidélité aux petites choses.

« 11 h. 42. — Je suis comme inondé de joie et de

douce satisfaction, écrit-il quelques minutes avant l'examen qui précède le dîner. Je suis heureux parce qu'il me semble que ma foi croit notablement, av...

» 5 h. 3/4. — L'heure de l'examen a coupé court à l'expression de ma pensée, observe-t-il en reprenant son *Journal* dans l'après-midi. C'est une petite victoire que de ne pas achever le mot commencé; même la lettre qui n'est pas encore finie, comme le recommandent nos admirables règles.

» Je reviens à ce que je voulais dire ce matin, etc. »

Nous ne saurions parcourir successivement toutes les vertus dont le P. de Plas fut un modèle accompli; on le connaît suffisamment, ce me semble, par la vivante image qu'il a laissée de lui-même dans les fragments de son *Journal* que nous avons cités : nature transparente, généreuse, toute de flamme, sous une apparence froide et réservée. Sa vie, grâce à ses propres révélations et au témoignage de ses amis, a été jusqu'ici comme un livre ouvert où tout le monde a pu lire couramment, sans le secours d'aucun commentaire. C'est aux mêmes sources que nous continuerons de puiser les renseignements qui concernent la dernière année de son existence.

CHAPITRE IX

1887-1888

Préparation à la mort. — Les Carmélites de Lambezellec et le P. de Plas. — Retraite à Quimper ; actions de grâces. — Affaiblissement des forces physiques. — Dernier cahier du *Journal privé*. — Désolation passagère ; abondance de consolations. — Maladie et guérison. — Visites d'adieu à ses amis. — *Quid retribuam?* — La dernière *bordée*. — Derniers jours ; derniers moments. — Regrets universels. — Question des honneurs militaires. — Funérailles ; discours de l'amiral de Cuverville. — Épitaphe. — Conclusion.

La mort du P. Le Sauce, son directeur spirituel, avait été pour le P. de Plas un premier avertissement de se tenir prêt à paraître devant Dieu. Puis, plusieurs de ses amis, les amiraux Périer d'Hauterive, Fourichon, Larrieu, comte de Gueydon, baron Méquet, baron Didelot, Bourgois, Courbet, etc., MM. Michel Morand, maire de Lambezellec et Auguste Nicolas, auteur des « Études philosophiques sur le Christianisme », avaient disparu successivement en lui jetant le cri de l'Ecclésiastique : *Mihi heri et tibi hodie.*

« Quand je pense, écrivait-il à sa sœur le 29 mars 1887, au grand nombre d'amis et de connaissances qui m'ont précédé dans la tombe, ne dois-je pas bénir Dieu de me donner du temps pour mieux me disposer à sortir de l'exil ? » Le P. de Plas, malade depuis les premiers jours de janvier, songeait alors à se préparer sérieusement à la mort. « J'espère, disait-il, arriver à ce moment, *a quo pendet æternitas*, n'ayant en vue que la plus grande gloire de Dieu, le bien de mon âme et le salut du prochain. » Privé de la consolation de dire la sainte messe depuis le 17 mars, par suite d'une plaie à une jambe, il ne put recommencer à la célébrer que le 12 avril. « Prenez part à ma joie, écrit-il deux jours après à sa sœur. J'ai pu, sans trop de fatigue, et, je l'espère, sans retarder ma guérison, monter à l'autel le mardi de Pâques... Je ne dois pas cependant te dissimuler que la guérison marche lentement, et que, pour l'obtenir, je dois rester au repos le plus possible. »

Les Carmélites, ayant appris la maladie du P. de Plas, se souvinrent des paroles d'édification que l'humble religieux aimait à leur adresser, lorsqu'il habitait chez les Petites-Sœurs des pauvres, et elles envoyèrent au cher malade ce qui devait le mieux convenir à son estomac délicat. Nous ne pouvons qu'admirer ce charmant épisode qui rappelle ces nobles sentiments de pure affection qu'on rencontre si souvent dans la vie des Saints. « Les Carmélites, qui sont très pauvres, raconte le P. de Plas dans une lettre à sa sœur, m'ont envoyé des œufs frais de leurs poules. J'en ai été extrêmement touché, et j'ai écrit à la Révérende Mère Prieure, que j'aurais voulu pouvoir emprunter la plume de M. Violeau, poète breton de mes amis, qui habite près du Carmel, pour exprimer la reconnaissance que cette aimable attention m'inspirait. Si Dieu permet que j'aille encore faire une causerie pieuse au Carmel, je trouverai moyen, je pense, de montrer tout le bien que produit l'esprit de charité, même dans les plus petites choses. »

Le P. de Plas, après sa guérison, put retourner au Carmel remercier les Filles de sainte Thérèse de tout ce qu'elles avaient fait pour lui par leurs ferventes prières, leur exquise charité, et les exhorter à apprécier de plus en plus le bonheur de la vie religieuse. Mais les Carmélites ne s'étaient pas contentées de prier et d'agir, elles avaient écrit au cher malade comme des enfants à leur père, une lettre pleine de vénération et d'enjouement dont le P. de Plas fut vivement ému.

J. M. J. T.   Carmel de Saint-Joseph, 30 mars 1887.

« Mon vénéré et si bon Père.

» Tout pour Jésus !

» Nous avons toutes été bien touchées de vos lignes si reconnaissantes, pour le modeste présent du Carmel. Vous trouvez même, mon bon Père, que la prose ne suffit pas à exprimer vos sentiments; vraiment, cela montre comme on conserve toute sa courtoisie, en entrant dans la marine du bon Jésus.

» Notre principale pensée, mon vénéré Père, en vous envoyant les œufs de nos petites poules qui, entre parenthèse, montrent par leur chant qu'elles ne sont pas peu fières, c'est de vous prouver qu'au Carmel on prie sans cesse pour vous, et que nous demandons à Dieu qu'il vous guérisse promptement, afin que vous veniez encore à la grille dire à nos cœurs reconnaissants l'*immense bonheur* d'avoir été appelées à la vocation religieuse.

» Veuillez, mon vénéré et si bon Père, nous envoyer votre bénédiction, elle nous portera bonheur; et croyez, je vous prie, au profond et religieux respect que vous offre en Notre-Seigneur votre humble et petite servante. »

Préoccupé de la pensée de sa fin prochaine, le P. de Plas, dès qu'il se sentit capable de voyager, demanda l'autorisation de devancer l'époque habituelle de sa retraite annuelle, et le R. P. Labrosse, provincial, le fit accompagner à Quimper où il arriva le 1er juin. « Dieu permet, écrit-il le 3, que je commence ma retraite dans de bonnes conditions de santé et d'esprit. Puissé-je en tirer quelque fruit et grandir dans son amour ! Il est assez probable que c'est la dernière. Donc penser que j'arrive au terme, que cette année peut être ma dernière, ce mois le dernier, cette journée, cette heure, cette minute les dernières de ma vie, et ne négliger, avec la grâce de Dieu, aucun des précieux moments qu'il me donne. *Carpe diem, carpe horam, carpe momentum* : ce n'est pas un jour, ce n'est pas une heure, c'est le moment qui passe que Dieu me demande et que je dois lui donner de grand cœur. »

Le 11, le P. de Plas revint à Brest, réconforté par la solitude au physique comme au moral. Le docteur de Léséleuc lui permit quelques petites promenades, et il en profita, dès le lendemain, pour aller entendre la messe de huit heures à la chapelle du Refuge et jeter un coup d'œil sur le port de commerce et la rade. « *Quid retribuam Domino ?* s'écria-t-il, en rentrant dans sa chambre, le cœur débordant d'un saint enthousiasme. Que vous rendrai-je, ô mon Dieu, pour tout ce que vous avez daigné faire en ma faveur, pour ces premières heures de la journée que vous m'avez permis de vous offrir ? La matinée est magnifique, le cours d'Ajot dans toute sa splendeur. Comme les beautés de la nature, comme la mer, comme les coteaux qui bordent l'horizon, comme les plantes et les fleurs gagnent à être contemplés en se rappelant qui leur a donné l'être, et de qui nous tenons le pouvoir d'aimer, de goûter ce qui est beau!

« Il convient, ajoute-t-il, en faisant un retour sur lui-même, de constater une amélioration dans mes aspirations. J'ai exprimé autrefois le désir de mourir comme d'Assas ou comme le vieil Eléazar. Ce désir, j'espère ne le conserver que suivant le bon plaisir de Dieu, et je tâche de ne rien souhaiter d'éclatant, rien qui fasse honorer mon nom et ma mémoire parmi les hommes, soit durant ma vie, soit après ma mort. »

A l'approche de l'hiver, le P. de Plas sentit de nouveau ses forces diminuer; mais pendant que le corps s'affaiblissait, il lui semblait, disait-il, que son esprit s'éclairait de plus vives lumières, que son cœur s'embrasait d'un plus grand amour pour Dieu. Obligé de garder la chambre pendant quelques jours, il ne resta pas oisif; il entreprit de donner des leçons d'histoire à un maréchal des logis de gendarmerie, jeune homme intelligent, mais dénué d'instruction, qui lui paraissait devoir être un bon officier plus tard. « Je fais mon possible, disait-il, pour lui apprendre les grands événements historiques au point de vue chrétien. » Le 18 novembre, il put encore accepter l'invitation du Père spirituel qui, obligé de s'absenter, l'avait prié de le remplacer pour l'exhortation à la communauté. « C'est une tâche qui me paraît facile, disait-il, à raison de la communion de pensées et de sentiments avec l'auditoire. Me dégager autant que possible de tout désir de produire un effet qui me soit favorable; n'avoir d'autre but, à l'aide des saints Pères et de la sainte Ecriture, que d'encourager à la piété, à l'amour de Dieu et de la Compagnie. Invité à prêcher un *Triduum* de préparation à la fête de la Présentation de la très Sainte Vierge dans une communauté de Poitiers, il eût volontiers suivi l'inclination de son cœur vers cette ville, où l'appelaient les vœux ardents d'une famille aimée (1); mais il crut prudent, après avis de son Supérieur, de ne pas entreprendre un long voyage dont ses forces ne lui auraient point permis de supporter la fatigue.

Le 7 décembre, le P. de Plas commença un dernier cahier de son *Journal*, qu'il ne devait pas achever. « Hier, écrit-il, j'ai accompli ma soixante-dix-huitième année. Je commence ce journal en me disant : l'achèverai-je ? Ne pas me troubler, ne pas m'inquiéter ; *non potest esse nisi bonum, quidquid de me feceris*. M'appliquer à ne perdre aucun des précieux moments que Dieu me donne; n'aspirer qu'à grandir en reconnaissance et en amour de Dieu. »

Quatre mois allaient s'écouler encore, avant que Dieu ne rappelât à lui son fidèle serviteur ; mois de préparation à la mort, pendant lesquels cette âme d'élite, après avoir passé quelque temps par le creuset de l'épreuve, devait jouir comme d'un avant-goût du bonheur céleste.

Jusqu'à l'époque où nous sommes arrivés, la plus grande peine intérieure du P. de Plas avait consisté à n'avoir pas d'épreuves. Cette privation de croix, qui sont regardées comme une marque de l'amour de Dieu envers ses élus, lui causait une véritable souffrance ; mais il était trop résigné à la volonté divine pour que cette souffrance elle-même ne disparût pas devant son acceptation généreuse. « Pourquoi, avait-il écrit le 11 mars 1879, dans l'inquiétude où je me trouve que ma vie est *trop douce*, n'ayant pas été soumis à de grandes épreuves, ne m'appliquerais-je pas la parole

(1) Madame la comtesse M. de V***, nièce du P. de Plas, à l'exemple des meilleures familles du Poitou et de la Vendée, était venue s'établir à Poitiers pour l'éducation de ses enfants.

de Notre-Seigneur à saint Pierre : *Domine quo vadis ? Respondit Jesus : Quo ego vado, non potes me modo sequi : sequeris autem postea.* (1) Dieu qui voit mes désirs connaît aussi mes forces. S'il ne m'envoie pas de rudes épreuves, c'est qu'il ne trouve pas en moi une foi assez ferme, une volonté assez énergique pour les supporter. Il daigne attendre : *Sequeris me postea.* »

Cette explication, dictée par l'humilité plutôt que par la vérité, satisfaisait ce disciple de Jésus crucifié, qui ne recula jamais devant aucun sacrifice. Pour nous, sans approfondir d'aussi généreux scrupules, contentons-nous d'adorer les secrets de Dieu et d'admirer ses desseins de miséricorde sur les âmes.

Quoi qu'il en soit, le moment de la purification dernière approchait. « La pensée que Dieu, en nous conservant la vie, écrit le P. du Plas le 16 décembre, nous permet d'implorer sa miséricorde et la grâce d'avancer dans son saint amour, devrait nous remplir de joie; mais, malgré nous, l'âme a ses brumes, l'esprit sa tristesse, le cœur ses désolations. » Il reconnaissait l'utilité de ces épreuves intérieures que Dieu envoie aux justes pour les purifier davantage; loin de les repousser avec murmure, il les acceptait avec résignation; il en bénissait la volonté divine, lui demandant de ne pas épargner sa faiblesse. « Je prie Dieu, dit-il le 4 janvier 1888, de me faire la grâce d'utiliser pour mon salut ces peines qu'il m'envoie, et de m'imposer les souffrances expiatoires que je n'ai pas le courage d'affronter de moi-même. »

« Je veux bénir et remercier Dieu, ajoute-t-il, de daigner me mettre dans la voie suivie par les justes,

---

(1) « Seigneur, où allez-vous ? Jésus répondit : Vous ne pouvez encore me suivre où je vais, mais vous m'y suivrez plus tard. » Joann., XIII, 36.

depuis Abel jusqu'au temps présent. On m'entoure de soins pour arrêter la faiblesse que les années ont amenée, surtout depuis quelques mois. *Non recuso laborem*; mais on ne trouve pas à m'utiliser, et je ne vois pas moi-même à quoi je puis servir. La vie des Saints qui fuyaient le monde pour trouver la solitude dans le désert, doit me consoler de mon inaction en pleine société, puisqu'elle m'est imposée par les circonstances et la volonté divine. »

Pendant tout l'hiver, la santé du P. de Plas continua d'être bonne, ce qui ne l'empêcha pas de sentir chaque jour l'affaiblissement de ses forces physiques. Il remerciait Dieu de l'avertir par des signes évidents que la fin approchait. « Qu'est-ce que la vieillesse, se demande-t-il, sinon une montée au Calvaire, une marche plus ou moins rapide vers la mort, à travers des difficultés, des souffrances, des inquiétudes qui vont le plus souvent augmentant à mesure qu'on approche du terme ? » Et repassant en lui-même l'amertume de cette triste vie, il s'écrie avec le Psalmiste : *Quare tristis es, anima mea, et quare conturbas me ?* « Sans doute, ajoute-t-il, il en coûte de quitter frères, sœurs et amis ; mais, à soixante-dix-huit ans, combien de nos parents et de nos amis nous appellent au ciel ! Console-toi donc, ô mon âme, car tu approches de la céleste patrie, où tu verras et tes amis et tes parents dont tu as désiré suivre les traces, et les Saints dont tu as admiré les vertus, et Dieu lui-même, bien suprême de tous les élus. » Cette pensée du ciel avait ranimé son espérance, et bientôt toutes les craintes disparurent pour faire place aux plus douces consolations. « Je demande à Dieu, écrit-il le 24 janvier, la grâce de grandir dans la conformité à sa volonté sainte, dans sa confiance et dans son amour. »

Au commencement de l'année 1888, le P. de Plas

fut atteint d'une bronchite suivie d'une maladie d'entrailles (1). On désespéra quelque temps de ses jours ; mais sa santé se rétablit. Ses amis le félicitèrent de ce retour inattendu à la vie ; lui ne s'y trompa pas. « Je m'en vais bon train, dit-il, mais je suis très heureux de m'en aller, comme je le suis de rester. La volonté de Dieu est toujours miséricordieuse et ne veut que notre bien. »

Plus voûté que jamais, raconte un de ses amis, plus faible sur ses jambes chancelantes, il avait conservé toute son intelligence sans éprouver aucune autre infirmité que la vieillesse ; mais sa conversation, toujours édifiante, ne se ressentait pas de son grand âge. Pendant une quinzaine, il alla revoir ses anciennes connaissances, comme pour prendre congé, se montrant plus expansif dans l'expression de ses sentiments. Il fit même alors, ce qui ne lui arrivait pas d'habitude, quelques retours sur le passé. « J'ai eu, disait-il, une belle et heureuse carrière ; cependant je n'ai connu la vraie félicité que depuis mon entrée dans la Compagnie de Jésus ». De quelle allégresse n'était-il pas transporté quand il abaissait les yeux sur sa chère soutane ! Son bonheur d'être Jésuite était le sujet de prédilection de ses entretiens. Sa reconnaissance envers Dieu qui lui avait ménagé tant de joie pour ses vieux jours s'exhalait en accents touchants.

A partir de la fin de janvier jusqu'au 6 avril où sa main défaillante laissa tomber sa plume, son *Journal* n'est qu'un cri de reconnaissance cent fois répété pour louer Dieu et le remercier de ses bienfaits : *Quid retribuam ?... Quid retribuam ?* Nous ne pouvons tout citer, nous choisirons les passages qui nous semblent mieux révéler le zèle ardent de cette âme déjà tout absorbée en Dieu.

(1) Cf. Article de M. Nogues dans l'*Océan*.

« *29 janvier*. — Oui, je dois le dire hautement : la foi a embelli mon âge mûr et me donne aux dernières limites de la vie mille fois mieux que les jours de la jeunesse, bien que le monde ait pu me regarder parmi les heureux de la terre. Je sens toute mon impuissance à reconnaître, comme je le voudrais, les bienfaits de mon Maître, et je ne cesse de me redire avec le Roi-Prophète : *Quid retribuam Domino, pro omnibus quæ retribuit mihi?* J'offrirai du moins à Dieu ma bonne volonté ; je lui dirai : *Bonorum meorum non eges*, mais daignez, ô mon Dieu, utiliser ma vie pour le bien de mes frères, et que votre sainte volonté trouve la mienne au comble du bonheur dans la pensée que c'est vous qui la gouvernez.

» *3 février*. — En réfléchissant sur la mort, et par suite sur le grand nombre de mes amis qu'elle a frappés, puis-je ne pas être plein de reconnaissance envers Dieu qui m'a épargné lorsque je m'affranchissais de sa loi sainte, et qui, depuis, daigne me donner un désir croissant de le servir fidèlement? Faites, ô mon Dieu, que toute mon application, que tout ce que vous me laissez de forces physiques, intellectuelles et morales, que tout en moi ne tende qu'à glorifier votre saint nom.

» *7 février*. — Combien je voudrais aimer Dieu chaque jour davantage, et mettre mon cœur pleinement d'accord avec mon esprit ! N'est-il pas évident que Dieu, source de tout bien et de qui nous tenons tout, a droit à un amour supérieur à celui que nous donnons aux plus chères affections de la famille ? Plus je réfléchis, plus je me sens porté à désirer ardemment progresser dans l'amour de Dieu, certain que, si cette grâce est obtenue, je serai plus utile à mon pays, à ma famille, à la Compagnie qui a bien voulu m'admettre dans son sein.

» *17 février.* — Mon âme déborde de joie, ce matin. Oh! comme je voudrais avoir assez d'intelligence pour éclairer le prochain et ramener quelques pécheurs! Combien je voudrais persuader aux indifférents et aux impies qu'ils sont la dupe du démon, et qu'il n'est jamais trop tard pour briser les chaînes qui les retiennent dans l'esclavage!

» *20 février.* — Je suis dans un de ces jours où la consolation déborde de mon cœur; où je voudrais m'écrier avec le Roi-Prophète : *Venite, audite, et narrabo, omnes qui timetis Deum, quanta fecit animæ meæ* (1), ou avec la Sainte Vierge : *Fecit mihi magna qui potens est.* Oui, quand je pense d'où m'a tiré la miséricorde de Dieu, je ne puis y voir qu'un prodige de bonté.

» *1ᵉʳ mars.* — Les consolations abondent, au point de me faire dire avec saint François Xavier : « *Satis,* » *Domine, satis!* C'est assez, mon Dieu, pour la terre; » je ne suis pas digne d'approcher si près de vous. »

» *15 mars.* — Mes cahiers de notes contribuent beaucoup à soutenir mon esprit et à réchauffer mon cœur. A l'exemple du Roi-Prophète, j'appellerai toutes les créatures à louer Dieu, particulièrement celles qui embellissent notre mémoire et charment nos souvenirs. — Louez Dieu, Jérusalem; louez Dieu, Palerme, Alexandrie, Smyrne;

---

(1) « Venez, écoutez, et je vous raconterai, à vous tous qui craignez Dieu, quelles grandes choses il a faites à mon âme. » Ps. 65, 16.

» Louez Dieu, rade de Paros, d'Égine et de Salamine ;

» Louez Dieu, Montevideo, Buenos-Ayres, Rio-Janeiro et Lima, ville des rois.

» Louez Dieu, rivières de France : Loire, Seine, Gironde, Rhône ;

» Louez Dieu, Paris, Londres, Madrid, Séville ;

» Louez Dieu, Cordillère des Andes ; et vous, Etna et Vésuve, volcans d'Italie ;

» Louez Dieu, baie de San Miguel et de San Salvador, du Centre-Amérique.

» Louez Dieu, frères, sœurs, parents, frères en religion ;

» Louez Dieu, amis qui êtes encore de ce monde, et vous qui êtes déjà admis au céleste séjour.

» *18 mars*. — C'est le cas ou jamais de redire de tout cœur : *Quid retribuam Domino ?*... Mais, si le seul espoir du ciel donne un tel bonheur, que sera-ce de la réalité ?... Oh ! mon Dieu, vous aimer et vous faire aimer, quel admirable partage sur cette terre d'exil ! *Hæc est autem vita æterna, ut cognoscant te, solum Deum verum, et quem misisti Jesum Christum.* »(1)

» *22 mars*. — *Quid retribuam Domino ?* Il y a des moments où il plaît à Dieu de nous faire comme monter au Thabor, pour nous inonder de joie. C'est ce qui a eu lieu ce matin pour moi. Je ne puis désirer ardemment aimer Dieu qu'autant qu'il daigne m'en inspirer la pensée : *Sine me nihil potestis facere.* C'est Dieu, le Père des pères, qui, par le précepte de Notre-Seigneur Jésus-Christ, son divin Fils, *præceptis salu-*

---

(1) « Or, telle est la vie éternelle : qu'ils vous connaissent, vous, le seul vrai Dieu, et celui que vous avez envoyé, Jésus-Christ. » *Joann.*, XVII, 3.

taribus moniti, m'autorise à l'appeler du doux nom de Père.

» *24 mars.* — Je ne sais quel calife de Cordoue, prince heureux dans toutes ses entreprises, bon et juste d'ailleurs, autant que peut l'être un Arabe mahométan, disait qu'il ne comptait pas un seul jour de bonheur complet durant toute sa vie. — Maine de Biran, député, questeur, académicien à cinquante ans, était attristé et découragé de vieillir et de ne pas plaire comme dans la jeunesse. — Et moi, à soixante-dix-huit ans, après avoir compté beaucoup de bons jours, je n'ai jamais été aussi heureux. *Benedic, anima mea Domino !*

» *27 mars.* — Mon âme déborde de joie : *Magnificat, anima mea Dominum.* Dieu daigne me raffermir dans la consolante espérance de faire mon salut. Je voudrais pouvoir écrire en lettres d'or et en grands caractères : Quid retribuam Domino, pro omnibus quæ retribuit mihi ?

» *Vendredi-Saint, 30 mars.* — *Quid retribuam Domino ?* D'où peut venir cette immense satisfaction de l'âme en ce jour où nous devrions être plongé dans une mer d'amertume avec notre divin Sauveur, la très Sainte Vierge, saint Jean l'Evangéliste, et les saintes femmes, si ce n'est que j'ai fait de mon mieux pour bien employer les heures écoulées depuis mon lever ? Oh ! mon Dieu, comme je voudrais élever ma reconnaissance à la hauteur de vos bontés !

» *Lundi de Pâques, 2 avril.* — *Quid retribuam Domino ?* Il ne me paraît pas possible d'être plus heureux que je le suis sur cette terre. J'entrevois comme l'aurore des collines éternelles du paradis. — Dieu daigne me faire connaître que la mort ne peut tarder. Mes forces physiques sont tellement diminuées que j'ai considéré comme trop hardi d'aller à la messe de huit heures au Refuge, ce matin ; et, ce soir, malgré mon vif désir d'assister au salut dans la même chapelle, je n'ai pas hésité à rester, par la crainte de n'avoir pas la force de m'y rendre. »

Deux jours après, le P. de Plas se sentit encore assez de force pour sortir et prier dans la chapelle du Refuge ; mais, en revenant par le cours d'Ajot, il dut, pour éviter une chute, s'appuyer sur le bras d'un retraité de la marine, qui le conduisit jusqu'à la rue Foy. En le quittant à la porte de la maison, l'ancien commandant dit gaiement au vieux maître : « Je crois que je viens de tirer ma dernière bordée. » Il se rendait bien compte de son état ; ce fut, en effet, sa dernière sortie. Le soir, il écrivit dans son *Journal* : « Dieu permet que je dise après Notre-Seigneur Jésus-Christ : « Ma nourriture est de faire la volonté de mon Père » qui est au ciel. »

Le lendemain, 5 avril, le P. de Plas nota les nouveaux signes que Dieu lui donnait d'être prêt. « Mes jambes faiblissent et je ne puis marcher, même dans ma chambre, sans risquer de tomber ; j'espère n'être pas longtemps à charge à nos Pères et Frères... Le bon Dieu, ajouta-t-il, me comble de bienfaits. Que ne puis-je témoigner ma reconnaissance comme je le dois ! *Quid retribuam ?* »

« *Quid retribuam ?* s'écrie-t-il une dernière fois, le 6 avril. Voilà plus de huit jours que je nage dans la consolation. Oh ! que Dieu est bon pour moi, mille fois plus que je ne le mérite !... » Il avait commencé une dernière phrase, se demandant comment il « oserait se présenter au ciel, » après tant de satisfactions et de joies ; mais sa main défaillante laissa tomber la plume, qui ne put achever l'expression de sa pensée.

Le 8 avril, le P. de Causans, sur le point de quitter la maison pour aller prêcher deux retraites consécutives au Mans et à Nantes, fit les adieux ordinaires à la communauté. Comme s'il eût pressenti qu'il ne reverrait plus son supérieur, le bon P. de Plas, après l'avoir embrassé, se mit à genoux avec beaucoup de peine, et, d'une voix déjà embarrassée qui émut vivement tous ceux qui étaient présents, il demanda une dernière bénédiction, ajoutant avec le plus grand calme et les yeux au ciel qu'il pourrait bien ne pas attendre le retour...

Les jours suivants, le vénérable vieillard perdit l'appétit et les forces diminuèrent de plus en plus. A chaque instant il faisait des chutes dangereuses ; mais il continuait de vouloir rester debout, comme un soldat à son poste. « Que je suis donc heureux ! » disait-il à ceux qui venaient le relever, lorsqu'on l'entendait tomber. Il craignait toujours de n'en pas faire assez ; mais Dieu, plein de bonté, accorda de larges compensations à sa générosité ; et jusqu'au dernier soupir, il continua d'inonder son âme d'inexprimables consolations.

« Si j'ai le temps de me reconnaître avant ma dernière heure, avait-il dit une fois, je verrai combien Dieu a été miséricordieux pour moi. » Dans ces derniers jours, il s'entretint allègrement de sa fin prochaine et du bonheur du ciel avec les Pères qui venaient le voir. *Misericordias Domini*, s'écriait-il fréquemment, *in æternum cantabo!*

Le 11 avril, qui était un mercredi, jour consacré à saint Joseph, patron de la bonne mort, le P. de Plas, qui n'avait plus la force d'écrire, put encore relire ce qu'il avait noté dans son *Journal*, le 19 mars, fête de ce grand Saint. « *Ite ad Joseph.* C'est sous son patronage, c'est après l'avoir invoqué avec ferveur, que je me suis décidé à entrer dans la Compagnie de Jésus, alors que le médecin de Blois me donnait cinq ou six ans de vie. Combien Dieu a dépassé en miséricorde toutes mes espérances ! *Quid retribuam Domino ?* oh! oui, *quid retribuam ?* Saint Joseph, daignez m'aider à connaître combien Dieu a été bon pour moi : *Quam bonus Deus Israël sperantibus in eum !* » Et jetant un coup d'œil sur le passé, il ne cessait d'admirer avec quelle tendre sollicitude il avait plu à Dieu de le maintenir en sa grâce, de le conduire au port du salut.

« Ce qui m'a frappé chez le P. de Plas, nous écrit un témoin de ses derniers jours, c'est d'abord son amour pour la Compagnie de Jésus, sa joie d'avoir renoncé à tous les honneurs du monde pour vivre dans l'humilité de la vie religieuse ; il revenait sans cesse sur ce sujet, et le bonheur qu'il éprouvait de sa vocation, excitait dans le cœur de ceux qui l'entendaient les sentiments d'une vive reconnaissance pour un si grand bienfait.

» A ce tendre amour pour la Compagnie, sa mère, il joignait une dévotion ardente pour Jésus-Hostie. Il passait un temps considérable en adoration devant le très Saint-Sacrement. Dieu lui fit la grâce de pouvoir célébrer la sainte messe jusqu'au dimanche qui précéda sa mort ; malgré son extrême faiblesse, il ne cessa alors que sur l'avis de son directeur qui l'engagea à se reposer quelques jours. » Cette privation fut un de ses plus grands sacrifices, bien qu'il pût encore assister à la sainte messe et y faire la communion.

Ses forces physiques l'abandonnaient peu à peu, mais son cœur battait toujours d'un grand amour pour la gloire de Dieu, d'un zèle ardent pour le salut des âmes. Comme il désirait vivement la conversion de trois officiers généraux, ses amis, il avait organisé une espèce de ligue ou association de prière, pour laquelle il s'était assuré le concours de plusieurs personnes pieuses et dévouées. L'une d'elles, madame de C***, vint le voir au parloir, pour l'entretenir de ce projet qu'il avait tant à cœur. Le bon Père descendit l'escalier difficilement et finit par trébucher. La chute heureusement n'était pas grave, mais ce fut la dernière. Il fallut se résigner à garder la chambre.

« Bien que le cher malade se confessât tous les jours, raconte le P. spirituel de la maison, il apportait à la réception du sacrement une longue préparation, comme si c'avait été pour paraître devant Dieu. Ne pouvant presque plus marcher, il aurait encore voulu aller lui-même trouver son confesseur; il fallut presque un ordre pour l'obliger à ne pas quitter sa chambre, où il attendait avec une exactitude militaire. Si le prêtre devançait le moment fixé : « Il n'est pas l'heure, mon Père, observait l'ancien » commandant, je ne suis pas prêt. »

La veille du jour où il fut complètement arrêté, le P. de Plas qui, depuis quelque temps, consentait à rester assis pendant sa confession, voulut se mettre à genoux, disant qu'il se sentait un peu plus fort. Le lendemain matin, fidèle jusqu'au seuil de l'éternité à sa dévotion d'assister au saint sacrifice, il se traîna péniblement à la chapelle, afin d'entendre la messe de son directeur, qui partait à six heures pour prêcher une retraite ; mais il ne put se lever pour faire la sainte communion. On ramena dans sa chambre le bon vieillard qui, absorbé en lui-même, ne se rendait guère compte de son état de prostration ; puis on appela immédiatement le médecin qui arriva vers huit heures. Le docteur de Léséleuc, constatant une diminution sensible et progressive des forces, conseilla d'administrer le vénérable mourant le plus tôt possible. C'est assis dans un fauteuil que le P. de Plas reçut en parfaite connaissance et avec la plus grande édification les derniers sacrements.

Avant de lui donner le saint viatique, le P. Ministre, qui remplaçait le P. Supérieur absent, adressa à l'ancien commandant ces touchantes paroles : « Mon Révérend Père, vous avez entrepris durant votre vie de longs et nombreux voyages ; il vous reste encore une traversée à faire avant d'arriver au port, où vous prendrez votre retraite définitive. On sait avec quelle largesse, avec quelle courtoisie, vous traitiez les passagers à votre bord. Eh bien, en ce moment, je vous présente une nourriture plus exquise que tous les aliments de terre et de mer : c'est le corps de Notre-Seigneur Jésus-Christ, qui doit garder votre âme pour la vie éternelle. Oui, il vient à vous, ce Jésus du tabernacle, que vous avez tant aimé et si bien servi sur la terre, pour vous aider à franchir le dernier passage et vous conduire au ciel. » Un fin sourire du vieux marin montra qu'il avait tout compris.

Vers le milieu du jour, la faiblesse augmentant sans cesse, le P. de Plas consentit, parfaitement calme et résigné, à se laisser mettre au lit, d'où il ne devait plus se relever. Il perdit connaissance dans la nuit et s'éteignit doucement le 19 avril, vers trois heures de l'après-midi, à l'heure même où le divin Maître avait consommé son sacrifice sur le Calvaire. « Votre saint frère, écrivit le P. Marsille à mademoiselle Élisa de Plas, a rendu sa belle âme à Dieu sans douleur, sans agonie ; il s'est vraiment endormi du sommeil des justes. »

A peine la nouvelle de la mort du P. de Plas s'était-elle répandue en ville, que ses amis et connaissances s'empressèrent de témoigner leur plus vive sympathie pour l'ancien commandant. On eût dit un deuil public, tellement les visiteurs vinrent en grand nombre s'agenouiller auprès du lit funèbre où reposait la dépouille mortelle de l'humble religieux. Parmi les pieuses personnes qui tinrent à dire un dernier adieu au P. de Plas, nous ne pouvons oublier madame l'amirale Romain Desfossés, qui avait toujours conservé la plus affectueuse estime pour l'ancien chef d'état-major du ministre de la marine. Octogénaire et privée presque complètement de la vue, elle voulut faire une prière près de l'ami si dévoué qu'elle pleurait comme un membre de sa famille, et qu'elle implorait comme un protecteur au ciel.

Une grave question se présentait à résoudre pour le jour de l'enterrement. Le drapeau de l'armée, escorté de la musique militaire et du contingent de troupes réglementaire, viendrait-il, au moins à domicile, saluer la croix de commandeur de la Légion d'honneur, le capitaine de vaisseau en retraite, que d'iniques décrets avaient frappé comme religieux, comme Jésuite? C'était le droit du défunt; mais ses frères en religion pouvaient-ils accepter pour lui un pareil honneur, au moment où les officiers catholiques le refusaient pour protester contre le décret qui interdisait aux troupes l'entrée à l'église? On sut que l'autorité militaire était diposée à envoyer les troupes; mais on refusa ce que le P. de Plas n'aurait pas accepté lui-même. D'ailleurs, à ses obsèques, qui eurent lieu le 21 avril, il y eut mieux que des troupes assistant par ordre; « toute la ville de Brest », raconte M. Nogues, s'y rendit d'un élan spontané, « pour réaliser cette parole du cantique qui ne trouva jamais meilleure application : *Et exultavit humiles.* »

Les funérailles furent célébrées à l'église de Saint-

Louis, le samedi, à neuf heures et demie. Une foule immense de tous rangs et de toutes conditions, lisons-nous dans l'*Océan* de Brest, où étaient notamment représentées la marine et l'armée, suivait le convoi du prêtre zélé qui, après une brillante carrière maritime, après avoir servi la France avec l'épée, avait consacré à Dieu dans l'apostolat, la mortification et la prière, la dernière partie de sa vie.

MM. de Guilhermy, capitaine de vaisseau en retraite, commandeur de la Légion d'honneur; Jenner, ingénieur en chef des ponts et chaussées, directeur des travaux hydrauliques; Pener, ancien professeur de philosophie, qui fut directeur de l'école libre de Notre-Dame de Bon-Secours, à l'époque des décrets; Georges Romain Desfossés, fils de l'amiral, tous amis du défunt, portaient les coins du poêle.

Sur le cercueil, on voyait l'étole du prêtre et la croix de commandeur de la Légion d'honneur avec celle de l'ordre du Saint-Sépulcre.

Derrière venaient les élèves de la petite école libre de Notre-Dame de Bon-Secours, chargés de couronnes fort belles, suprême témoignage d'un immortel souvenir, spontanément offertes par la vénération, la gratitude et l'affection au digne religieux, objet de tant de respect et d'amour.

Le deuil était conduit par la famille religieuse du défunt et par quelques amis représentant la famille de Plas, dont les membres, ou trop âgés ou trop éloignés des voies rapides de communication, n'avaient pu arriver à temps.

Puis suivait un nombreux cortège comme en on voit rarement, dans lequel on remarquait : le contre-amiral major général de la marine et le contre-amiral major de la flotte; la plupart des chefs de service; des officiers supérieurs et autres des divers corps de la marine et de l'armée ; des députations de toutes les communautés religieuses de la ville. Détail attendrissant, tous les membres du *Cercle catholique d'ouvriers*, ainsi que tous les vieillards valides de l'asile des Petites-Sœurs des pauvres, avaient tenu à venir assister aux obsèques de celui qui fut pendant plusieurs années leur aumônier volontaire.

Sur tout le parcours, les spectateurs donnaient les marques non équivoques du plus profond respect et du plus sympathique intérêt. Ils se rappelaient avec édification, dit M. Nogues, le saint religieux qu'ils avaient vu si souvent à travers les rues et dans les églises, perdant peu à peu ses forces, mais allant toujours sans s'écouter jamais, priant sans cesse, montrant une humeur si égale, une humilité si grande, et laissant voir, malgré lui, le contentement, le bonheur dont il jouissait.

Dans le chœur de l'église Saint-Louis, plus de trente prêtres assistaient en surplis : parmi lesquels MM. les curés de Saint-Sauveur et de Saint-Martin, chanoines honoraires. M. le vice-amiral préfet maritime, commandant en chef, était présent, en tenue de ville, au service funèbre.

La messe des morts fut chantée par M. l'abbé Bontemps, aumônier du *Borda* ; M. l'abbé Vathelet, aumônier de la *Bretagne* et de l'*Austerlitz*, et M. l'abbé Bizien, aumônier de l'hôpital maritime, remplissaient les fonctions de diacre et de sous-diacre.

Après l'absoute, le convoi, précédé du clergé, se dirigea vers le cimetière. Au moment où on allait jeter de l'eau bénite sur le cercueil, M. le contre-amiral major de la flotte s'avança, et, en quelques paroles venues du cœur, dit un suprême adieu à l'ancien frère d'armes, son aîné, qui, après une brillante carrière, ne jugeant pas son devoir accompli, était passé de la milice de l'État dans celle du vaillant héros de Pampelune.

Nous ne saurions mieux terminer cette biographie de François de Plas qu'en reproduisant, textuellement, les chrétiennes et éloquentes paroles de l'amiral de Cuverville, qui résument si parfaitement la vie du marin et du Jésuite.

« Messieurs,

» Puisqu'il m'est donné d'être, au bord de cette tombe, l'un des représentants de la marine active, je ne puis la quitter sans dire à celui dont elle va renfermer la dépouille mortelle et qui fut l'un des nôtres, un suprême adieu !

» Ce n'est ici ni l'heure, ni le lieu de retracer ce que fut la carrière du vaillant chef, du vénéré religieux auquel nous rendons les derniers devoirs.

» Cette vie, si féconde en enseignements, en exemples de dévouement, d'abnégation et d'humilité parfaites, sera retracée, j'en ai l'espoir, par ceux qui furent ses frères dans la foi !

» A l'heure où tous, d'ordinaire, s'apprêtent à jouir d'un repos bien gagné, le commandant de Plas entrait dans la vie religieuse ; il prenait rang dans cette illustre Compagnie qu'il avait appris à connaître, à aimer, au cours de ses campagnes lointaines, et qui resta toujours fidèle à cette devise : « Dieu et Patrie », qui est aussi la devise de nos vaisseaux.

» Il est venu au milieu de vous achever de dépenser ses forces dans la pratique de la charité et du renoncement le plus complet ; nous pourrions citer de nombreux exemples du dévouement avec lequel il se consacra au service de ces marins qui, jusqu'à son dernier jour, absorbèrent la meilleure part de ses affections terrestres.

» Aussi, messieurs, est-ce pour nous un devoir étroit de gratitude, de prier pour celui qui vient de nous quitter, bien que nous ayons la confiance que le Dieu juste et bon, qu'il servit ici-bas avec tant de fidélité, lui a déjà donné la récompense de sa vie méritante.

» Vénéré chef et Père !

» Nous avions la même foi et nous partagions les mêmes espérances ; en vous disant adieu, nous vous disons au revoir ! »

« Ne le pleurons pas, ajouterons-nous plein d'espérance, avec le cardinal Desprez ; la Compagnie, en perdant le P. de Plas, compte un saint de plus au ciel ! »

Jusqu'à ce jour, le P. de Plas n'a dans le cimetière d'autre monument que celui de la pauvreté religieuse, une simple croix de bois avec cette épitaphe :

P. Fr. Robinet de Plas, sac. J.-S. obiit
Die 19 aprilis 1888.

Parvenu au terme de cette intéressante histoire, qui comprend une durée de près de quatre-vingts ans, de 1809 à 1888, qu'il nous soit permis de jeter un regard d'ensemble sur cette belle et sainte vie. Elle peut, nous semble-t-il, être proposée dans sa première partie comme un modèle d'honneur aux hommes du monde, et dans sa seconde et sa troisième partie, comme comme un modèle de toutes les vertus aux âmes chrétiennes et religieuses.

François de Plas, enfant, jeune homme, officier, prêtre, a toujours été par-dessus tout et en toutes choses, *l'homme du devoir*. Même avant d'être transfiguré par la grâce, il connaissait déjà tout le prix du désintéressement et n'aspirait jamais à rien de bas. L'esprit de famille, soutenu par le sentiment chrétien, fut le mobile de ses premières années : *Noblesse oblige!* Comme officier de marine, il eut sans doute ses moments de faiblesse et d'égarement ; mais toujours il se fit estimer de ses chefs, parce que mieux que personne il se soumit à la discipline. « Le *Journal* de ma jeunesse, écrivait-il le 28 juin 1880, me porte à faire cette réflexion : C'est que toute carrière où l'homme a un emploi de sa vie bien déterminé, prévient beaucoup de de mal, diminue les occasions de chute, et nous dispose au bien par l'application que nous mettons à remplir nos devoirs. »

Commandant à bord des vaisseaux ou dans les arsenaux, on le vit sans cesse préoccupé, pour les hommes placés sous son autorité, du respect de la loi morale, en même temps que de la discipline militaire et du bien-être matériel. « J'ai servi pendant un an sous ses ordres, comme commandant en second du *Solferino*, nous écrivait le 18 juillet 1888, M. le vice-amiral Krantz, alors ministre de la marine. Le souvenir des relations agréables, je dirai même affectueuses, que j'ai eues avec lui est toujours présent à mon esprit. Le commandant de Plas s'était d'ailleurs acquis dans la marine le respect et l'estime de tous par l'élévation de son caractère, ses qualités de chef intègre et bienveillant, le sentiment profond du devoir, enfin par la sincérité de ses convictions religieuses. »

Avec de telles aspirations vers le vrai, le beau, le bien, et cachant sous une froideur apparente des trésors de tendresse, comment n'aurait-il pas été le plus charitable des hommes ; comment cette charité n'aurait-elle pas élevé son âme jusqu'à Dieu, source de tout amour; et comment, à la fin de sa carrière maritime, cet amour de Dieu ne l'aurait-il pas conduit à la perfection des conseils évangéliques? Nous avons raconté cette vie de réparation et de zèle, toute cachée en Dieu avec Jésus-Christ, qui avait fini par exercer autour de lui une réelle influence. Autant il se montrait désireux et fier d'honorer la religion, autant il était humble et modeste pour ce qui ne touchait que sa personne. Servir son pays et l'Église, et passer inconnu en faisant le bien, tel fut l'idéal qu'il essaya de réaliser; mais plus il y parvint de son vivant, plus s'imposait après sa mort l'obligation d'évoquer un si glorieux souvenir.

Puissent donc les exemples de ses vertus ne pas être perdus pour ceux, quel que soit leur âge, qu'il aimait à appeler ses compagnons d'armes! Aux jeunes gens dont les débuts ont été semés de nombreux écueils, il apprendra à dompter leurs passions, à faire un noble emploi de leurs forces; aux ouvriers de la onzième heure, il montrera qu'il est encore temps, avec l'aide de Dieu, de racheter par l'intensité du travail, une vie follement dissipée, et de recevoir le salaire de la journée entière.

Puissent ces pages consacrées à la mémoire de François de Plas, en faisant revivre une si sympathique physionomie, consoler le cœur de ceux qui lui furent unis par les liens du sang ou de la religion, de l'amitié ou de la reconnaissance! Puissent-elles, en lui suscitant un grand nombre d'imitateurs, leur faire mieux comprendre cette double leçon qui ressort de sa vie tout entière : que la perfection de l'âme est indépendante de l'éclat des œuvres, et que le vrai bonheur sur la terre consiste dans la conformité à la volonté de Dieu!

Et maintenant que la tâche de l'historien est terminée, bénissez, ô mon Dieu, cet ouvrage entrepris pour glorifier vos miséricordes envers un de vos fidèles serviteurs, et daignez écouter la prière que je vous adresse avec confiance : Donnez-nous beaucoup d'âmes robustes, héritières des mâles vertus de François de Plas, et notre France, aujourd'hui si malade, ne tardera pas à être sauvée !

APPENDICE

I. — ÉTAT DES SERVICES DE M. ROBINET DE PLAS, FRANÇOIS, SECRÉTAIRE GÉNÉRAL DE LA PRÉFECTURE DE LA CHARENTE, NÉ A SAINT-ROMAIN, DÉPARTEMENT DE LA CHARENTE, LE 14 FÉVRIER 1762.

1. — *Services militaires.*

Cadet gentilhomme du 4 avril 1778.

Rang de sous-lieutenant sans appointements, du 10 mai 1780.

Sous-lieutenant, le 11 mai 1783.

Lieutenant en second, le 10 septembre 1788.

A donné sa démission, voir au 15 septembre 1788.

A rejoint l'armée de Mgr le prince de Condé à Esteinheim, le 1er janvier 1792.

A fait dans les Chasseurs Nobles les campagnes de 1792, etc., jusqu'au 1er août 1795.

Entré avec le grade de lieutenant au régiment d'Hohenloë, devenu depuis Durand, le 1er août 1795.

A continué son service actif dans le même régiment, jusqu'à l'époque du licenciement de l'armée de Mgr le prince de Condé, 1801.

Commissionné capitaine par le Roi, le 4 octobre 1792.
Blessé à l'affaire de Schusseried, le 30 septembre 1796.
Blessé à l'affaire de Steinstadt, le 24 octobre 1796.
Chevalier de l'Ordre royal et militaire de Saint-Louis, le 20 septembre 1797.
Chevalier de l'Ordre d'Hohenloë, le 20 septembre 1797.

Total des services militaires :
Services effectifs, 23 ans.
Campagnes, 9.
Blessures, 2

2. — *Services administratifs.*

Nommé conseiller de préfecture du département de la Charente, le 3 décembre 1814.

Nommé pour remplir par intérim les fonctions de sous-préfet de l'arrondissement d'Angoulême, le 11 juillet 1815.

Nommé président du collège électoral de l'arrondissement de Barbezieux, le 26 juillet 1815.

Nommé sous-préfet de l'arrondissement d'Angoulême, le 8 octobre 1815.

Nommé de nouveau conseiller de préfecture du département de la Charente, le 30 mars 1816.

Nommé encore président du collège électoral de l'arrondissement de Barbezieux, le 14 septembre 1816.

Nommé commandant de la garde nationale de l'arrondissement de Barbezieux, 24 décembre 1816.

Nommé pour remplir par intérim les fonctions de préfet de la Charente, pendant deux mois et demi, le 22 janvier 1817.

Nommé secrétaire général de la préfecture du département de la Charente, le 6 septembre 1820.

Total des services administratifs, 8 ans.
Total des services, 31 ans.

II. — ÉTAT GÉNÉRAL DES SERVICES DE M. ROBINET NÉ LE 6 DÉCEMBRE 1809 A SAINT-ROMAIN

GRADES.	NOMS DES BATIMENTS ou désignation des corps.	ÉPOQUES d'embarquement ou d'entrée au service.	de débarquement ou de cessation de service.
Élève.............	Ecole de Marine à Angoulême	9 nov. 1824.	20 sept. 1826.
Élève de 2ᵉ classe....	Port de Toulon.............	20 sept. 1826.	16 nov. 1826.
Id.............	*Victorieuse*, corvette........	16 nov. 1826.	26 sept. 1827.
Id.............	Port de Toulon.............	26 sept. 1827.	6 nov. 1827.
Élève de 1ʳᵉ classe du 1ᵉʳ septembre......	*Iphigénie*, frégate.........	6 nov. 1827.	12 nov. 1828.
Id.............	*Breslaw*, vaisseau.........	12 nov. 1828.	26 fév. 1829.
Id. et enseigne de vaisseau du 31 déc. 1830.............	*Nisus*, brick.............	26 fév. 1829.	19 nov. 1832.
Enseigne de vaisseau.	Port de Toulon.............	19 nov. 1832.	15 sept. 1833.
Id.	*Rhône*, corvette............	15 sept. 1833.	15 août 1834.
Lieutenant de frégate.	Port de Rochefort............	15 août 1834.	18 fév. 1835.
Id.............	Division de Rochefort.......	18 fév. 1835.	1ᵉʳ août 1835.
Id.............	*Ile-Madame*, goélette......	1ᵉʳ août 1835.	8 août 1835.
Id.............	*Girafe*, gabare...........	8 août 1835.	29 sept. 1835.
Id.............	*Ile-Madame*, goélette......	29 sept. 1835.	17 oct. 1835.
Id.............	*Chandernagor*, gabare......	17 oct. 1835.	1ᵉʳ déc. 1835.
Id.............	Division de Rochefort......	1ᵉʳ déc. 1835.	1ᵉʳ fév. 1836.
Id.............	*Egérie*, corvette...........	1ᵉʳ fév. 1836.	1ᵉʳ mars 1836.
Id.............	Division de Brest..........	1ᵉʳ mars 1836.	16 avril 1836.
Id.............	*Dordogne*, corvette........	16 avril 1836.	20 avril 1836.
Id. et lieutenant de vaisseau du 10 avril 1837..............	*Triomphante*, corvette.....	20 avril 1836.	30 janv. 1838.
Lieutenant de vaisseau.	Port de Rochefort..........	30 janv. 1838.	4 mars 1839.
Id.............	*Pylade*, brick....	4 mars 1839.	4 juin 1839.
Id.............	*Minerve*, frégate.........	4 juin 1839.	10 sept. 1839.
Id.............	*Alerte*, brick...........	10 sept. 1839.	24 mars 1841.
Id.............	Port de Toulon............	24 mars 1841.	16 juill. 1841.

APPENDICE

DE PLAS, FRANÇOIS, CAPITAINE DE VAISSEAU,

DÉPARTEMENT DE LA CHARENTE.

NATURE DES CAMPAGNES ou des services.	A LA MER				DANS LE PORT à bord des Bâtiments.		A TERRE En paix.	
	En paix.		En guerre.					
	Mois.	Jours.	Mois.	Jours.	Mois.	Jours.	Mois.	Jours.
A terre..................							22	11
Id......................							1	26
Mer du Levant...........	7	15	2	25				
A terre..................							1	10
Levant, expédition de Morée.			12	6				
Id......................			3	14				
Mers du Sud, en guerre jusqu'au 1er juin 1829........	41	2	3	5	»	16		
A terre..................							9	26
Méditerranée.............	11	»						
A terre..................							6	3
Id......................							5	13
De Rochefort à Bayonne....	»	7						
Côtes de France..........	1	21						
De Rochefort à Bayonne....	»	18						
De Bayonne à Rochefort....	1	14						
A terre..................							2	»
De Rochefort à Brest......	1	»						
A terre..................							1	15
De Brest à Cherbourg.....	»	4						
Station du Sénégal........	17	27			3	13		
A terre..................							13	4
Station de La Plata.......	3	»						
Id......................	»	»	3	6				
Expédition de La Plata, en guerre jusqu'au 10 fév. 1841	1	14	17	»				
A terre..................							3	22

GRADES.	NOMS DES BATIMENTS ou désignation des corps.	ÉPOQUES d'embarquement ou d'entrée au service.	de débarquement ou de cessation de service.
Lieutenant de vaisseau.	*Suffren*, vaisseau.........	16 juil. 1841.	8 oct. 1844.
Id............	Port de Rochefort.........	8 oct. 1844.	7 sept. 1845.
Id............	*Canot royal*.............	7 sept. 1845.	25 sept. 1845.
Id............	Port de Rochefort.........	25 sept. 1845.	1er déc. 1845.
Id............	Port de Toulon...........	1er déc. 1845.	21 déc. 1845.
Id............	*Ducouëdic*, brick.........	21 déc. 1845.	1er août 1846.
Id............	*Belle-Poule*, frégate........	1er août 1846.	1er sept. 1847.
Id. et capitaine de frégate du 17 oct. 1847.	Port de Brest.....	1er sept. 1847.	1er juin 1848.
Capitaine de frégate..	*Paris* (en service)........	1er juin 1848.	19 oct. 1850.
Id............	*Paris* (en congé).........	19 oct. 1850.	1er nov. 1850.
Id............	Port de Lorient..........	1er nov. 1850.	10 déc. 1850.
Id............	*Cassini*, corvette.........	10 déc. 1850.	7 août 1854.
Id............	Port de Lorient..........	7 août 1854.	1er nov. 1854.
Id............	Port de Cherbourg....	1er nov. 1854.	8 nov. 1854.
Id............	*Prince-Jérôme*, vaisseau.....	8 nov. 1854.	15 nov. 1854.
Id............	Port de Cherbourg.......	15 nov. 1854.	23 nov. 1854.
Id............	*Virginie*, frégate..........	23 nov. 1854.	20 janv. 1858.
Id............	En congé à Aubeterre......	20 janv. 1858.	19 juill. 1858.
Id............	Port de Brest............	19 juill. 1858.	1er août 1858.
Id............	Id....................	1er août 1858.	9 août 1858.
Capitaine de vaisseau.	Id....................	9 août 1858.	16 août 1858.
Id............	En résidence en Aubeterre..	16 août 1858.	1er fév. 1859.
Id............	Port de Brest...........	1er fév. 1859.	1er août 1859.
Id............	En résidence à Aubeterre...	1er août 1859.	8 août 1859.
Id............	Id....................	8 août 1859.	1er fév. 1860.
Id............	Port de Cherbourg.......	1er fév. 1860.	17 déc. 1860.
Id............	*Forfait*, aviso à vapeur..	17 déc. 1860.	24 déc. 1860.
Id............	Port de Cherbourg.......	24 déc. 1860.	9 mars 1861.
Id............	*Napoléon*, vaisseau.......	9 mars 1861.	10 mars 1861.
Id............	Port de Cherbourg.......	10 mars 1861.	14 mars 1861.
Id............	*Napoléon*, vaisseau.......	14 mars 1861.	15 mars 1861.
Id............	Port de Cherbourg	15 mars 1861.	7 mai 1861.
Id............	*Curieux*, aviso à vapeur....	7 mai 1861.	8 mai 1861.
Id............	Port de Cherbourg.......	8 mai 1861.	13 mai 1861.
Id............	*Curieux*, aviso à vapeur..	13 mai 1861.	14 mai 1861.
Id............	Port de Cherbourg.......	14 mai 1861.	4 juin 1861.

NATURE DES CAMPAGNES ou des services.	A LA MER				DANS LE PORT à bord des Bâtiments.		A TERRE En paix.	
	En paix.		En guerre.					
	Mois.	Jours.	Mois.	Jours.	Mois.	Jours.	Mois.	Jours.
Escadre de la Méditerranée, en guerre du 30 mai 1844..	34	14	4	8			10	29
A terre..................								
De Bordeaux à Rochefort....	»	18					2	6
A terre..................							»	20
Id..................								
Station de Bourbon et de Madagascar.............	7	10						
Id..................	13	»						
							9	
A terre..................							28	18
Id..................							»	12
Id..................							1	9
Id..................								
Mers de Chine, en guerre du 27 mars 1854...........	37	17	4	10	2	»	2	24
A terre..................							»	7
Id..................								
Essais à la mer............				7			»	8
A terre..................								
Mers de Chine, en guerre jusqu'au 30 mars 1856......	21	20	16	7			5	29
A terre..................							»	12
Id..................							»	8
Id..................							»	7
Id..................							5	15
Id..................							6	»
Id..................							»	7
Id..................							5	23
Id..................							10	16
							»	
Commission d'expériences...	»	7					2	15
A terre..................								
Commission d'expériences...	»	1					»	4
A terre..................								
Commission d'expériences...	»	1					1	22
A terre..................								
Commission d'expériences...	»	1					»	5
A terre..................								
Commission d'expériences...	»	1					»	20
A terre..................								

GRADES.	NOMS DES BATIMENTS ou désignation des corps.	ÉPOQUES d'embarquement ou d'entrée au service.	ÉPOQUES de débarquement ou de cessation de service.
Capitaine de vaisseau.	*Curieux*, aviso à vapeur.	4 juin 1861.	5 juin 1861.
Id.	Port de Cherbourg.	5 juin 1861.	13 juin 1861.
Id.	*Napoléon*, vaisseau.	13 juin 1861.	15 juin 1861.
Id.	Port de Cherbourg.	15 juin 1861.	27 juin 1861.
Id.	*Curieux*, aviso à vapeur.	27 juin 1861.	28 juin 1861.
Id.	Port de Cherbourg.	28 juin 1861.	7 nov. 1861.
Id.	*Marceau*, aviso à vapeur.	7 nov. 1861.	8 nov. 1861.
Id.	Port de Cherbourg.	8 nov. 1861.	15 nov. 1861.
Id.	*Normandie*, frégate.	15 nov. 1861.	17 nov. 1861.
Id.	Port de Cherbourg.	17 nov. 1861.	21 nov. 1861.
Id.	*Normandie*, frégate.	21 nov. 1861.	22 nov. 1861.
Id.	Port de Cherbourg.	22 nov. 1861.	2 déc. 1861.
Id.	*Normandie*, frégate.	2 déc. 1861.	3 déc. 1861.
Id.	Port de Cherbourg.	3 déc. 1861.	9 déc. 1861.
Id.	*Normandie*, frégate.	9 déc. 1861.	10 déc. 1861.
Id.	Port de Cherbourg.	10 déc. 1861.	12 déc. 1861.
Id.	*Normandie*, frégate.	12 déc. 1861.	13 déc. 1861.
Id.	Port de Cherbourg.	13 déc. 1861.	17 déc. 1861.
Id.	*Normandie*, frégate.	17 déc. 1861.	19 déc. 1861.
Id.	Port de Cherbourg.	19 déc. 1861.	30 déc. 1861.
Id.	*Normandie*, frégate.	30 déc. 1861.	1er janv. 1862.
Id.	Port de Cherbourg.	1er janv. 1862.	15 janv. 1862.
Id.	*Normandie*, frégate.	15 janv. 1862.	21 janv. 1862.
Id.	Port de Cherbourg.	21 janv. 1862.	12 mars 1862.
Id.	*Dupleix*, aviso.	12 mars 1862.	13 mars 1862.
Id.	Port de Cherbourg.	13 mars 1862.	14 mars 1862.
Id.	*Dupleix*, aviso.	14 mars 1862.	15 mars 1862.
Id.	Port de Cherbourg.	15 mars 1862.	22 mars 1862.
Id.	*Dupleix*, aviso.	22 mars 1862.	23 mars 1862.
Id.	Port de Cherbourg.	23 mars 1862.	25 mars 1862.
Id.	*Normandie*, frégate.	25 mars 1862.	26 mars 1862.
Id.	Port de Cherbourg.	26 mars 1862.	17 juin 1862.
Id.	*Turenne*, vaisseau.	17 juin 1862.	30 nov. 1862.
Id.	Id.	30 nov. 1862.	25 mars 1864.
Id.	Port de Brest.	25 mars 1864.	1er avril 1864.
Id.	Paris, en résidence.	1er avril 1864.	1er nov. 1864.
Id.	Port de Brest.	1er nov. 1864.	1er déc. 1864.
Id.	Port de Toulon.	1er déc. 1864.	17 déc. 1864.
Id.	*Solferino*, vaisseau.	17 déc. 1864.	19 avril 1866.
Id.	Paris, en résidence.	19 avril 1866.	1er mars 1867.
Id.	Port de Rochefort.	1er mars 1867.	6 juill. 1869.

APPENDICE 491

NATURE DES CAMPAGNES ou des services.	A LA MER				DANS LE PORT à bord des Bâtiments.		A TERRE	
	En paix.		En guerre.				En paix.	
	Mois.	Jours.	Mois.	Jours.	Mois.	Jours.	Mois.	Jours.
Commission d'expériences...	»	1						
A terre..........							»	8
Commission d'expériences...	»	2						
A terre..........							»	12
Commission d'expériences...	»	1						
A terre..........							4	9
Commission d'expériences...	»	1						
A terre..........							»	7
Commission d'expériences...	»	2						
A terre..........							»	4
Commission d'expériences...	»	1						
A terre..........							»	10
Commission d'expériences...	»	1						
A terre..........							»	6
Commission d'expériences...	»	1						
A terre..........							»	2
Commission d'expériences...	»	1						
A terre..........							»	4
Commission d'expériences...	»	2						
A terre..........							»	11
Commission d'expériences...	»	1						
A terre..........							»	14
Commission d'expériences...	»	6						
A terre..........							1	21
Commission d'expériences...	»	1						
A terre..........							»	1
Commission d'expériences...	»	1						
A terre..........							»	7
Commission d'expériences...	»	1						
A terre..........							»	2
Commission d'expériences...	»	1						
A terre..........							2	21
Mexique..........	1	20	3	9	»	14		
Id..........	3	5	3	10	9	10		
A terre..........							»	6
Id..........							7	»
Id..........							1	»
Id..........							»	16
Méditerranée..........	16	2						
A terre..........							10	12
Id..........							28	6

Admis à faire valoir ses droits à la retraite à titre d'ancienneté de service (dép. du 6 juillet 1869).

Récapitulation.

A la mer, en paix : 223 mois, 23 jours; à la mer, en guerre : 73 mois, 17 jours; dans les ports : 15 mois, 23 jours; à terre, en paix : 222 mois, 25 jours. — Total : 533 mois, 28 jours.

III. — *Status* DU P. FRANÇOIS DE PLAS, MORT DANS LA COMPAGNIE DE JÉSUS, LE 19 AVRIL 1888.

1869 : Entré au noviciat d'Angers le 20 juin.

Octobre 1869-Juillet 1870 : Continuation du noviciat à Rome.

Juillet 1870-Février 1871 : A l'ambulance du collège de Vaugirard.

Février 1871-Juillet 1872 : Etudes de théologie au scolasticat de Laval.

Juillet 1872-19 avril 1888 : En résidence à la maison de Brest.

FIN

TABLE DES MATIÈRES

DEUXIÈME PARTIE
LE COMMANDANT DE PLAS
1847-1869
(Suite.)

CHAPITRE VIII
1858-1860

Retraite spirituelle à Paris ; dévotion à Marie. — Congé à Puycheni : Pèlerinage à Notre-Dame de Buglose; visite à Mgr Desprez, évêque de Limoges. — L'Empereur à Brest. — De Plas nommé capitaine de vaisseau ; voyage à Toulon. — Guerre d'Italie et ses conséquences. — Bénédiction de la chapelle des Jésuites à Brest. — Mort édifiante de madame de Plas ; lettre de Mgr d'Angoulême. — Les affaires de Chine : rapport à l'Empereur ; audience aux Tuileries. — Visite au maréchal Canrobert. — Louis Veuillot et l'*Univers*. — Départ pour Cherbourg   3

CHAPITRE IX
1860-1862

La direction des mouvements du port. — Règlement de vie; études maritimes et scientifiques. — Les équipages de ligne. — Le commandant supérieur des bâtiments à vapeur. — Société de Saint-Vincent de Paul et circulaire Persigny. — De Plas, major général. — Le parrain et le filleul. — Expéditions de Chine et de Syrie. — Les Écoles d'Orient. — La question romaine : belle conduite de l'amiral Desfossés ; l'invasion des États pontificaux et l'unité italienne. — Idées de vocation religieuse. — Le *Turenne*. 33

CHAPITRE X

1862-1864

Armement du vaisseau le *Turenne* à Cherbourg. — Départ avec le général Forey. — Relâche à la Martinique. — Arrivée à Sacrificios. — L'expédition du Mexique. — Retour en France. — Brest et Cherbourg. — Nouveau départ ; relâches à Funchal et à Fort-de-France. — Arrivée au Mexique. — Retour en France. — En rade de Brest. — Château de Kéréraut. — La croix de commandeur. — Mission du P. Clerc à Saint-Romain. — Mort de l'amiral Desfossés. — Influence du R. P. de Cuers. — Puycheni et Brest. 73

CHAPITRE XI

1864-1866

De Plas, commandant du vaisseau le *Solférino* et capitaine de pavillon de l'amiral Bouët-Willaumez. — L'état-major. — L'escadre cuirassée. — Abordage du *Daim* et de la *Couronne*. — Voyage de l'Empereur en Algérie. — Le corps de débarquement. — Les flottes anglaise et française à Brest et à Portsmouth. — Mouillage aux îles d'Hyères et à Ajaccio. — Retour à Toulon. — Statue de Suffren à Saint-Tropez. — Départ de l'amiral Bouët-Willaumez. — Adieux au *Solférino*. 111

CHAPITRE XII

1866-1867

Séjour à Puycheni ; guerre contre l'Autriche : Custozza, Sadowa, Lissa. — Lettre de M. Moullin. — Voyage à Rome : audience du Saint-Père ; les zouaves pontificaux ; Madame la vicomtesse Jurien ; la Société de Saint-Vincent de Paul et les petits-fils de Joseph de Maistre ; Pie IX aux Saints-Apôtres ; départ des troupes françaises ; retraite à Saint-

Eusèbe, le P. Pellico. — De Plas, major de la flotte à Rochefort ; M. l'abbé Remy Roul ; l'amiral Rigault de Genouilly. — Humiliations de la France. — Réapparition de l'*Univers*. — L'Exposition universelle. — Les Garibaldiens en Italie et à Rome. — L'amiral de Gueydon et le général de Failly. — La question romaine au Sénat et à la Chambre. 153

CHAPITRE XIII

1868-1869

Coup d'œil sur l'emploi des journées de François de Plas à Rochefort. — Devoirs d'état et bonnes œuvres : manifestations publiques du sentiment catholique ; la gloire de Dieu ; la charité envers le prochain ; souscription en faveur du Saint-Siège ; un souvenir de saint François d'Assise ; l'aumône spirituelle ; l'œuvre des militaires. — Notes de l'officier. — Le *bon esprit*. — Incertitudes pour l'avenir. — Retraite à Blois ; élection pour la Compagnie de Jésus. — Séjour à Puycheni. — Adieux à la famille et départ pour Angers. 189

TROISIÈME PARTIE

LE PÈRE DE PLAS

1869-1888

CHAPITRE PREMIER

1869-1870

Le noviciat de la Compagnie de Jésus : *première probation* ; pratique de la vie commune ; vacances. — Le *status*. — Noces d'or du P. Chaignon. — Départ de Paris. — Arrivée à Rome. — Le *troisième an* à Saint-Eusèbe ; grande retraite. — Le Saint-Père aux Saints-Apôtres. — Ouverture du Concile. — Travaux « bas et humiliants ». — Œuvres de zèle. — Vertus religieuses. — Bénédiction papale. — Constitution *de fide*. — Pèlerinages. — Vœux de dévotion. — Etudes de grammaire. — L'infaillibilité. — La guerre franco-allemande. — Retour en France 215

CHAPITRE II

1870-1871

Premiers désastres. — Ambulance de Vaugirard; le P. Alexis Clerc et le F. de Plas. — MM. Adalbert et Henry de Plas. — La débandade de Châtillon et le siège de Paris. — La salle des blessés et la salle des fiévreux. — Esprit de foi. — *L'ambulance volante*. — Charité envers les malades. — Désir de souffrir; entrevue avec le R. P. Recteur. — M. Wolff, intendant en chef. — Les clubs et l'émeute. — Grande sortie du 30 novembre; mort de M. Henry de Plas. — Le parrain et le filleul; un ami chrétien. — Les fêtes de Noël. — Bombardement de Paris. — Bataille de Buzenval. — Capitulation. — Adieux à l'ambulance 254

CHAPITRE III

1871-1872

Le scolasticat de Laval; Notre-Dame d'Avénières. — Études théologiques; le P. Plet, professeur. — *Pietas ad omnia utilis*. — Visite à Puycheni. — Les martyrs de la Commune; souvenir de saint Laurent et de saint Sixte. — Les premiers vœux et la rénovation. — Récitation du bréviaire. — Diaconat, sacerdoce, fête de famille. — Célébration du saint sacrifice. — Continuation des études théologiques. — Prédication à l'asile des vieillards, à la prison de la ville. — Menaces contre la Compagnie à Rome. — Départ pour Brest.. 287

CHAPITRE IV

1872-1879

Le P. de Plas ministre de la *résidence*. — Messe à Puycheni. — La procure de la maison. — L'école libre Notre-Dame de Bon-Secours. — Congrégation des élèves. — L'œuvre des militaires et le *Cercle catholique*. — Événements publics. — Le cours préparatoire à la marine. — Projet d'union des forces conservatrices sur le terrain catholique. — Le *prieur* de la maison. — Les Petites-Sœurs des pauvres. — Mission et prédications. — Le *troisième an* à Paray-le-Monial; guérison miraculeuse. — Les derniers vœux . . 311

CHAPITRE V

1879-1882

Mort du commandant Gicquel des Touches, directeur du *Cercle catholique*. — Allocutions aux dames patronnesses, au comité, aux ouvriers. — Pèlerinages à Saint-Anne du Porzic, à Notre-Dame du Folgoët, à Notre-Dame de Rumengol, à Sainte-Anne d'Auray. — Cérémonies pieuses et fêtes profanes. — L'article 7 ; les décrets ; la dispersion. — L'asile des vieillards : le P. de Plas, aumônier des Petites-Sœurs des pauvres ; relations intimes avec M. H. Violeau ; instructions au carmel de Lambezellec ; accident. — Retour en communauté 353

CHAPITRE VI

1882-1886

Inaction forcée et privation du saint sacrifice, neuvaine dite *de la grâce* et guérison. — Œuvres apostoliques : Petites-Sœurs des pauvres, Asile Eugénie, *Cercle catholique*, prison de Pontaniou. — Fête nationale du 14 Juillet. — Maladie et mort du comte de Chambord. — Pèlerinage à Lourdes. — Anniversaires de la mort de sa mère et de son père. — La croix des *Sept frères* ; discours et inscription. — La maison de la rue Foy. — Déclin des forces physiques. — Crise subie par le *Cercle catholique*, efficace intervention du P. de Plas ; il donne sa démission d'aumônier, en restant très attaché à l'œuvre 391

CHAPITRE VII

1887

Projets d'apostolat à Rochefort, à Cherbourg ; les retraités de la marine à Brest ; association pour la conversion des pêcheurs ; visites à domicile ; essais de conversion, méthode et résultats. — Correspondance avec des amis ; avec M. de Rocquemaurel de 1848 à 1878 ; combats et triomphe. — Bonheur de la vie chrétienne et de la vie religieuse. — Entrée d'un ancien aspirant du *Cassini* à la Grande Chartreuse. — Départ de M. Olivieri, lieutenant de vaisseau, pour Solesmes. 413

CHAPITRE VIII

1887-1888

Apostolat du bon exemple. — Dévotions particulières : la sainte Eucharistie, la très Sainte Vierge, saint Joseph, les âmes du purgatoire. — Vœu de tout rapporter à la plus grande gloire de Dieu. — Piété : audition de plusieurs messes, confession quotidienne, retraites annuelles. — Perfection des sentiments naturels. — Vie commune; charité, dévouement; amitié. — Visite de M. C. Grosselin, ancien aspirant du *Cassini*. — Témoignage du commandant M*** — Mortifications : jeûne, discipline, cilice, chaînes de fer, veilles, etc. — Le Vénitien Cornaro et le P. Lessius. — Fidélité aux petites choses. 437

CHAPITRE IX

1887-1888

Préparation à la mort. — Les Carmélites de Lambezellec et le P. de Plas. — Retraite à Quimper; actions de grâces. — Affaiblissement des forces physiques. — Dernier cahier du *Journal privé*. — Désolation passagère; abondance de consolations. — Maladie et guérison. — Visites d'adieu à ses amis. — *Quid retribuam ?* — La dernière *bordée*. — Derniers jours; derniers moments. — Regrets universels. — Question des honneurs militaires. — Funérailles; discours de l'amiral de Cuverville. — Épitaphe. — Conclusion. 457

APPENDICE 483

ÉMILE COLIN. — IMPRIMERIE DE LAGNY

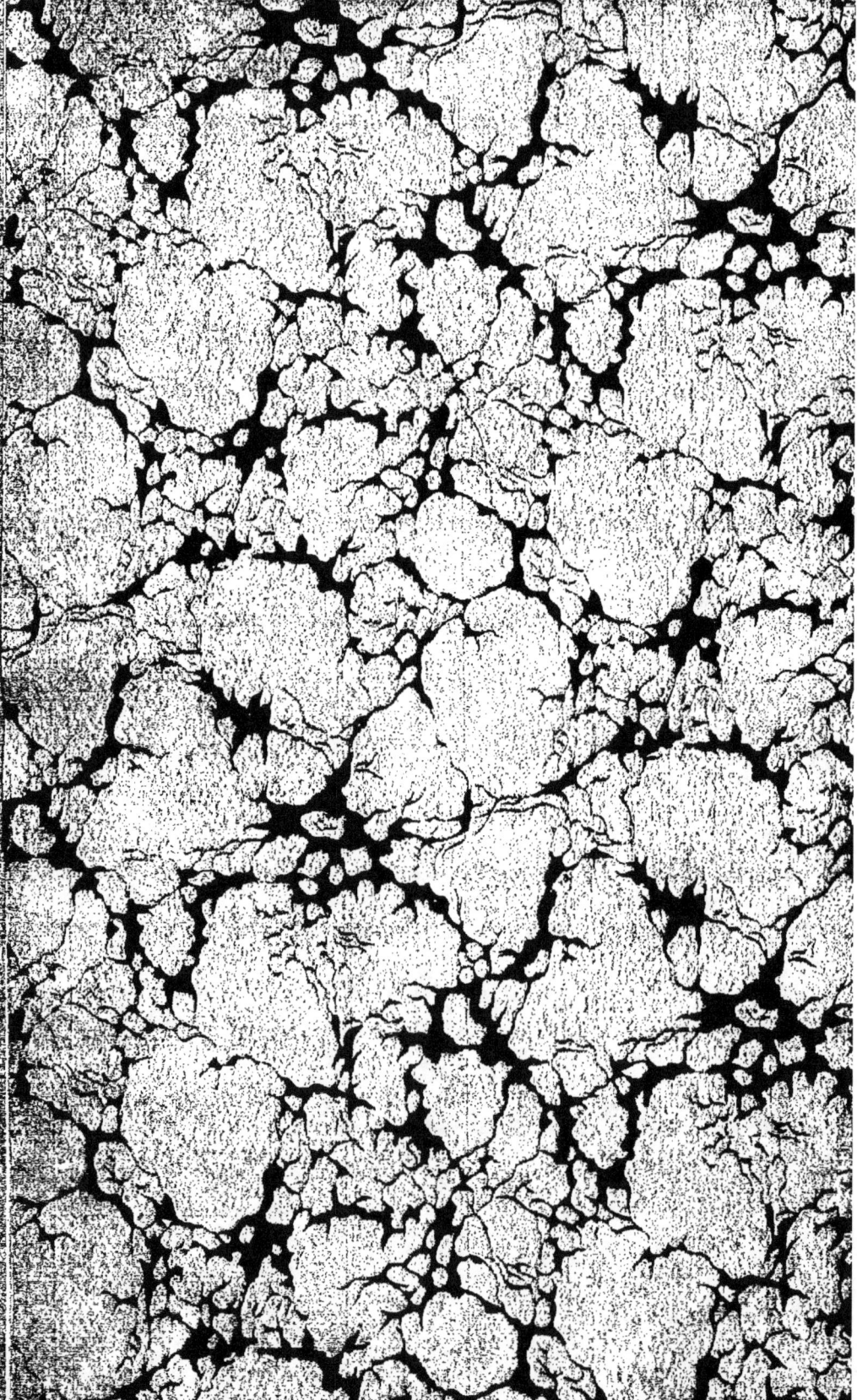